Kim C. Graber *University of Illinois*
A Dra. Graber é professora associada e diretora associada do Departamento de Cinesiologia e Saúde Comunitária da University of Illinois, em Urbana-Champaign, e diretora do Curso de Licenciatura da Faculdade de Ciências Aplicadas da Saúde. Recebeu seu diploma de bacharelado pela University of Iowa, concluiu o mestrado pela Faculdade de Licenciatura da Columbia University e seu doutorado pela University of Massachusetts, em Amherst. Sua pesquisa foca o bem-estar das crianças, a educação dos professores e os processos de ensino e de aprendizagem. Atuou como presidente da National Association for Sport and Physical Education, foi diretora da Curriculum and Instruction Academy, secretária do Research Consortium e membro da força-tarefa que redigiu as análises de desempenho nacionais de educação física. Na University of Illinois, trabalha no Comitê Executivo da Comissão de Graduação, na Comissão de Avanço de Ensino e no Comitê de Coordenação de Liderança.

Amelia Mays Woods *University of Illinois*
A Dra. Woods é professora associada de Cinesiologia e Saúde Comunitária da University of Illinois, em Urbana-Champaign. Tem PhD pela University of South Carolina, além de ter estudado na University of Tennessee e na Winthrop University. Lecionou nas escolas públicas de Newberry, no estado de South Carolina. Os interesses de pesquisa da Dra. Woods se focam no movimento dos professores de educação física ao longo de suas carreiras. As especificidades incluem estudos sobre os apoios necessários para manter práticas inovadoras, fatores que contribuem para a credibilidade dos professores nas escolas e para os traços e motivação dos professores iniciantes, incluindo professores de educação física especializados pela National Board. Woods também se interessa pelas atividades físicas praticadas pelas crianças nas escolas. Ela é *fellow* pelo Research Consortium da American Alliance for Health, Physical Education, Recreation and Dance.

G728e	Graber, Kim C.
	Educação física e atividades para o ensino fundamental / Kim C. Graber, Amelia Mays Woods ; tradução: Marcelo de Abreu Almeida ; revisão técnica: Carlos Eduardo Berwanger. – Porto Alegre: AMGH, 2014.
	319 p. : il. ; 25 cm.
	ISBN 978-85-8055-356-7
	1. Educação física – Ensino fundamental. I. Woods, Amelia Mays. II. Título.
	CDU 613.71:373.3

Catalogação na publicação: Suelen Spíndola Bilhar – CRB 10/2269

KIM C. GRABER AMELIA MAYS WOODS

EDUCAÇÃO FÍSICA E ATIVIDADES PARA O ENSINO FUNDAMENTAL

Tradução:
Marcelo de Abreu Almeida

Revisão técnica desta edição:
Carlos Eduardo Berwanger
Mestre em Ciências do Movimento Humano pela Universidade Federal do Rio Grande do Sul (UFRGS).
Professor da Faculdade de Educação Física e Desportos
da Pontifícia Universidade Católica do Rio Grande do Sul (PUCRS).
Coordenador de Educação Física e Esportes do Colégio Israelita Brasileiro.
Professor de Educação Física da Escola Municipal de Ensino Fundamental Nossa Senhora de Fátima.

AMGH Editora Ltda.
2014

Obra originalmente publicada sob o título
Physical Education and Activity for Elementary Classroom Teachers, 1st Edition
ISBN 076741277X / 9780767412773

Original edition copyright © 2013, The McGraw-Hill Companies, Inc., New York, New York 10020.
All rights reserved.

Portuguese translation edition copyright © 2014, AMGH Editora Ltda., a Grupo A Educação S.A. company.
All rights reserved.

Gerente editorial: *Letícia Bispo de Lima*

Colaboraram nesta edição:

Editora: *Lívia Allgayer Freitag*

Capa: *Márcio Monticelli*

Preparação de originais: *Ivaniza Oschelski de Souza*

Leitura final: *Cristine Henderson Severo*

Editoração: *Techbooks*

Reservados todos os direitos de publicação, em língua portuguesa, à
AMGH EDITORA LTDA., uma parceria entre GRUPO A EDUCAÇÃO S.A. e McGRAW-HILL EDUCATION
Av. Jerônimo de Ornelas, 670 – Santana
90040-340 – Porto Alegre – RS
Fone: (51) 3027-7000   Fax: (51) 3027-7070

É proibida a duplicação ou reprodução deste volume, no todo ou em parte, sob quaisquer
formas ou por quaisquer meios (eletrônico, mecânico, gravação, fotocópia, distribuição na Web
e outros), sem permissão expressa da Editora.

Unidade São Paulo
Av. Embaixador Macedo Soares, 10.735 – Pavilhão 5 – Cond. Espace Center
Vila Anastácio – 05095-035 – São Paulo – SP
Fone: (11) 3665-1100   Fax: (11) 3667-1333

SAC 0800 703-3444 – www.grupoa.com.br

IMPRESSO NO BRASIL
PRINTED IN BRAZIL

Este livro foi escrito em memória à minha incrível mãe, Helene, cujos filhos sempre tiveram prioridade, e a Larry, cuja orientação fez da minha carreira uma possibilidade.

K.C.G.

Este livro é dedicado ao meu marido, Jeff, e aos nossos filhos, Jack e Mary Elizabeth.

A.M.W.

PREFÁCIO

Há muitos anos, quando começamos a buscar livros didáticos sobre métodos de educação física voltados especificamente para alunos da graduação que pretendiam se tornar professores de sala de aula, ficamos chocadas com a falta de livros adequados para esse público. Muitos livros excelentes haviam sido escritos para graduados em educação física, mas nenhum que considerássemos adequado para as necessidades do professor de sala de aula. Alguns livros foram escritos para um público que já possuía conhecimento avançado da matéria nas áreas da aprendizagem motora, da fisiologia do exercício, do condicionamento físico e dos cursos de atividades profissionais (p. ex., condicionamento físico, dança, ginástica, esportes com raquete, esportes coletivos). Já outros, como eram voltados para formados em educação física, haviam sido escritos com a ideia de que os futuros professores tinham habilidades avançadas e estavam ansiosos para dar aulas para as crianças sobre o domínio psicomotor. Como resultado, fomos forçadas a escolher um livro didático que nunca foi confortável, nem para nós, nem para os nossos alunos.

Rapidamente decidimos que, se quiséssemos continuar preparando os professores de sala de aula para a empolgante oportunidade de dar aulas de educação física para as crianças, precisaríamos de um livro dedicado especificamente para as necessidades do professor de *sala de aula* do ensino fundamental. Apesar de acreditarmos que o ginásio também constitui uma sala de aula, reconhecemos que há diferenças significativas entre o professor de educação física e o professor do ensino fundamental, como é mais comumente chamado o professor de sala de aula – ou, ainda, unidocente. Primeiro, o professor de sala de aula com frequência tem conhecimento limitado da matéria da educação física. Segundo, muitos têm pouco interesse ou experiência em dar aulas de educação física. Terceiro, alguns professores de sala de aula já vivenciaram pessoalmente experiências desagradáveis nessa disciplina que resultaram na sua falta de desejo de dar aulas para crianças nessa matéria.

Apesar de reconhecermos a escassez de recursos relevantes para o professor de sala de aula, também estamos cientes da necessidade dos professores de sala de aula ensinarem às crianças sobre educação e atividades físicas. Relatórios dos Surgeon General and Centers for Disease Control, junto com leis recentes relacionadas com o bem-estar das crianças, indicam claramente que a atividade física é um dos componentes mais importantes da educação das crianças. Apesar de recomendarmos *com ênfase* que todas as escolas dos Estados Unidos empreguem um professor de educação física especializado, percebemos que os professores de sala de aula precisam assumir cada vez mais tarefas do professor de educação física, suplementando as aulas em dias em que a escola não conta com nenhum profissional da área, supervisionando os alunos durante o recreio ou introduzindo intervalos de atividades físicas distribuídas periodicamente ao longo do dia. Portanto, decidimos escrever um livro didático que daria o preparo necessário para que o professor de sala de aula pudesse envolver os alunos, com sucesso e eficácia, nas aulas e nas atividades de educação física em um nível básico e em um ambiente construído com segurança – no ginásio, no pátio ou na sala de aula.

Como muitas faculdades dividem os cursos de licenciatura em educação física em seções separadas, chamadas de "didática" e "prática pedagógica", este livro também se divide nessas seções básicas. A primeira seção foi escrita para dar conta dos tópicos que são abrangidos durante as aulas teóricas. A segunda, para dar conta das atividades durante as experiências práticas no ginásio. Os capítulos são relativamente breves e cobrem, em detalhes adequados, os pontos mais importantes do foco do capítulo. O motivo da brevidade é evitar inundar futuros professores de sala de aula com informações em excesso e facilitar a retenção dos aspectos mais importantes do capítulo. Imaginamos que, com essa abordagem, os futuros professores de sala de aula consigam facilmente ler um capítulo por semana de cada uma das seções (didática e prática pedagógica).

O elemento temático inserido ao longo do livro é aquele que estimula os indivíduos a desenvolverem uma apreciação pela matéria da educação física. Independentemente de suas experiências anteriores na área ou em ambientes esportivos, futuros professores de sala de aula serão expostos a uma orientação filosófica que estimula o prazer com as atividades físicas e a aquisição de habilidades e conhecimentos que promovam a participação por toda a vida. O livro enfatiza claramente que o propósito da educação e das atividades físicas é envolver as crianças nos níveis máximos de atividade ao longo do dia de aula. As estratégias instrucionais e os currículos apresentados são priorizados com esse objetivo. No geral, o livro foi pensado para servir de referência primária para futuros professores de sala de aula e como um recurso valioso para os professores unidocentes.

Os elementos a seguir foram incorporados ao livro para ajudar os leitores a recordar os conceitos mais importantes e estimular a reflexão aprofundada sobre os materiais disponíveis em cada capítulo.

DESTAQUES DOS CAPÍTULOS DIDÁTICOS

Pontos-chave Todos os capítulos didáticos têm pontos-chave que enfatizam os elementos mais importantes do texto que os alunos devem reter.

Desafio de raciocínio Cada capítulo contém uma série de desafios de raciocínio que exigem que os leitores contemplem o que leram e, subsequentemente, completem uma atividade de aprendizagem.

Lista do que fazer e do que não fazer A lista do que fazer e do que não fazer ao final de cada capítulo inclui os comportamentos ou atitudes que os professores de sala de aula devem tentar implementar e atingir e aqueles que devem evitar.

Quadros A maioria dos capítulos contém um ou mais quadros com informações que os leitores podem achar particularmente interessantes ou instrutivas. Alguns quadros introduzem novos conceitos, ao passo que outros completam uma tarefa ou observação específica.

Resumo do capítulo O final de cada capítulo inclui um breve resumo para facilitar a reflexão dos leitores sobre o conteúdo geral apresentado.

Atividades de revisão Cada capítulo inclui atividades de revisão que os alunos podem completar independentemente ou durante as aulas.

Fotos Fotos interessantes foram selecionadas para enfatizar pontos importantes e tornar a leitura do livro mais amigável.

DESTAQUES DOS CAPÍTULOS DE PRÁTICA PEDAGÓGICA

Níveis de desenvolvimento Muitos capítulos incluem informações sobre as diferentes fases pelas quais os alunos passam ao adquirirem habilidades motoras.

Dicas de ensino Os capítulos incluem pontos-chave de ensino que os professores podem utilizar quando forem apresentar habilidades e atividades diferentes aos alunos.

Dificuldades comuns Como os alunos costumam passar por dificuldades semelhantes quando aprendem novas habilidades, uma lista de dificuldades comuns é incluída para que o professor de sala de aula saiba o que é preciso observar.

Atividades Todos os capítulos incluem experiências de aprendizagem adequadas, divertidas e desafiadoras que foram criadas para influenciar de forma positiva a aquisição de habilidades dos alunos, ao mesmo tempo em que mantêm as crianças fisicamente engajadas ao longo da aula.

Modificações Como as crianças adquirem novas habilidades e conhecimentos em ritmos distintos, e como algumas enfrentam desafios especiais, os capítulos incluem sugestões sobre como modificar as atividades para dar conta das necessidades individuais de todos os alunos.

Análises de desempenho Sugestões sobre como os professores podem avaliar a aprendizagem dos alunos são fornecidas ao final dos capítulos.

AGRADECIMENTOS

Escrever um livro didático envolve mais indivíduos do que os nomes que estão listados em sua capa. Somos incrivelmente gratas às pessoas listadas a seguir.

- Gary O'Brien, nosso editor na McGraw-Hill, que nos encorajou, aconselhou e orientou do primeiro rascunho ao texto final do livro.
- Christopher Johnson, editor executivo na McGraw-Hill, que possibilitou a publicação deste livro.
- A equipe incrível da McGraw-Hill: Janice Roerig-Blong, vice-presidente e diretora; Erin Melloy, diretor de projetos; Darlene Schueller, editora de desenvolvimento; Colleen Havens, coordenador de *marketing*; Margarite Reynolds, *designer*; Susan Norton, copidesque; e Anna Hoppman, gestora de recursos digitais.
- Nossos alunos da graduação, na University of Illinois: David Daum, Timothy Kahle, Jenny Linker e Jung Hwan Oh, que nos ajudaram a coordenar o processo fotográfico.
- Nosso fotógrafo, Jon Dessen, do Illini Studio, que tirou belíssimas fotos de crianças envolvidas em movimentos.
- Chuck Hillman, Bonnie Hemrick e a equipe de FIT Kids, e os participantes que nos permitiram acesso fotográfico.
- Os revisores que nos deram ótimos conselhos e ideias, permitindo que qualificássemos o texto, tornando-o mais claro e compreensível.

Dianne Busch
Southwestern Oklahoma State University

Judy Potter Chandler
Central Michigan University

Kay Daigle
Southeastern Oklahoma State University

Joel Dering
Cameron University

Joyce Ellis
Fort Hayes State University

Ripley Marston
University of Northern Iowa

Arthur "Tucker" Miller
The University of Montana

Betty Rust
Worcester State College

Shannon Siegel
California State University—San Bernardino

Ann-Catherine Sullivan
Otterbein University

- Nossa família e amigos, que nos encorajaram e estiveram dispostos a nos ouvir em todos os estágios do processo de redação: Helene Graber; Bob, Liz, Robert e Peter Schmidt; Stu, Jenn, Tara e Tessa Graber; Larry Locke; Jane McMullen; Jeff, Jack e Mary Elizabeth Woods; Jerie Weasmer; Susan Lynn; e Patsy e Everett Mays.

SUMÁRIO

CAPÍTULOS DIDÁTICOS: DESENVOLVIMENTO DO CURRÍCULO E O PROCESSO DE ENSINO

Capítulo 1
Desenvolvendo apreço pela educação física   13

Capítulo 2
Planejamento curricular   25

Capítulo 3
Planejamento de aulas   41

Capítulo 4
Usando o currículo para desenvolver um ambiente de aprendizagem inclusivo   57

Capítulo 5
Modelos de currículo e eventos especiais   75

Capítulo 6
Estilos de ensino   92

Capítulo 7
Estabelecendo um ambiente de aprendizagem efetivo   111

Capítulo 8
Ensino efetivo   125

Capítulo 9
Organização e administração da aula   140

Capítulo 10
Administração preventiva e disciplina   155

Capítulo 11
Análise de desempenho e avaliação   171

Capítulo 12
Integração de movimento a todo o currículo   187

CAPÍTULOS DE PRÁTICA PEDAGÓGICA: CONTEÚDO DA EDUCAÇÃO FÍSICA

Capítulo 13
Habilidades locomotoras: padrões fundamentais   197

Capítulo 14
Habilidades manipulativas: arremesso e recepção   207

Capítulo 15
Habilidades manipulativas: voleio com as mãos e quique   217

Capítulo 16
Habilidades manipulativas: chute e voleio com os pés   229

Capítulo 17
Movimento criativo: conceitos, danças e imaginação   237

Capítulo 18
Ginástica escolar: equilíbrio, transferência de peso e rolamentos   249

Capítulo 19
Condicionamento físico relacionado à saúde: força e resistência muscular e flexibilidade   261

Capítulo 20
Condicionamento físico relacionado à saúde: resistência cardiovascular   273

Capítulo 21
Jogos educacionais: cooperativos e criados pelos alunos   294

Capítulo 22
Recreio de qualidade   302

Créditos das fotos   311

Índice   313

CAPÍTULO 1

DESENVOLVENDO APREÇO PELA EDUCAÇÃO FÍSICA

Quando você for trabalhar como professor de ensino fundamental, é provável que seja exigido que se encarregue de mais tarefas do que imagina. Além de ensinar as crianças a ler, escrever, soletrar e dominar princípios básicos da aritmética, você também pode ficar responsável por supervisionar os alunos durante o recreio, durante a merenda ou na entrada ou saída do ônibus escolar. Terá de lidar com responsabilidades como montar boletins, planejar tarefas de casa e eventos especiais e criar uma atmosfera animada em sala de aula. Alguns professores também terão de assumir inúmeras tarefas de planejamento e de condução das aulas de educação física das crianças.

Muitos distritos escolares nos Estados Unidos ou não têm recursos financeiros à disposição ou decidiram não empregar um professor de educação física em sua escola, o que é muito ruim, visto que professores com graduação em educação física receberam preparo especializado que lhes permite montar o currículo adequado, diagnosticar e avaliar padrões de movimento incorretos, fornecer o *feedback* adequado aos alunos e ensinar atividades motoras adequadas ao nível de desenvolvimento das crianças.

Se você trabalhar em uma escola que não tenha um professor de educação física, então provavelmente será responsabilidade sua dar às crianças em suas turmas instruções na disciplina. Agora, você vai participar de um curso empolgante, no qual terá a oportunidade de aprender como ensinar de modo competente diversas atividades de educação física. Também vai aprender como integrar atividades de educação física a outros conteúdos que ensinar, tais como leitura ou estudos sociais. Apesar de um livro didático sozinho não ter como fornecer todas as informações sobre essa área, se você estiver comprometido a aprender, é possível adquirir conhecimento suficiente para elaborar aulas de educação física competentes para os seus alunos. Complete o Desafio de raciocínio 1.1.

DESAFIO DE RACIOCÍNIO 1.1

Como professor de sala de aula, você terá de dar conta de múltiplas responsabilidades de forma simultânea. Em muitos casos, vai precisar completar tarefas que nunca imaginou e ensinar disciplinas para as quais o seu preparo é mínimo. Como você irá responder a esses diferentes desafios?

Há alguns termos com os quais você deve se familiarizar para prosseguir com este livro. Cada um enfatiza movimento, mas tem significado diferente em relação a como as crianças participam dele:

- *Educação física* inclui experiências de movimento estruturadas ensinadas por um instrutor com conhecimento. As atividades são progressivas, adequadas para o nível de desenvolvimento e facilitadas por um currículo formal. Quando um professor de educação física ensina às crianças uma série de movimentos de dança acompanhados por música, elas estão participando da educação física.
- *Atividade física* refere-se a exercícios e atividades em que as crianças se envolvem independentemente ou durante a aula de educação física. No entanto, essas atividades podem ser espontâneas, sem a necessidade de obedecer a uma estrutura. Brincar de pega-pega com os amigos durante o recreio é um exemplo de atividade física.
- *Recreio* é um período de tempo em que as crianças podem se envolver em atividades supervisionadas por adultos que ocorrem primariamente em um *playground*, pátio ou ginásio. Esse período foi criado para dar às crianças um intervalo durante o turno de aula. Apesar de o recreio, em sua maior parte, não ser dirigido, algumas escolas estão progredindo para atividades mais estruturadas, de modo a envolver os alunos em atividades físicas. Conversar com os colegas (sedentário) e jogar futebol com um grupo de amigos (ativo) são exemplos de dois tipos de atividades em que as crianças podem participar durante o recreio.

PROCESSO E CONTEÚDO DO ENSINO DE EDUCAÇÃO FÍSICA

O propósito deste livro é duplo. Primeiro, você será apresentado a estratégias que ensinam sobre o *processo de ensino de educação física,* ou o que às vezes é chamado de *pedagogia* do ensino de educação física. Essa é a informação que é necessária para ajudar a entender como desenvolver um currículo e ensinar a disciplina. Em outras palavras, o processo refere-se aos comportamentos que o professor emprega para ajudar as crianças a aprenderem sobre educação física. Ele engloba atividades como estabelecer um ambiente efetivo de aprendizagem, criar aulas, administrar os alunos e passar instruções. Se você estiver matriculado em uma aula de metodologia de educação física voltada para o professor de sala de aula, essas responsabilidades serão discutidas pelo instrutor durante as aulas – e talvez até demonstradas em um ginásio. Apesar de você também aprender a ensinar a partir de metodologias e livros didáticos específicos à sua sala de aula, o ambiente da atividade física (ginásio, pátio, área multiuso) também é uma sala de aula que requer um conjunto específico de habilidades. Algumas estratégias pedagógicas que são eficientes na sala de aula podem ser transferidas e empregadas durante a atividade física. E algumas estratégias pedagógicas que são eficientes no ambiente da atividade física também podem ser aplicadas na sala de aula. O propósito deste livro não é duplicar informações que você pode adquirir de outras metodologias, e sim oferecer habilidades específicas que lhe permitam ensinar com confiança a educação física.

O segundo propósito deste livro é ajudar você a familiarizar-se com o *conteúdo da educação física*. Isso inclui aprender sobre: (a) o conteúdo básico da área, (b) os processos pedagógicos que são adequados para ensinar os conteúdos básicos e (c) o currículo que organiza os processos pedagógicos de maneira adequada ao nível de desenvolvimento. Enquanto graduandos em educação física têm disciplinas específicas para aprender como ensinar dança, ginástica, educação ao ar livre, esportes coletivos e esportes individuais, você não terá tempo o bastante em seu currículo para aprender sobre todas as atividades que gostaria de ensinar (ver Quadro 1.1).

Quadro 1.1

Um professor de educação física especializado possui algum conhecimento sobre a maior parte das áreas do conteúdo listadas a seguir e é proficiente em várias delas. Com qual das seguintes atividades você se sente mais confortável ensinando alunos do ensino fundamental? Como você pode adquirir conhecimentos adicionais que lhe permitiriam dar aulas nessas áreas em que você se sente despreparado?

ESPORTES COLETIVOS	ESPORTES INDIVIDUAIS	EXERCÍCIOS	OUTROS
Basquete	*Badminton*	Aeróbicos	Esportes de aventura
Hóquei de quadra	Ginásticas	Treinamento	Aquáticos
Futebol	Artes marciais	em circuitos	Habilidades motoras básicas
Tênis	Frescobol	Ciclismo	Boliche
Vôlei	Triátlon	Corridas	Dança de salão
Handebol		Musculação	Dança criativa
			Dança folclórica
			Trilhas
			Habilidades locomotoras
			Habilidades não locomotoras
			Dança moderna
			Esportes na natureza
			Ritmos

Fonte: As autoras.

Apesar de isso ser lamentável, não quer dizer que você não possa dar uma aula competente.

Este livro foi criado para lhe passar uma compreensão básica dos componentes mais importantes da disciplina. Esperamos que você tenha tido outras experiências de atividades físicas que lhe permitam complementar as informações adquiridas aqui. Contudo, independentemente da sua experiência, após a leitura você deve ter adquirido conhecimento suficiente sobre o processo de ensino e de conteúdo da educação física para permitir que entre em um ambiente de atividade física com algum grau de confiança.

Experiências anteriores em educação física

A educação física costuma ser mencionada pelos alunos de ensino fundamental como sua disciplina preferida de todo o currículo escolar. Os alunos entram no ambiente de atividade física com um desejo natural de serem ativos e um imenso entusiasmo de aprender novas habilidades e atividades. Isso pode sur-

preendê-lo, se sua memória mais recente da educação física consistir em experiências menos agradáveis durante o ensino médio. Felizmente, os professores do ensino fundamental costumam ter uma vantagem em relação a sua ansiosa clientela.

Tente recordar experiências com educação física pelas quais você tenha passado no ensino fundamental completando o Desafio de raciocínio 1.2. Talvez se lembre de achar a educação física uma matéria agradável em que você recebia um número adequado de atividades, era exposto a um currículo interessante e tinha amplas oportunidades de ser bem-sucedido. Essas experiências positivas podem ter aumentado seu entusiasmo pela disciplina. Você pode, é claro, ter entrado para a educação física do ensino fundamental com uma atitude positiva em relação à matéria porque os seus pais já o haviam exposto a atividades físicas desde cedo. Eles podem tê-lo matriculado em beisebol ou futebol, ou o convidado a acompanhá-los em atividades como andar de bicicleta, correr, nadar ou jogar bola. Se você teve esse tipo de oportunidade, pode estar animado diante da possibilidade de dar aulas de educação física.

> **DESAFIO DE RACIOCÍNIO 1.2**
> Quando você recorda suas experiências de educação física, quais são as cinco primeiras coisas das quais você se lembra?
> 1.
> 2.
> 3.
> 4.
> 5.

Felizmente, muitos programas escolares do ensino fundamental são considerados efetivos, ou seja, as crianças adquirem habilidades motoras e gostam da disciplina. Contudo, existem programas de educação física no ensino fundamental ministrados por professores de educação física ou por professores de sala de aula que deixam a desejar. Esses programas podem ser caracterizados como aulas em que os alunos podem escolher equipes (estigmatizando aqueles que são escolhidos por último) e ridicularizar aqueles que têm menor aptidão, e em que os alunos se envolvem em atividades inadequadas. Se você encontrar um desses programas, é provável que tenha sentimentos negativos a respeito e demonstre menos entusiasmo quanto a ter de ensinar educação física aos seus alunos. Vamos explorar algumas das consequências da educação física inadequada.

Alguns professores acreditam que os alunos gostam de escolher equipes. Isso, contudo, é uma prática ineficiente nas aulas. Ela não só desperdiça tempo valioso de aprendizagem, como também permite que os alunos menos aptos ou populares sejam os últimos a serem escolhidos. Quando as crianças consistentemente vivenciam essa humilhação, sua autoestima se desgasta e podem desenvolver aversão pela matéria. Elas são colocadas em uma situação na qual são estimuladas a refletir sobre seu próprio desempenho em relação ao de seus colegas.

O exemplo dos pais é importante para passar os valores adequados para as crianças sobre o significado da atividade física.

Os professores também podem criar atividades de aprendizagem que são bem-intencionadas, mas que têm os mesmos resultados negativos de deixar os alunos escolherem as próprias equipes (ver Ponto-chave 1.1). Por exemplo, os professores muitas vezes incorporam corridas de revezamento em seus planos de aula, acreditando que, com isso, os seus alunos irão gostar da atividade e ter a oportunidade de aprimorar suas atividades motoras. Isso, contudo, é um erro. Primeiro, os alunos raramente realizam uma atividade da forma correta quando estão sendo pressionados pelo resultado. Se os alunos precisarem quicar uma bola de basquete até um lado da quadra e depois voltar durante uma corrida, eles irão com frequência sacrificar a forma adequada para aumentar a velocidade e ganhar a corrida. Segundo, se as equipes forem estruturadas com equilíbrio, de modo que todos os níveis de habilidade sejam representados, aqueles alunos mais lentos ou menos aptos são frequentemente ridicularizados pelos seus colegas mais habilidosos. Apesar de poderem avisar que ridicularizar os outros não será tolerado, os professores não costumam estar familiarizados com muitas das mensagens negativas verbais e não verbais que os alunos comunicam uns aos outros.

> **Ponto-chave 1.1**
>
> Até professores bem-intencionados às vezes criam experiências de aprendizagem que têm resultados negativos. É sempre bom considerar as consequências de todas as atividades antes de incorporá-las ao seu currículo.

Os professores precisam estruturar o currículo de educação física cuidadosamente, de modo a garantir a aprendizagem. É interessante notar que os professores muitas vezes selecionam o currículo não porque promove a aprendizagem dos alunos, e sim porque eles parecem gostar mais de certas atividades. Você se lembra de ter participado de atividades como "dança das cadeiras" e "polícia e ladrão"? Infelizmente, essas atividades têm pouco valor de aprendizagem. Suas únicas vantagens é que são fáceis de planejar e as crianças adoram.

Então, se essas atividades não promovem aprendizagem, por que foram incorporadas no currículo de educação física? Por um lado, o seu professor pode ter sido bem-intencionado, mas não teve treinamento sobre como desenvolver atividades de aprendizagem adequadas. Ou, então, você pode ter sido um dos infelizes indivíduos a ter tido um currículo projetado por um professor relapso e sem inspiração.

Vamos explorar uma atividade popular que quase todos os alunos dos Estados Unidos já realizaram. Você consegue adivinhar que atividade é essa? Para muitos alunos, representava sua atividade preferida na educação física. Para outros, contudo, tornou-se uma fonte de vergonha, brutalidade e terror. Se você respondeu corretamente, sabe que essa atividade é conhecida como "queimada", "caçador" ou "cemitério". Apesar de alguns alunos serem participantes muito aptos e adorarem a oportunidade de jogar queimada, também havia um número igualmente grande de alunos que tiveram uma experiência completamente oposta. Se você é bastante hábil, pode estar virando os olhos e pensando: "Dá um tempo. Queimada é uma ótima atividade de aprendizagem. Foi a atividade de que eu mais gostei, e não entendo por que não deve ser usada na educação física". Se você é como aqueles alunos, seu raciocínio é compreensível. Você provavelmente era um dos últimos a serem eliminados e adorava a oportunidade de demonstrar suas habilidades para os colegas. Como professor, contudo, é importante considerar as emoções de TODOS os alunos da sua turma. Tente começando a responder as seguintes

Atividades como "dança das cadeiras" devem ser usadas em festas de aniversários, não em educação física. Muitas crianças são eliminadas, e a atividade física é mínima.

perguntas: Qual era o propósito de jogar queimada? Que habilidades motoras você adquiriu participando do jogo? Que mensagens não pretendidas os alunos menos aptos recebiam? Se respondeu que a queimada tem poucos propósitos acadêmicos, não encoraja o desenvolvimento de habilidades motoras e tem o potencial de criar sentimentos negativos nos alunos, você está certo. É o tipo de jogo em que os jogadores menos aptos, que requerem mais oportunidades para praticar suas habilidades de arremesso e recepção da bola, são eliminados primeiro. O jogo não só facilita um ambiente violento, porque as crianças são estimuladas a atingir outras com força usando bolas que podem machucar, como também tem pouco valor acadêmico. Complete o Desafio de raciocínio 1.3.

DESAFIO DE RACIOCÍNIO 1.3

Escreva três experiências negativas que você ou os seus colegas encontraram na educação física do ensino fundamental. Não use exemplos que foram discutidos neste capítulo. Além disso, escreva três experiências positivas que você ou os seus colegas perceberam. Para essa, considere como o(s) seu(s) professor(es) pode(m) ter tomado precauções para garantir que as experiências planejadas fossem positivas para todos os alunos.

Experiências negativas	Experiências positivas
1.	1.
2.	2.
3.	3.

Você pode estar se perguntando por que alguns professores incorporam atividades inadequadas de aprendizagem no currículo ou se envolvem em práticas inefetivas de aulas. Isso é facilmente explicável. Antes de entrar para a faculdade, você passou cerca de 13 mil horas na escola (LORTIE, 1975). Durante esse período, com frequência conhecido como pré-treinamento, você teve a oportunidade de observar o processo de ensino e provavelmente observou muitos tipos de currículo. O resultado dessa experiência foi que você desenvolveu fortes crenças sobre como ensinar e o que pretendia incluir no seu currículo. Se gostou de um professor específico, você estará inclinado a imitar essa pessoa. Se gostou de uma atividade em particular, você estará inclinado a incluir essa atividade no currículo que criar. O problema é que não é sábio depender apenas de experiências passadas. Em vez disso, os professores competentes examinam com cuidado todas as suas práticas. Eles determinam como ensinar e o que ensinar com base no que aprenderam durante a faculdade e continuam a aprender e a aprimorar-se por meio de oportunidades de treinamento e do recurso de bons materiais.

Como um professor de sala de aula, você pode trazer muitos bens para o cenário da educação física. Provavelmente sente amor por crianças e tem um forte desejo de ajudá-las a serem bem-sucedidas. Também tem conhecimento sobre cada criança em suas turmas e sabe quais podem ser mais aptas fisicamente do que outras, quais têm maior probabilidade de atrapalharem o andamento da aula e quais ouvem as instruções com atenção. Se você também gostar de atividades físicas, ou se jogou em alguma equipe quando mais jovem, essas experiências vão lhe dar confiança.

IMPORTÂNCIA DA EDUCAÇÃO FÍSICA NO MUNDO DE HOJE

Em nenhum outro momento a educação física esteve uma uma posição tão boa para causar impacto nos alunos. Não bastasse as virtudes da atividade física terem sido exaltadas pela mídia, um relatório de referência, publicado pelo Surgeon General of the United States (UNITED STATES. DEPARTMENT OF HEALTH AND HUMAN SERVICES, 1996), enfatizando pontualmente os benefícios obtidos pela atividade física suave a vigorosa, modificou de modo acentuado a percepção do público acerca da importância da educação física. Além disso, estatísticas, como as que reproduzimos mais adiante, têm sido usadas para justificar a sua relevância na sociedade de hoje:

- Desde 1980, o número de crianças acima do peso nos Estados Unidos triplicou, sendo que 60% delas sofrem de fatores de risco de doença cardiovascular (NATIONAL ASSOCIATION FOR SPORT AND PHYSICAL EDUCATION; AMERICAN HEART ASSOCIATION, 2006).
- Atividades como jogar *videogame* e assistir à televisão estão ligadas à obesidade e a níveis reduzidos de atividade física (CLOCKSIN; WATSON; RANSDELL, 2002).
- Dado o estado físico das crianças dos Estados Unidos, é provável que essa geração tenha uma expectativa de vida menor do que a dos seus pais (OLSHANSKY, 2005).
- Somente cerca de metade dos jovens nos Estados Unidos se exercita regularmente ou participa de atividades físicas vigorosas (GRIFFITH, 2001; UNITED STATES. DEPARTMENT OF HEALTH AND HUMAN SERVICES, 2000).
- À medida que as crianças crescem, sua participação na atividade física decai drasticamente (UNITED STATES. DEPARTAMENT OF HEALTH AND HUMAN SERVICES, 1996).
- Aproximadamente 50% dos indivíduos entre 12 e 21 anos não são vigorosamente ativos regularmente (UNITED STATES. DEPARTMENT OF HEALTH AND HUMAN SERVICES, 1996).

Surpreendentemente, apesar dos achados listados acima, a população geral permanece ignorante ou despreocupada em relação à atividade física na juventude. Considere esses achados adicionais:

- A educação física é "[...] a maior esperança para a forma da nossa nação" (NATIONAL ASSOCIATION FOR SPORT AND PHYSICAL EDUCATION; AMERICAN HEART ASSOCIATION, 2010, p. 4).
- Cada vez mais evidências mostram forte conexão entre participação em atividades físicas e melhora no desempenho acadêmico (UNITED STATES. CENTERS FOR DISEASE CONTROL AND PREVENTION, 2010).

- Noventa por cento dos pais acreditam que deveria haver mais educação física na escola (HARVARD SCHOOL OF PUBLIC HEALTH, 2003).

A National Association for Sport and Physical Education (NASPE) recomenda que:

- As escolas façam programas abrangentes de saúde e de educação física de qualidade que sejam ensinados por um professor com graduação em educação física (NATIONAL ASSOCIATION FOR SPORT AND PHYSICAL EDUCATION; AMERICAN HEART ASSOCIATION, 2006, 2010).
- Crianças no ensino fundamental devem receber pelo menos 150 minutos por semana de educação física (NATIONAL ASSOCIATION FOR SPORT AND PHYSICAL EDUCATION; AMERICAN HEART ASSOCIATION, 2006, 2010).

Considerando que esses excertos representam apenas uma fração do enorme número de evidências que apoiam a atividade física diária, é impressionante o número de crianças no ensino fundamental que não recebem educação física no seu currículo. Mesmo que você ensine em uma escola que empregue um professor de educação física, os alunos se beneficiariam significativamente se o professor de sala de aula complementasse o currículo da educação física com atividades adequadas durante o recreio ou durante os intervalos de atividades físicas regulares. Os alunos voltariam para a sala de aula renovados e prontos para outras atividades acadêmicas. Mais importante ainda, suas ações demonstrariam aos alunos a importância da atividade física (ver Ponto-chave 1.2).

Ponto-chave 1.2

Demonstre a importância da atividade física mantendo um estilo de vida ativo e incorporando atividades de educação física no currículo escolar geral, sempre que possível. Se possível, tente disponibilizar pelo menos 30-60 minutos diários para atividades físicas apropriadas, em especial nos dias em que os alunos não tiveram aula com um professor de educação física.

EDUCAÇÃO FÍSICA BASEADA EM PADRÕES

Durante a segunda metade do século passado, esforços de reforma passaram a ser generalizados nos Estados Unidos em todas as áreas educacionais. O resultado foi o desenvolvimento de padrões de aprendizagem que delineavam o que as crianças de diferentes anos deveriam saber e ser capazes de fazer.* No caso da educação física, um painel de especialistas foi reunido pela NASPE para desenvolver padrões de aprendizagem que os estados poderiam usar ou modificar (NATIONAL ASSOCIATION FOR SPORT AND PHYSICAL EDUCATION, 1995). Revisados em 2004, os seis padrões são visíveis nos guias curriculares e planos de aula de milhares de profissionais de educação física em todos os Estados Unidos. Os padrões descrevem o que os alunos devem aprender sobre educação física; eles serão apresentados e discutidos em mais detalhes no Capítulo 2.

PROPÓSITO DA EDUCAÇÃO FÍSICA

O propósito da educação física não mudou de forma significativa nas últimas décadas. Apesar de os especialistas poderem discordar sobre quais atividades específicas devem ser enfatizadas, a maioria concorda que essa é uma disciplina em que os alunos devem:

- desenvolver e refinar habilidades motoras básicas;
- experimentar a criatividade por meio de dança ou ginástica;
- ser expostos a diversas atividades e esportes adequados ao seu nível de desenvolvimento;
- ter oportunidades de aprender e comprometer-se com os exercícios para a saúde;

---

* N. de R.T.: No Brasil houve processo semelhante com a elaboração dos Parâmetros Curriculares Nacionais (PCNs) e com os Referenciais Curriculares Nacionais (RCNs).

- adquirir compreensão dos princípios, das estratégias, dos conceitos e das táticas do movimento;
- divertir-se;
- aprender a trabalhar com os outros.

O que mudou nas últimas décadas, contudo, é a importância dada a manter os alunos ativamente envolvidos em atividades físicas moderadas a vigorosas por uma porção substancial do período de aula. Sim, há aulas em que é possível ver os alunos esperando um longo tempo na fila até chegar a sua vez. E, certamente, essas aulas não podem ser consideradas efetivas. Pelo contrário, a aula efetiva é aquela em que os alunos estão continuamente aprendendo e se movendo com frequência. É difícil ignorar os resultados das estatísticas citadas anteriormente. Portanto, independentemente das atividades de aprendizagem específicas que você decidir enfatizar em suas aulas, é importante que elas incluam muitas oportunidades de realizar atividades físicas por um longo período.

É interessante notar que a educação física é uma das poucas disciplinas em que os alunos são educados em três domínios diferentes. Primeiro, o *domínio psicomotor* enfatiza a aprendizagem de habilidades específicas que permitem que os indivíduos participem de jogos, esportes, exercícios e outras atividades físicas de maneira competente. Segundo, o *domínio cognitivo* inclui conhecimentos que os alunos adquirem sobre as regras, estratégias e técnicas das diferentes atividades, além de enfatizar a aprendizagem sobre as próprias funções corporais. Terceiro, o *domínio afetivo* enfatiza a aprendizagem sobre os próprios sentimentos, atitudes, valores e crenças sobre o movimento e as outras atividades físicas que se realiza. Vamos pensar nessa atividade física como um exemplo: quando os alunos se envolvem em exercícios aeróbicos, eles estão aprendendo no domínio psicomotor ao adquirir conhecimento sobre como completar um exercício ao ritmo da música. Eles aprendem no domínio cognitivo monitorando sua pulsação para determinar sua frequência cardíaca. Eles também aprendem no

Educação física e atividades para o ensino fundamental **21**

DESAFIO DE RACIOCÍNIO 1.4

Pense em uma atividade física que você se sente confortável realizando. Liste três elementos de cada um dos domínios que você enfatizaria se estivesse criando um currículo adequado e significativo. Por exemplo:

Nome da unidade Basquete

PSICOMOTOR	COGNITIVO	AFETIVO
1. Drible movimentando-se pela quadra	1. Lembre-se de empurrar a bola com as pontas dos dedos, não com a palma da mão	1. Desfrute a atividade

Nome da unidade

PSICOMOTOR	COGNITIVO	AFETIVO
1.	1.	1.
2.	2.	2.
3.	3.	3.

---

domínio afetivo quando refletem sobre os seus sentimentos a respeito de seus desempenhos em um diário escrito. Apesar de o propósito principal da educação física ser educar os alunos no domínio psicomotor, os domínios cognitivo e afetivo tornam-se considerações igualmente importantes durante o planejamento e a implementação das aulas. Se você acredita em ensinar a criança holisticamente, será importante incluir no currículo experiências de aprendizagem que reflitam uma consciência dos três domínios. Complete o Desafio de raciocínio 1.4.

Educação física adequada e significativa

Conforme discutido anteriormente, um curso ou livro didático não irá lhe proporcionar as condições de desenvolver um currículo com o mesmo grau de profundidade que um professor graduado em educação física. Ainda assim, será possível, para você, criar e implementar aulas perfeitamente críveis, das quais as crianças vão gostar, e que irão ajudá-las a progredir em busca de importantes objetivos educacionais. Será sua responsabilidade tirar vantagens de seus pontos fortes e aos poucos melhorar em áreas em que o seu conhecimento e suas habilidades são menos adequadas. Se você for um indiví-

duo com grandes habilidades, que participou de várias atividades físicas, é provável que o seu currículo reflita suas vantagens atuais. Já se você for um indivíduo menos apto, talvez não consiga incorporar a mesma variedade de lições no seu currículo, em comparação com seus colegas mais habilidosos. No entanto, isso não deve servir de desculpa para desenvolver aulas inadequadas ou para implementar um currículo deficiente. Em vez disso, comece incorporando as atividades com as quais você se sente confortável e tente adicionar outras gradualmente, conforme você aprende mais sobre as possibilidades e ganha confiança a partir da experiência. Mesmo que você participe raramente de atividades físicas, talvez por não gostar da disciplina ou por limitações impostas por suas próprias condições físicas, pode envolver seus alunos em um currículo empolgante do qual todos saem ganhando – inclusive você.

A educação física adequada e significativa pode variar desde ensinar os alunos a desenvolver e refinar suas habilidades motoras até ensiná-los a desenvolver um apreço por um estilo de vida ativo. Apesar de o desenvolvimento e o refinamento de habilidades motoras complexas exigir que o professor tenha conhecimento mais avançado sobre o tema, todos

A educação física enfatiza a aprendizagem nos domínios psicomotor, cognitivo e afetivo.

os professores podem facilmente envolver os alunos em atividades locomotoras e exercícios simples relacionados ao desenvolvimento de habilidades motoras menos complexas. É interessante notar que muitos professores com um alto grau de habilidade física não são necessariamente os mais efetivos. Em vez disso, às vezes é o professor menos apto fisicamente que é o mais efetivo. Esse indivíduo pode passar mais tempo planejando as aulas e considerando as necessidades individuais dos alunos.

Desenvolvendo um compromisso vitalício com a atividade física

Um resultado da educação física adequada e propositada deve ser o de desenvolver, entre os alunos, um compromisso de envolver-se em atividades físicas durante toda a sua vida. Para alguns indivíduos, isso inclui participar de esportes extracurriculares e envolver-se em atividades físicas vigorosas, como ciclismo, corridas, treino muscular ou aeróbico. Para outros, isso pode incluir caminhadas, nadar por prazer ou se comprometer a subir um lance de escadas em vez de esperar pelo elevador.

É impossível enfatizar suficientemente o papel que o professor desempenha ao estimular os alunos a desenvolver um apreço pela atividade física. Como modelo, você tem o potencial de influenciar os padrões de vida que as crianças começam a estabelecer desde jovens. Portanto, é de extrema importância que você crie um currículo em que todos os alunos possam ser bem-sucedidos e aproveitar as atividades. É igualmente importante que você consiga implementar um currículo de forma que os alunos

Essas crianças tomaram a decisão certa de usar as escadas.

desejem se envolver e tenham oportunidade adequada de participar, sem medo de passar ridículo, vergonha ou perigo. Como professor, você é uma pessoa privilegiada. Ao contrário de muitas outras posições profissionais, você tem a oportunidade de influenciar a futura geração do seu país. Use esse poder com sabedoria. Encare o desafio. Considere o significado da atividade física para manter uma vida longa e saudável. Desafie os seus alunos a tornarem-se participantes ativos da vida. No final, os benefícios terão valido o esforço dispendido.

Resumo

Há um número muito grande de evidências que indicam que a atividade física é uma importante atividade da vida. O ideal seria que as crianças participassem de atividades físicas vigorosas por pelo menos 60 minutos diários (UNITED STATES. DEPARTMENT OF HEALTH AND HUMAN SERVICES, 2008). Em alguns casos, as crianças se beneficiam de aulas dadas regularmente por um professor de educação física especializado. Em outros, os professores de sala de aula acabam tendo de se responsabilizar por essa importante disciplina. Independentemente de suas experiências prévias ou conhecimento, é importante criar um currículo que seja adequado. Enfatize o compromisso vitalício de envolver-se em atividades físicas regulares e facilite o sucesso para todos os participantes. Veja o quadro a seguir para identificar o que pode e o que não pode ser feito para ajudar os alunos a desenvolver apreço pela educação física.

Lista do que fazer e do que não fazer

Fazer	Não fazer
☐ Certificar-se de que todos os alunos receberam um número adequado de chances para treinar.	☐ Incorporar no currículo atividades que sejam inadequadas.
☐ Manter os alunos ativos durante a maior parte do período.	☐ Permitir que os alunos escolham suas equipes.
☐ Considerar as necessidades de todos os alunos ao planejar e implementar a aula.	☐ Envolver os alunos em atividades com pouco valor curricular.
☐ Envolver os alunos em educação física adequada e significativa.	☐ Pedir que os alunos participem de atividades que possam ser humilhantes.
☐ Demonstrar a importância de adquirir um estilo de vida fisicamente ativo.	☐ Contentar-se com um currículo medíocre.

Atividades de revisão

1. Defina o processo de ensino e o conteúdo do ensino de educação física. Forneça um exemplo de cada.

2. Descreva suas experiências na educação física do ensino fundamental para um colega.

3. Descreva as formas em que você gostaria que o seu currículo de educação física fosse tanto similar quanto diferente daquele que encontrou quando aluno.

4. Discuta o grau em que você se sente competente realizando atividades físicas e o grau em que se sente confortável dando aulas de educação física.

5. Acrescente mais itens à lista do que fazer e do que não fazer.

Referências

CLOCKSIN, B. D.; WATSON, D. L.; RANSDELL, L. Understanding youth obesity and media use: implications for future intervention programs. *Quest*, v. 54, n. 259-275, 2002.

GRIFFITH, D. *California physical education health project*: schools fail to make the grade on health. [S.l.: s.n.], 2001. Disponível em: <http://csmp.ucop.edu/cpehp/news/sftmtgoh.html>. Acesso em: 21 dez. 2005.

HARVARD SCHOOL OF PUBLIC HEALTH. *Obesity as a public health issue*: a look at solutions. Boston: Author, 2003.

LORTIE, D. C. *Schoolteacher*: a sociological study. Chicago: University of Chicago Press, 1975.

NATIONAL ASSOCIATION FOR SPORT AND PHYSICAL EDUCATION. *Moving into the future*: national standards for physical education: a guide to content and assessment. Reston: Author, 1995.

NATIONAL ASSOCIATION FOR SPORT AND PHYSICAL EDUCATION; AMERICAN HEART ASSOCIATION. *2006 Shape of the nation report*: status of physical education in the USA. Reston: National Association for Sport and Physical Education, 2006.

NATIONAL ASSOCIATION FOR SPORT AND PHYSICAL EDUCATION; AMERICAN HEART ASSOCIATION. *2010 Shape of the nation report*: status of physical education in the USA. Reston: National Association for Sport and Physical Education, 2010.

OLSHANSKY, S. J. et al. A potential decline in life expectancy in the United States in the 21st century. *New England Journal of Medicine*, v. 352, p. 1128-1145, 2005.

UNITED STATES. CENTERS FOR DISEASE CONTROL AND PREVENTION. *The association between school-based physical activity, including physical education, and academic performance*. Atlanta: U.S. Department of Health and Human Services, 2010.

UNITED STATES. DEPARTMENT OF HEALTH AND HUMAN SERVICES. *Healthy people 2010*: understanding and improving health. Washington: U.S. Government Printing Office, 2000.

UNITED STATES. DEPARTMENT OF HEALTH AND HUMAN SERVICES. *Physical activity and health*: a report of the Surgeon General. Atlanta: U.S. Department of Health and Human Services; Centers for Disease Control and Prevention; National Center for Chronic Disease Prevention and Health Promotion, 1996.

UNITED STATES. DEPARTMENT OF HEALTH AND HUMAN SERVICES. *Physical activity guidelines for americans*. Washington: Author, 2008.

Leitura recomendada

NATIONAL ASSOCIATION FOR SPORT AND PHYSICAL EDUCATION. *Moving into the future*: national standards for physical education. 2nd ed. Reston: Author, 2004.

CAPÍTULO 2

PLANEJAMENTO CURRICULAR

Como professor de sala de aula, você será responsável por criar um currículo anual que inclua objetivos de aprendizagem e atividades educacionais adequadas. Além de planejar o currículo de ensino de leitura, ciência, matemática e estudos sociais, talvez também seja necessário integrar a educação física ao currículo geral do ano que você está ensinando. O nosso objetivo é lhe passar as habilidades necessárias para montar a parte do currículo que se relaciona com a educação física. Também esperamos que as habilidades e o conhecimento que você adquirir neste capítulo o ajudem a desenvolver outros aspectos do seu currículo.

Apesar de ser possível adquirir conhecimentos valiosos com a leitura deste livro e com metodologias relacionadas à educação física, é provável que você necessite de assistência para planejar um currículo adequado aos seus alunos. Apesar de os capítulos sobre prática pedagógica terem sido criados com o objetivo de ampliar seus conhecimentos sobre

Colaborar com outros professores da comunidade escolar é divertido e revigorante, e o resultado é um currículo mais sólido.

atividades de desenvolvimento, você ainda vai precisar fazer atividades externas. Se a sua escola já conta com um professor de educação física e você estiver elaborando um currículo complementar ao ensinado por ele, é provável que seja possível contar com ele para ajudá-lo. Em quase todos os casos, esse professor irá receber seu interesse em educação física de braços abertos e ajudá-lo a montar um currículo complementar adequado, que dê às crianças cada vez mais oportunidades de serem ativas ao longo de todo o dia na escola. Ao trabalhar com o professor, você estará participando em *colaboração*, um evento que ocorre quando dois ou mais indivíduos trabalham juntos por um propósito em comum.

Infelizmente, muitos professores de sala de aula não têm a oportunidade de contar com a colaboração de um professor de educação física, porque a sua escola não emprega um professor na área. Se esse for o caso da sua escola, talvez seja bom buscar ajuda com educadores físicos que trabalhem em outras escolas no seu distrito. Você também pode ter novas ideias sobre o currículo de educação física falando com especialistas na sua comunidade que trabalhem como diretores de recreação, especialistas em academias e guias de atividades ao ar livre. No mínimo, seria sábio buscar ideias com outros professores na sua escola, em especial aqueles que incorporaram com sucesso a educação física em seu currículo. Assim que você tiver adquirido o conhecimento apropriado acerca do desenvolvimento do currículo e tiver acessado os recursos adequados, tais como livros didáticos e artigos de jornal, pode começar a criar um currículo de educação física para a sua turma. Complete o Desafio de raciocínio 2.1.

DESAFIO DE RACIOCÍNIO 2.1

Liste os indivíduos com os quais você poderia contar ao desenvolver um currículo de educação física. Depois, diga por que essas pessoas poderiam ajudá-lo.

Um dos aspectos mais difíceis ao planejar um currículo de educação física é encontrar tempo o suficiente durante as aulas para fazer tudo o que você gostaria de ensinar. Apesar de os professores geralmente terem boas intenções, às vezes eles tentam fazer coisas demais. Em vez de tentar ensinar às crianças cada habilidade ou conceito possível que possa considerar importante, é melhor que elas aprendam menos habilidades, porém com profundidade.

Se você for responsável por dar aulas de educação física, tente maximizar a quantidade de tempo que atribui à matéria. Apesar de também ter de se preocupar com a quantidade de tempo necessária para ensinar matérias como leitura e ciência, lembre-se de que participar de atividades físicas e de educação física pode melhorar o desempenho acadêmico da sua turma (United States. Centers for Disease Control and Prevention, 2010).

A National Association for Sport and Physical Education (NASPE) recomenda que crianças do ensino fundamental recebam pelo menos 150 minutos de educação física por semana. Isso significa que pelo menos 30 minutos por dia devem servir para envolver os alunos em atividades de educação física significativas, sequenciadas e adequadas (National Association for Sport and Physical Education; American Heart Association, 2010). Além disso, os professores também podem contribuir para os 60 minutos de atividade física diária que as crianças recebem incorporando atividades físicas significativas às aulas de outras matérias (United States. Department of Health and Human Services, 2008). Os professores também podem dar às crianças breves intervalos para realizar atividades físicas na sala de aula, permitindo que elas corram no lugar ou alonguem os músculos. Lembre-se: para algumas crianças, a escola é o único lugar onde elas têm a oportunidade de participar de alguma atividade física durante o dia. Portanto, planejar um currículo de educação física significativo, incluindo intervalos frequentes de atividade física ao longo do dia, poderá dar uma grande contribuição para a saúde da criança e, até, para o seu desempenho acadêmico.

DEFINIÇÃO DE CURRÍCULO

É bem provável que você seja capaz de dar uma definição para o termo "currículo". Na verdade, você provavelmente concorda com a maioria dos estudiosos que afirma que um currículo é um conjunto de cursos e experiências de aprendizagem que são oferecidos aos alunos na escola ou na faculdade. No mínimo, o currículo é um guia anual dos objetivos e das atividades que os alunos irão realizar. Ele também pode ser um guia longitudinal estendido, por meio do qual os professores planejam objetivos e atividades durante o período em que a criança está matriculada em determinada escola. É improvável que os professores de sala de aula de determinado ano planejariam um currículo longitudinal para educação física, a menos que estivessem no comitê colaborativo da escola; o mais comum é que um professor de educação física ficaria responsável por planejar um currículo longitudinal estendido. Visto que o especialista é responsável por dar aulas aos alunos de todos os anos, ele deve considerar o que os alunos vão aprender em cada ano. E como os professores em geral só ficam responsáveis pelos alunos durante o período de um ano, o currículo, conforme descrito neste capítulo, será considerado como um plano com duração de um ano. Apesar de não ser necessário planejar o que as crianças vão aprender de um ano para o outro, talvez seja bom pensar em planejar um currículo sequenciado, em que as crianças aos poucos aumentam o escopo das habilidades que estão aprendendo.

Este capítulo foi criado para ajudá-lo a selecionar objetivos de desenvolvimento e atividades de aprendizagem adequadas para os seus alunos. No Capítulo 3, você irá aprender a usar esses objetivos e incorporá-los a planos de aula diários mais específicos. Enquanto um currículo é amplo e geral, os planos de aula são reduzidos e específicos. E, para planejar estes de maneira efetiva, o professor deve, em primeiro lugar, considerar aquele – e desenvolver um currículo amplo e geral para atender às necessidades dos alunos em um estágio específico do desenvolvimento.

PADRÕES NORTE-AMERICANOS DE EDUCAÇÃO FÍSICA

Independentemente da matéria acadêmica, as últimas duas décadas foram consideradas um período de reforma educacional. Começando com o lançamento do relatório *A Nation At Risk* (NATIONAL COMMISSION ON EXCELLENCE IN EDUCATION, 1983), que resultou no desenvolvimento de objetivos educacionais nacionais, já que os estudantes norte-americanos estavam atrasados em relação aos estudantes de outros países em áreas como matemática e ciência, os professores passaram a ser obrigados a demonstrar a aprendizagem dos seus alunos em sala de aula. Na área da educação física, a NASPE respondeu aos esforços de reforma designando a Standards and Assessment Task Force a desenvolver padrões de conteúdo nacionais para a educação física. Ao mesmo tempo, os padrões foram sendo rapidamente desenvolvidos por outras organizações profissionais para sua respectiva área de especialização disciplinar. Desde a publicação dos primeiros padrões de educação física (NATIONAL ASSOCIATION FOR SPORT AND PHYSICAL EDUCATION, 1995), e sua subsequente revisão (NATIONAL ASSOCIATION FOR SPORT AND PHYSICAL EDUCATION, 2004), os padrões serviram de embasamento para currículos de educação física em muitas escolas de todo o país. Atualmente, 48 estados (92%) também desenvolveram padrões estaduais, e os seis padrões nacionais da NASPE costumam ser referenciados nesses padrões estaduais (NATIONAL ASSOCIATION FOR SPORT AND PHYSICAL EDUCATION; AMERICAN HEART ASSOCIATION, 2010).

Os seis padrões de conteúdo de educação física listados no Quadro 2.1 informam os professores sobre o que os alunos devem saber e conseguir realizar ao final de cada ano. Ao desenvolver um currículo de educação física, todos os seis devem ser refletidos em seus objetivos e

Quadro 2.1

NASPE National Physical Education Content Standards (NASPE, 2004) *Uma pessoa fisicamente educada:*	
Padrão 1: Demonstra competência em habilidades motoras e padrões de movimento necessários para realizar diversas atividades físicas. Padrão 2: Demonstra compreensão dos conceitos, princípios, estratégias e táticas do movimento ao aplicar a aprendizagem e o desempenho das atividades físicas.	Padrão 3: Participa regularmente de atividades físicas. Padrão 4: Realiza e mantém um nível saudável de aptidão física. Padrão 5: Exibe comportamento social e pessoal responsável, respeitando a si e aos outros em atividades físicas. Padrão 6: Valoriza a atividade física pela saúde, diversão, desafio, autoexpressão e/ou interação social.

Fonte: As autoras.

atividades. O Padrão 1 se refere à competência em habilidades motoras no domínio psicomotor, e inclui habilidades locomotoras (correr, pular, deslizar), não manipulativas (alongar, transferir peso, girar) e manipulativas (arremessar, pegar, bater). Nos anos iniciais, quando as crianças estão nos primeiros estágios de desenvolvimento, os professores focam-se no desenvolvimento das habilidades motoras básicas. Conforme os alunos avançam de ano e passam aos estágios seguintes de desenvolvimento de aprendizagem, eles passam a incorporar habilidades fundamentais a jogos em equipe e individuais que servem de base para sua participação posterior em atividades e esportes mais competitivos. Dos estados que usam padrões próprios, 98% fazem referência ao Padrão 1 da NASPE (NATIONAL ASSOCIATION FOR SPORT AND PHYSICAL EDUCATION; AMERICAN HEART ASSOCIATION, 2010).

O Padrão 2 enfatiza o conhecimento desenvolvido relacionado ao domínio cognitivo, e foi criado para garantir que os alunos compreendam as táticas, as estratégias e os princípios do movimento, além das regras e da história dos diferentes esportes e atividades.

Os Padrões 3 e 4 correspondem ao domínio psicomotor, mas relacionados à participação em atividades físicas e de condicionamento físico, não ao desenvolvimento de habilidades motoras. Eles foram escritos para incentivar o desenvolvimento de exercícios relacionados à saúde e ao comprometimento a envolver-se com atividades físicas durante toda a vida.

Por fim, os Padrões 5 e 6 são compatíveis com o domínio afetivo. O Padrão 5 promove respeito por si e pelos outros, como o apreço pela diversidade e pelas necessidades especiais no ambiente da atividade física. O Padrão 6 estimula as crianças a valorizarem a atividade física pelo bem que trazem à sua saúde, à sua autoexpressão e à interação social, e pelos desafios proporcionados.

Quando os alunos participam de atividades curriculares locomotoras, não manipulativas e manipulativas, eles estão trabalhando para alcançar o Padrão 1 da NASPE.

Aulas de educação física oferecem oportunidades para os alunos aprenderem a cooperar e apreciar a diferença nos outros.

A força-tarefa da NASPE redigiu os padrões de educação física em um formato semelhante aos padrões associados com outras matérias acadêmicas, tais como leitura e matemática, sendo que, na maioria dos casos, os padrões foram escritos para definir o que os alunos deveriam saber e realizar nos anos iniciais e finais do ensino fundamental e nas séries do ensino médio. Para determinar se as crianças são capazes de atingir os padrões ao final de cada grupo de 5º ano, 9º ano e ensino médio, a força-tarefa também desenvolveu resultados de desempenho de exemplo, alguns dos quais estão descritos no Quadro 2.2.

Para os professores, os padrões nacionais e os resultados sugeridos são um importante recurso para planejar objetivos e atividades do currículo que sejam adequados ao nível de desenvolvimento e passíveis de serem alcançados pelos alunos, seja nos anos mais baixos (1º e 2º) até um pouco mais avançados (3º a 5º). Apesar de alguns padrões serem mais fáceis de serem alcançados do que outros, com instrução efetiva e com atividades de aprendizagem adequadas para o nível de desenvolvimento, as crianças consideradas fisicamente educadas devem ser capazes de alcançar os padrões em algum momento de seu respectivo ano. Complete o Desafio de raciocínio 2.2.

> **DESAFIO DE RACIOCÍNIO 2.2**
>
> Escolha o ano para a qual você acha mais interessante dar aulas, e liste uma atividade de aprendizagem que considera adequada para alcançar cada um dos resultados de desempenho listados no Quadro 2.2.

VERTICALIZAÇÃO DO CURRÍCULO

Agora que você já sabe sobre os Padrões da NASPE e sobre os resultados de desempenho aplicados aos anos iniciais (1º ao 5º) do ensino fundamental, você pode começar a pensar no tipo de currículo que gostaria de desenvolver. Ao aprender mais nos capítulos de prática pedagógica sobre o conteúdo da educação física e sobre os níveis de desenvolvimento das crianças, seu currículo irá ficar cada vez mais aperfeiçoado. Esses capítulos também irão ajudá-lo a se familiarizar com a forma adequada de ordenar as atividades.

Estágios de desenvolvimento

Os especialistas em educação física são obrigados a fazer cursos que variam desde o desenvolvimento e controle motor até métodos

Quadro 2.2 Exemplos de resultados de desempenho da NASPE

1º E 2º ANOS

Padrão 1:
- Larga uma bola e a apanha no auge da subida.
- Realiza um passo simples de dança em sintonia com um ritmo específico (p. ex., devagar-devagar-rápido-rápido-rápido).

Padrão 2:
- Identifica corretamente várias partes do corpo (p. ex., joelho, pé, braço, palma).
- Descreve os efeitos de curto prazo da atividade física sobre o coração e os pulmões.

Padrão 3:
- Participa de atividades de pega-pega fora da escola.
- Envolve-se em atividade física moderada a vigorosa de modo intermitente.

Padrão 4:
- Participa de diversos jogos que aumentam as frequências cardíaca e respiratória.
- Aumenta a força dos braços e dos ombros ao atravessar uma escada horizontal.

Padrão 5:
- Demonstra compaixão pelos outros ajudando-os.
- Relata honestamente os resultados do trabalho.

Padrão 6:
- Continua participando mesmo não sendo bem-sucedido na primeira tentativa.
- Identifica diversas atividades proveitosas.

3º AO 5º ANO

Padrão 1:
- Demonstra boa postura ao levantar e carregar um objeto.
- Dribla e depois passa a bola de basquete para um companheiro em movimento.

Padrão 2:
- Explica como o treino adequado melhora o desempenho.
- Cria um novo jogo incorporando pelo menos duas habilidades motoras, regras e estratégias.

Padrão 3:
- Participa de atividades esportivas organizadas oferecidas por programas comunitários locais.
- Participa de um programa de esportes fechados oferecido pela escola.

Padrão 4:
- Mantém a frequência cardíaca na frequência-alvo por um período de tempo especificado durante uma atividade aeróbia.
- Corre o equivalente a duas voltas na pista.

Padrão 5:
- Estimula os outros regularmente e evita comentários negativos.
- Coopera com todos os colegas se revezando e dividindo os equipamentos.

Padrão 6:
- Escolhe participar de atividades físicas em grupo.
- Defende os benefícios da atividade física.

Fonte: National Association for Sport and Physical Education (2004).

---

de instrução e de atividades físicas. Eles passam inúmeras horas recebendo informações e completando cursos feitos que lhes passam informações sobre o conteúdo, a construção de currículo e como diagnosticar e avaliar os níveis de desenvolvimento dos alunos. Infelizmente, o professor de sala de aula não tem o mesmo tipo de oportunidade. Você irá adquirir alguns conhecimentos fundamentais ao ler este livro; contudo, seria irreal esperar que possa adquirir informações sobre como distinguir as diferenças de desenvolvimento em

crianças na mesma profundidade que um graduado em educação física. Em vez de tentar ensinar as especificidades sobre o desenvolvimento infantil durante as atividades locomotoras, não manipulativas e manipulativas, você irá aprender a avaliar o nível de desenvolvimento de cada criança associando-o a um dos três estágios básicos.

Estágio I

O primeiro nível de desenvolvimento é sinônimo de desempenho de nível inicial ou sem refinamento. O Estágio I refere-se aos alunos que só estão começando a aprender e a desempenhar uma habilidade, que têm pouco controle sobre seus movimentos e que tendem a cometer muitos erros. A seguir constam alguns exemplos do que você pode ver no Estágio I.

- Ao pular para a frente, Amanda perde o equilíbrio e cai.
- Roberto deixa os braços bem esticados e duros ao tentar pegar uma bola.
- Ao tentar saltar uma barreira, Pedro tem dificuldade de lembrar que precisa dar uma parada antes de saltar.
- Durante uma aula em que os alunos precisam usar a palma da mão para jogar uma bola para o alto consecutivas vezes, Tânia com frequência erra o contato com a bola.
- Apesar de José parecer gostar de chutar a bola, ele não consegue mandá-la mais de um metro a cada vez.

Embora esses exemplos sejam mais encontrados em crianças de anos mais baixos (1º e 2º), também é possível ver alunos do Estágio I em anos mais avançados. Por exemplo, um arremesso de beisebol é difícil de dominar. Se uma criança não tiver tido alguma forma de instrução, é possível observar alunos de 5º ano que ainda estão no Estágio I de desenvolvimento.

Estágio II

O estágio seguinte de desenvolvimento, que é sinônimo de nível intermediário de desempenho, é conhecido como Estágio II. As crianças nesse nível adquiriram algum grau de habilidade na execução de um movimento específico. Elas irão demonstrar maior consistência, sendo capazes de desempenhar uma habilidade em um ambiente *invariável*, que seja estável e que não tenha alterações. Por exemplo, as crianças conseguem controlar a bola quando estão sozinhas. No entanto, nesse nível as crianças ainda não estão prontas para utilizar as habilidades que estão adquirindo em jogos

complexos, semelhantes a esportes com regras. Em vez disso, elas precisam de mais prática em atividades cada vez mais complexas. Estão prontas para utilizar essas habilidades em atividades simples com um parceiro ou pequeno grupo, mas não em atividades com grupos maiores, que exigem que a criança se ajuste a um ambiente *dinâmico*, em constante mutação. A seguir constam alguns exemplos de alunos que você pode observar no Estágio II de desenvolvimento.

- Antônio e seu parceiro conseguem trocar passes com uma bola de vôlei cinco vezes consecutivas.
- Lídia pode integrar três habilidades (girar, se curvar e transferir peso) e três conceitos (alto, forte e ao lado) em uma rotina criativa de movimentos repetitivos.
- Indo até o final do ginásio, George pode jogar uma bola de um lado para o outro para seu parceiro sem errar.
- Gordon consegue completar um salto com rolamento em sequência.

Apesar de ser tentador planejar atividades cada vez mais avançadas depois de a criança ter alcançado o Estágio II, é importante criar um ambiente em que ela possa ser bem-sucedida. Para isso, é necessário que o professor desenvolva atividades para um ambiente que fique entre o invariável e o dinâmico, o que é difícil para qualquer um, independentemente de ser ou não um professor em educação física. Com observação e prática, contudo, o professor da sala de aula irá aprender a criar atividades adequadas para esse nível de desenvolvimento.

Estágio III

Um nível de desenvolvimento cada vez mais avançado, o Estágio III não costuma ser observado em alunos nos 1º e 2º anos do ensino fundamental, a menos que as tarefas sejam básicas e facilmente realizáveis. Por exemplo, muitos alunos devem ser capazes de desempenhar de forma competente habilidades locomotoras ao final do 2º ano, mas atividades que

Alunos que têm algum sucesso em passar uma bola de praia de forma consecutiva provavelmente estão no Estágio II de desenvolvimento.

requerem um nível mais desenvolvido de habilidade, tais como rebater, pegar e arremessar não serão refinadas, a menos que a criança tenha recebido oportunidades de praticar esses movimentos adequadamente fora da escola. Entre o 3º e o 5º ano, contudo, os professores podem esperar ver seus alunos chegando ao Estágio III em um número cada vez maior de habilidades, como driblar, chutar e seguir uma bola. Os professores podem começar a observar que alunos podem realizar o seguinte:

- Brenda consegue recuperar a bola de basquete e imediatamente passá-la para uma colega de equipe, quando joga em três contra três.
- Durante uma aula de demonstração, Luís e Sandro realizam uma rotina de ginástica de 1 minuto que flui sem percalços, integra conceitos complexos e que pode ser explicada para os outros.
- Benjamim e Helena jogam uma versão modificada de *badminton*, na qual eles devem manter a peteca em movimento por 10 vezes consecutivas de um lado ou outro da rede.
- Paula e suas duas colegas de time conseguem integrar estratégias tanto de defesa como de ataque em um jogo de futebol de quatro contra quatro.

Lembre-se de que as crianças não estarão, necessariamente, no mesmo nível de desenvolvimento para todas as habilidades e atividades que estiverem aprendendo. Se elas começaram a aprender a saltar obstáculos no 4º ano, elas estarão no Estágio I. Ao mesmo tempo, contudo, elas podem estar no Estágio III de chutar. Aquelas que tiveram mais oportunidades de aprender uma habilidade e praticá-la adequadamente estarão em um nível mais alto de desenvolvimento. Assim, você vai precisar estruturar seu currículo de educação física para dar conta das diferentes necessidades dos alunos, da mesma forma que você estruturaria seu currículo de leitura. Nem todas as atividades que apresentar serão adequadas para todos os alunos; como resultado, as atividades que apresentar serão variadas. Além do mais, será necessário ter cuidado para ordenar suas atividades de modo que elas sejam apresentadas às crianças em um nível adequado, e só depois aumentem de modo gradual a dificuldade, para que os alunos tenham capacidade de lidar com atividades mais desafiadoras. Os capítulos de prática pedagógica irão ajudá-lo a tomar decisões sobre a seleção e a ordem das atividades. Veja o Ponto-chave 2.1 para saber o que é possível esperar ao dar aulas de educação física.

Ponto-chave 2.1

O professor que compreende os diferentes estágios da aprendizagem sabe que:

1. É possível estar no Estágio III de chutes e no Estágio I de arremessos.
2. Conforme os alunos passarem de ano, as diferenças nos níveis de habilidade ficarão mais aparentes.
3. Algumas crianças podem regredir, especialmente se não treinarem com frequência. Por exemplo, elas podem demonstrar as características de Estágio II para pegar uma bola em outubro, mas regredir ao Estágio I em janeiro, caso não tenham tido prática ou aula nessas atividades nesse período.

Desenvolvendo objetivos curriculares realistas

Antes de desenvolver um novo currículo, seria bom avaliar quaisquer documentos curriculares preexistentes. Se não houve planos prévios à disposição, será necessário começar um planejamento novo do zero. Faça o seu tema de casa seguindo as sugestões que foram passadas no início deste capítulo. Ou seja, falar com o professor de educação física da sua escola, ou, se a escola não tiver um, falar com outros professores de educação física do seu distrito. Fale com especialistas em atividades físicas na comunidade. Pergunte aos alunos o que eles gostariam de aprender na educação física. Envolva o diretor e a enfermeira da escola, pergunte a eles o que esperam alcançar com o currículo. Trabalhe em conjunto com os outros professores e adquira diversos recursos, que podem incluir livros, os Padrões Nacionais (NATIONAL ASSOCIATION FOR SPORT AND PHYSICAL EDUCATION, 2004) e informações sobre quanto tempo por dia deve ser reservado ao ensino da educação física e onde essas aulas devem ocorrer.

Quando tiver completado essas questões básicas, conforme descrito anteriormente, você estará pronto para pensar sobre que objetivos gostaria de alcançar ao longo do ano. Para desenvolver objetivos realistas e alcançáveis, seria bom seguir esses três procedimentos básicos.

Procedimento #1

Para determinar o quanto é possível realizar, será necessário saber quantos dias de aula estarão disponíveis por ano. Você pode calcular isso com facilidade multiplicando o número de dias por semana de aulas de educação física pelo número de semanas no ano letivo. Subtraia do total o número de dias em que a aula de educação física será cancelada devido a eventos especiais, como passeios. Apesar de algumas escolas se reunirem o ano todo, a maioria se reúne 180 dias por ano*, o que significa 36 semanas de educação física. Por exemplo:

2 dias por semana reservados para a educação física $\times$ 36 semanas = 72 dias

72 dias – 6 dias de eventos especiais = 66 dias de aula de educação física

66 dias $\times$ 30 minutos de aula = 1.980 minutos (1.980 / 60 minutos = 33 horas)

Total de *66 dias de aula ou 33 horas* de educação física por ano

Você pode se surpreender com quão pouco tempo há à disposição durante o ano para a educação física. Complete o Desafio de raciocínio 2.3 para ver se pode encontrar formas criativas de aumentar essa quantidade de tempo.

DESAFIO DE RACIOCÍNIO 2.3

Liste cinco formas de aumentar a quantidade de tempo disponível para a educação física sem reduzir o tempo de quaisquer outros conteúdos que você deve ensinar.

Procedimento #2

Liste todos os objetivos que você gostaria de realizar. Seja extravagante e pense grande. Pense em cada forma de conhecimento e habilidade que você acredita que os seus alunos deveriam adquirir ao final do ano para o ano que você está ensinando. Após gerar essa lista, será fácil perceber o quão pouco se pode realizar em apenas 33 horas. Talvez você aumente

---

* N. de R.T.: No Brasil, a média é de 200 dias letivos por ano e 74 horas de aulas de educação física por ano.

seu tempo de aula reestruturando o recreio de modo a realizar atividades físicas significativas. Além disso, você vai precisar reduzir sua lista para englobar apenas aqueles objetivos que podem ser atingidos em 33 horas. Pode reduzir a lista eliminando atividades que seriam difíceis de ensinar porque você tem conhecimentos limitados e não deseja ensinar conceitos incorretos, introduzir atividades de ensino inadequadas ou criar um ambiente inseguro. Também é possível reduzir ainda mais a lista se não tiver instalações ou equipamentos, como uma piscina, que lhe permitam realizar algumas atividades.

Conforme seus objetivos forem sendo refinados, você deve se fazer duas perguntas: (1) as minhas atividades são consistentes com os Padrões da NASPE (ou os padrões do seu estado), e (2) elas são realizáveis, dada a quantidade de tempo disponível para as aulas? Como enfatizado no Ponto-chave 2.2, nesse momento é muito melhor pensar pequeno e alcançar seus objetivos desejáveis do que pensar grande e fazer seus alunos participarem de muitas atividades para as quais eles ainda não desenvolveram as habilidades básicas necessárias.

Ponto-chave 2.2

É melhor ser bem-sucedido em diversos objetivos menores do que não realizar nada porque estabeleceu um número irrealista.

Procedimento #3

Agora que você sabe que objetivos planeja alcançar, integre-os formalmente ao currículo redigindo-os na forma de uma frase. Será muito importante que você escreva objetivos claros e realizáveis, porque os objetivos e as atividades de aprendizagem terão como base as suas definições de objetivos. Isto é, para cada objetivo deve ter uma atividade de aprendizagem adequada. Ou seja, para cada atividade de aprendizagem, deve ter um objetivo alcançável.

De modo específico, os objetivos são definições amplas relacionadas às habilidades

e aos conhecimentos que você deseja que os seus alunos adquiram. Os objetivos não são listas de atividades específicas que os alunos irão realizar ou declarações relacionadas à forma como serão avaliadas. Em vez disso, eles são muito mais gerais e menos inclusivos, e dão conta dos resultados da aprendizagem. Os objetivos do currículo podem ser como segue:

- Os alunos irão conseguir desempenhar habilidades locomotoras.
- Os alunos irão jogar e apanhar uma bola em níveis diferentes e com força.
- Os alunos irão realizar movimentos de ginástica que incorporam diferentes conceitos.
- Os alunos irão compreender o conceito de força e conseguir integrá-lo em diversas atividades manipulativas.
- Os alunos irão compreender os diversos componentes das habilidades motoras básicas.
- Os alunos irão desenvolver um grau adequado de resistência cardiovascular e envolver-se em atividades cardiovasculares regularmente fora das aulas de educação física.
- Os alunos irão divertir-se ao participarem de atividades criativas, como dança.

Equipamento e instalações

É muito mais fácil redigir um currículo quando você tem uma quantidade ilimitada de equipamentos e instalações excelentes. Se a sua escola tiver um professor de educação física, ela provavelmente terá uma ampla variedade de equipamentos à disposição. Contudo, se o professor de educação física não quiser dividir os equipamentos – por medo de perda ou dano – você vai precisar ser criativo. Apesar de poder achar sua perspectiva desarrazoada por não compartilhar os equipamentos, tente entender que o professor de educação física recebe um dos orçamentos mais baixos da escola para comprar alguns dos equipamentos mais caros. De novo, se a sua escola não contar com um professor de educação física, você

Quadro 2.3

FORMAS CRIATIVAS DE ADQUIRIR EQUIPAMENTOS

1. Peça a pais voluntários que façam em casa equipamentos como sacos de feijão.
2. Pense em formas criativas de usar produtos diários que seriam jogados fora (p. ex., suportes de papel-toalha como bastões, caixas de leite como objetos para chutar, latas fechadas de batatinhas com ervilhas secas como instrumentos musicais, ou caixas de aveia como cones).
3. Peça para os professores de tênis dos clubes esportivos da região e dos clubes para guardar bolinhas que eles jogariam fora.
4. Levante dinheiro para novos equipamentos realizando uma caminhada escolar patrocinada.

Fonte: As autoras.

provavelmente terá acesso a equipamentos muito limitados. Entretanto, em qualquer um desses cenários menos otimistas, é possível adquirir equipamentos com um pouco de engenhosidade e proatividade. No Quadro 2.3 há sugestões criativas de adquirir equipamentos.

Apesar do fato óbvio de que o seu currículo será muito influenciado pelo equipamento e pelas instalações disponíveis, tente pensar em formas de ensinar as atividades que considera importantes dentro das limitações ambientais que encontrar. É claro, se você não tiver acesso a colchonetes, será mais difícil, talvez impossível, ensinar ginástica, e pode ser necessário remover esse conteúdo do seu currículo pretendido. Apesar de contratempos periódicos, tais como equipamentos inadequados, se você mostrar ao diretor que desenvolveu um programa de educação física de qualidade, ele pode se dispor a estabelecer um pequeno fundo para comprar equipamentos necessários, como bolas.

Quando tiver noção dos equipamentos e das instalações à disposição, liste-os em um grande cabeçalho no seu plano curricular. É claro, ao desenvolver atividades de aprendizagem específicas, essa lista sofrerá modificações. Ainda assim, ela pode lhe dar uma referência por onde começar. Lembre-se: essa seção do currículo costuma ser precedida pelos seus objetivos. Por fim, certifique-se de considerar como você pretende responder a alterações climáticas em dias em que pretendia realizar atividades ao ar livre.

Planejamento anual

O próximo componente do desenvolvimento do currículo é provavelmente aquele que irá exigir maior consideração, criatividade, esforço e recursos, mas também pode ser o aspecto mais satisfatório do planejamento. Agora que você listou objetivos adequados e tem uma ideia geral do equipamento e das instalações disponíveis, é hora de começar a planejar quais atividades você irá ensinar durante cada dia do ano letivo. Esse processo envolve dois passos principais.

Determinando o tempo para cada atividade

Vamos usar o exemplo dado anteriormente e dizer que você tem 66 dias de aula à sua disposição. Nessa fase do desenvolvimento curricular, você deve considerar quanto tempo irá gastar para atingir cada objetivo. Obviamente, serão necessários ajustes aos seus objetivos, apagando alguns e acrescentando outros, ao considerar quanto tempo será necessário para atingir cada um deles. Se determinar que 10% do seu ano deve ser reservado para o ensino de atividades locomotoras, você irá denotar 6,6 dias para a realização desse objetivo. Se um dos seus objetivos for definir que os alunos irão compreender o conceito de força e conseguir integrá-lo em diversas atividades manipulativas, você pode reservar 5%, ou 3,3 dias, para a instrução de atividades de força e como ela se relaciona a habilidades como chutar, arremessar e bater. Além

A maioria dos professores de sala de aula precisa ser criativa para adquirir a quantidade adequada de equipamentos para dar conta das necessidades curriculares dos seus alunos.

disso, haverá dias durante o ano em que você pode enfatizar a força, mesmo que esse não seja o objetivo principal daquela aula.

Depois de completado esse processo, a soma do tempo reservado para objetivos específicos deve totalizar 100%. Para facilitar as coisas, se determinar que 9,8 dias serão reservados para movimentos criativos, você pode simplesmente ajustar esse número para para cima, a 10 dias de aula. Isso, é claro, irá exigir que você também ajuste outros dias para baixo, de modo a preservar o número de 100%.

Desenvolvendo um cronograma de atividades

Após determinar que porcentagem de tempo será gasta em cada objetivo, você está pronto para considerar que atividades irá ensinar para alcançar os seus objetivos. Além disso, irá disponibilizar essas atividades em um cronograma que corresponda ao ano acadêmico da sua escola. Veja o Quadro 2.4 como exemplo. Se o seu cronograma diz que você só dá aulas às terças e quintas, desenvolva uma tabela que inclua apenas esses dois dias. Se estiver realmente comprometido com a importância da educação física, é possível decidir desenvolver um cronograma de atividades para cada dia do ano. Naqueles dias em que estiver formalmente dando aulas de educação física, você será

muito específico. Nos dias em que não houver aulas de educação física, talvez queira definir como irá incorporar uma atividade física na sua aula usando o tempo do recreio ou dando às crianças breves intervalos de atividade a cada hora de aula para que elas se envolvam em atividades físicas por 2 ou 3 minutos. Complete o Desafio de raciocínio 2.4.

DESAFIO DE RACIOCÍNIO 2.4

Pense em cinco formas diferentes de incorporar atividades físicas nas suas atividades em sala de aula.

Observe que cada dia de aula no cronograma de atividades ilustrado no Quadro 2.4 é dividido em três seções. A primeira, *aquecimento*, tem como objetivo envolver os alunos em atividades vigorosas que se relacionam diretamente com o foco da aula do dia. Essas atividades devem ser envolventes e divertidas, e não o tipo tradicional que você deve ter sido convidado a participar quanto criança (p. ex., apoios, abdominais, correr em círculos). A segunda seção, *atividade*, descreve de modo suscinto uma ou mais atividades que irão realizar um objetivo específico e proporcionar a maior parte da aula. Essas atividades devem ser ordenadas de modo a serem cada vez mais

Quadro 2.4 Exemplo de cronograma de atividades

TERÇA-FEIRA, 1º DE SETEMBRO

Aquecimento:	Polícia e Ladrão (3 min)
Atividade:	Habilidades locomotoras (22 min)
Revisão:	Reiterar os componentes de cada habilidade durante o alongamento (5 min)

TERÇA-FEIRA, 8 DE SETEMBRO

Aquecimento:	Jogar a bola contra a parede (2 min)
Atividade:	Jogar a bola para um parceiro a diferentes distâncias (15 min) Jogar a bola para o alto sozinho e a diferentes alturas (10 min)
Revisão:	Discutir os componentes de um arremesso (3 min)

QUINTA-FEIRA, 3 DE SETEMBRO

Aquecimento:	Dançar livremente ao som de música (5 min)
Atividade:	Desenvolver uma sequência de movimentos coordenados e criativos para integrá-los a uma música com fluidez e ritmo (22 min)
Revisão:	Escolher dois grupos para se apresentarem enquanto os alunos se alongam (3 min)

QUINTA-FEIRA, 10 DE SETEMBRO

Aquecimento:	Pega-pega (3 min)
Atividade:	Foco na força dos membros superiores: Futebol caranguejo em grupos de 5 (12 min) Diferentes posições de equilíbrio, com o peso sendo sustentado principalmente pelos braços (12 min)
Revisão:	Discutir sobre como aumentar a força dos membros superiores enquanto alonga os músculos (3 min)

Fonte: As autoras.

desafiadoras, à medida que os alunos adquirem habilidades. A terceira, *revisão*, é um breve período de tempo em que os alunos esfriam o corpo enquanto reveem os principais conceitos trabalhados em aula. Apesar de considerações sobre o tempo serem mais traba-

Os professores que se comprometem com as atividades físicas encontram soluções criativas para manter as crianças ativas ao longo de todo o dia de aula.

lhadas durante os planos de aula individuais (ver Capítulo 3), alguns professores gostam de incluir uma dimensão temporal no seu cronograma de atividades.

Um componente do planejamento do cronograma de atividades inclui saber quando agrupar atividades de modo que as crianças sejam bem-sucedidas antes de avançar. Isso requer algum grau de conhecimento e experiência. Conforme o seu conhecimento de educação física amadurece, você irá aprender que atividades requerem maior ênfase do currículo. Você também irá aprender que é importante voltar a atividades mais desafiadoras periodicamente ao longo do ano para que os alunos não regridam no seu desempenho ou esqueçam importantes elementos da habilidade. Por exemplo, ensinar os alunos o movimento de voleio por cima da cabeça, uma das habilidades mais difíceis de aprender, pode ser melhor ao longo de três dias consecutivos com revisões subsequentes em dois outros momentos do ano letivo.

AVALIANDO O CURRÍCULO

Um importante aspecto do desenvolvimento do currículo inclui a avaliação. No início de sua carreira como professor, você irá cometer muitos erros até ganhar experiência, por isso, nunca se culpe por errar. Algumas das melhores ideias que temos hoje nasceram de erros humanos. Quando certas atividades fracassam, não as abandone imediatamente sem refletir por que elas não obtiveram sucesso. Faça modificações e tente a atividade novamente no futuro. Se você determinar que uma atividade é simples demais, não é divertida, ou não tem valor de aprendizagem, faça uma anotação no seu cronograma de atividades e inclua uma atividade diferente nos próximos anos.

Apesar de ser improvável que você necessite avaliar um currículo de educação física que tenha sido desenvolvido por um especialista, é de sua responsabilidade avaliar um currículo de educação física que você mesmo tenha desenvolvido para seus alunos. Como especialistas em currículos, recomendamos avaliar profundamente o seu currículo a cada 3 a 5 anos. Quando tiver desenvolvido um currículo consistente, dificilmente será necessário redesenvolver um currículo inteiro do zero; em vez disso, você só irá revisar o que já foi desenvolvido à luz de informações mais recentes, de modo a mantê-lo atualizado. A seguir constam algumas técnicas de avaliação que você pode empregar:

- Convide professores de educação física ou colegas professores para fazer comentários sobre o seu plano atual.
- Incorpore novos objetivos e atividades que reflitam os conhecimentos da pesquisa atual.
- Peça para os alunos comentarem sobre as atividades de aprendizagem que eles gostaram mais, e das que eles gostaram menos.
- Avalie periodicamente o desempenho dos alunos para determinar se o seu currículo apresenta os desafios adequados.
- Determine se você tem ou não instalações e equipamentos adequados para proporcionar o que os alunos precisam aprender.

Em alguns casos, você pode receber um currículo preparado para a educação física e ser requisitado a aplicar um plano de aulas pré-planejadas, que considere que os alunos vão gostar, ou com o qual você se sente confortável ensinando. Se for este o caso, você ainda tem responsabilidade por avaliar o que está bem feito e o que precisa melhorar. Faça anotações sobre atividades que foram muito fáceis ou difíceis, que foram mais divertidas do que outras, e que pareceram resultar em maior aprendizagem por parte dos alunos. Com base na sua avaliação, modifique o currículo no futuro, de modo que ele cumpra de maneira mais eficaz as necessidades individuais dos seus alunos.

Resumo

Este capítulo foi escrito para apresentar os conceitos de desenvolvimento do currículo e o processo de desenvolvimento de um plano anual. Mas o mais importante é que os professores precisam tomar consciência dos Padrões da NASPE e entender como realizá-los para os anos iniciais (1º ao 5º), considerando os diferentes estágios da aprendizagem (I, II e III). Os planos de aula que obtêm mais sucesso vêm de professores que começam desenvolvendo cuidadosamente objetivos que refletem os Padrões da NASPE, e que não se limitam às instalações e aos equipamentos imediatamente disponíveis. De modo a traduzir o currículo para planos de aula com maior efetividade, os professores são estimulados a desenvolver atividades para o cronograma de atividades que reflitam objetivos individuais de aprendizagem. Por fim, um bom currículo requer reflexão e revisão periódicas, particularmente no que tange às necessidades individuais dos alunos e às idiossincrasias da comunidade de aprendizagem na qual o professor está inserido. Veja o quadro a seguir para identificar o que pode e o que não pode ser feito no planejamento de currículo.

Lista do que fazer e do que não fazer

Fazer	Não fazer
□ Colaborar com outros professores ao desenvolver um currículo e gerar ideias com especialistas da sua comunidade.	□ Desenvolver um currículo sozinho.
□ Criar um currículo que dê conta dos seis Padrões da NASPE.	□ Planejar atividades a menos que elas possam dar conta de pelo menos um Padrão da NASPE.
□ Estar ciente dos três estágios do desenvolvimento ao planejar atividades de aprendizagem.	□ Presumir que todos os alunos aprendem no mesmo ritmo.
□ Pensar criativamente sobre como adquirir a quantidade adequada de equipamentos para ensinar diferentes atividades curriculares.	□ Presumir que o professor de educação física é insensível se não estiver disposto a compartilhar equipamentos.
□ Ajustar seus objetivos ao se dar conta do que é possível realizar.	□ Planejar atividades sem considerar se elas estão realizando algum objetivo importante da aprendizagem.

Atividades de revisão

1. Em um pequeno grupo com seus colegas, pensem em todas as habilidades e conhecimentos que vocês acreditam que as crianças devem adquirir durante o 3º ano. Agora diminua essa lista, para que ela inclua apenas aquelas habilidades que podem ser aprendidas em 33 horas de aula por ano. Compare essa lista com os Padrões da NASPE para determinar se estão levando todos em conta. Escreva pelo menos 10 objetivos curriculares que equivalham àquilo que você considera que os alunos devem aprender. Por fim, complete um mês do cronograma de atividades usando os objetivos desenvolvidos.

2. Pense em cinco exemplos nos quais é possível combinar dois ou mais Padrões da NASPE em uma única atividade de aprendizagem.

3. Com um colega, pense em cinco tipos diferentes de equipamento que você pode construir para sua sala de aula sem custos.

4. Escreva uma carta hipotética para os pais descrevendo o currículo de educação física que

você irá desenvolver durante o ano e o que eles podem esperar que seus filhos aprendam.

5. Discuta com a turma os aspectos do desenvolvimento de currículo que você considera mais desafiadores.

Referências

NATIONAL ASSOCIATION FOR SPORT AND PHYSICAL EDUCATION; AMERICAN HEART ASSOCIATION. *2010 Shape of the nation report*: status of physical education in the USA. Reston: National Association for Sport and Physical Education, 2010.

NATIONAL ASSOCIATION FOR SPORT AND PHYSICAL EDUCATION. *Moving into the future*: national standards for physical education. Boston: Mc-Graw Hill, 1995.

NATIONAL ASSOCIATION FOR SPORT AND PHYSICAL EDUCATION. *Moving into the future*: national standards for physical education. 2nd ed. Reston: Author, 2004.

NATIONAL COMMISSION ON EXCELLENCE IN EDUCATION. *A nation at risk*: the imperative for educational reform. Washington, DC: U.S. Government Printing Office, 1983.

UNITED STATES. CENTERS FOR DISEASE CONTROL AND PREVENTION. *The association between school-based physical activity, including physical education, and academic performance*. Atlanta: U.S. Department of Health and Human Services, 2010.

UNITED STATES. DEPARTMENT OF HEALTH AND HUMAN SERVICES. *2008 Physical activity guidelines for americans*. Washington: Author, 2008.

CAPÍTULO 3

PLANEJAMENTO DE AULAS

Em média, a quantidade de tempo de aula dedicado à educação física no ensino fundamental é de 30 minutos*, duas vezes por semana. Em algumas escolas, os alunos têm sorte de terem educação física cinco vezes por semana, o que normalmente ocorre em escolas localizadas em estados como Illinois, onde há um mandato legislativo estabelecendo que os alunos devem receber educação física diariamente. Outros estados, como o Alabama, a Flórida e a Louisiana, exigem que os alunos recebam a recomendação nacional de mais de 150 minutos de educação física por semana (NATIONAL ASSOCIATION FOR SPORT AND PHYSICAL EDUCATION; AMERICAN HEART ASSOCIATION, 2010).

Apesar de ser preferível que os alunos tenham educação física diariamente com um especialista treinado, nos estados em que os mandados são menos estritos, os professores de sala de aula têm permissão para planejar aulas em que os alunos tenham alguma forma de atividade física. Um mandato menos rígido significa que haverá professores mais comprometidos com o ensino de educação física de alta qualidade, e outros que simplesmente permitem que os alunos participem de jogos sem estruturação no ginásio ou no pátio. Os professores do primeiro grupo entendem o significado das atividades físicas para a saúde das crianças. Os do segundo grupo estarão satisfeitos se as crianças ficarem brincando na caixa de areia ou apenas conversando com os amigos.

Nos Capítulos 9 e 10, você aprenderá mais sobre a epidemia de obesidade e por que é importante envolver os alunos em atividades físicas que promovam exercícios relacionados à saúde. Hoje, é mais importante do que nunca planejar aulas que otimizem a pequena quantidade de tempo que se reserva à educação física. Mesmo que tenham ido de bicicleta para a escola ou brinquem no pátio depois das aulas, as crianças de hoje vão cada vez mais de ônibus ou de carro para a escola. Isso parece ser o resultado da preocupação dos pais com o aumento do tráfego, reduzindo-se a segurança para andar de bicicleta, ou dos seus horários de trabalho, que não permitem que as crianças fiquem na escola depois das aulas brincando no pátio. Em vez disso, as crianças voltam para casa e assistem a TV ou jogam *videogame*. Para os alunos que são expostos a atividades físicas apenas na escola, já que não podem participar de atividades esportivas extracurri-

---

* N. de R.T.: No Brasil é de 45 minutos ou 50 minutos.

culares, seja por razões financeiras ou logísticas, a educação física estruturada é fundamental para o seu desenvolvimento físico saudável.

Conforme enfatizado no Ponto-chave 3.1, os professores de sala de aula que compreendem a importância da atividade física para todos os indivíduos planejam aulas cuidadosamente estruturadas. Eles se preocupam que os alunos adquiram habilidades que facilitem sua capacidade de ser mais ativos ao longo da vida, além de planejarem atividades que aumentam a habilidade dos alunos de atingir um estado físico saudável. O propósito deste capítulo é dar informações sobre como planejar aulas bem estruturadas e que otimizem o tempo de aprendizagem.

Ponto-chave 3.1
Professores que compreendem a importância da educação física planejam aulas que otimizam o tempo de aprendizagem disponível.

LIÇÕES DA PESQUISA

Os professores muitas vezes consideram o planejamento um processo árduo, que consome muito tempo e que é muito menos satisfatório do que interagir com as crianças. Contudo, é importante observar que dar aulas é muito mais proveitoso se as crianças estiverem envolvidas com a lição. Aulas boas, porém, não ocorrem por acidente. Pelo contrário, elas requerem planejamento.

A literatura de pesquisa em educação física enfatiza quatro importantes achados (GRABER, 2001). Primeiro, apesar de professores experientes demonstrarem maior consciência das contingências que podem ocorrer nas aulas (GRIFFEY; HOUSNER, 1991), conforme adquirem experiência, passam menos tempo ativamente planejando as aulas. Por exemplo, em um estudo clássico, descobriu-se que os professores experientes passam maior tempo planejando as aulas mentalmente do que montando-as por escrito (PLACEK, 1984). Segundo, alguns professores se preocupam mais em manter os alunos "ocupados, felizes e comportados" (PLACEK, 1983). Isso não é bom, se resultar em planos de aula cujo objetivo principal é manter os alunos felizes e bem-comportados, em vez de envolvidos em tarefas educacionais de aprendizagem. Terceiro, professores que planejam as aulas cuidadosamente têm alunos que passam menos tempo ociosos, esperando na fila, e utilizam melhor o tempo de aula (BYRA; COULON, 1994). Isso significa melhores oportunidades para os alunos aprenderem sobre o assunto e se envolverem em atividades associadas com exercícios

Os professores mais eficazes escrevem planos de aula para orientar sua instrução.

voltados à saúde. Por fim, os professores que eram considerados mais eficazes contavam com planos de aulas escritos que continham os objetivos de aprendizagem. Esses professores estavam comprometidos com a aprendizagem e com o desempenho motor adequado dos alunos (STROOT; MORTON, 1989).

CONSIDERAÇÕES DOS PLANOS

Felizmente, a maioria dos alunos de ensino fundamental responde de maneira favorável à educação física. Em muitos casos, essa é a sua disciplina preferida, e eles esperam ansiosamente a oportunidade de brincar e de exercitar-se. Portanto, recai sobre o professor a tarefa de planejar aulas envolventes e desafiadoras, e de maximizar o desejo natural das crianças de serem ativas. Para professores que não receberam treinamento formal na matéria da educação física, planejar aulas será mais difícil do que para especialistas. Será mais desafiador desenvolver aulas criativas, que permitam que as crianças aprendam e passem tempo o bastante envolvidas em atividades físicas. Entretanto, este livro foi feito para proporcionar ao professor diversas atividades que envolvem as crianças nas atividades físicas adequadas. Também há muitos outros recursos facilmente acessíveis que podem ajudá-lo no planejamento (ver Quadro 3.1).

Ao começar a elaborar as atividades que pretende ensinar durante um dia específico de aula, é importante refletir sobre os objetivos gerais desenvolvidos ao planejar seu currículo anual. Lembre-se de que você quer que os seus objetivos combinem com suas atividades, e que as suas atividades combinem com os seus objetivos. Também é bom alinhar seu plano de aula diário com o cronograma de atividades para garantir que seus objetivos anuais sejam cumpridos. A lista a seguir serve como exemplo para determinar se as atividades de aprendizagem planejadas são adequadas e irão aumentar a oportunidade de as crianças aprenderem habilidades básicas para realizar exercícios saudáveis:

- Antes de considerar as atividades específicas que gostaria de ensinar, primeiro considere seus objetivos de aprendizagem (discutidos na próxima seção deste capítulo). Ou seja, o que você quer que os alunos aprendam especificamente nas aulas planejadas? Certifique-se de que esses objetivos estão alinhados com aqueles que foram desenvolvidos para o ano.
- Determine se você tem os equipamentos adequados para manter todos os alunos envolvidos durante a aula. Se você planeja ensinar a quicar uma bola de basquete, mas tem acesso a apenas 10 bolas, defina como manter todos os alunos envolvidos. Você pode decidir também usar bolas que são utilizadas no recreio, o que irá garantir que todos os alunos tenham a sua própria bola e pratiquem durante a aula.
- Certifique-se de envolver todos os alunos na atividade física. Evite jogos em que os alunos são eliminados ou precisam aguardar a sua vez.
- Desenvolva aulas em que todos os alunos possam ter sucesso. Evite atividades

---

Quadro 3.1 PE Central Website

Há muitos recursos aos quais o professor pode ter acesso fácil para auxiliá-lo no planejamento. Uma referência usada com frequência é o PE Central Website. Esse *site*, que foi desenvolvido originalmente pelos professores da Virginia Tech University, tem como objetivo dar aos professores do ensino fundamental informações sobre planejamento de aulas, avaliação do desempenho dos alunos, criação de um ambiente positivo de aprendizagem, acesso a recursos como livros e músicas, e criação de aulas para crianças com deficiências. O endereço é: http://www.pecentral.org/.

Fonte: As autoras.

como corridas de revezamento, em que os alunos menos habilidosos podem ser ridicularizados ou em que os alunos passam a maior parte do tempo esperando a sua vez.
- Garanta que os alunos tenham o tempo necessário para desenvolver a habilidade na atividade que você está ensinando. Por exemplo, aprender a aparar e a passar uma bola de vôlei leva semanas de prática. Não ensine habilidades em que os alunos recebem um número limitado de tentativas (10 bloqueios, 10 passes) antes de passar ao jogo. Em vez disso, passe várias seções ensinando esses movimentos usando diversas atividades interessantes e desafiadoras até que os alunos aprendam as habilidades. Em casos de habilidades difíceis como essas, pode levar meses de prática até eles tornarem-se proficientes.
- Determine se os alunos estão no nível adequado para desenvolver certas habilidades. Se sua intenção é ensinar os alunos a encestarem uma bola de basquete no 3º ano, é provável que a tarefa seja muito difícil para que eles obtenham sucesso. Será necessário baixar a altura das cestas e dar a eles bolas do tamanho adequado para o seu nível de desenvolvimento.
- Evite a tentação de incluir apenas jogos no seu currículo. Para que os alunos desenvolvam as habilidades, eles precisam participar de atividades de aprendizagem e exercícios que, mais tarde, irão ajudá-los a participar de um jogo com sucesso. Em alguns casos, transforme os exercícios em minijogos desafiadores. Por exemplo, peça para os seus alunos contarem quantas vezes eles podem passar uma bola de vôlei pelo ar sem cair durante um minuto.
- Verifique cuidadosamente todos os aspectos do seu plano de aula para garantir que ele é seguro. Por exemplo, se os alunos estão passando uma bola de um lado para o outro com um parceiro, certifique-se de

Se você tem acesso limitado a equipamentos, seja criativo. Tipos diferentes de bolas, por exemplo, podem atingir os mesmos objetivos – ensinar os alunos a quicar, arremessar ou chutar.

que todos estão jogando na mesma direção. Não há nada mais importante do que a segurança! Se a atividade for insegura, a área contiver perigos ou você não tiver a habilidade necessária para ensinar a atividade, escolha outra coisa para ensinar. Complete o Desafio de raciocínio 3.1.

DESAFIO DE RACIOCÍNIO 3.1

Liste pelo menos mais duas orientações que ajudem a garantir que as aulas que você está planejando mantenham os alunos envolvidos, oportunizariam o máximo sucesso e produziriam aprendizagem por parte dos alunos.
1.
2.

OBJETIVOS ESPECÍFICOS DE DOMÍNIO

A primeira consideração no planejamento é determinar os objetivos específicos que você espera que os alunos alcancem como resultado das aulas. Quando ensinamos alunos de graduação em educação física a redigir os objetivos de aula, pedimos que eles considerem três fatores:

1. O que os alunos irão aprender e ser capazes de realizar como resultado da aula? Isso é chamado de avaliar o desempenho esperado dos alunos.
2. Como os alunos irão realizar as tarefas de aula? Isso se refere à condição em que o desempenho ocorre.
3. Quando determinar o que os alunos aprenderam? Isso refere-se aos critérios de domínio que determinam se o objetivo foi alcançado.

Como você pode ter percebido, o objetivo primário ao planejar as aulas é garantir que os alunos tenham aprendido algo com a lição. Conforme enfatizado no Ponto-chave 3.2, é só após o professor ter determinado os objetivos da aula é que ele considera quais atividades serão incorporadas à lição.

> ### Ponto-chave 3.2
> Só depois de o professor ter determinado os objetivos da aula ele considera que atividades serão incorporadas à lição.

Em todas as áreas da educação, há três domínios em quais a aprendizagem ocorre. Na educação física, mais do que em qualquer outra disciplina, todos os domínios são enfatizados. Como focalizado no Capítulo 1, o primeiro domínio, psicomotor, relaciona-se ao movimento. Neste domínio, o aluno aprende sobre como se mover adequadamente (p. ex., forma adequada de lançar uma bola, como passar uma bola para um companheiro que está correndo, como desenvolver uma dança criativa). O segundo domínio, cognitivo, relaciona-se com o conhecimento que os alunos adquirem na educação física (p. ex., regras, estratégias, táticas, princípios do exercícios). O terceiro domínio, afetivo, está as-

sociado com trabalho em equipe, cooperação e sentimentos (p. ex., trabalhar efetivamente com um parceiro, tornar-se um líder, desenvolver boas sensações acerca do movimento). Apesar de o domínio psicomotor ser o foco principal das aulas de educação física, o professor também deve considerar os domínios cognitivo e afetivo.

A seguinte amostragem de objetivos foi criada para ajudá-lo a aprender como redigir de forma adequada os objetivos de aula focados na aprendizagem dos alunos em cada um dos três domínios.

Domínio psicomotor

- Os alunos serão capazes de passar uma bola de vôlei com boa técnica (*o que*) para um parceiro a 3 metros de distância (*como*) em cinco de seis tentativas (*quando*).
- Os alunos serão capazes de realizar uma dança criativa (*o que*) com duração de 3 minutos que incorpore os conceitos de alto, médio e baixo (*como*) sem quaisquer quebras de movimento, demonstrando boa qualidade estética (*quando*).

Domínio cognitivo

- Os alunos irão demonstrar o seu conhecimento acerca de como lançar uma bola (*o que*) falando a outro colega sobre os elementos de forma adequada (*como*) e identificando corretamente pelo menos quatro elementos (*quando*).
- Os alunos irão demonstrar sua compreensão das regras do *badminton* (*o que*) em uma prova escrita (*como*) respondendo corretamente nove de 10 perguntas (*quando*).

Domínio afetivo

- Os alunos irão demonstrar cooperação (*o que*) em um jogo de futebol para três (*como*) passando a bola para um companheiro menos habilidoso (*quando*).

- Os alunos irão demonstrar sentimentos positivos acerca dos exercícios relacionados à saúde (*o que*), desenvolvendo diversas atividades saudáveis (*como*) e descrevendo para o professor por que essas atividades promovem boas sensações (*quando*).

Complete o Desafio de raciocínio 3.2.

DESAFIO DE RACIOCÍNIO 3.2

Escreva um objetivo comportamental relacionado aos exercícios para a saúde em cada um dos seguintes domínios. Estabeleça a distinção entre *o que, como* e *quando*.

Cognitivo:
-

Psicomotor:
-

Afetivo:
-

Observe que os objetivos aqui listados foram criados para escrever planos de aula diários, em que o progresso dos alunos às vezes mal pode ser notado. Se, contudo, você estiver interessado em redigir um objetivo para determinar o domínio de uma habilidade ao final de uma unidade, será necessário ser mais criterioso na descrição do quando ou dos critérios de domínio da habilidade. Por exemplo, se você estiver focando no domínio, seu objetivo pode ser:

- Ao final da unidade sobre triátlon, os alunos serão capazes de completar uma corrida de 1,6 km em 10 minutos ou menos sem parar.
- Ao final da unidade sobre quicar a bola, os alunos serão capazes de quicá-la de um lado ao outro do ginásio em 15 segundos sem tropeçar, parar ou conduzir a bola, ao mesmo tempo em que mantêm os olhos voltados para a frente, em vez de na bola.

Para ajudá-lo a redigir os objetivos para o componente *o que* (*desempenho*) dos objetivos, estamos incluindo diversos verbos no Quadro 3.2 que podem ser úteis. São palavras de ação que descrevem o que os alunos podem realizar em uma unidade. Há muitos outros verbos adequados para a educação física que não estão listados aqui. Será que você pode acrescentar alguns? Perceba que é mais fácil gerar verbos para o domínio psicomotor do que para os domínios cognitivo ou afetivo.

Quadro 3.2

VERBOS PSICOMOTORES	VERBOS COGNITIVOS	VERBOS AFETIVOS
Correr	Entender	Compartilhar
Pular	Definir	Participar
Girar	Saber	Aproveitar
Deslizar	Listar	Cooperar
Saltar	Compreender	Seguir regras
Virar	Interpretar	Ajudar os outros
Arremessar	Explicar	Encorajar
Quicar	Diagramar	Apreciar
Chutar	Definir	
Pegar	Discutir	
Rolar		
Galopar		
Jogar		
Desmontar		
Bater		

Fonte: As autoras.

Desenvolvendo atividades adequadas ao nível de desenvolvimento: procedimentos

Após determinar quais objetivos você pretende realizar na aula, é hora de considerar que atividades são as mais adequadas para alcançar esses objetivos. De novo, é imperativo considerar o que você deseja que os alunos aprendam antes de determinar que atividades são as mais adequadas, visto que é grande a tentação de começar avaliando a atividade. Por exemplo, se os alunos respondem bem a uma atividade específica, você pode se sentir inclinado a incorporá-la no seu currículo de educação física mais regularmente. Apesar de ser fácil de compreender suas intenções ao querer incluí-la, estará fazendo um desserviço aos seus alunos. Dada a quantidade limitada de tempo disponível para a educação física no currículo de ensino fundamental, é necessário aproveitar toda oportunidade de aprendizagem para os alunos. O resultado será uma maior exposição a diferentes atividades que promovem desafios novos e interessantes.

Neste ponto, você também deve considerar os níveis de desenvolvimento dos seus alunos (ver Capítulo 2 para uma descrição dos três estágios). De modo semelhante à instrução em sala de aula, será possível encontrar alunos com uma ampla gama de habilidades. Da mesma maneira como não se expõem todos os alunos da aula a um livro muito fácil ou muito difícil de ler, também não se pode expor os alunos a atividades que são muito fáceis ou muitos difíceis para eles. No entanto, planejar atividades adequadas para o nível de desenvolvimento de todos os alunos é um desafio até para os professores mais experientes.

Um aspecto muito importante do planejamento de atividades adequadas para o nível de desenvolvimento requer que o professor explique o plano de aula da melhor forma possível. Todos os professores, principalmente os iniciantes, se beneficiam de um plano de aula que dê conta de todos os aspectos de uma atividade e de todos os elementos de uma lição. Além das explicações detalhadas aumentarem a probabilidade de a aula ser bem-sucedida, elas também possibilitam que você junte os planos que criou em um caderno para usá-lo como referência de um ano para o outro. É muito mais difícil planejar aulas novas dia a dia, ano a ano, do que levar mais tempo no início planejando cuidadosamente as aulas, mas que possam ser usadas em anos posteriores.

Se as aulas estiverem seguindo tranquilamente e os alunos demonstrarem estar aprendendo com as suas instruções, faça anotações no plano de aulas indicando que ele funcionou bem. Quando um plano específico não for bem-sucedido, anote alguns exemplos explicando como a aula pode ser modificada no futuro. Lembre-se de que nem mesmo os professores mais experientes dão aulas bem-sucedidas o tempo todo. Os professores mais competentes aprendem com os erros, refletem sobre por que sua aula não prosseguiu como planejado, e fazem anotações para garantir que a lição prossiga sem percalços no futuro.

Ao considerar o tipo de detalhes a serem incluídos na lição, pense se um professor substituto conseguiria dar a mesma aula que você. Apesar de o plano parecer claro, outra pessoa pode ter dificuldades para entender como executar determinada atividade. Às vezes ajuda pedir para um amigo ou colega revisar seu plano de aula e pedir para eles darem a aula para você ou explicarem a atividade em voz alta. Se eles deixarem detalhes importantes de fora ou demonstrarem alguma confusão, pode ser um sinal de que é necessário incorporar mais detalhes ao plano. Com sorte, você terá a oportunidade de planejar diversas aulas e receber *feedback* nas lições antes de reunir-se com os alunos. Veja o exemplo do plano de aula no Quadro 3.3.

A seguir, consta uma lista de itens que seria bom considerar ao descrever as atividades no seu plano de aula:

- Onde os alunos ficarão sentados quando você der as instruções da atividade?

Quadro 3.3 Exemplo de plano de aula para exercícios saudáveis

Foco da aula: exercícios saudáveis (treinamento de estação)
4º ano (25 alunos)
Período de 30 minutos de aula

OBJETIVOS DA AULA:

1. Os alunos serão capazes de completar dois circuitos de exercícios gastando 2 minutos em cada circuito e sem parar ou descansar ao longo dos 20 minutos de duração da atividade. (Psicomotor)
2. Os alunos irão entender o conceito de treino de resistência respondendo perguntas do professor sem errar. (Cognitivo)
3. Os alunos irão incentivar os colegas e permanecer engajados na atividade com comentários de incentivo em pelo menos três ocasiões. (Afetivo)

PADRÕES DA NASPE:

Padrão #2: Demonstra compreensão dos conceitos, princípios, estratégias e táticas do movimento ao aplicar a aprendizagem e o desempenho das atividades físicas. (Objetivo da aula #2)
Padrão #4: Realiza e mantém um nível saudável de aptidão física. (Objetivo da aula #1)
Padrão #5: Exibe comportamento social e pessoal responsável, respeitando a si e aos outros em atividades físicas. (Objetivo da aula #3)

PROCEDIMENTO #1. INTRODUÇÃO DA AULA (3 MIN)

1. Os alunos entram no ginásio e sentam nos seus lugares, como sempre.
2. Os alunos serão informados que o propósito da aula é ensinar-lhes os princípios da resistência e estimulá-los a realizar um nível de exercício destinado a melhorar a saúde.
   a. Para aprimorar o modo de funcionamento do seu coração, é importante envolver-se em atividades físicas regulares em que o coração atinja a frequência cardíaca-alvo por pelo menos 20-30 minutos por dia de 5 a 6 dias por semana.
   b. Vocês já devem ter praticado medir o próprio pulso em diversas ocasiões. Meçam sua frequência cardíaca em repouso. 1, 2, 3, e já. (Os alunos medem o pulso enquanto o professor controla o tempo.)
   c. Lembrem-se do número da sua frequência cardíaca em repouso. Hoje vamos ver o quanto a frequência cardíaca trabalha depois de nos envolvermos em atividades físicas agitadas. Tentem elevar a sua frequência cardíaca a 126 a 168 batidas por minuto.

PONTOS DE ENSINO #1:

1. Exercite-se vigorosamente de 5 a 6 dias por semana.
2. Tente fazer sua frequência cardíaca chegar a 126 a 168 batidas por minuto durante o exercício.

FORMAÇÃO #1: (DESENHE UM DIAGRAMA DOS ALUNOS SENTADOS EM UM ARCO AO REDOR DO PROFESSOR)

PROCEDIMENTO #2. ATIVIDADES (23 MIN – 3 MIN DE EXPLICAÇÃO, 20 MIN NAS ESTAÇÕES, 2 MIN DE PULSAÇÃO)

1. Informe os alunos de que irão trabalhar em cinco estações diferentes.
2. Os alunos irão passar 2 minutos em cada estação.
3. O professor irá tocar música. Quando a música parar, os alunos irão se mover em sentido horário até a próxima estação.
4. Os alunos irão completar o circuito duas vezes. Ao final de cada circuito, eles devem medir sua pulsação.
5. Estações:
   a. *Pular corda*
      1. Pule da forma que quiser (para a frente, para trás, com um parceiro)
      2. Continue pulando até a música parar
   b. *Marchar*
      1. Marche no lugar com passos altos
      2. Finja que você faz parte de uma banda marcial
      3. Acrescente o movimento dos braços, se quiser
      4. Tente espelhar e acertar os movimentos com um parceiro
   c. *Pisar*
      a. Pise no banco com sua perna esquerda e eleve a direita
      b. Pare em cima do banco em posição ereta
      c. Desça para trás do banco, uma perna de cada vez
      d. Escolha o tamanho de banco com o qual se sentir mais confortável

(continua)

Educação física e atividades para o ensino fundamental **49**

Quadro 3.3 Exemplo de plano de aula para exercícios saudáveis (continuação)

d. *Roubar o saco de feijão*
  a. Comece no bambolê vermelho que estará no chão
  b. Corra 20 metros até o bambolê verde do outro lado do ginásio e pegue o saco de feijão
  c. Volte com o saco de feijão até o seu bambolê
  d. Você só pode pegar um saco de feijão por vez
  e. Descubra quantos sacos de feijão você consegue pegar em dois minutos
e. *Dançar conforme a música*
  a. Dance criativamente ao som da música usando movimentos altos e baixos
6. Lembre os alunos de estimularem os colegas ao longo da aula
7. Rapidamente organize os alunos em grupos de cinco em cada estação. Comece a música.

PONTOS DE ENSINO #2:

1. Estação #1: Pular corda
  a. Pense em maneiras criativas de pular
  b. Não pare
2. Estação #2: Marchar
  a. Passos altos
  b. Não pare
3. Estação #3: Pisar
  a. Fique ereto
  b. Você pode escolher o banco do tamanho que quiser
4. Estação #4: Roubar o saco de feijão
  a. Tente colocar tantos sacos de feijão quanto possível no seu bambolê
  b. Estimule os colegas
5. Estação #5: Dançar conforme a música
  a. Lembre-se de usar movimentos altos e baixos
  b. Não pare até a música parar

FORMAÇÃO #2: (DESENHE UM DIAGRAMA DO GINÁSIO COM AS CINCO ESTAÇÕES)

PROCEDIMENTO #3. ENCERRAMENTO (3 MIN)

1. Depois da atividade, peça para os alunos se sentarem em um semicírculo.
2. Faça os alunos alongarem lentamente os braços e as pernas enquanto você faz perguntas.
  a. Que atividade vocês gostaram mais?
  b. Com que frequência vocês devem se exercitar?
  c. Por que é importante fazer o coração de vocês trabalhar?

PONTOS DE ENSINO #3:

1. Alongue devagar e segure o alongamento.
2. Lembre-se de tentar se exercitar todos os dias por pelo menos 30 minutos.

FORMAÇÃO #3: (DESENHE UM DIAGRAMA DOS ALUNOS SENTADOS EM UM ARCO AO REDOR DO PROFESSOR)

SEGURANÇA:

1. Lembre as crianças de afastarem-se daqueles que estão pulando corda.
2. Lembre os alunos de terem cuidado ao correr.

REFLEXÃO:

1. Os alunos tiveram dificuldades para ir da estação de marchar à estação de pisar. Da próxima vez, criar uma nova estação ou deslocar a estação de pisar para depois da estação de "roubar o saco de feijão".
2. Alguns alunos tiveram dificuldade de se manterem ativos por toda a aula. Reduza o tamanho de cada estação para 90 segundos e acrescente uma estação de "descanso".
3. Da próxima vez, pergunte aos alunos se os seus escores pessoais melhoraram, da primeira tentativa para a segunda vez.
4. Os alunos receberam um alto nível de atividade nessa aula.

Fonte: As autoras.

- Você disse aos alunos qual é o propósito da atividade (o que eles vão aprender)?
- Qual é a logística da aula? Por exemplo, se os alunos estão trabalhando com um parceiro, a que distância eles ficarão um do outro? Se estiver usando alvos, qual é o tamanho deles, onde vão ficar e onde os alunos vão estar?
- Se houver filas, como é possível reduzir o tempo que os alunos precisam esperar? Por exemplo, se tiver seis filas de alunos, com cinco alunos em cada fila esperan-

do para quicar uma bola de basquete de um lado a outro da quadra, permita que a segunda pessoa na fila comece a quicar a bola assim que a primeira passar pelo garrafão. Peça para os outros alunos na fila quicarem a bola no lugar até chegar a vez deles de atravessar a quadra.

- Você explicou todos os procedimento de segurança para os alunos? Isso é essencial!
- Como você vai garantir que todos os alunos compreenderam os procedimentos da lição antes de iniciar a atividade?
- Você explicou todas as regras necessárias para que os alunos participem efetivamente da atividade?
- Os alunos vão compreender seus sinais para começar e parar?
- Como o equipamento será distribuído para que seja perdido o menor tempo possível quando os alunos tiverem que usá-lo ou trocarem de atividade?
- Como você pretende revisar a lição com os alunos, e que perguntas vai fazer?

Na parte procedimental, normalmente há três seções para o plano de aula. A primeira seção é a introdução, ou o que se costuma chamar de *contrato pedagógico*. A segunda seção refere-se às atividades de aprendizagem que você planejou. A terceira seção é uma revisão da matéria. Cada seção contém pontos de ensino e diagramas que ajudam a lembrar como a lição é fisicamente estruturada.

PONTOS DE ENSINO

No plano de aula, devem ser considerados os pontos especiais a serem enfatizados com os alunos. Muitos professores dão ênfase aos pontos de ensino para passar coisas como a técnica adequada ou para lembrar os alunos dos procedimentos de segurança. Por exemplo, se você está ensinando uma técnica de arremesso, os alunos precisam entender a importância da rotação do tronco e de dar um passo à frente com o lado contrário do corpo ao do braço que vai lançar a bola. Se estiver

ensinando aos alunos sobre a resistência cardiovascular, pode ser bom destacar que eles devem começar correndo em uma velocidade modesta, e não com força total. Se as crianças estão correndo ao redor do ginásio, é necessário fazê-las entender que precisam ter cuidado para não bater umas nas outras.

Os pontos de ensino são orientações enfatizadas ao dar instruções verbais enquanto os alunos estão ativamente engajados em uma atividade. Professores iniciantes muitas vezes esquecem que em geral os alunos aprendem mais quando recebem *feedback* durante a atividade. No entanto, o mais importante é que os professores devem passar *feedback* relacionado ao foco da aula, ou aos pontos de ensino que foram enfatizados durante as instruções verbais. Esse tipo de *feedback* é conhecido como *coerente* (ver Capítulo 8) (GRAHAM, 2001).

É provável que o aspecto mais importante do desenvolvimento de pontos de ensino seja evitar informações excessivas por vez. Os alunos do ensino fundamental não querem ficar sentados por longos períodos enquanto você fala sobre a forma adequada de chutar uma bola. Pelo contrário, eles querem se envolver na atividade e começar a chutar. Eles não vão se lembrar de todos os pontos que foram abordados, e o resultado será tempo perdido em que os alunos poderiam estar engajados na atividade. Lembre-se: um dos principais propósitos da educação física é manter os alunos ativamente envolvidos na maior parte do período de aula. Um professor competente compreende a importância da brevidade. Se ensinar os alunos a chutar uma bola com pouca força é o foco principal, então inclua, nos seus pontos de ensino, palavras como "bater de leve" ou "empurrar gentilmente". Quando os alunos estiverem envolvidos em uma atividade, concentre-se em passar os pontos de ensino que se relacionem com o aspecto da habilidade que você espera que eles aprendam.

Os pontos de ensino a seguir são os tipos de coisa que o professor competente enfatizaria para os seus alunos:

- Toque na bola apenas com a parte dos cadarços.
- Inclua ao menos três conceitos na sua dança criativa.
- Encolha o queixo quando fizer um rolamento.
- Precisão é mais importante do que força ao passar a bola para o parceiro.
- Alongue-se devagar e segure o alongamento. Não balance.
- Não se preocupe com o que os outros alunos estão fazendo – você está competindo contra si mesmo.
- Levante a cabeça quando correr em um espaço aberto para não bater em ninguém.

FORMATO DO PLANO DE AULA

Muitos professores que conhecemos usam planos de aula como o destacado no Quadro 3.3. Outros, porém, preferem redigir planos de aula que usam o formato de colunas por ser mais fácil de ler. Eles se assemelham ao plano de aula do Quadro 3.4. Por fim, alguns preferem usar um plano que é conhecido como roteirizado. Esse tipo de plano é particularmente bom para professores iniciantes que se sentem ansiosos quanto a dar aulas de educação física. Em um plano roteirizado os professores escrevem frases completas sobre o que eles vão dizer para os alunos durante a aula. Apesar de muitos professores preferirem esse tipo de plano, percebemos que eles podem se sentir tentados a ler o plano de aula, em vez de conversar diretamente com os alunos. É necessário decidir qual você prefere e qual o torna um professor mais eficaz. Veja um plano de aula abreviado usando o formato roteirizado no Quadro 3.5.

INDIVIDUALIZANDO A AULA

Como mencionado anteriormente, é importante lembrar que os alunos aprendem em

Quadro 3.4 Coluna abreviada para exemplo de plano de aula para exercícios saudáveis

OBJETIVO DA AULA:	PADRÕES DA NASPE:
1. Os alunos serão capazes de completar dois circuitos de exercícios gastando 2 minutos em cada um e sem parar ou descansar ao longo dos 20 minutos de duração da atividade. (Psicomotor)	Padrão #4: Realiza e mantém um nível saudável de aptidão física. (Objetivo da aula #1)

PROCEDIMENTOS	DIAGRAMA	PONTOS DE ENSINO
Procedimento #1. Introdução Os alunos irão entrar no ginásio e se sentar nos seus lugares... Procedimento #2. Atividade Alunos trabalham por 2 minutos em cinco estações diferentes. Estação 1: Pular corda (para a frente, para trás ou com um parceiro). Estação 2: Marchar... Procedimento #3. Encerramento Faça os alunos voltarem para o círculo central. Peça para alongarem enquanto revisam a lição.		Apressem-se para que possamos começar. Tenham cuidado para a corda não atingir ninguém. Não parem até a música parar Alonguem seus braços devagar e segurem o alongamento.

Fonte: As autoras.

Quadro 3.5 Lição roteirizada abreviada para exemplo de plano de aula para exercícios saudáveis

Foco da aula: exercícios saudáveis (treino de estação)
4º ano (25 alunos)
Período de 30 minutos de aula

MESMOS OBJETIVOS E PADRÕES DA NASPE DO QUADRO 3.3

PROCEDIMENTO #1

(Esta é uma versão abreviada)
"Bom dia, alunos. Por favor, entrem no ginásio e sentem-se em círculo." *Os alunos sentam-se em círculo e são passadas as instruções.*
"Hoje vamos aprender os princípios da resistência. Quero estimulá-los a alcançar um nível de aptidão física que melhore a sua saúde. Será que alguém pode me dizer o que significa resistência? Para aprimorar o modo de funcionamento do seu coração, é importante envolver-se em atividades físicas regulares em que o coração atinja a frequência cardíaca-alvo por pelo menos 20 a 30 minutos por dia, de cinco a seis dias por semana. Quantos de vocês se exercitam com essa frequência? Alguém pode me dizer o que faz?"

PROCEDIMENTO #2

"Hoje vamos trabalhar em cinco estações diferentes. Vocês vão passar 2 minutos em cada estação. Enquanto vocês estiverem em cada estação, vou tocar uma música. Quando a música parar, vocês vão para a próxima estação. Na primeira estação, vocês vão pular corda. Podem pular para a frente, para trás ou com um parceiro. Só que vocês precisam ficar pulando até a música terminar. Na segunda estação..."

PROCEDIMENTO #3

"Por favor, voltem todos e sentem-se em círculo. Depressa. Não quero ver ninguém caminhando. Obrigado por terem vindo tão depressa. Vocês são muito rápidos. Espero que vocês tenham gostado das cinco estações que fizemos hoje. Gostaria de fazer algumas perguntas, mas vamos nos alongar enquanto conversamos. Lembrem-se de que queremos nos mover durante toda a aula de educação física. Alonguem os braços o mais alto que puderem e segurem o alongamento. João, você pode me dizer de que estação gostou mais? E você, Camila? Abaixem os braços. Agora levantem eles e alonguem devagar de novo. Bete, com que frequência você se exercita em casa? David, por que é importante fazer o coração de vocês trabalhar? Isso mesmo. Gostaria de agradecer por terem participado tão bem da aula de hoje. Agora vamos voltar para a sala em silêncio..."

Fonte: As autoras.

---

ritmos distintos. É irreal acreditar que todos os alunos vão entrar no ginásio com os mesmos tipos de habilidades e que vão progredir no mesmo ritmo. Portanto, cabe ao professor criar aulas que sejam desafiadoras para todos os estudantes. Aqueles que são menos habilidosos necessitam de tarefas mais simples, enquanto os alunos com um nível mais alto exigem tarefas mais desafiadoras.

Em muitos casos, as diferenças nos níveis de habilidade podem ser atribuídas ou ao número de oportunidades de aprendizagem ou às expectativas sociais. Considere por um momento a seguinte frase: "Você arremessa feito uma garota". Você acha que as meninas são incapazes de aprender a arremessar? Se sim, talvez você queira assistir a uma partida de *softball* feminino. Alguns indivíduos, no entanto, acreditam que as mulheres não conseguem arremessar usando a forma adequada, o que é absolutamente falso. Infelizmente, as mulheres muitas vezes recebem menos oportunidades de praticar e menos aulas do que os homens. Elas não são menos capazes de arremessar usando a forma adequada do que os homens. Em outros casos, as mulheres não aprenderam a arremessar devido a expectativas sociais. Seus pais, por exemplo, podem acreditar que as meninas não devem se envolver em atividades físicas. Felizmente, devido ao advento do Título IX, que é uma lei federal que exige que as meninas recebam os mesmos tipos de atividades educacionais que os meninos, as mulheres estão recebendo mais oportunidades de se envolverem em atividades físicas.

Em uma aula de educação física, você irá encontrar homens que não aprenderam a arremessar usando a forma adequada. Você também irá encontrar meninos que têm mais dificuldades em pular corda pelos mesmos motivos que as meninas ainda não conseguiram dominar a forma adequada do arremesso.

Também é importante não estereotipar os alunos. Em outras palavras, se um aluno tem dificuldades de aprendizagem em uma área, isso não quer dizer que ele irá, necessariamente, encontrar dificuldades em todas as áreas do currículo. Alguns alunos podem ter dificuldades para se envolver em atividades manipulativas (chutar, arremessar, pegar), mas podem se sobressair em atividades que precisam de criatividade (dança, ginástica).

Ao planejar as aulas, tente manter essas importantes lições em foco. Em muitos casos, você não saberá com que velocidade um estudante irá aprender uma atividade até implementá-la com seus alunos. Conforme enfatizado no Ponto-chave 3.3, ao observar desempenhos individuais, pense em como individualizar ainda mais a aula com base no nível de desenvolvimento dos alunos. Apesar de todos poderem estar realizando a mesma atividade, alguns vão precisar de desafios cada vez mais difíceis. Ao longo de diversos capítulos neste livro, você encontrará sugestões sobre como individualizar o plano de aula. Gostaríamos de lhe dar muitos exemplos aqui, porém, o propósito deste capítulo é ensinar as mecânicas do planejamento. Conforme o andamento da leitura, você irá aprender a individualizar os seus planos.

Ponto-chave 3.3

Ao redigir seu plano de aula, é importante dar conta das necessidades de todos os alunos. Portanto, talvez valha a pena incluir atividades que seriam desafiadoras para diferentes níveis de habilidade entre os alunos. Talvez você possa até deixá-los tomar algumas decisões. Por exemplo, se você der bolas de tamanhos diferentes ou tipos diferentes de raquete (longas, curtas, leves), os alunos podem escolher o equipamento mais adequado às suas habilidades.

Avaliando o desempenho

Quando os alunos começarem a aprender uma habilidade importante, conforme já discutido, forneça apenas os pontos de ensino que lhes permitirão alcançar algum grau de sucesso. Se os alunos estão aprendendo a quicar uma bola de basquete, pode ser melhor se concentrar primeiro em ensiná-los a usar as pontas dos dedos para ter contato com a bola. Você irá usar orientações como: "Usem as pontas dos dedos. Não deem tapas na bola". Nesse ponto, você pode permitir que eles olhem para a bola quando quicam. Quando começarem a ter sucesso, será necessário fazê-los refinar seu desempenho. Você começará a dizer coisas como: "Não olhem para a bola. Olhem para a frente. Em um jogo de basquete, vocês não podem olhar para a bola porque precisam ver para onde estão correndo". Rink (2006) refere-se a essa progressão como refinar o desempenho. Alguns alunos, é claro, vão precisar olhar a bola por mais tempo do que outros. Não se preocupe se esses alunos não conseguirem realizar a tarefa. Eles só precisam de mais oportunidades e de constante reforço para "usar as pontas dos dedos". Quando eles realizarem a tarefa, você pode avançar ao próximo nível.

Estendendo o desempenho

Quando os alunos tiverem refinado o seu desempenho, estarão prontos para avançar. Neste ponto, você irá convidar os alunos a tentar uma tarefa mais desafiadora, ou a estenderem o seu desempenho. Por exemplo, quando tiverem dominado a técnica de quicar a bola adequadamente, você pode pedir que eles quiquem enquanto andam por um caminho específico ou passam por obstáculos. Comece a desafiá-los pedindo que combinem tarefas – tais como quicar para a frente e passar a bola para um companheiro. Nesse momento, alguns alunos poderão ser desafiados com tarefas mais complexas mais cedo do que outros. Nesses casos, contudo, é importante nunca fazer os alunos se sentirem como se estivessem ficando para trás.

Um professor competente é capaz de implementar de forma criativa diversas atividades na sala de aula sem chamar a atenção para os distintos níveis de desenvolvimento.

DEMONSTRAÇÃO

Como você pode saber, alguns alunos aprendem melhor visualmente, enquanto outros se beneficiam mais de orientações verbais. No geral, todos os alunos podem se beneficiar de uma demonstração, que esclarece a tarefa de aprendizagem e permite que os alunos compreendam claramente as contingências da atividade que terão de realizar. Somada a instruções de ensino adequadas, a demonstração garante que os alunos fiquem menos confusos ao começar a envolver-se na atividade. A demonstração normalmente ocorre no início da aula, quando as instruções estão sendo passadas, ou quando uma nova tarefa está sendo apresentada. O plano de aula que você escrever deve refletir quando haverá a demonstração e que orientações de ensino irão acompanhá-la.

Ao fazer uma demonstração, é importante fazer as seguintes perguntas:

- Todos os alunos estão posicionados de modo a ver claramente a demonstração?
- Se você está dando uma aula externa, os alunos podem ver a demonstração sem o sol bater nos olhos? (É preferível que o professor fique de frente para o sol.)
- Você está passando apenas os pontos de ensino que são necessários?
- A demonstração é uma representação precisa da habilidade?
- A demonstração é breve?

Alguns professores se preocupam por não terem a habilidade necessária para demonstrar corretamente o que estão ensinando. De fato, a maioria dos professores de educação física não é capaz de demonstrar todas as habilidades que eles precisam ensinar ao longo do ano. Os professores que não conseguem têm várias opções. Primeiro, eles podem pedir a um aluno que tenha dominado a habilidade que faça a demonstração. Segundo, eles podem mostrar imagens da tarefa. Terceiro, eles podem demonstrar os componentes da tarefa que são capazes de executar. Quarto, eles podem usar importantes orientações de ensino. Vamos pensar nessa atividade física como um exemplo: Se o professor não conseguir demonstrar como ficar de ponta cabeça, ele pode pedir para um aluno fazer isso. Ele pode mostrar uma foto de um atleta fazendo isso. Ele pode colocar as mãos e a cabeça em um colchonete para ilustrar a posição corporal sem, de fato, tentar completar o movimento. Ou então pode explicar que os alunos devem formar um triângulo com a cabeça no topo do triângulo e as mãos dos lados, apoiando-se no chão.

Uma consideração final ao fazer a demonstração é se perguntar se você deve virar as costas para os alunos para que eles possam compreender melhor a tarefa que precisam realizar. Em alguns casos, pode ser bom que eles imitem o seu desempenho. Isso pode exigir que você lhes dê as costas. Por exemplo, ao ensinar a arremessar, pode ser mais fácil para os alunos verem o seu desempenho olhando de trás. Apesar de você raramente querer dar as costas aos alunos, haverá momentos em que isso será necessário.

SEGURANÇA

Todos os planos de aula devem tratar da segurança. Alguns professores fazem anotações relacionadas à segurança na seção de procedimentos do plano. Outros desenvolvem uma seção separada no final. De qualquer modo, deve haver uma seção específica do seu plano que descreva os procedimentos de segurança a serem adotados para evitar acidentes. (Ver Capítulo 9 para uma discussão detalhada sobre segurança e responsabilidade.)

REFLEXÃO

Quando tiver implementado a lição, será hora de refletir sobre o que deu certo e o que preci-

Para ver claramente uma demonstração, há momentos em que é necessário virar as costas aos alunos.

sa ser melhorado. Portanto, é essencial guardar um espaço no seu plano de aula para fazer anotações sobre as atividades de aprendizagem que foram implementadas. Elas foram muito fáceis ou muito difíceis? Que aspectos da aula os alunos tiveram problemas para entender? Os alunos aprenderam como resultado da aula? Os alunos se envolveram com a aula?

Ao fazer essas reflexões, lembre-se de perguntar aos alunos se eles gostaram de aprender as atividades que foram apresentadas. Pergunte que pontos importantes eles lembram da lição. Se eles não conseguirem lembrar dos pontos de ensino que foram enfatizados, provavelmente haverá necessidade de ser mais claro no futuro.

Se eles lembraram dos pontos-chave, parabenize-se por uma aula efetiva.

A reflexão é um dos componentes mais importantes da efetividade do ensino. Professores competentes revisam até as suas aulas mais bem-sucedidas e se questionam como elas podem ser melhoradas. Apesar do tempo limitado para refletir adequadamente sobre a aula, é possível economizar tempo a longo prazo fazendo algumas anotações sobre o plano imediatamente depois da aula. Isso garante que você não repita os mesmos erros no futuro e que as atividades mais bem-sucedidas possam ser recicladas para outro grupo de alunos ávidos – e não se perca na sua memória.

Resumo

O propósito deste capítulo foi passar informações sobre o planejamento efetivo. Se estiver comprometido com o ensino efetivo da educação física, você irá se beneficiar da criação de um caderno com planos que possam ser modificados de um ano para o outro. As aulas são mais efetivas quando são estruturadas, os objetivos são desenvolvidos antes das atividades, os pontos de ensino resumem claramente os objetivos principais da aula, a aula é individualizada, se faz uma demonstração e o professor reflete sobre a aula como um todo após a sua implementação. Acima de tudo, certifique-se de que os seus planos de aula são seguros para todos os alunos! Rever o quadro a seguir para identificar o que pode e o que não pode ser feito ao planejar aulas.

Kim C. Graber e Amelia Mays Woods

Lista do que fazer e do que não fazer

Fazer	Não fazer
☐ Considerar os objetivos antes de planejar as atividades de aprendizagem.	☐ Continuar a ensinar as mesmas atividades com muita frequência.
☐ Considerar como as tarefas podem ser refinadas e estendidas antes de entrar no ambiente de aprendizagem.	☐ Presumir que todos os alunos aprendem na mesma velocidade ou têm o mesmo nível de habilidade.
☐ Descrever claramente todos os procedimentos no plano de aula.	☐ Gastar muito tempo passando instruções.
☐ Enfatizar apenas os pontos-chave de ensino.	☐ Passar pontos de ensino que não têm relação com a aula.
☐ Refletir sobre como a aula pode ser melhor (durante e depois da aula).	☐ Guardar o plano de aula sem fazer anotações sobre o que funcionou e o que não deu certo.

Atividades de revisão

1. Que obstáculos é possível antecipar ao planejar uma aula de educação física?

2. Em suas próprias palavras, descreva os domínios psicomotor, cognitivo e afetivo para um colega.

3. Descreva para um colega como você usaria tarefas de extensão e de refinamento para ensinar aos alunos a pular corda.

4. Selecione uma atividade que você se sentiria à vontade ensinando. Crie uma lição abreviada em que você (a) escreva um objetivo, (b) selecione um Padrão da NASPE que se enquadre na aula e combine com o objetivo, e (c) detalhe três procedimentos que deem conta do conjunto antecipatório, das atividades e do desfecho. Se tiver tempo, inclua os pontos de ensino, os procedimentos de segurança e os diagramas sobre como a lição será fisicamente estruturada.

5. Liste como é possível adquirir mais informações sobre o conteúdo de educação física com o qual não está familiarizado, mas que gostaria de ensinar.

Referências

BYRA, M.; COULON, S. C. The effect of planning on the instructional behaviors of preservice teachers. *Journal of Teaching in Physical Education*, v. 13, p. 123-139, 1994.

GRABER, K. C. Research on teaching in physical education. In: RICHARDSON, V. (Ed.). *Handbook of research on teaching*. 4th ed. Washington: American Educational Research Association, 2001. p. 491-519.

GRAHAM, G. *Teaching children physical education*: becoming a master teacher. 2nd ed. Champaign: Human Kinetics Publishers, 2001.

GRIFFEY, D. C.; HOUSNER, L. D. Differences between experienced and inexperienced teachers' planning decisions, interactions, student engagement, and instructional climate. *Research Quarterly for Exercise and Sport*, v. 62, p. 196-204, 1991.

NATIONAL ASSOCIATION FOR SPORT AND PHYSICAL EDUCATION; AMERICAN HEART ASSOCIATION. *2010 Shape of the nation report*: status of physical education in the USA. Reston: National Association for Sport and Physical Education, 2010.

PLACEK, J. H. A multi-case study of teacher planning in physical education. *Journal of Teaching in Physical Education*, v. 4, p. 39-49. 1984.

PLACEK, J. H. Conceptions of success in teaching: busy, happy and good? In: TEMPLIN, T. J.; OLSON, J. K. (Ed.). *Teaching in physical education*. Champaign: Human Kinetics, 1983. p. 46-56.

RINK, J. E. *Teaching physical education for learning*. 5th ed. Boston: McGraw-Hill, 2006.

STROOT, S. A.; MORTON, P. J. Blueprints for learning. *Journal of Teaching in Physical Education*, v. 8, p. 213-222, 1989.

CAPÍTULO 4

USANDO O CURRÍCULO PARA DESENVOLVER UM AMBIENTE DE APRENDIZAGEM INCLUSIVO

No Capítulo 2, discutimos como desenvolver um currículo geral de educação física. Você aprendeu sobre os padrões norte-americanos que foram desenvolvidos pela National Association for Sport and Physical Education (2004) e a importância de dar conta dos seis padrões ao longo do ano. Também aprendeu sobre como criar um currículo adequado ao nível de desenvolvimento para os graus de habilidade dos alunos e como estabelecer objetivos curriculares realistas. Por fim, aprendeu sobre como planejar para o ano todo e a avaliar a efetividade do seu currículo.

No Capítulo 3, discutimos como desenvolver planos de aula individuais que dessem conta dos seus objetivos anuais e cobrissem os domínios psicomotor, cognitivo e afetivo da aprendizagem. Lembramos da importância de planejar aulas individualizadas adequadas aos diversos níveis de desenvolvimento. Você também aprendeu que professores eficazes refletem sobre suas aulas e aprendem com seus sucessos e fracassos. Quando uma atividade de aprendizagem fracassa, ela não é automaticamente dispensada como algo inútil. Pelo contrário, professores eficazes se questionam por que uma atividade fracassou e avaliam como modificá-la no futuro, de modo que seja bem-sucedida.

Aquilo que você aprendeu sobre currículo e planejamento de aulas nos Capítulos 2 e 3 pode parecer senso comum, ou seja, a noção de planejar cuidadosamente uma aula é algo que você certamente já havia antecipado que faria antes de tornar-se professor. No entanto, planejar um currículo eficaz vai muito além do que foi aprendido até esse momento. Envolve estruturar um ambiente sensível às necessidades individuais dos alunos e levar em conta os interesses, as necessidades, as origens e as habilidades deles. Em outras palavras, requer que os professores empre-

Alunos em um ambiente de aprendizagem inclusivo têm uma experiência educacional melhor.

endam muitos esforços para desenvolver um currículo de aprendizagem inclusivo. Exige mais do que simplesmente ensinar sobre uma atividade; envolve ter consciência sobre tudo o que os estudantes poderiam potencialmente aprender com as suas aulas.

O primeiro propósito deste capítulo é apresentar quatro formas de currículo e enfatizar o poder de cada uma para determinar que lições as crianças aprendem na escola. O segundo propósito é passar o conhecimento que permite desenvolver um currículo inclusivo e individualizado. De modo específico, apresentamos informações relacionadas a (a) níveis de habilidade dos alunos, (b) questões de gênero, (c) apreciação racial, étnica e cultural, (d) *status* socioeconômico e (e) estudantes com necessidades especiais.

QUATRO FORMAS DE CURRÍCULO

Antes de começar este capítulo, gostaríamos que você considerasse todas as diferentes lições que os alunos podem aprender com o currículo de educação física. Complete o Desafio de raciocínio 4.1 pensando o máximo possível, considerando os amplos tipos de conhecimento que eles adquirem com a educação física. Pense na sua própria experiência de aluno. Depois disso, precisará definir o termo "currículo". Pode começar.

DESAFIO DE RACIOCÍNIO 4.1

Em 60 segundos, liste todas as coisas que aprendeu com o seu currículo de educação física no ensino fundamental. Se não teve educação física quando criança, tente imaginar o que você acha que um aluno aprenderia. Após terminar a tarefa, passe mais 60 segundos definindo o termo "currículo".

Ao completar o desafio de raciocínio, é provável que tenha pensado em amplas áreas curriculares; como basquete, vôlei, exercícios e ginástica. Talvez tenha se lembrado de jogos específicos como polícia e ladrão, ou habilidades específicas, como quicar, chutar, arremessar e bater. Se você pensou amplamente acerca do currículo, pode ter considerado coisas como cooperar, compartilhar, trabalhar em equipe e conhecimento sobre regras e estratégias.

Ao definir o currículo, você e a maioria dos seus colegas, provavelmente, pensou em palavras como planejamento, programação, objetivos, planos de aula, estilos de ensino, equipamento, instalações, orientações e metas. É provável que pouquíssimos colegas tenham definido o currículo como *tudo o que acontece aos alunos a partir do qual eles aprendem*. Apesar de a maioria dos especialistas concordar com a definição padrão do currículo, como um programa de estudos, uma série de experiências organizadas e desfechos planejados pelos professores; de acordo com o Ponto-chave 4.1, muitos também reconhecem que a definição de currículo deve ser ampliada de modo a incluir tudo o que os alunos aprendem na escola.

Sejamos mais claros. O currículo da educação física pode aparecer de muitas formas. Se você, por exemplo, estivesse ensinando as crianças a quicar e lançar tipos diferentes de bolas ao longo de vários dias, é provável que elas estivessem aprendendo acerca de habilidades manipulativas. Caso estivesse ensinando sobre flexibilidade e resistência cardiovascular, elas provavelmente estariam aprendendo sobre exercícios para a saúde. Ambos refletem um foco curricular. Ou seja, representam o conteúdo de educação física que o professor está tentando passar às crianças.

> ### Ponto-chave 4.1
>
> O currículo consiste em tudo o que acontece com os alunos a partir do que eles aprendem. Em alguns casos, os alunos aprendem o que era pretendido pelo professor. Em outros casos, eles vão aprender o que não era pretendido.

É interessante ver, contudo, que o que as crianças se lembram das aulas não são as habilidades manipulativas ou os exercícios voltados para a saúde – o foco principal *pretendido* da aula – e sim suas experiências pessoais ao aprender essas habilidades ou o *status* social do qual elas gozavam na aula – o foco *não pretendido* da aula. Conforme você irá descobrir, o que as crianças realmente aprendem em uma aula de educação física (ou em qualquer experiência na escola) pode ser surpreendente para o professor e ter implicações para toda a vida do estudante. O que as crian-

ças aprendem pode representar muito mais do que aparece nos planos de aula formais ou no guia curricular anual. Ao longo de sua carreira, você pode se surpreender com os diversos fatores que os professores devem considerar no planejamento e as consequências não pretendidas que podem resultar dessas aulas.

Currículo explícito

Conforme enfatizado pelo Ponto-chave 4.2, o currículo explícito é definido como tudo aquilo que o professor deliberadamente ensina aos alunos que lhes seja comunicado ou compartilhado. Pode ser de forma escrita ou falada. Por exemplo, quando um professor escreve um guia curricular acessível aos pais, alunos e/ou colegas, ele criou um currículo explícito. Ele é intencional e abertamente compartilhado com os outros. Independentemente de o professor verbalizar que os alunos vão aprender a dançar valsa em uma unidade de dança de salão, usar o quadro de avisos para enfatizar a importância da cooperação durante uma escalada em grupo, discutir com outros professores que os alunos vão aprender habilidades de resgate durante a unidade de natação ou explicar na "reunião de pais e mestres" as diferentes atividades que serão ensinadas no trimestre, ao fazer isso, ele estará tornando o currículo *pretendido em explícito*.

> ### Ponto-chave 4.2
>
> O currículo explícito é pretendido por professores e abertamente compartilhado com os outros.

Antes de ler mais, complete o Desafio de raciocínio 4.2. Você conseguiu listar os cinco itens conforme solicitado? A sua lista contém alguma das formas curriculares em que pensamos: guia curricular, planos de aula, programação escrita, resumo do curso, explicação formal para outros, demonstração, quadro de avisos, fichas com as atividades diárias, cartas aos pais, *website* do professor ou apresentação em um *workshop*? A sua lista se parece com a nossa? Cada uma dessas representa uma forma importante de currículo explícito que os professores podem usar para transmitir suas aulas pretendidas para os outros.

> **DESAFIO DE RACIOCÍNIO 4.2**
>
> Preencha os números a seguir pensando nas diferentes formas pelas quais um currículo explícito pode ser visível.
> 1.
> 2.
> 3.
> 4.
> 5.

Desenvolvendo explicitamente um ambiente de aprendizagem

O currículo explícito representa uma forma pela qual os professores podem intencionalmente tornar o ambiente de aprendizagem mais inclusivo, permitindo o desenvolvimento de planos que deem conta das necessidades individuais dos alunos, de modo que eles alcancem sucesso independentemente de habilidade, sexo, raça ou *status* socioeconômico. A lista a seguir contém exemplos importantes de como os professores podem usar o currículo explícito para humanizar a aprendizagem.

- Inclua deliberadamente, nos planos de aula, atividades como jogos entre poucas pessoas para facilitar a maior participação dos alunos, independentemente de sua habilidade. Informe-os de que foram divididos em pequenos grupos porque, assim, terão mais chance de participar.
- Durante a demonstração, use uma linguagem que não seja sexista, racista, nem que exclua um grupo específico de alunos.
- Planeje atividades em que todos possam alcançar os objetivos de aprendizagem e informe os alunos que as atividades de aprendizagem foram estruturadas de modo a promover o seu sucesso.

Um quadro de avisos representa uma forma de currículo explícito.

- Estimule os alunos a apreciar as diferenças criando um quadro de avisos que enfatize as realizações alcançadas nas Olimpíadas Especiais.
- Discuta com os pais por que é importante desenvolver um ambiente inclusivo para o ensino de educação física.
- Fale com os alunos sobre os terríveis males do *bullying* e por que isso não será tolerado nas aulas de educação física.

Currículo implícito

O currículo explícito representa a forma mais comum de pensar sobre o currículo. Por exemplo, se um pai lhe fizesse perguntas sobre o seu currículo, você pensaria imediatamente sobre seu guia curricular e seus planos de aula, referindo-se às lições pretendidas que espera que as crianças adquiram com as suas aulas. Contudo, como especialistas já enfatizaram, o currículo explícito representa apenas um pouco do conhecimento e das informações que as crianças adquirem na escola (EISNER, 1994). Vamos contemplar outro tipo de currículo. Enquanto o currículo explícito é intencional e compartilhado, o currículo implícito (às vezes chamado de secundário) é *deliberado, mas não compartilhado*. Antes de ler mais, complete o Desafio de raciocínio 4.3.

DESAFIO DE RACIOCÍNIO 4.3

Use o espaço a seguir para listar três motivos, não citados no capítulo, pelos quais um professor pode *não* querer compartilhar suas intenções para a aula com os outros.
1.
2.
3.

Esse desafio foi difícil? Você conseguiu listar pelo menos três razões pelas quais um professor não compartilharia suas ideias curriculares com outros? Quando começar a considerar todos os diferentes motivos pelos quais você não gostaria de compartilhar o seu currículo, poderá gerar uma lista longa rapidamente. A seguir constam algumas habilidades que você pode querer ensinar implicitamente:

- Partilha
- Cooperação
- Solidariedade
- Liderança
- Exercícios
- Justiça
- Responsabilidade

Há um jogo bastante conhecido chamado nó humano (NEW GAMES FOUNDATION, 1976), em que um grupo de pessoas reúne-se em um círculo apertado e coloca as mãos no centro do grupo. A seguir, eles devem segurar as mãos de duas pessoas diferentes do grupo. Quando todos estiverem de mãos dadas, eles devem se desemaranhar sem soltar as mãos até concluírem a tarefa. Você pode fazer um grupo de quatro alunos começar essa tarefa. Quando eles tiverem terminado, você pode pedir que eles se juntem a outro grupo de quatro alunos; assim, serão um grupo de oito. Continue aumentando o tamanho do círculo até que se torne muito difícil para os alunos resolverem a tarefa. Quanto maior o grupo, maior o tempo para eles se desemaranharem. Os alunos não apenas acham essa tarefa desafiadora, eles também se divertem completando a atividade.

Os estudantes geralmente acreditam que participaram do jogo por qualquer razão que tenha sido dada. Por exemplo, você pode dizer que escolheu a atividade por ser divertida e promover a comunicação. Contudo, pode haver outros motivos que não serão revelados que explicam por que você decidiu incluir o jogo no currículo. Esses motivos variam desde enfatizar a cooperação com um grupo de alunos novos a ajudá-los a dar as mãos. Seus motivos também podem incluir promover habilidades de liderança em crianças de pouca aptidão, enfatizar o sucesso de todos ou ensiná-los a dar ouvidos às sugestões dos colegas. Qualquer que seja o seu motivo, ele será implícito se você não compartilhar suas intenções com eles.

Os professores com frequência optam por não compartilhar seu currículo por acreditarem que eles podem dar melhores resultados se os alunos descobrirem por conta própria. No jogo nó humano, por exemplo, eles podem aprender que segurar a mão de outra pessoa pode não ser tão ruim. Eles também aprendem a pensar sobre uma atividade física como algo divertido e proveitoso, em vez de doloroso e constrangedor. Aqueles alunos que não têm aptidão em outras atividades podem brilhar jogando nó humano.

Às vezes, um professor pode envolver os alunos em atividades divertidas como futebol caranguejo (futebol modificado, usando os braços e as pernas para se mover como um caranguejo), pega-pega foca (um jogo de pega-pega modificado em que se usam apenas os braços para se mover por um pequeno espaço no chão, como uma foca), etc. Apesar de os estudantes acreditarem que estão envolvidos em uma atividade divertida que lhes permite jogar futebol ou pega-pega, a intenção primária do professor é aumentar a força braçal.

Os alunos podem aprender muitas lições valiosas com uma única atividade.

Desenvolvendo implicitamente um ambiente inclusivo de aprendizagem

Semelhante ao currículo explícito, há muitas formas pelas quais os professores podem usar o currículo implícito como mecanismo para tornar o ambiente de aprendizagem mais inclusivo. Como enfatizado no Ponto-chave 4.3, o currículo implícito pode ser o meio mais efetivo de ensinar lições a longo prazo. Como comprovado pelo exemplo anterior, os alunos podem aprender de modo mais rápido e efetivo sobre liderança, cooperação e compartilhamento por meio de lições implícitas do que explícitas. Tome, por exemplo, a ideia de ensinar aos alunos a segurar as mãos sem reclamar. De acordo com quase todos os relatos, os professores de educação física consideram essa uma das habilidades mais difíceis de ensinar. Os alunos aprenderam a ter aversão a dar as mãos porque acreditam que isso infere que elas "gostam" da pessoa com quem estão de mãos dadas. Como resultado, elas se tornam o cerne de piadas que variam desde pequenas brincadeiras sobre um relacionamento até provocações que beiram à homofobia. A utilização de uma atividade divertida para ensinar implicitamente a dar as mãos pode ajudar o professor a transferir essa habilidade para atividades como dança, nas quais muitas vezes são levantadas objeções quanto a dar-se as mãos.

> **Ponto-chave 4.3**
>
> O currículo implícito fornece um mecanismo mais efetivo para estimular a aprendizagem de longo prazo dos alunos do que o explícito.

Currículo oculto

Frequentemente considerada a forma mais poderosa de currículo, o oculto representa a aprendizagem na escola que não se pretendia ensinar e permanece invisível tanto para o professor quanto para o aluno. Uma vez descoberto, não pode mais ser considerado oculto (DODDS, 1983). Frequentemente abrange o que os alunos aprendem sobre as normas e valores do ambiente escolar (POSNER, 2003).

Pense sobre sua sala de aula no 4º ano. Se a sua foi como a de muitos estudantes, as mesas e as cadeiras rígidas ficavam provavelmente próximas umas das outras, e os lugares dos alunos eram definidos pelo professor de modo a perturbarem o mínimo possível. Os amigos eram separados, aqueles que tinham dificuldades de aprendizagem ficavam mais próximos do professor, os que mais atrapalhavam ficavam isolados dos demais. A cada

30 minutos o sinal tocava, indicando a troca de períodos. Os melhores trabalhos, como um ditado ou uma boa redação, eram expostos nas paredes como prêmio e exemplo aos demais. Também havia regras sobre levantar da cadeira, comer em sala de aula, fazer fila para ir a outro lugar, levantar a mão antes de falar e entregar trabalhos.

O interessante é que você não deve ter dado muita atenção ao que aprendeu com esse cenário. Contudo, é muito provável que tenha aprendido bastante sobre as rotinas, as normas e os valores que eram promovidos na escola, e também sobre os que não eram. Sem reconhecer formalmente o conhecimento adquirido, você pode ter percebido que a aprendizagem ocorre em um ambiente desconfortável que desencoraja amizades, comida, deixar o lugar sem permissão e falar fora de hora, mas estimula respostas arregimentadas de acordo com sinais e é rígida em conformidade às regras. Apesar de promover a excelência, as realizações daqueles que se esforçavam, mas que não estavam no topo da turma, mal eram reconhecidas. Em um nível subconsciente, você também aprendeu a não levantar a mão tão alto caso não tivesse terminado o tema de casa, mas não quisesse que o professor soubesse, ou a levantar a mão bem alto, sem balançar com muito vigor, quando quisesse ser reconhecido.

Ponto-chave 4.4

O que os alunos aprendem com o currículo oculto não é pretendido e tende a ser mais negativo do que positivo.

Conforme visto no Ponto-chave 4.4, apesar de a intenção do professor ter sido a de criar um ambiente ordenado, que promovesse a aprendizagem, ele provavelmente não queria que você aprendesse que as salas de aula podem ser ambientes desconfortáveis e rígidos que favoreçam os alunos dotados. Apesar das boas intenções do professor em otimizar suas oportunidades de aprendizagem criando uma estrutura, você pode ter desenvolvido memórias negativas acerca da escola. Mesmo que também tenha tido experiências positivas na escola, conforme evidenciado pelo seu desejo de se tornar professor, há alunos cujas experiências foram menos positivas.

Pense um pouco sobre o que você aprendeu com o currículo oculto durante as aulas e depois complete o Desafio de raciocínio 4.4. Apesar de a maioria das pessoas, ao realizar essa atividade, não ter muitas dificuldades

O currículo oculto pode ter ensinado a alguns alunos que a aprendizagem é altamente estruturada.

para pensar em exemplos negativos sobre o que aprenderam no currículo oculto, há aquelas que têm mais dificuldades para pensar nisso, pois tiveram aulas com professores eficazes e carinhosos que se esforçaram muito para que os alunos não tirassem lições negativas do currículo oculto. Se você só recebeu mensagens positivas porque foi exposto a professores atenciosos, imagine o que os alunos poderiam aprender se tivessem aulas com um professor insensível ou com alguém que não compreendesse o poder do currículo oculto.

Tornando o ambiente de aprendizagem inclusivo

Já que o currículo oculto é assim considerado apenas quando é invisível tanto para o professor como para o aluno, pense em um possível resultado negativo do currículo oculto e transforme-o em algo positivo. A seguir constam alguns exemplos sobre como transformar efeitos potencialmente negativos do currículo oculto em resultados positivos.

1. Eliminação: infelizmente, os alunos menos habilidosos e que mais precisam praticar em geral são os primeiros a deixar a atividade em um jogo de eliminação. Como resultado, aprendem que a participação daqueles com pouca habilidade vale menos. Em vez de usar a eliminação como consequência, faça os alunos eliminados juntarem-se ao outro time ou lhes designe outra função que os mantenha envolvidos. Por exemplo, se forem pegos em um jogo de pega-pega, faça eles se juntarem ao grupo dos que pega, em vez de simplesmente deixarem o jogo. Em uma questão de minutos, a maioria dos alunos irá correr atrás para pegar os poucos que sobraram. Ninguém ficará constrangido, e todos estarão envolvidos.

2. Sexismo: em vez de reforçar os estereótipos usando palavras como: "apoios de homens" e "apoios de meninas", usem termos como: façam apoio com as "pernas retas" e com as "pernas flexionadas". Isso irá permitir que ambos os sexos escolham o que podem fazer melhor sem fazer as meninas se sentirem inferiorizadas. Do mesmo modo, se você quer que as garotas tenham a oportunidade de participar, não diga que uma menina precisa tocar na bola antes de fazerem um gol. Em vez disso, institua a regra de que pelo menos um menino e uma menina precisam tocar na bola. Usando exemplos neutros, os alunos aprendem que ambos os sexos são capazes de realizar a tarefa.

DESAFIO DE RACIOCÍNIO 4.4

Pense sobre o que você aprendeu com o currículo oculto durante a educação física no ensino fundamental. Se não teve educação física, pense sobre suas experiências no pátio durante o recreio. Na primeira coluna, descreva brevemente a experiência com a qual você aprendeu; na segunda coluna, descreva o que você aprendeu. Coloque um + ou − na última coluna para resumir se foi uma experiência de aprendizagem positiva ou negativa. Se tiver dificuldades para completar a tarefa, em vez de refletir sobre o que aprendeu, imagine o que os outros podem ter aprendido.

Descreva a experiência	O que você aprendeu	+ ou −

3. *Status*: Os alunos com frequência aprendem que alguns colegas recebem reconhecimento especial ou favores do professor. Esses alunos têm *status* considerado supraordenado. Já os do outro lado do espectro do favoritismo são relegados ao *status* subordinado. Eles muitas vezes aprendem que existe uma ordem hierárquica na qual atletas ou alunos muito habilidosos têm *status* supraordenado. Isso ocorre porque esses alunos são os que costumam demonstrar um exercício ou que, em contrapartida, em dias de jogos são os que têm permissão para pegar mais leve nas aulas. No entanto, o *status* pode ser equalizado por professores que prestem atenção e certifiquem-se de que todos os alunos estejam recebendo as mesmas oportunidades de demonstrar os exercícios ou de assumir uma posição de liderança.

Currículo nulo

Currículo nulo refere-se a tudo que esteja faltando no currículo formal. O currículo nulo na educação física do ensino fundamental pode incluir atividades como natação, ginástica artística, golfe, artes marciais, arqueirismo, escalada e *skate*. Há muitas boas razões para algumas atividades não serem incluídas no currículo, então não vamos perder muito tempo discutindo o assunto. Se, por exemplo, a escola não tiver uma piscina ou um campo de golfe, essas atividades não poderão ser ensinadas a menos que haja instalações adequadas próximas. Se o professor de educação física não tiver treinamento em artes marciais ou em ginástica artística, essas atividades também ficarão excluídas – e por motivos muito válidos, como segurança. Como professor de sala de aula, se você não tiver acesso a um muro de escalar ou nunca tenha praticado algum esporte, como futebol, há uma boa chance de essas atividades não constarem em seu currículo.

Apesar de *sempre* haver um currículo nulo em toda a escola – baseado no simples fato de que seria impossível ensinar todos os tipos de atividade física existentes – podem surgir consequências negativas, então isso é algo a ser considerado (ver Ponto-chave 4.5). Por exemplo, se um professor desse aulas apenas de basquete por ser essa a sua atividade favorita, ou de caminhada porque é só o que ele conseguia fazer, os alunos iriam adquirir mensagens negativas com base no que estava faltando em seu currículo. Eles poderiam aprender que seu professor era preguiçoso, ou que ele tinha péssimo condicionamento físico.

> **Ponto-chave 4.5**
>
> Apesar de haver razões muito boas para algumas atividades não serem incluídas no currículo de educação física dos anos iniciais, os professores devem examinar com cuidado o currículo nulo para determinar se há mensagens não pretendidas ou negativas que os alunos podem receber do que está faltando.

Tome bastante cuidado com quais atividades físicas você pretende (ou não) incluir no seu repertório curricular, e pense sobre as mensagens que espera que os seus alunos adquiram com o currículo formal. Jogos eliminatórios, que requerem muita habilidade, ou que são potencialmente constrangedores para alguns, como corridas de revezamento, podem ser atividades a serem relegadas ao currículo nulo. Alunos que queiram participar dessas atividades podem fazê-lo fora da sala de aula, e não à custa dos seus colegas. As atividades a serem estimuladas devem ser aquelas que prezem pela cooperação, por altos níveis de envolvimento e que maximizem o sucesso de todos os alunos.

PROMOVENDO UM AMBIENTE DE APRENDIZAGEM INCLUSIVO

Gostaríamos de usar uma metáfora com neve para apresentar a próxima seção deste capítulo. Quando se pensa sobre a neve, determinadas características vêm à mente: frio, branco, congelar e derreter. Apesar de essas características da neve poderem ser generalizadas de uma nevada para a outra, também há fortes discordâncias entre indivíduos sobre como a neve é considerada. Algumas pessoas, por exemplo, acreditam que a neve é linda, pura e refrescante. Outras a caracterizam como feia, suja e inconveniente. Quando todas as nevadas do ano são levadas em conta como um todo, nós as percebemos como algo relativamente semelhante. É frequente esquecer que algumas nevadas duraram pouco, enquanto outras duraram dias, algumas foram pesadas enquanto outras foram leves, e algumas eram compostas de grandes flocos de neve, enquanto em outras os flocos mal eram visíveis. No geral, é raro pensarmos na neve como algo composto de milhões de flocos individuais, cada um deles diferente.

De maneira semelhante, é fácil para os professores esquecerem, ao planejarem as aulas, que cada criança é diferente e bela a seu próprio modo. Já que eles por necessidade tendem a planejar para os alunos como um grupo, costumam esquecer que alguns são baixos, enquanto outros são altos, alguns são muito habilidosos e outros não, alguns estão acima do peso e outros estão abaixo, alguns são negros e outros são brancos, alguns são ricos e outros são pobres, e alguns têm necessidades especiais enquanto outros quase não têm necessidades. Esquecemos que os alunos se enquadram em um *continuum* de características únicas; alguns caem em um dos extremos, enquanto outros ficam em algum lugar mais próximo do meio (ver Ponto-chave 4.6).

Ponto-chave 4.6

Cada criança é única e deve ser apreciada pelas diferenças que traz para o ambiente de aprendizagem.

Independentemente de o professor planejar uma atividade que seja explicitamente compartilhada ou tentar passar de maneira implícita um objetivo de aprendizagem, como a cooperação, ele deve sempre manter em foco que *todos* os alunos da turma estão aprendendo. O professor deve tomar providências que promovam o sucesso de todos os alunos. No entanto, aprender a individualizar o ambiente pode ser muito difícil, em especial para professores novos, que ainda estão se familiarizando com o conteúdo da educação física ou tentando se estabelecer como líderes em sala de aula. O propósito dessa seção é familiarizá-lo com os diversos indivíduos com os quais provavelmente irá encontrar e fornecer estratégias que garantam o sucesso deles ao planejar o seu currículo. Ao continuar lendo, esperamos que se lembre de que os alunos irão aprender com o exemplo que for estabelecido por você.

Habilidade

Um dos maiores desafios dos professores que dão aulas de educação física é a ampla variedade de habilidades com as quais se deparam. É possível encontrar situações semelhantes ao ensinar atividades como leitura e matemática, mas em nenhum outro lugar encontra-se tamanha diferença de habilidades como na educação física. Aqui, pode haver alguns alunos que participaram de um time de basquete, enquanto outros nunca tocaram em uma bola. Planejar atividades que desafiem os alunos habilidosos ao mesmo tempo em que apresentem o básico para os novatos é mais difícil do que os professores imaginam. Tente completar o Desafio de raciocínio 4.5, que pode parecer mais fácil de completar do que realizar na prática.

DESAFIO DE RACIOCÍNIO 4.5

Planeje uma atividade breve de 10 minutos que consiga engajar 30 alunos de 2º ano em passar com uma bola de futebol por um adversário. Todos os alunos devem estar ativos ao mesmo tempo e ter múltiplas oportunidades para completar a tarefa. A atividade deve desafiar alunos experientes e também oferecer sucesso para os iniciantes.

Independentemente do nível de habilidade, a maioria dos alunos dos anos iniciais apenas aproveitam a oportunidade de participar de uma atividade, e acreditam que, caso se esforcem, vão conseguir realizá-la. Nesse estágio do desenvolvimento, são incapazes de diferenciar esforço e habilidade (FRY, 2001). Quando eles passam de ano e começam a comparar o seu desempenho com o dos seus colegas, começam a fazer distinções entre ambos e "desenvolvem crenças de que a habilidade é fixa (inata) ou maleável (adquirida)"(SOLMON, 2003, p. 158). Conforme Solmon sugere, os indivíduos com baixa percepção de sua habilidade, e que acreditam que ela é fixa, podem se esforçar menos do que alguém que acredita que tem baixa habilidade, mas que pode melhorar com esforço.

Estudiosos que investigam como as crianças aprendem sugeriram que um clima de aprendizagem voltado para as tarefas, que enfatize o desenvolvimento da habilidade individual, é mais favorável do que um ambiente que estimule altos níveis de competitividade com ênfase na vitória. O ambiente voltado para as tarefas pode ser desafiador para alunos com grandes habilidades e, ainda assim, incentivar o esforço em crianças que demonstrem menor aptidão. A seguir constam sugestões sobre como desafiar alunos com todos os níveis de habilidades.

- Estimule os alunos a aprimorar de modo consistente seu próprio desempenho. Por exemplo, peça para contarem quantas vezes conseguem quicar a bola com sucesso em um período de 60 segundos. Faça os alunos registrarem seu desempenho mentalmente e depois repita a tarefa. Pergunte a eles se aprimoraram seu escore individual. Incentive-os a praticar a tarefa em casa e na aula. Alguns dias depois, apresente a mesma tarefa para determinar se houve melhora.
- Permita que os alunos tomem decisões sobre seu próprio desempenho. Alguns se sairão melhor com bolas menores ou mais leves do que outros. Alguns preferem ficar mais próximos do alvo para jogar a bola do que outros. Ajude os alunos a tomarem as decisões certas com base no próprio desempenho, e não no desempenho dos colegas.
- Inclua atividades no currículo que promovam criatividade e permitam que os alunos menos atléticos tenham sucesso durante uma atividade com movimentos expressivos, como dança criativa. Quando apropriado, enfatizar seu desempenho pedindo uma demonstração.
- Estimule os alunos a completar uma tarefa cooperando em grupo, em vez de competindo. Por exemplo, desafie os alunos a manter diversas bolas rolando pelo ginásio jogando uma bola de tênis nova na atividade a cada 5 segundos. Continue o jogo até uma das bolas parar de rolar. Registre o número de bolas que eles mantiveram rolando durante a atividade. Complete a tarefa em várias ocasiões para ver se é possível melhorar o desempenho do grupo.

As crianças são beneficiadas quando recebem oportunidades de melhorar seu desempenho, em vez de compará-lo com o dos outros.

Gênero

Conforme enfatizado no Ponto-chave 4.7, antes da puberdade existe pouca diferença entre a habilidade dos meninos e das meninas nas atividades motoras. De fato, foi dito que os dois sexos têm mais semelhanças do que diferenças (THOMAS; THOMAS, 2008). Infelizmente, é comum que os professores presumam que as meninas sejam menos habilidosas do que os meninos, mesmo nos anos iniciais. O mais provável é que eles tenham adquirido essa crença com base em estereótipos sobre as habilidades das mulheres, e ouvir frases como "Você arremessa como uma garota" não ajuda muito a melhorar essa percepção. Tanto meninos como meninas passam por diversos estágios quando aprendem a arremessar. Se as meninas não progredirem na mesma velocidade que os meninos, o mais provável é que isso se deva a menos oportunidades de treinamento e a menos aulas do que ao seu nível de habilidade. Do mesmo modo, quando os meninos ouvem que não sabem pular corda, é provável que eles não tenham sido expostos às mesmas oportunidades que as meninas. Ambos os sexos podem aprender a arremessar e a pular corda; é uma questão de oportunidade, de instrução e de expectativas sociais, e não de habilidade.

> **Ponto-chave 4.7**
>
> Antes da puberdade, o nível de habilidade motora de meninos e meninas é muito semelhante.

Apesar de diferenças de habilidade poderem começar a manifestar-se quando as crianças passam aos anos finais do ensino fundamental ou ao ensino médio, os professores dos anos iniciais devem tratar ambos os sexos igualmente, esperando os mesmos tipos de desfechos de aprendizagem deles. A seguir constam algumas sugestões para minimizar os efeitos negativos do estereótipo de gênero.

- Use palavras neutras para gênero em aula. Conforme já mencionado neste capítulo, use frases como "apoio com as pernas retas" e com as "pernas flexionadas", em vez de "apoio de homens" e "de meninas". Escolhendo cuidadosamente suas palavras, será reduzida a probabilidade de que as expectativas para um sexo sejam mais baixas do que as do outro.
- Enfatize as realizações tanto dos meninos como das meninas, pedindo demonstrações em proporções iguais. Use equilíbrio entre os sexos para que ambos possam demonstrar, com igualdade, atividades em geral caracterizadas como femininas (p. ex., dança, ginástica) e atividades comumente caracterizadas como masculinas (p. ex., arremessar, basquete).
- Implemente regras para que ambos os sexos tenham oportunidade de participar com igualdade.
- Organize atividades por nível de habilidade, e não por sexo. Por exemplo, você pode organizar quatro pequenos jogos de futebol que variem em graus de competitividade, desde os muito habilidosos até os menos. Permita que escolham de que equipe gostariam de participar.

Raça, etnia e cultura

A face das escolas dos Estados Unidos mudou de uma predominantemente caucasiana para uma culturalmente diversa. De fato, em muitas escolas do país, alunos de minorias representam a maioria dos matriculados (TYSON, 2003). Apesar de os benefícios de uma sociedade multicultural serem inúmeros, há desafios que se apresentam para professores para os quais eles estão despreparados.

Em muitas escolas do país, os professores encontram alunos cuja língua materna não é o inglês, e tentar passar a matéria e as normas da aula é muito difícil. Diferentes culturas também impõem desafios aos professores de educação física. Em algumas sociedades, a participação de mulheres em atividades físicas não é bem aceita, em especial se induzir o suor e estimular o uso de trajes considerados vulgares (RANDSDELL et al., 2004). Em outras sociedades, a participação das mulheres é desejada e altamente valorizada.

Independentemente da matéria a ser ensinada, os professores precisam estar cientes de suas normas culturais e demonstrar respeito aos alunos que são diferentes. Apesar de as diferenças já terem sido usadas como motivo de ridicularização, hoje elas são celebradas. As crianças aprendem mais com aqueles que são diferentes do que com aqueles que são semelhantes. A seguir constam algumas sugestões de maneiras com as quais os professores podem celebrar a diferença e promover um ambiente positivo de aprendizagem para todos. Quando você tiver lido essas sugestões, complete o Desafio de raciocínio 4.6.

> **DESAFIO DE RACIOCÍNIO 4.6**
>
> Use o espaço a seguir para listar três estratégias adicionais que você poderia usar para promover a sensibilidade cultural.
> 1.
> 2.
> 3.

- Quando possível, faça duplas com um aluno que não fala inglês e um bilíngue ou que só fale inglês, mas esteja disposto a ajudar por meio de demonstração. Outra estratégia é usar imagens para explicar a atividade que você quer que seja realizada.
- Convide alunos de diferentes culturas para compartilhar com a turma outros tipos de atividades físicas que sejam populares em sua cultura. Separe um tempo para participar dessas atividades.
- Implemente regras e consequências que desestimulem o comportamento racista e a intolerância.
- Demonstre o comportamento adequado. Por exemplo, não ria de piadas racistas, mesmo que sejam contadas na sala dos professores; evite usar a língua de outra cultura apenas para ganhar popularidade com os alunos daquela cultura; e peça desculpas ao cometer um erro que possa ser considerado racista ou insensível, mesmo que não tenha sido intencional.
- Implemente um currículo de educação física que seja culturalmente sensível.

Status socioeconômico

Apesar de o *status* socioeconômico provavelmente não exercer um papel de influência no seu currículo de atividades físicas, é importan-

Os alunos aprendem trabalhando com pessoas que são diferentes deles.

te ter consciência de que nem todos os alunos podem arcar com o equipamento ou com os trajes necessários para participar de determinados tipos de atividade. Alguns esportes, como hóquei no gelo ou patinação no gelo, são caros para os pais da maioria dos níveis socioeconômicos. Outras atividades, como beisebol, basquete, futebol e vôlei serão acessíveis à maioria, embora não a todos. Seu trabalho como professor é apresentar atividades que todos os alunos possam aproveitar. A seguir constam algumas estratégias para reduzir as barreiras econômicas de alunos de origens mais humildes.

- Enfatize de modo consistente para todos os alunos que eles não precisam do melhor equipamento para se divertir nas atividades físicas. O basquete foi inventado usando cestas de frutas. Hóquei de rua foi criado usando uma vassoura velha e uma bola de borracha.
- Mostre aos alunos como eles podem criar o próprio equipamento. De fato, talvez seja bom criar uma competição de equipamento mais criativo que os alunos podem construir sem custo.
- Dê aos alunos alguns equipamentos interessantes, como (a) uma caixa de papelão, (b) dois pratos de papel, (c) uma pá, (d) quatro caixas de leite vazias e (e) um bambolê quebrado. Dê a eles 15 minutos para criar uma atividade na qual devam usar todos os equipamentos e envolver todos os alunos em uma atividade física que ocupe pelo menos 50% do tempo da aula. Essa atividade irá demonstrar como é fácil pensar em uma atividade divertida com equipamentos limitados. Faça o Desafio de raciocínio 4.7 para ver como você se sairia em uma tarefa semelhante.
- Mantenha uma pequena reserva para ajudar alunos com fundos limitados a comprar itens como tênis esportivos. Obtenha permissão do seu diretor, pois você vai precisar ter cuidado para não ofender os pais ou constranger o aluno. Obviamen-

te, financiar a compra necessária de um indivíduo carente deve ser feito com o máximo de discrição.
- Permita que os alunos participem de atividades físicas pelo maior tempo de aula possível. Lembre-se de que sempre há alunos que não têm oportunidade de envolver-se em outra forma de atividade física fora da escola, seja porque não têm acesso, ou por ser inseguro. Em relação ao segundo caso, algumas crianças sequer podem ter a liberdade de caminhar de sua casa para a escola e vice-versa, pois seu bairro está infestado de criminalidade ou tomado pelo tráfico de drogas.

DESAFIO DE RACIOCÍNIO 4.7

Em 10 minutos, crie um jogo que envolva todos os alunos em uma atividade física moderada por 75% do tempo. Use todos os equipamentos a seguir: (a) saco de papel, (b) pneu velho, (c) caixa de leite, (d) bola meio murcha do recreio, (e) quatro toalhas de banheiro e (f) balde de tamanho médio.

Obesidade

No Capítulo 1, apresentamos estatísticas relacionadas à epidemia de obesidade que atormenta os Estados Unidos e muitos outros países ao redor do mundo. Você irá encontrar algumas crianças com baixo condicionamento físico por estarem acima do peso. Participar de uma aula de educação física talvez seja traumático para esses estudantes, em particular se precisarem usar roupas que acentuem a sua obesidade. Essas crianças muitas vezes sofrem gozações e *bullying* ao longo das aulas. Expô-las a um ambiente de aprendizagem vulnerável como a educação física pode ser danoso, caso o professor não saiba como lidar adequadamente com a situação.

Como professor da sala de aula, você estará familiarizado com os alunos que estão acima do peso (e, em alguns casos, abaixo) na sua turma, e esperamos que tenha desenvolvido uma cultura em que gozações e *bullying* não sejam aceitos, mas onde se esperem apoio e incentivo. Apesar de ser um desafio trabalhar com alunos de diferentes tamanhos, também é recompensador quando eles realizam uma atividade. A seguir constam alguns pontos a serem considerados ao trabalhar com crianças de diferentes tamanhos.

- Se uma criança obesa estiver caminhando, e não correndo, não suponha que ela não está se esforçando. Ela precisa usar muito mais energia para se mover com rapidez. Apesar de estar muito mais devagar, sua frequência cardíaca pode estar muito mais elevada do que a de outros alunos da aula.
- Envolva os alunos em atividades nas quais seu desempenho não possa ser comparado com o dos outros. Se, por exemplo, estiverem correndo em volta da pista, faça-os começar de diferentes locais para que os mais lentos não possam ser distinguidos tão facilmente dos mais rápidos (TROUT; GRABER, 2009).
- Encontre atividades nas quais todas as crianças possam ser bem-sucedidas, independentemente do peso (p. ex., golfe).
- Permita que as crianças decidam como desejam participar da atividade. Por exemplo, você pode deixá-las escolherem tamanhos diferentes de equipamento, determinarem onde ficar ao sacar a bola e decidirem se vão correr ou caminhar rápido durante um jogo de futebol.

Necessidades especiais

Em 1975, a Lei Pública 94-142 foi decretada para garantir direito à educação dos alunos com deficiências e necessidades especiais. A educação destes indivíduos deve ocorrer dentro do ambiente menos restritivo possível, assim promovendo a noção de colocar os alunos com necessidades especiais nas salas de aula regulares. Antes de 1975, a educação dos alunos com necessidades especiais costumava ser conduzida em uma sala de aula separada, o que trazia mais desconfiança do que compreensão dessas crianças. Hoje, os alunos com necessidades especiais foram colocados nas salas de aula regulares, onde eles podem aprender com os outros e onde os outros podem aprender com eles. É claro, pode haver momentos em que as crianças com necessidades especiais também podem ser beneficiadas por aulas específicas em uma sala de aula própria com um professor que tenha treinamento especial para lidar com estes estudantes. No

As crianças com necessidades especiais devem ser colocadas nas salas de aula com outros alunos.

entanto, sempre que possível, é muito importante também incluí-las nas aulas de educação física tradicionais com os colegas.

Um Plano Educacional Individual (PEI) é construído para os alunos que requerem alguma forma de assistência para participar da educação física (p. ex., requerer um auxiliar ou serviços especiais), ou quando o currículo exigir modificações para dar conta de suas necessidades. Apesar de você vir a aprender como redigir um PEI em outras aulas de educação nas quais se matricular, é importante lembrar que, se você for o responsável pelas aulas de educação física na sua escola, em conjunto com uma equipe de professores, será necessário redigir objetivos de curto e de longo prazo e atividades adequadas no PEI.

Se estiver dando aulas para um aluno com necessidades especiais e tiver acesso a um professor de educação física, seria útil pedir sugestões de modificações curriculares adequadas à deficiência específica da criança. Como há muitos tipos de necessidades especiais, que variam de emocionais a físicas e de moderadas a graves, seria impossível passar uma lista de modificações curriculares que funcionariam para todos. A seguir constam algumas sugestões. Você também irá encontrar ideias adicionais nos capítulos de prática pedagógica deste livro. Ao participar de mais aulas de educação, você por certo receberá mais informações sobre como trabalhar com alunos portadores de necessidades especiais e como redigir PEIs.

- Modifique a atividade de forma que promova o sucesso do aluno com necessidades especiais.

- Participe de conferências e leia revistas/ livros escritos para professores que ofereçam ideias de currículos adequados para diferentes tipos de necessidades.
- Coloque os alunos com necessidades especiais em pares com outras crianças que sejam solidárias e amigáveis.
- Esteja ciente da condição médica da criança, familiarize-se com as expectativas dos pais dela e trabalhe em equipe com outros professores.
- Compreenda que há muitas variedades de condições que requerem alguma forma de assistência especial. Conforme enfatizado pelo Ponto-chave 4.8, não há uma modificação única que seja adequada a todos os tipos de deficiência.
- Seja criativo ao planejar uma aula para uma criança com deficiência. Por exemplo, apesar de uma criança que anda de cadeira de rodas não conseguir chutar a bola no futebol, ela pode receber um bastão de hóquei para jogar. Nas aulas de ginástica rítmica, faça um grupo de alunos criar uma coreografia enquanto os outros ficam sentados em suas carteiras, para que a criança em cadeira de rodas se sinta menos diferente do que os seus colegas durante a atividade.

Ponto-chave 4.8

Há muitos tipos de deficiências que variam de emocionais a físicas e de moderadas a graves. Lembre-se de que não existe modificação única que seja adequada a todos os tipos de necessidade especial.

Resumo

Apesar de frequentemente pensarmos que o currículo escolar principal é intencional e escrito, os alunos aprendem tanto, senão mais,

com as consequências não intencionais do currículo não escrito e não verbalizado. Para humanizar de forma efetiva o ambiente de aprendizagem, o currículo explícito precisa dar conta das necessidades de todos os alunos, independentemente de habilidade, sexo, raça/etnia, *status* socioeconômico, tamanho ou necessidades especiais. O currículo implícito pode servir como ferramenta valiosa para o ensino de importantes lições que não são explicadas, pois funcionam melhor quando são descobertas pelos alunos. O currículo deve ser regularmente avaliado e examinado para descobrir consequências negativas potenciais; apesar de o currículo oculto jamais ser completamente eliminado, seus efeitos negativos podem ser minimizados por professores particularmente habilidosos. Por fim, os professores devem considerar o currículo nulo e o que os alunos aprendem com o que está faltando.

Conforme ilustra o quadro a seguir, há comportamentos dos professores que aumentam a probabilidade de obter sucesso com o currículo pretendido e comportamentos que reduzem essa possibilidade. Se você lembrar que todas as crianças são únicas, sua chance de sucesso será maior. Como os professores, as crianças trazem bagagem para a escola: em alguns casos, você terá acesso a essa bagagem, o que facilita o entendimento das circunstâncias dessa criança; em outros, você não terá acesso a essa bagagem, e será mais difícil se comunicar com ela. Independentemente do caso, todas as crianças devem ser tratadas com sensibilidade e como pessoas únicas e insubstituíveis.

Lista do que fazer e do que não fazer

Fazer	Não fazer
□ Planejar cuidadosamente seu currículo pretendido com o objetivo de tornar o ambiente de aprendizagem inclusivo.	□ Presumir que os alunos só aprendem com o currículo explícito.
□ Usar o currículo implícito para promover a autodescoberta dos alunos.	□ Esperar que todos os alunos extraiam as mesmas mensagens da aula.
□ Tratar todos os alunos de forma imparcial.	□ Ignorar situações de intolerância.
□ Observar cuidadosamente o ambiente de aprendizagem em busca de situações de intolerância.	□ Presumir que uma atividade será bem-sucedida e que todos os alunos vão gostar dela.
□ Planejar lições que estimulem os alunos de diferentes culturas a trabalharem juntos.	□ Ter medo de não conseguir fornecer as atividades de aprendizagem adequadas para alunos com necessidades especiais.
□ Lembrar que a sociedade tornou-se cada vez mais multicultural.	□ Estereotipar seus alunos.

Atividades de revisão

1. Use suas próprias palavras para definir os currículos explícito, implícito, oculto e nulo.

2. Dê um exemplo de cada uma das quatro formas de currículo que são diferentes dos exemplos dados neste capítulo.

3. Descreva como você responderia a um aluno que não quisesse participar de uma atividade física devido a sua baixa percepção acerca de sua habilidade pessoal.

4. Pense em três estratégias realistas para estimular os alunos de diferentes etnias, que não queiram trabalhar em grupo, a fazê-lo.

5. Discuta suas principais preocupações sobre o planejamento de aulas adequadas para crianças com necessidades especiais.

Referências

DODDS. P. Consciousness raising in curriculum: a teacher's model. In: JEWETT, A.; CARNES, M.; SPEAKMAN, M. (Ed.). *Proceedings of the third conference on curricula and theory in physical education*. Athens: University of Georgia Press, 1983. p. 213-234.

EISNER, E. *The educational imagination: on the design and evaluation of school programs*. 3rd ed. New York: Macmillan College Publishing, 1994.

FRY, M. D. The development of motivation in children. In: ROBERTS, G. C. (Ed.). *Advances in motivation in sport and exercise*. Champaign: Human Kinetics, 2001. p. 51-78.

NATIONAL ASSOCIATION FOR SPORT AND PHYSICAL EDUCATION. *Moving into the future*: national standards for physical education. 2nd ed. Reston: Author, 2004.

NEW GAMES FOUNDATION. *The new games book*. Garden City: Dolphin Books; Doubleday & Company, 1976.

POSNER, G. J. *Analyzing the curriculum*. 3rd ed. New York: McGraw-Hill, 2003.

RANDSDELL, L. B. et al. International perspectives: the influence of gender on lifetime physical activity participation. *The Journal of the Royal Society for the Promotion of Health*, v. 124, p. 12-14, 2004.

SOLMON, M. A. Student issues in physical education classes: attitudes, cognition, and motivation. In: SILVERMAN, S. J.; ENNIS, C. D. (Ed.). *Student learning in physical education*. Champaign: Human Kinetics, 2003. p. 147-163.

THOMAS, K. T.; THOMAS, J. R. Principles of motor development for elementary school physical education. *Elementary School Journal*, v. 108, p. 181-195, 2008.

TROUT, J.; GRABER, K. C. Perceptions of overweight students concerning their experiences in physical education. *Journal of Teaching in Physical Education*, v. 28, p. 272-292, 2009.

TYSON, L. A. Context of schools. In: SILVERMAN, S. J.; ENNIS, C. D. (Ed.). *Student learning in physical education*. Champaign: Human Kinetics, 2003. p. 43-66.

CAPÍTULO 5

MODELOS DE CURRÍCULO E EVENTOS ESPECIAIS

Ao planejar formalmente seus currículos explícito e implícito, você vai precisar pensar com seriedade sobre os principais objetivos do seu currículo e como passá-lo aos alunos. Nos anos iniciais, as unidades são relativamente curtas. Como mencionado em capítulos anteriores, pode ser apresentada uma atividade, como arremesso ou dança criativa, por dois ou três dias consecutivos e retomá-la algumas vezes ao longo do ano. Conforme as crianças vão passando de ano, as unidades vão ficando cada vez maiores.

O propósito deste capítulo é fornecer uma amostragem dos diferentes modelos de currículo para alunos de ensino fundamental. Algumas opções serão mais adequadas para crianças nos anos iniciais, enquanto outras são mais apropriadas para os anos mais adiantados. Se você for um professor novato, pode ser difícil, no começo, decidir que tipo de currículo de educação física é melhor para os seus alunos. Mas, apesar desse fato, é bom pensar sobre o currículo antes do início das aulas e desenvolver um plano geral para todo o ano letivo. Fazendo isso, será possível garantir que os seus alunos recebam aulas sobre as habilidades e as atividades às quais você considera que eles devem ser expostos, diminuindo a probabilidade de que uma atividade importante seja esquecida. Porém, planejar uma aula de cada vez costuma ser ineficaz, e não promove uma exposição bem articulada e pensada ao currículo. Ao ler este capítulo, pense se o que você quer é promover apenas um modelo de currículo no ano letivo, ou se sua ideia é a de apresentar às crianças diversas alternativas diferentes.

HABILIDADES DE MOVIMENTOS BÁSICOS

O movimento pode ser caracterizado como locomotor, não locomotor e manipulativo, sendo esses os principais modos em que os alunos podem mover os seus corpos. O desenvolvimento de habilidades em cada uma dessas áreas irá ajudar a criança a realizar movimentos cada vez mais complexos e a participar de jogos e esportes mais exigentes. Apesar de haver uma breve descrição de cada uma dessas três formas de movimento a seguir, os capítulos de prática pedagógica irão fornecer explicações mais aprofundadas para cada uma e exemplos sobre como tratar efetivamente de uma ou mais formas de movimento.

Decidir qual será o foco do currículo é desafiador, porém empolgante.

Locomotoras

Atividades que requerem que os alunos movam-se no espaço são consideradas locomotoras. Elas exigem transferência de peso para impulsionar o corpo de um ponto a outro. Exemplos primários de movimentos locomotores incluem os seguintes:

- Caminhar: sempre um período de contato do pé com o chão.
- Correr: breve período em que não há contato com o chão.
- Saltitar (pelo espaço): pular com um pé, tocar o chão com o mesmo.
- Pular (pelo espaço): pular com os dois pés, tocar o chão com ambos.
- Saltar: passo, pulo; passo, pulo (com alternação da perna a cada sequência de salto, pulo).
- Galopar: dar um passo com a perna da frente, juntar as duas pernas (sempre a mesma perna na frente).
- Deslizar: dar um passo lateral com uma perna, juntar as duas pernas (sempre a mesma perna desliza).

Não locomotoras

Atividades de movimento que são realizadas em um espaço próprio e não exigem que o aluno entre no espaço geral são conhecidas como não locomotoras. Elas formam os fundamentos de muitas atividades criativas e são necessárias para realizar habilidades motoras básicas. Alguns exemplos são:

- Girar: uma parte do corpo se move enquanto a outra permanece imóvel ou a segue logo após.
- Virar: mudar de direção com uma rotação.
- Alcançar: estender uma parte do corpo na direção de uma coisa.
- Alongar: alongar, alargar ou estender o corpo.
- Dobrar: flexionar uma parte do corpo.

Manipulativas

Quando os alunos usam as mãos, os braços, as pernas ou qualquer outra parte do corpo para receber ou impulsionar um objeto pelo espaço, eles se envolvem em uma atividade manipulativa. A aquisição de habilidades manipulativas requer mais prática e aulas do que o desenvolvimento de habilidades locomotoras ou não locomotoras. A seguir constam alguns exemplos de atividades manipulativas comuns.

- Arremessar: impulsionar um objeto pelo espaço, normalmente com as mãos.

Muitos conceitos como girar, alcançar, forçar, fluir e equilibrar são associados com o movimento de arremessar.

- Pegar: receber um objeto.
- Bater: atingir ou entrar em contato agressivamente com um objeto.
- Voleio: entrar em contato brevemente com um objeto múltiplas vezes para mantê-lo no ar.
- Conduzir: chutar ou quicar um objeto rápida e repetidamente.
- Chutar: impulsionar um objeto pelo espaço com o pé.

MOVIMENTO CRIATIVO

O movimento criativo é uma forma popular de currículo que é incorporada nas aulas de muitos professores de educação física, e foi influenciado pelo trabalho de Rudolph Laban, um artista e teórico francês que promoveu a Análise de Movimento Labaniano, no início do século XX. Os professores de educação física que enfatizam o movimento criativo na sua estrutura curricular tendem a crer que é importante ensinar atividades de movimento aos alunos ao mesmo tempo em que se apresentam diversos conceitos que poderão ser transferidos de uma atividade para outra em um momento posterior (ver Ponto-chave 5.1) O movimento criativo pode servir como uma estrutura muito benéfica, especialmente para dar aulas sobre movimentos para crianças nos anos iniciais, podendo ser utilizado para ajudar os alunos a explorar como diferentes equipamentos podem ser usados ou para ensinar dança criativa ou ginástica artística (ver Capítulo 7).

> **Ponto-chave 5.1**
>
> É importante para as crianças aprenderem atividades de movimentos básicos e conceitos associados com essas atividades.

CONCEITOS COMBINADOS COM ATIVIDADES BÁSICAS E COM MOVIMENTOS CRIATIVOS

Três conceitos principais foram resumidos a seguir para descrever como diferentes aspectos do movimento podem ser executados. Os conceitos de espaço, esforço e relacionamentos, junto de seus respectivos subconceitos, ajudam os alunos a compreender as muitas formas pelas quais eles podem mover seus corpos. Ao ler esta seção, tente completar o Desafio de raciocínio 5.1.

> **DESAFIO DE RACIOCÍNIO 5.1**
>
> No espaço a seguir, associe uma habilidade locomotora, uma não locomotora e outra manipulativa com um conceito que você poderia usar ao dar aulas de movimentos criativos.
>
> 1. Habilidade locomotora:
>   Conceito:
> 2. Habilidade não locomotora:
>   Conceito:
> 3. Habilidade manipulativa:
>   Conceito:

Espaço

O conceito de espaço corresponde a como um objeto ou corpo move-se pelo ambiente, e inclui diversos subconceitos, sendo este um dos conceitos mais importantes a ser ensinado para crianças. De fato, o espaço costuma ser o primeiro conceito a ser ensinado, especialmente em relação ao espaço próprio e ao espaço geral. A seguir constam diversos subconceitos relacionados ao espaço e alguns exemplos sobre como eles podem ser utilizados em aula.

- Espaço próprio
  1. Crie seu espaço próprio sentando dentro de um bambolê.
  2. Conduza a bola no seu próprio ritmo.
- Espaço geral
  1. Crie uma dança no espaço geral, mas tome cuidado para não tocar em mais ninguém.
  2. Arremesse a bola pelo espaço geral.
- Direção (para a frente, para o lado, para cima, para baixo, sentido horário, sentido anti-horário)
  1. Deslize lateralmente de um lado ao outro do ginásio.
  2. Pule para cima, mas não para a frente.
- Caminhos (zigue-zague, reto, curvo)
  1. Pule pelo ginásio em linha reta.
  2. Conduza a bola em zigue-zague.
- Níveis (alto, médio, baixo)
  1. Jogue um saco de feijão em nível alto, depois médio e depois baixo.
  2. Quique a bola no nível mais baixo possível sem parar.
- Extensões (longe, perto)
  1. Crie uma dança em que suas mãos movam-se constantemente para longe e para perto do seu corpo.
  2. Quique a bola próximo e depois longe do seu corpo para ver que distância é mais confortável.

Esforço

Esse conceito refere-se à quantidade de esforço ou de ações musculares envolvidas em movimentos específicos. Por exemplo, um salto pode ser completado usando movimentos rápidos ou lentos, dependendo do clima ou do conceito que deve ser passado para a criança.

- Tempo (rápido, devagar)
  1. Pule para cima e para baixo da plataforma o mais rápido possível.
  2. Não deixe seu oponente pegar a bola mudando de direção rapidamente.
  3. Estenda seu braço lentamente ao realizar uma sequência de dança.
  4. Caminhe para trás lentamente ao longo da linha vermelha.
- Força (forte, fraco)
  1. Mostre como você saltaria se uma perna fosse mais forte do que a outra.
  2. Mostre a um parceiro como seu corpo ficaria se você estivesse pegando um objeto leve.
  3. Use muita força para arremessar a bola o mais longe possível.
  4. Pule dessa caixa de madeira pequena aterrissando gentilmente sobre seus pés.
  5. Transfira gentilmente seu peso de uma parte do corpo para a outra.
- Fluidez (fluxo seguro pode ser facilmente interrompido e é controlado pelo aluno sem dificuldade; fluxo livre é difícil de parar e mais desafiador de controlar)
  1. Mova-se para a frente usando movimento seguro e fazendo rápida transição ao fluxo livre.
  2. Caminhe pela trave usando movimento contido.
  3. Ligue três movimentos distintos, em sequência, utilizando fluxo livre.
  4. Salte pela sala usando fluxo livre.

Relacionamentos

O conceito de relacionamentos descreve como os alunos movem seus corpos em relação a objetos e a outros alunos. É importante que as crianças entendam o conceito de relacionamento porque há muitas atividades que requerem o uso de equipamentos ou que trabalhem com os outros.

- Com objetos (entre, dentro, fora, ao redor, pelo meio, acima, abaixo, etc.)
  1. Quique uma bola entre e ao redor de suas pernas.
  2. Pule por cima da caixa e escale o poste.
  3. Chute a bola ao redor de outra pessoa e para dentro do gol.
- Com parceiros ou outros (liderar, seguir, imitar, acompanhar, tocar, separar)
  1. Tente espelhar os movimentos que o seu parceiro está fazendo.
  2. Crie uma dança com o seu parceiro em que vocês se toquem e se separem em algum momento.
  3. Lidere a turma em um movimento criativo usando uma bola.

Desafios de movimento nos anos iniciais

Ao desenvolver um currículo com base em atividades e conceitos de movimento para crianças nos anos iniciais (até o 1° ano), comece apresentando apenas uma combinação de habilidade e conceito de movimento por vez.

- Salte no espaço próprio
- Pule rapidamente
- Estique-se bem alto

Conforme as crianças comecem a dominar habilidades individuais e compreendam os conceitos, você pode começar a se focar em agrupar uma ou mais atividades e conceitos de movimento (1° ao 3° ano). A seguir constam alguns exemplos.

- Corra lateralmente pelo ginásio em um nível baixo.
- Quique a bola usando força média, em nível médio, usando velocidade média.
- Mova-se por um caminho curvo pelo espaço geral utilizando movimentos de fluxo livre.
- Chute a bola para trás, na direção do seu parceiro, usando força leve.

- Arremesse a bola para o alto em um nível médio e pegue-a gentilmente com ambas as mãos.
- Conduza a bola rapidamente pelo campo e depois chute-a com força na direção do gol.

Desafios de movimento nos anos avançados

Após as crianças adquirirem habilidades motoras básicas e compreenderem os conceitos que acompanham essas habilidades, normalmente pelo 3° ano, elas estarão prontas para começar a incorporá-las em jogos com poucas pessoas ou individuais. O foco muda de forma gradual de uma ênfase nos conceitos para a combinação de habilidades motoras em situações cada vez mais complexas. Nessa idade do desenvolvimento, as crianças gostam de competir umas com as outras (para determinar se elas podem melhorar o desempenho) ou de se envolver com os outros para realizar uma tarefa ou para jogar algum jogo de baixa organização.

Apesar de muitos professores instruírem seus alunos em jogos competitivos, nesse ponto enfatizamos que o foco na competição seja limitado. Por exemplo, atividades que resultem em um forte destaque em perder ou ganhar, ou que façam algumas crianças preferirem desistir a participar, já que se sentem constrangidas em relação ao seu nível de desempenho, são inadequadas.

Durante os 4° e 5° anos do ensino fundamental, é melhor fornecer oportunidades para os alunos aprimorarem suas habilidades motoras básicas, visto que, para praticarem esportes ou se envolverem em outros desafios de movimento em uma idade posterior, primeiro eles vão precisar ter adquirido essas habilidades motoras básicas. Por volta do 3° ano, as crianças normalmente estão prontas para se envolver em atividades e jogos individuais, com um parceiro ou em pequenos grupos. Conforme avançam para o 4° e o 5° ano, estão

Dança criativa e ginástica artística são atividades excelentes para ensinar aos alunos como combinar múltiplos conceitos.

prontos para participar de jogos com cada vez mais crianças. Alguns exemplos das atividades adequadas para os anos intermediários do ensino fundamental constam a seguir. Ao ler sobre essas atividades e outras incluídas neste capítulo, lembre-se de que estamos usando a seriação apenas como forma de orientação. O marco mais importante para saber se uma criança está pronta para aprender uma atividade mais avançada deve ser determinado pelo seu nível de desenvolvimento (ver Capítulo 2).

- Conte quantas vezes você consegue manter a bola no ar em um nível médio por 30 segundos (3° e 4° ano).
- Passe uma bola de vôlei de um lado ao outro com um parceiro e conte quantos contatos consecutivos vocês conseguem realizar sem deixar a bola cair no chão (4° e 5° ano).
- Joguem futebol de três contra três usando duas bolas simultaneamente e trocando os goleiros sempre que ouvirem bater palmas (4° e 5° ano).
- Crie uma rotina de dança com um parceiro que inclua (a) dois equilíbrios, (b) uma rolagem, (c) três conceitos de movimentação diferentes, e (d) um equilíbrio de um braço só (3° e 5° ano).

ABORDAGEM DO CONDICIONAMENTO FÍSICO

Ao longo da última década, especialmente por causa da epidemia de obesidade, cada vez mais os professores de educação física estão enfatizando o condicionamento físico nas aulas. Essa abordagem predomina nos anos finais do ensino fundamental e no ensino médio; contudo, alguns professores acreditam que anos iniciais do ensino fundamental também devem conter um forte elemento de condicionamento físico. Conforme apontado no Ponto-chave 5.2, as ideias dos professores acerca do condicionamento físico caem em um *continuum* que varia do foco exclusivo no condicionamento físico, na extremidade esquerda do *continuum*, a uma ênfase modesta no meio, até quase nenhum foco na extremidade direita.

Os professores na extremidade esquerda do *continuum* tendem a planejar aulas que envolvam os alunos em atividades físicas moderadas a vigorosas pela maior parte do período, enfatizando componentes de exercícios para a saúde, como flexibilidade, força e resistência cardiovascular. Professores na média tentam manter as crianças ativamente engajadas em um nível entre moderado e vigoroso, quando possível, mas também se concentram em outras áreas, como o ensino de habilidades motoras básicas e conceitos de movimento. Por fim, os professores na extrema direita têm relativamente pouco interesse no condicionamento físico e não se preocupam com sua inclusão no currículo. Deve-se notar que professores do lado direito do *continuum* são relativamente poucos.

> ## Ponto-chave 5.2
>
> Alguns professores enfatizam o condicionamento físico acima de todas as outras atividades, alguns raras vezes incluem essas atividades no currículo, e outros ficam em algum ponto intermediário. Apesar de condicionamento físico ser muito importante, é igualmente importante que as crianças aprendam habilidades básicas e aumentem a criatividade da sua movimentação.

Como acontece com a maioria das áreas controversas, há um meio-termo desejável para o maior número de pessoas. Como especialistas em currículos de educação física, recomendamos que você concentre-se no condicionamento físico, mas não à custa de negligenciar o ensino de habilidades motoras básicas, conceitos de movimento ou habilidades sociais, como a cooperação e o trabalho em equipe. A seguir constam algumas sugestões de modos pelos quais é possível integrar o condicionamento físico ao currículo geral de forma satisfatória.

Foco no condicionamento físico de 15 minutos

A quantidade de tempo que você tem à disposição para dar aulas de educação física ou para envolver os alunos em atividades físicas todos os dias vai determinar o que é possível realizar. O ideal é que você tenha 30 minutos de acesso a um ginásio ou a um pátio seguro com amplo equipamento. Além disso, outro período de 15 minutos ininterruptos durante o dia para se focar em atividades físicas seria útil. Em um desses

períodos, esperamos que você consiga envolver as crianças em atividades físicas moderadas a vigorosas que aumentem sua força ou resistência cardiovascular. Apesar de um espaço amplo ser preferível, é possível desenvolver o condicionamento físico dentro da sala de aula ou com uma caminhada rápida pelo bairro. Os capítulos de prática pedagógica fornecem muitas ideias para conduzir o condicionamento físico no ginásio durante a educação física ou na sala de aula durante intervalos de educação física. Aqui consta uma pequena lista de atividades que as crianças podem gostar e desejar. Após lê-las, tente completar o Desafio de raciocínio 5.2.

- Pratique um jogo não eliminatório de pega-pega que mantenha as crianças em movimento rápido (correr, pular, pega-pega foca).
- Faça uma caminhada rápida ao ar livre pelo pátio da escola.

> ## DESAFIO DE RACIOCÍNIO 5.2
>
> Suponha que você está dando aula para 25 alunos do 3º ano. Que atividades incluiria no seu currículo durante um período de uma semana? Você também se concentraria no desenvolvimento de habilidades motoras? Faça algumas anotações sobre as atividades que considera adequadas e divertidas para as crianças.
>
> **Segunda-feira**
> 30 minutos de educação física
> 15 minutos de intervalo
>
> **Terça-feira**
> 15 minutos de intervalo
>
> **Quarta-feira**
> 30 minutos de educação física
> 15 minutos de intervalo
>
> **Quinta-feira**
> 15 minutos de intervalo
>
> **Sexta-feira**
> 30 minutos de educação física
> 15 minutos de intervalo

- Realize diversas atividades de pular corda.
- Caminhe no lugar enquanto realiza um ditado.
- Complete rotinas de danças aeróbias simples.

Desenvolvimento de condicionamento físico e de habilidades motoras

Na nossa opinião, não há motivo que impeça o ensino de habilidades motoras básicas e conceitos de movimento junto do condicionamento físico. Há muitas atividades que os professores podem planejar que alcancem ambos os resultados. Para professores com pouco tempo para focar na educação física (p. ex., 20 minutos por dia), é importante planejar com cuidado cada segundo da aula para que ambos os objetivos possam ser alcançados. As atividades podem incluir:

- Passar a bola de um parceiro para o outro enquanto correm de um lado ao outro do ginásio.
- Conduzir uma bola de futebol ao longo de um amplo percurso de obstáculos (com todas as crianças se movendo simultaneamente).
- Jogar uma bola em um alvo, correr para recuperar a bola, jogá-la novamente (sem parar).
- Desenvolver uma rotina contínua de ginástica no solo.
- Conduzir uma bola de basquete ao redor de cones, arremessar, recuperar a bola, batê-la em uma parede, apanhá-la e começar de novo (com todas as crianças se movendo ao mesmo tempo).

Condicionamento físico e jogos

Alguns jogos, como futebol, estimulam corridas e movimentos vigorosos, enquanto outros, como vôlei, podem resultar em amplos períodos de inatividade. Portanto, cabe ao professor ser criativo. Quer seja um especialista em educação física ou um professor de sala de aula, qualquer um tem a habilidade de ser criativo modificando ou inventando jogos que estimulem a atividade física. Os exemplos incluem:

- Vôlei: uma bola de praia entra em jogo para ambos os lados; veja quantas vezes eles conseguem passar a bola de um lado para o outro sem deixá-la cair – acrescente duas ou três bolas para tornar o jogo mais desafiador.
- Futebol: todos, incluindo o goleiro, devem estar sempre correndo, caminhando ou marchando; se alguém parar, é ponto para o outro time.
- *Softball*: uma pessoa é o batedor, enquanto todos os outros ficam em posição no campo; depois de o batedor acertar a bola, os outros correm até a pessoa que apanhou a bola e formam uma linha dando as mãos; o batedor marca um ponto para cada base que tocar antes de os outros entrarem em posição.

ABORDAGEM DOS JOGOS TRADICIONAIS

Apesar de pouquíssimos professores dependerem exclusivamente de jogos para passar a matéria, alguns enfatizam mais os jogos do que qualquer outra coisa. Apesar de acreditarmos que certamente há espaço para jogos no currículo, desestimulamos aqueles que dão ênfase predominante a essas atividades. Além disso, acreditamos que alguns jogos são melhores de incluir no currículo do que outros. Jogos que não ensinam habilidades nem desenvolvem o condicionamento físico – tais como dança das cadeiras, sobra um ou gato e rato – são inadequados ou bons de jogar apenas em festas de aniversário e situações semelhantes. Outros jogos, como basquete, vôlei, futebol, hóquei e *softball* só são adequados se as crianças desenvolveram adequadamente as habilidades motoras básicas requeridas para participar e se todas estiverem ativamente envolvidas na atividade.

Educação física e atividades para o ensino fundamental **83**

Infelizmente, os professores de sala de aula que focam principalmente em jogos o fazem por diversos motivos. Alguns têm pouca confiança em suas capacidades de ensinar habilidades motoras ou condicionamento físico, e assim focam em jogos que são familiares de sua infância ou se baseiam em livros prontos com ideias de jogos. Alguns professores não acreditam na importância da educação física e dão essa aula apenas por obrigação, sem se preocuparem em ensinar aos alunos o domínio psicomotor. Outros permitem que as crianças joguem porque não conseguem resistir à pressão dos alunos ou porque não têm conhecimento de como deve ser o currículo da educação física.

Conforme enfatizado pelo Ponto-chave 5.3, jogos são perfeitamente adequados, mas devem (a) ter propósito, (b) promover aprendizagem, (c) ser adequados ao nível de desenvolvimento, (d) encorajar o sucesso de todas as crianças e (e) não servir como ênfase principal do currículo. Por fim, os alunos são mais bem servidos por jogos que estimulem o envolvimento, o compartilhamento, o sucesso e o trabalho em equipe.

> ### Ponto-chave 5.3
>
> Jogos são perfeitamente adequados para incluir no currículo de educação física, mas devem (a) ter propósito, (b) promover aprendizagem, (c) ser adequados ao nível de desenvolvimento, (d) encorajar o sucesso de todas as crianças e (e) não servir como ênfase principal do currículo.

ABORDAGEM DOS JOGOS DE ESTRATÉGIAS

Recentemente tem havido maior foco no envolvimento de crianças em jogos que aumentam sua compreensão dos conceitos dos jogos. Com base na premissa de que aprender como resolver problemas em um tipo de jogo pode ser transferido para outros jogos, essa abordagem foca-se no aumento da habilidade cognitiva dos alunos de resolver problemas ao mesmo tempo em que envolve-os em atividades relacionadas a esportes. Os benefícios desse modelo são sustentados por pesquisas empíricas e evidências informais. Professores motivados, interessados em aprender mais sobre essa abordagem, devem ler o livro de Mitchell, Oslin e Griffin (2005), onde é possível encontrar formas de integrar esse modelo ao currículo de maneira adequada ao nível de desenvolvimento dos alunos.

JOGOS NOVOS E COOPERATIVOS

Conforme já enfatizado, jogos que facilitam o desenvolvimento de habilidades e a participação são adequados em um currículo equilibrado. Jogos que foquem o desenvolvimento de habilidades sociais também o são, especialmente se também promoverem habilidades psicomotoras ou o condicionamento físico Enquanto as crianças receberem aulas adequadas acerca das habilidades básicas e forem expostas a atividades físicas vigorosas regularmente, será altamente desejável acrescentar jogos novos e cooperativos no currículo.

Jogos novos e cooperativos enfatizam habilidades como compartilhamento, cooperação e trabalho em equipe para eliminar formas nocivas de competição. Em alguns casos, os professores podem localizar jogos adequados ao nível de desenvolvimento em uma série de livros publicados pela New Games Foundation (1976, 1981), ou de diversos outros livros que estimulam a cooperação, seja em ambientes internos ou externos. Contudo, alguns dos melhores jogos são os que o professor ou as crianças criam.

Os professores vão descobrir que os alunos gostam de envolver-se em jogos novos e cooperativos. Contudo, de modo semelhante a outros modelos de jogos que abordamos, os professores devem incorporá-los ao currículo apenas depois de as crianças adquirirem o nível de habilidade adequado para participarem com sucesso. Os jogos não devem representar a maior parte do currículo anual. Jogos tradicionais, de estratégias, novos e cooperativos são todos adequados, mas não como um currículo anual inteiro.

JOGOS CRIADOS PELO PROFESSOR

Um professor razoavelmente criativo pode desenvolver com facilidade jogos focados no desenvolvimento de habilidades sociais. Primeiro, os professores devem considerar que aspectos das habilidades sociais as crianças precisam aprender (p. ex., trabalhar com um parceiro, compartilhar equipamentos, alcançar um objetivo em grupo). Segundo, o professor deve pensar em atividades que alcancem o primeiro objetivo ao mesmo tempo em que envolvam os alunos em atividades moderadas a vigorosas ou em resoluções de problemas. Terceiro, o professor deve considerar como envolver todos os alunos simultaneamente no jogo. Por fim, o sucesso do aluno deve ser o resultado principal. O professor também pode criar jogos que incentivem as crianças que possuem menos habilidades físicas ou sociais a participar de forma ativa do desafio, até mesmo assumindo um papel de liderança. Por exemplo, um jogo cooperativo pode envolver os alunos em uma discussão sobre como mover o grupo inteiro, incluindo diversos equipamentos, com segurança, de um lado do ginásio até o outro sem que as pernas ou os pés de ninguém toque o chão. Quando as crianças

decidirem como alcançar esse objetivo, todos devem tentar.

JOGOS CRIADOS PELAS CRIANÇAS

Alguns dos jogos mais diferenciados, divertidos e criativos são idealizados pelas crianças. Neste caso, em vez de o professor estabelecer as regras do jogo, ele deve fornecer a estrutura para que os alunos criem seu próprio jogo, com seus limites e regras. O Capítulo 11 discute os jogos criados pelas crianças em mais detalhes e fornece exemplos sobre como um professor pode incorporar com sucesso esses tipos de experiências de aprendizagem no currículo. Complete o Desafio de raciocínio 5.3 para avaliar o que você acha dos diferentes modelos de jogos.

ESPORTES DE AVENTURA E ATIVIDADES AO AR LIVRE

De acordo com o Ponto-chave 5.4, os esportes de aventura referem-se a atividades nas quais o professor cria um ambiente de aprendizagem, tal como uma parede de escalada ou um percurso de cordas, enquanto as atividades ao ar livre caracterizam atividades conduzidas no ambiente natural, tal como canoagem ou *hiking* (SIEDENTOP; MAND; TAGGART, 1986). Apesar de poucos professores terem a expe-

---

DESAFIO DE RACIOCÍNIO 5.3

Use os espaços a seguir para listar pelo menos uma vantagem e uma desvantagem de cada um dos três modelos seguintes:

Modelo	Vantagem	Desvantagem
1. Jogos tradicionais		
2. Jogos de estratégias		
3. Jogos novos e cooperativos		
4. Jogos criados pelo professor		
5. Jogos criados pelas crianças		

Após completar esse exercício, qual dos seguintes modelos você prefere, e por quê?

riência ou o orçamento para construir algo tão complexo como uma parede de escalada, muitos esportes de aventura, tais como desafiar os alunos a cruzarem uma cerca "elétrica" sem voltar pelo outro lado para ajudar os colegas, podem ser construídos com uma simples corda amarrada entre duas árvores. Professores interessados em promover atividades seguras de esportes de aventura, especialmente para alunos nos anos mais avançados do ensino médio, podem matricular-se em diversos cursos excelentes com uma rápida consulta na internet.

Ponto-chave 5.4

Os esportes de aventura referem-se a atividades nas quais os professores criam um ambiente de aprendizagem, ao passo que as atividades ao ar livre caracterizam atividades no ambiente natural (SIEDENTOP; MAND; TAGGART, 1986).

Envolver os alunos em atividades ao ar livre também pode ser desafiador, especialmente em ambientes urbanos, mas ainda assim pode ser implementado no currículo por um professor entusiástico e se o diretor apoiá-lo. Muitas escolas de ensino fundamental, por exemplo, oferecem saídas de campo aos finais de semana nos anos mais avançados para envolver os alunos em atividades como canoagem, orientação e *hiking*, como uma forma de ensinar habilidades de sobrevivência, cooperação, autoconsciência e trabalho em equipe. Os alunos fazem eventos de arrecadação ao longo do ano para juntar dinheiro para a saída de campo, que é complementado por uma contribuição financeira dos pais ou pelo patrocínio de uma companhia local. É claro, os professores que dão aulas em ambientes rurais têm mais acesso a espaços abertos e são incentivados a envolver as crianças em atividades ao ar livre com maior frequência.

Pesquisas mostraram que os benefícios de participar de atividades únicas como esportes de aventura e atividades ao ar livre envolvem a promoção de cooperação, esforço, tomada de riscos, diversão, confiança, desenvolvimento de habilidades, comunicação e autoestima (DYSON, 1995). Os professores de sala de aula que têm competência em atividades como acampamentos ou *hiking* podem tirar muito proveito ao expor os alunos a essas experiências. A segurança, é claro, deve ser a principal preocupação quando são planejadas aulas de educação de aventura ou atividades ao ar livre, mas os professores podem reduzir os riscos matriculando-se em cursos adequados em uma escola comunitária ou centro recreativo e solicitando um número adequado de voluntários qualificados para ajudar a planejar e executar a experiência.

EDUCAÇÃO ESPORTIVA

Desenvolvido por especialistas na área como um mecanismo para expor as crianças, durante as aulas de educação física, aos benefícios de participar de esportes em equipe, o modelo de educação esportiva estimula o trabalho em equipe, as experiências positivas com o esporte e o desenvolvimento independentemente do nível de habilidade (SIEDENTOP; HASTIE; VAN DER MARS, 2004). O modelo foi criado para crianças de todas as idades e níveis de desenvolvimento e tem sido apontado por pesquisas nacionais e internacionais como um modelo adequado de aprendizagem (HASTIE, 1996; HASTIE; SINELNIKOV, 2006). Além disso, a educação esportiva e os modelos curriculares alternativos descritos anteriormente mostraram que são muito proveitosos para as crianças (complete o Desafio de raciocínio 5.4).

As características que tornam o modelo único entre as unidades esportivas tradicionais são que os alunos participam de um grupo por um longo período, ao longo de toda uma temporada, e assumem diferentes papéis, como treinador, árbitro, responsável pelos registros, diretor e estatístico. Permanecendo no mesmo grupo, eles desenvolvem afiliação com um grupo específico de pessoas e aprendem a ajudar-se por um período de tempo. Um

DESAFIO DE RACIOCÍNIO 5.4

Liste três motivos pelos quais você acha que as crianças gostam de participar de educação de esportes de aventura, atividades ao ar livre e educação esportiva.

Esportes de aventura	Atividades ao ar livre	Educação esportiva
1.	1.	1.
2.	2.	2.
3.	3.	3.

evento culminante, como uma competição ou festival, conclui a unidade. Apesar de os alunos ganharem pontos vencendo jogos, eles também podem ganhar pontos devolvendo os equipamentos ao local adequado em boas condições, ajudando uns aos outros ou mantendo registros atualizados. Assim, uma equipe menos habilidosa, porém mais responsável, tem a oportunidade de vencer uma competição. As atividades incluídas na educação esportiva variam desde esportes individuais, como tênis, golfe e ginástica, até esportes por equipe, como basquete, vôlei e futebol. Até mesmo atividades de condicionamento físico podem ser encaixadas no modelo.

EVENTOS ESPECIAIS

Marcados de forma estratégica ao longo do ano, ou ao final de uma unidade, eventos especiais são algo que as crianças esperam ansiosamente por semanas e lembram pelo resto da vida. Apesar de eventos especiais *não* serem considerados um modelo de currículo, eles devem ser integrados ao seu calendário de planejamento com bastante antecedência. Alguns eventos especiais incluem apenas alunos da sua turma, enquanto outros podem combinar seus alunos com os de outras turmas do mesmo ano, ou até mesmo de diversos outros anos.

Se você dá aulas em uma escola confessional, é perfeitamente adequado celebrar feriados religiosos dentro do seu currículo. Se, contudo, você trabalhar em uma escola pública, devido à separação entre Igreja e Es-

tado, você só pode ensinar sobre os feriados religiosos, e não celebrá-los com os alunos. Portanto, feriados como Natal, *Yom Kippur*, Páscoa, *Rosh Hashaná*, *Kwanzaa* e Ramadã não podem ser legalmente celebrados com festas ou outros eventos organizados na escola. Até feriados como o Dia das Bruxas podem causar problemas para os professores, porque alguns pais e alunos não celebram esses dias. Apesar de as regras sobre a não celebração de feriados parecerem restritivas, após pensar um pouco mais sobre o caso, esperamos que você entenda por que não é uma boa ideia misturar Igreja e Estado. Felizmente, há muitos outros eventos que são propícios à celebração. A seguir constam alguns exemplos de eventos especiais que podem ser incluídos.

Olimpíadas

Como um mecanismo para promover ou ensinar uma unidade sobre as Olimpíadas, incorpore eventos olímpicos no currículo como parte de uma unidade ou evento especial de um dia. Pode-se realizar uma cerimônia de abertura, com fitas para todos os participantes, e ensinar aos alunos sobre a história dos jogos e dos países que receberam o evento (p. ex., Grécia Antiga). Trabalhando em colaboração com outros professores, é possível promover a unidade por toda a escola e convidar os professores de matérias especiais, como artes e música, a participarem e contribuirem com suas especialidades para o evento. É possível promover atividades físicas que você tenha treinado o ano todo, ou apresentar os alunos a atividades às quais eles não seriam expostos de nenhuma outra forma. Modificar as atividades físicas é perfeitamente adequado. Até mesmo colocar atividades físicas simples como as a seguir é apropriado:

- Fazer um concurso para determinar quem pode pular para cima e para baixo por mais tempo sem rir.
- Ver quem consegue soprar uma bola de algodão até o outro lado do ginásio mais rápido usando um canudo.
- Escolher o aluno que faz cestas com maior criatividade.

Dia do triátlon

Algumas escolas realizam eventos de fim de ano, como um triátlon. Essa atividade especial costuma ser oferecida apenas aos alunos dos anos mais avançados e serve como um evento final após uma unidade sobre o triátlon. As crianças escolhem duas ou três atividades das quais gostariam de participar e ajudam como cronometristas, oficiais e voluntários para outras atividades. Como muitas turmas trabalham em conjunto para organizar e implementar o evento, diversos eventos podem ocorrer ao mesmo tempo. Além disso, os pais podem ser chamados para ajudar como voluntários.

Em vez de entregar prêmios aos vencedores dos eventos competitivos, cada criança deve receber uma fita ou certificado como documentação de sua participação. Algumas atividades podem representar eventos oficiais do triátlon, enquanto outras podem ser incorporadas como forma de encorajar os alunos menos habilidosos e mais relutantes a participar. Atividades tradicionais incluem eventos como a corrida dos 100 metros, arremesso de bola (menos perigoso que o arremesso de peso nessa idade) ou salto em distância. Outros eventos incluem:

- Concurso para ver que equipe pode jogar e pegar um balão de água mais longe sem romper (faça os alunos trazerem roupas

extras para a escola antes desse evento e informe os pais a respeito).
- Desafio para determinar as crianças que podem caminhar por mais tempo ao longo de um percurso modificado sem parar (isso pode ocorrer ao longo do dia).
- Competições para avaliar os alunos que dão mais apoio aos outros durante eventos individuais.

Dance dance revolution

Talvez você tenha ouvido falar do *dance dance revolution*. Na verdade, é provável que você tenha visto crianças participando vigorosamente dessa atividade em algum *shopping center*. As crianças ficam sobre uma plataforma e seguem um padrão movendo os pés por diferentes setas coloridas. O nível de dificuldade pode ser ajustado com base no nível de habilidade da criança. Essa atividade é incrivelmente popular em todo o mundo e é uma forma divertida e fácil de incentivar as crianças a envolverem-se em uma atividade física vigorosa.

Simulações da atividade estão atualmente disponíveis para os professores usarem com os alunos na escola. Em vez de uma plataforma, podem-se adquirir pequenos blocos eletrônicos que registram a pontuação da criança. Apesar de ser improvável que os professores tenham verba para comprar blocos o bastante para cada um, é possível comprar um número menor de blocos e fazer as outras crianças seguirem seus movimentos criando setas no chão com fita adesiva, sendo que as crianças trocariam durante a aula para que todos tivessem a chance de usar os blocos eletrônicos.

Jump Rope for Heart ou Hoops for Heart

A American Cancer Society estimula os professores a angariar fundos destinados a pesquisas sobre o coração ou acidente vascular cerebral recebendo os programas de arrecadação Jump Rope for Heart (http://www.americanheart.org/presenter.jhtml?identifier=2360)

Eventos especiais como o Jump Rope for Heart promovem atividades físicas e ensinam às crianças a importância de retribuir para a comunidade.

ou Hoops for Heart (http://www.americanheart.org/presenter.jhtml?identifier=2441). Os professores podem entrar em contato com um desses *websites* para baixar informações acerca da realização e da implementação do evento. Crianças de todo os Estados Unidos participam regularmente de esforços de arrecadação e, subsequentemente, participam de atividades especiais de pular corda ou jogar basquete. Além de incentivar os alunos a adquirirem habilidades nessas atividades, essa é uma ótima chance de ensinar aos alunos sobre dar algo em troca à sociedade. Os professores recebem cordas ou bolas de basquete complementares, além de um guia de atividade para ajudá-los a implementar o evento, e os alunos recebem prêmios especiais com base na quantidade de dinheiro que conseguirem arrecadar.

Arrecadação de fundos

Semelhante ao evento especial de arrecadação recém-descrito, os professores podem projetar atividades criativas que realizem o duplo objetivo de promover a atividade física e simultaneamente levantar fundos para projetos especiais da escola, como uma atividade externa (uma saída de campo, por exemplo), ou para comprar os equipamentos necessários às atividades físicas, como cordas, bolas e colchonetes. Esses eventos são relativamente fáceis de planejar e implementar, e são divertidos para os alunos. Na verdade, as crianças provavelmente vão apreciar e cuidar mais dos equipamentos que ajudaram a comprar. Sem eventos como esses, alguns professores não teriam acesso aos equipamentos adequados para dar aulas de educação física. Com o apoio do diretor, e até de outros professores, esse pode se tornar um evento anual de arrecadação. Após comprar os equipamentos de educação física necessários, a verba excedente pode ser investida em iniciativas de longo prazo da escola que necessitem de uma quantidade considerável de dinheiro, como melhorar o pátio da escola, acrescentar mais uma pista de atletismo, ou comprar equipamentos de ginástica. Conforme destacado pelo Ponto-chave 5.5, deve ser enfatizado que qualquer evento que envolva a coleta de dinheiro deve ser endossado pelo diretor ou outro administrador adequado.

Ponto-chave 5.5

Antes de qualquer evento que envolva a coleta de dinheiro, busque a permissão e o apoio do diretor ou do administrador adequado.

Maratona

Essa atividade requer que os alunos recebam uma quantia com base no número de vezes que caminharam/correram ao redor da pista da escola. Para escolas que não têm acesso a uma pista, é possível construir uma pista modificada no pátio usando cones como limite, ou os alunos podem registrar o número de vezes que caminharam ao redor da escola. Para incentivar a honestidade, cada vez que uma criança completar uma volta, ela recebe uma ficha de um voluntário ou professor que deve carregar em uma bolsa ou pochete na cintura. Quando o evento estiver terminado, deve-se contar as fichas dos alunos, e os resultados serão verificados pelos professores (o que requer sua assinatura), e os alunos coletarão o dinheiro dos seus respectivos fundos.

Maratona de dança

Essa é outra atividade divertida em que as crianças arrecadam dinheiro ao mesmo tempo em que participam de uma atividade física vigorosa. Uma vez mais, os alunos recebem uma quantia com base no número de minutos (ou horas) em que dançam sem parar. As músicas podem se alternar de rápidas a lentas, e os alunos podem dançar sozinhos, com um parceiro, ou com um grupo de amigos. Apesar de haver vários intervalos obrigatórios ao longo do evento, quando um aluno parar de dançar permanentemente, seu cartão fica marcado para indicar quanto tempo ele dançou, ficando livre para coletar seus fundos.

Auxílio aos vizinhos

Em alguns casos, os alunos podem prestar serviços físicos especiais por uma quantia em dinheiro. Por exemplo, eles podem concordar em cortar a grama do vizinho por R$ 20,00 levar o cachorro para passear por R$ 5,00 ou limpar o lixo por R$ 7,00 a hora. Com sua orientação, as crianças podem desenvolver uma lista de serviços e preços adequados para o trabalho que estão dispostos a realizar. Elas podem perguntar a parentes, amigos e vizinhos se estariam interessados em contratar seus serviços por um ou dois finais de semana por ano. Durante o período de arrecadação anterior ao evento, os professores podem construir um tipo de termômetro no quadro de avisos que aumenta com base na quantidade acumulada de doações. Os alunos e o professor estabelecem um objetivo. A quantidade que cada criança arrecada não precisa ser compartilhada com os outros; apenas a quantidade cumulativa arrecadada pela turma é que fica registrada. Se chover durante o final de semana em que as atividades iriam ocorrer, pode-se marcar um próximo.

Resumo

Apesar de muitos professores novatos ficarem inseguros quanto a ensinar uma matéria em que seu conhecimento é limitado, a verdade é que há muitas formas de incorporar a atividade física no currículo. Se você for inexperiente, compre guias de atividades físicas que apresentem as atividades que levarão aos desfechos adequados. Além disso, determine com antecedência qual é o foco do seu currículo e quais são os seus objetivos de aprendizagem. Apesar de muitos professores utilizarem uma combinação dos modelos descritos neste capítulo, alguns sentem-se mais confortáveis usando um ou dois apenas. Se esse é o caso, lembre-se de considerar quais as principais necessidades dos alunos, e não o que é mais fácil de planejar. Ver o quadro a seguir para identificar o que se encaixa e o que não se encaixa nas necessidades dos seus alunos.

Lista do que fazer e do que não fazer

Fazer	Não fazer
☐ Desenvolver conhecimento sobre os diferentes tipos de modelos de currículo para que você tenha informações para escolher um ou mais para enfatizar.	☐ Cair na armadilha de ensinar apenas as atividades que são fáceis ou familiares.
☐ Propiciar aos alunos oportunidades de exercitar suas habilidades motoras básicas, compreender conceitos de movimentação e de realizar diferentes atividades físicas.	☐ Focar apenas uma ênfase curricular ao longo do ano, a menos que seja possível justificar adequadamente o que foi escolhido.
☐ Escolher jogos adequados ao nível de desenvolvimento.	☐ Envolver os alunos em atividades que eles não possam completar ou que não consigam compreender.
☐ Incluir eventos especiais no seu currículo.	☐ Enfatizar a competição durante jogos ou eventos especiais.
☐ Fornecer aos alunos o equipamento adequado – realize eventos de arrecadação, se preciso, para gerar os recursos necessários.	☐ Perder a motivação de ter um currículo inspirador que inclua eventos especiais e desafios empolgantes.

Todos os alunos devem ser expostos a atividades e conceitos de movimento. Eles precisam adquirir as habilidades motoras básicas e desenvolver a compreensão dos conceitos relacionados com essas habilidades. Sem essa fundamentação, eles terão dificuldades de participar das atividades complexas que serão apresentadas nos anos subsequentes. Os alunos também devem ser expostos a atividades de condicionamento físico no ginásio *e* na sala de aula. Apesar de incorporar o condicionamento físico no currículo ser mais fácil com mais espaço, pequenos intervalos entre as atividades de aula podem ser mais fáceis de incorporar ao longo do dia do que os professores imaginam.

Modelos alternativos de currículo, tais como esportes de aventura, atividades ao ar livre e educação esportiva, também são adequados, mas não devem ser os únicos modelos aos quais os alunos são expostos. Em vez disso, eles serão mais empolgantes e desafiadores se forem esporadicamente incorporados ao currículo em momentos adequados durante o desenvolvimento das crianças. Por exemplo, o uso de uma saída de campo para fazer *hiking* e incentivar o trabalho em equipe será mais proveitoso se for realizado no início do ano letivo, em vez de no final.

Por fim, os eventos especiais são bem recebidos pelas crianças e geram empolgação quanto à educação física. Ao executar esses eventos, lembre-se de requerer uma quantidade adequada de voluntários e de reconhecer as realizações individuais de todos os alunos. A compra dos equipamentos necessários para o currículo de educação física regular e para a execução de eventos especiais costuma ser cara, mas verbas podem ser facilmente arrecadadas por um professor criativo e ambicioso que deseja dar aos seus alunos o melhor equipamento possível para sua aprendizagem. Que atividade única de arrecadação de fundos você conseguiria planejar? Complete o Desafio de raciocínio 5.5.

DESAFIO DE RACIOCÍNIO 5.5

Planeje um evento de arrecadação para adquirir mais equipamentos de educação física que inclua os seguintes componentes:

(a) Envolver significativamente os alunos em atividades físicas.
(b) Levantar uma quantidade razoável de dinheiro.
(c) Estimular os alunos a trabalhar com um parceiro.
(d) Poder ser implementado em um período de 2 a 3 horas.
(e) Requerer uma quantidade mínima do tempo do professor para ser planejado e executado.
(f) Ter boas chances de aprovação pelo diretor da escola.

Atividades de revisão

1. Defenda que modelo de currículo você acha mais benéfico para o ano a que você pretende ensinar e diga os motivos.
2. Discuta com que frequência os jogos devem ser incorporados ao currículo e os motivos.
3. Explique quanta cooperação você considera adequado incluir no currículo de educação física.
4. Trabalhe em grupos pequenos e desenvolva uma saída de campo de três dias para praticar *hiking* com os alunos dos anos mais avançados. Considere tudo o que vocês irão precisar, como transporte, alimentação, equipamentos, acomodações e supervisão. Compare seus planos com os dos outros grupos.
5. Discuta o que o professor precisa considerar ao planejar um evento de arrecadação.

Referências

DYSON, B. Students' voices in two alternative elementary physical education programs. *Journal of Teaching in Physical Education*, v. 14, p. 394-407, 1995.

HASTIE, P. A. Student role involvement during a unit of sport education. *Journal of Teaching in Physical Education*, v. 16, p. 88-103, 1996.

HASTIE, P. A.; SINELNIKOV, O. A. Russian students' participation in and perceptions of a season of sport education. *European Physical Education Review*, v. 12, p. 131-150, 2006.

MITCHELL, S. A.; OSLIN, J. L.; GRIFFIN, L. L. *Teaching sport concepts and skills*: a tactical ga-

mes approach. 2nd ed. Champaign: Human Kinetics Publishers, 2005.

NEW GAMES FOUNDATION. *More new games*. New York: Dolphin Books, 1981.

NEW GAMES FOUNDATION. *The new games book*. Garden City: Dolphin Books; Doubleday & Company, 1976.

SIEDENTOP, D.; HASTIE, P.; VAN DER MARS, H. *A complete guide to sport education*. Champaign: Human Kinetics, 2004.

SIEDENTOP, D.; MAND, C.; TAGGART, A. *Physical education*: teaching and curriculum strategies for grades 5–12. Palo Alto: Mayfield. 1986.

CAPÍTULO 6

ESTILOS DE ENSINO

Ao longo dos capítulos anteriores, viemos enfatizando que cada criança é única. Não existe apenas modelo de currículo, atividade de aprendizagem ou plano de aula que dê conta das distintas necessidades de aprendizagem de todas as crianças em cada situação. Portanto, é de extrema importância que os professores variem não só os tipos de atividades às quais as crianças são expostas, mas também os estilos de ensino usados para apresentar essas atividades.

Como você já está bem ciente, todos aprendemos de maneiras distintas. Você pode ser um aprendiz visual que se beneficia de demonstrações e de quando o conteúdo é passado por meio de apresentações no Power-Point, em filmes ou experimentos. Contudo, a pessoa sentada à sua direita na sala pode achar esse método de aula chato e redundante. Talvez esse indivíduo aprenda melhor lendo ou escutando, mas não precise de uma demonstração ou exemplo visual. A pessoa sentada à sua esquerda pode não achar nenhuma dessas técnicas desejável. Talvez ela aprenda melhor com explicações ou resolvendo problemas de forma independente. Por fim, a pessoa em frente pode aprender melhor participando de uma situação de aprendizagem em que haja muitas oportunidades de interagir durante a aula ou com o conteúdo da matéria.

Com relação aos indivíduos recém-descritos, quem você acha que é o aluno mais inteligente, que aprende mais rápido, ou mais promissor? Se sua resposta foi: "Não é possível determinar o nível de inteligência de alguém analisando seu estilo preferido de aprendizagem", está correto. Alguns dos indivíduos mais brilhantes da nossa sociedade são aprendizes visuais, ao passo que outros são auditivos ou participativos. Na verdade, diz-se que alguns dos homens que mais contribuíram para o sucesso dos Estados Unidos, como Walt Disney, Albert Einstein, Helen Keller e George Patton, tiveram de superar alguma forma de deficiência de aprendizagem (INDEPENDENT LIVING RESOURCE CENTER, 200?). É provável que eles tenham trabalhado duro e que tenham sido expostos a um ambiente propício com professores esclarecidos, que compreendiam que todos os indivíduos têm necessidades únicas de aprendizagem que raramente são tratadas por meio de uma atividade ou estilo de aprendizagem universal.

Apesar de a maioria das crianças na sua turma não precisar de acomodações especiais, muitas vão ter um estilo de aprendizagem

As crianças aprendem de maneiras distintas.

preferido. Apesar de, nos capítulo anteriores, termos discutido principalmente o conteúdo da educação física e como planejar atividades adequadas, neste capítulo iremos tratar sobre como variar seu estilo de modo a acomodar os muitos estilos de aprendizagem com os quais você irá se deparar em sala de aula.

ESCOLHENDO UM ESTILO

Por uma série de motivos, muitos professores inexperientes acham muito difícil incorporar diversos estilos novos em sua aula. Mesmo quando observam as aulas de professores experientes, pode parecer que eles utilizam predominantemente um mesmo estilo de aprendizagem. É interessante notar que, no caso de muitos professores, seu estilo de ensino se assemelha aos principais estilos aos quais eles foram expostos quando crianças. Por que você acha que isso acontece? Após ler os possíveis motivos a seguir, complete o Desafio de raciocínio 6.1.

- O Sr. Jones está *confortável* com o seu estilo de ensino atual e não deseja tentar algo novo.
- Já que a Sra. Chu tem 15 anos de *experiência* com seu estilo próprio de ensino, ela acredita que encontrou o estilo que melhor funciona para ela.
- Após lecionar por 25 anos, a Sra. Sinnett acredita que é *tarde demais* para trocar de estilo.
- A Sra. Cardinali é uma professora nova e tem receio de mudar seu estilo de ensino por *temer* que não funcione.
- O Sr. Yost *nunca aprendeu* durante a faculdade que havia estilos diferentes de ensino.

DESAFIO DE RACIOCÍNIO 6.1

Pense no estilo de ensino que você está mais inclinado a utilizar. Na coluna da esquerda, descreva cinco características desse estilo. Na coluna da direita, descreva por que essas características são confortáveis para você.

Liste cinco características do estilo que são confortáveis para você	Por que você gostaria de implementar essas características?
1.	
2.	
3.	
4.	
5.	

Há diretrizes a serem consideradas quando se escolhe que estilo é melhor. Em alguns casos, as decisões se baseiam em como a maioria dos alunos da turma aprende melhor. Em outros, as escolhas são ditadas pelo conteúdo da disciplina. E ainda em outros casos, as decisões se baseiam em uma filosofia específica de ensino ou crença sobre como as crianças devem aprender. Independentemente desses fatos, os professores eficazes usam diretrizes estabelecidas, como as que constam a seguir, para informar suas decisões.

- Conteúdo sendo ensinado
- Experiências prévias das crianças com o conteúdo
- Nível de desenvolvimento físico dos alunos
- Nível de desenvolvimento social dos alunos
- Objetivos da aula
- Segurança
- Tamanho da turma
- Espaço de ensino disponível
- Quantidade e tipo de equipamento disponível

Além dessas razões, será necessário considerar quanto tempo leva para implementar um estilo específico e determinar se ele compensa as desvantagens associadas com menos tempo à disposição para o desenvolvimento de atividades físicas.

O *CONTINUUM* DOS ESTILOS

Um estudioso proeminente em educação física que defendeu a importância do uso de múltiplos estilos de ensino para influenciar a aprendizagem dos alunos é Muska Mosston. Apesar de Mosston, infelizmente, ter falecido, sua colega de longa data, Sara Ashworth, continua a promover sua visão. Mosston e Ashworth (2002) empregaram a palavra "espectro" para dar a ideia da ampla variedade de estilos aos quais os professores têm acesso. Colocados em um *continuum*, os estilos de ensino variam desde altamente dirigidos pelo professor, na extremidade esquerda, até primariamente orientados pelos alunos, na direita. Diversos estilos que foram propostos por eles e por outros especialistas na área, os quais acreditamos que podem ser facilmente implementados por professores que não tenham treinamento extensivo em educação física, serão apresentados neste capítulo.

Como você verá, escolher um estilo adequado é uma consideração importante de cada lição. O Ponto-chave 6.1 enfatiza esse fato. Alguns alunos, por exemplo, requerem maior orientação do professor do que outros. Alguns estilos também se prestam mais prontamente a uma atividade específica do que outros. Ao se familiarizar com os diferentes estilos, implementá-los passará a ser cada vez mais simples. Porém, se você não tiver a oportunidade de praticar esses estilos durante a faculdade, ou se for do tipo que desiste de algo se não for imediatamente bem-sucedido, será muito improvável que você consiga incorporar múltiplos estilos de ensino ao seu repertório instrucional. Portanto, esperamos que você tenha amplas oportunidades de praticar os diferentes estilos durante essas aulas e nas próximas em que se matricular. Lembre-se de que, quando estava aprendendo a andar de bicicleta, você provavelmente caiu muitas vezes antes de ter sucesso.

> **Ponto-chave 6.1**
>
> Selecionar um estilo de ensino adequado é tão importante quanto escolher um foco curricular ou uma atividade adequada.

FORMAS DE ESTILOS DE ENSINO

Nesta seção, iremos apresentar os estilos principais que acreditamos que você pode querer incorporar ao seu currículo. Começando com aqueles mais focados no professor e prosseguindo no *continuum*, iremos chegar aos menos dirigidos pelo professor. Ao longo deste capítulo, utilizaremos o conteúdo do "arremesso" para demonstrar como uma habilidade pode ser ensinada de diferentes formas. No entanto, os estilos para o ensino do arremesso irão diferir com base nos objetivos específicos da lição e das atividades de ensino usadas para transmitir a habilidade de arremessar. Os exemplos fornecidos representam o tipo de aula à qual uma criança do 3º ano, com habilidades de arremesso de iniciante avançado, pode ser exposta.

Ao prosseguir pelo capítulo, considere se você acredita que um estilo de ensino é melhor para ensinar o arremesso ou se múltiplos estilos podem ser incorporados em uma única lição. Alguns especialistas insistem que lições individuais devem consistir em apenas um estilo, ao passo que outros defendem a mistura de diversos estilos com base na atividade apresentada e/ou no grau em que os alunos respondem ao estilo usado. Ao todo, nove estilos diferentes, conforme ilustrado pelo Quadro 6.1, serão apresentados. Para mais informações sobre muitos desses estilos (e outros), ver o livro de Mosston e Ashworth (2002).

Comando

Em algum momento ou outro da sua experiência, é provável que você tenha sido ensinado com o de comando. Neste estilo, o professor apresenta comandos que os alunos seguem, sendo este o mais orientado de todos pelo professor. Os passos desse estilo são os seguintes:

1. O professor apresenta uma atividade por meio de demonstração e explicação.
2. Os alunos ouvem onde irão ficar e que tarefa irão realizar.
3. Os alunos começam a realizar o desafio ao comando do professor e param ao comando do professor.
4. As tarefas podem ser repetidas.
5. O professor observa e fornece *feedback*.
6. O professor encerra a aula com uma breve revisão.

Exemplo de arremesso

Um professor empregando o estilo de comando faz uma demonstração e dá uma explicação sobre a forma de arremessar e a tarefa específica que os alunos têm de realizar. Os alunos ouvem onde têm de ficar e recebem comandos sobre quando lançar e recuperar a bola. A tarefa de arremessar é praticada repetidamente e os alunos recebem *feedback* sobre seu desempenho, além de uma breve revisão ao fim da aula. Conforme enfatizado no Ponto-chave 6.2, o professor toma todas as decisões, e os alunos respondem.

> **Ponto-chave 6.2**
> No estilo de ensino de comando, o professor toma todas as decisões e os alunos seguem suas orientações.

Praticamente qualquer atividade pode ser ensinada com o estilo de comando. Por exemplo, os alunos podem receber comandos sobre quando começar a conduzir uma bola de futebol, quando chutá-la em gol e quando recuperá-la para a próxima atividade. Os alunos podem ser instruídos sobre quando começar a levantar uma bola de vôlei, usar mais for-

Quadro 6.1 *Continuum* dos estilos de ensino

Fonte: As autoras.

Todos os alunos estão praticando a mesma tarefa e arremessando na mesma direção.

ça para lançá-la bem alto e se movimentarem quando estiverem passando.

Vantagens

O estilo de comando é fácil de planejar e de implementar, e faz bom uso do tempo disponível para a aula. Se o professor conseguir fazer uma demonstração e passar as instruções de maneira adequada, os alunos podem se envolver rapidamente na atividade física e permanecerem ativos durante a maior parte do período. Esse estilo também é eficiente com turmas grandes, porque o professor pode interagir com todos simultaneamente. Além disso, a segurança fica facilitada. Por exemplo, aulas como arqueirismo ou arremesso de peso podem ser instruídas com segurança se todos os alunos estiverem sob controle e praticarem apenas quando comandados. Por fim, esse estilo pode ser muito eficiente para ensinar atividades estruturadas, como sequências de dança, artes marciais ou marcha.

Desvantagens

Como acontece com todos os estilos, esse tem suas desvantagens. De fato, se você completar o Desafio de raciocínio 6.2, é provável que consiga pensar em algumas por conta própria. As principais desvantagens do estilo de comando é que é mais difícil individualizar as tarefas de aprendizagem e ele não incentiva a criatividade. Por exemplo, os alunos não têm liberdade para criar sua própria dança; eles são instruídos sobre que passos dar, como realizá-los e quando começar e terminar.

DESAFIO DE RACIOCÍNIO 6.2

Liste duas vantagens e desvantagens adicionais para o estilo de comando que não foram tratadas neste texto.

Vantagens	Desvantagens
1.	1.
2.	2.

Prática

Conforme enfatizado no Ponto-chave 6.3, um dos estilos de ensino mais populares empregado pelos professores de educação física é o estilo de prática. Neste estilo, o professor dá uma atividade que os alunos devem completar. Depois, passa pela área onde eles estão, fornecendo *feedback* sobre o seu desempenho. O estilo é organizado da seguinte maneira:

1. O professor dá uma demonstração e uma explicação sobre a tarefa de aprendizagem.

2. O professor responde a perguntas dos alunos.
3. Os alunos começam a praticar a tarefa de movimento sozinhos ou em grupo.
4. O professor passa de um grupo de alunos a outro, fornecendo *feedback* e sugerindo modificações.
5. O professor encerra a aula com uma breve revisão.

> **Ponto-chave 6.3**
>
> O estilo de prática é o método mais popular de passar conteúdo aos alunos, por ser fácil de implementar e muito familiar para a maioria dos professores.

Exemplo de arremesso

Semelhante ao estilo de comando, as lições de arremesso começam com uma demonstração e uma explicação. Os professores podem instruir as crianças sobre os elementos mais importantes do arremesso e depois pedem que elas arremessem a bola de um lado ao outro com um parceiro. O professor fornece *feedback*, motiva os alunos e faz modificações. Os alunos arremessam a bola no próprio ritmo, mas param quando pedido e participam de uma revisão ao final da aula.

Com o estilo de comando, praticamente qualquer atividade pode ser ensinada usando o estilo de prática. Os alunos podem arremessar uma bola contra a parede no estilo de prática e determinar quando começar a tarefa e onde ficar. Eles também podem praticar estrelinhas ou rolamentos por conta própria enquanto o professor caminha pelo ginásio dando *feedback*. O número de diferentes atividades que podem ser ensinadas com esse estilo é praticamente ilimitado.

Vantagens

Esse estilo estimula a máxima participação e é fácil para um professor planejar e implementar. A maioria dos professores de sala de aula está familiarizada com esse estilo, então eles têm pouca dificuldade para colocá-lo em prática em uma aula de educação física. Esse estilo economiza tempo e é eficiente com turmas grandes, além de possibilitar ao professor interagir individualmente com cada aluno e lhes conferir algum grau de decisão.

Desvantagens

Como o estilo de comando, o estilo de prática dificulta a individualização da tarefa e não promove a criatividade. Todos os alunos praticam a mesma tarefa, então ela pode ser muito fácil para alguns, e muito difícil para outros, e, se o professor não estiver supervisando ativamente, ou se ele virar as costas para os alunos, eles podem deixar a tarefa de lado.

Recíproco

O primeiro passo significativo para se afastar das aulas dirigidas primariamente pelo professor está representado pelo estilo recíproco. Os alunos começam a assumir responsabilidade pela sua própria aprendizagem e ajudar os co-

O estilo de prática é estruturado, mas permite que os alunos tomem algumas decisões, como quando começam a executar um movimento.

legas, realizando o papel de colega-professor. As características desse estilo são as seguintes:

1. Antes da aula, o professor prepara uma folha de tarefas, que explica os papéis do colega-professor e do aprendiz, que pode incluir diagramas e pontos-chave sobre as tarefas a serem realizadas.
2. O professor descreve a folha de tarefas e os papéis de colega-professor e aprendiz para a turma.
3. O professor explica e demonstra a atividade de aprendizagem.
4. As crianças se espalham pelo ginásio ou pelo campo, normalmente em duplas ou em grupos de três.
5. Um aluno realiza o papel de colega-professor, e o(s) outro(s) o de aprendiz.
6. As crianças completam a folha de tarefas, com o colega-professor fazendo as verificações adequadas.
7. O professor passa de um grupo ao outro, dando *feedback primariamente* para o colega-professor – sugerindo como aprimorar o desempenho do aprendiz.
8. Os alunos trocam de papéis.
9. O professor pode fazer uma revisão e passar *feedback* à turma ao final da aula.

Exemplo de arremesso

O professor entrega e explica a folha de tarefas, como executar a técnica adequadamente e como realizar a atividade corretamente. Além disso, enfatiza que os alunos é que irão se ajudar, assumindo o papel de colega-professor ou de aprendiz, e depois trocando. Por fim, o professor diria aos alunos que ele vai interagir principalmente com o colega-professor, passando sugestões sobre como melhorar o desempenho do aprendiz. O cartão de tarefas pode exigir que os alunos joguem a bola contra a parede enquanto são observados pelo colega. O Quadro 6.2 fornece um exemplo de cartão de tarefas do 3º ano para o arremesso. Tente completar o Desafio de raciocínio 6.3 criando seu próprio cartão de tarefas.

Há muitas atividades que podem ser ensinadas com o estilo recíproco. Em particular, habilidades que requerem uma técnica específica são adequadas para esse estilo, porque o colega-professor pode facilmente seguir o cartão de tarefas para determinar se o aprendiz está fazendo tudo corretamente. Habilidades como arremessar, chutar, pegar, volear e rebater são facilmente ensinadas com o estilo recíproco.

O estilo recíproco incentiva os alunos a se ajudarem.

Quadro 6.2 Folha de tarefas de arremesso

NOME DO COLEGA-PROFESSOR

NOME DO APRENDIZ

ORIENTAÇÕES:

Peça para o(a) aprendiz ficar na linha de fundo e usar sua melhor forma de arremesso para lançar a bola de tênis (por cima do ombro) em direção à parede por 5 minutos. Observe e avalie seu arremesso utilizando a lista abaixo. Troquem de lugar.

	SEMPRE	ÀS VEZES	PRECISA MELHORAR
1. Cotovelo do braço do arremesso está dobrando em direção contrária ao alvo antes do arremesso			
2. Tronco gira quando a bola é lançada			
3. Dá um passo à frente com o pé contrário ao braço do arremesso			
4. Segura e arremessa a bola com os dedos em vez da palma			
5. Braço do arremesso fica reto após a bola ser lançada			

Fonte: As autoras.

DESAFIO DE RACIOCÍNIO 6.3

Desenvolva uma folha de tarefas para ensinar alunos do 5º ano com habilidade moderada a bater em uma bola com uma raquete.

Vantagens

Pesquisas mostram que o estilo recíproco é vantajoso para o desenvolvimento cognitivo das crianças (GOLDBERGER, 1995), provavelmente porque elas se deparam com uma tarefa do ponto de vista tanto do professor quanto do aprendiz, além de terem acesso à folha de tarefas, em que os pontos-chave são constantemente reforçados. Esse estilo de aprendizagem também incentiva a cooperação e a interação entre pares, além de promover a responsabilidade.

Desvantagens

Apesar de suas muitas vantagens, há algumas desvantagens para o estilo recíproco que precisam ser tratadas de antemão. Primeiro, as crianças precisam ter habilidades de leitura e de desenvolvimento social avançadas o bas-

tante para compreender as folhas de tarefas e trabalhar com outros. Segundo, os colegas-professores precisam ser cuidadosamente monitorados para garantir que estão fornecendo o *feedback* adequado para os aprendizes. Terceiro, esse estilo leva mais tempo do que outros para ser planejado e explicado aos alunos. Por fim, os alunos podem adquirir a habilidade mais lentamente por que têm menos oportunidades de participar (GOLDBERGER, 1992). Esse último ponto, contudo, pode ser revertido pelas vantagens positivas da aprendizagem cognitiva que o modelo promove.

Tarefa

O estilo de ensino de tarefa pode ser apresentado aos alunos de muitas formas. Por exemplo, pode implicar tomar uma tarefa específica e ir aumentando a dificuldade conforme os alunos desenvolvem suas habilidades, ou pode fornecer aos alunos uma lista abrangente de todas as tarefas que compõem uma unidade da matéria (como ginástica artística) e pedir que eles experimentem novas habilidades, conforme vão dominando as mais básicas. Para propósitos do

O estilo de tarefa permite que os alunos avancem no seu próprio ritmo.

professor de sala de aula, o estilo seria mais bem empregado em um nível básico para estimular a individualização da lição. Se usado dessa maneira, o estilo é organizado dessa forma:

1. O professor apresenta um cartão de tarefas para os alunos.
2. O professor demonstra as tarefas listadas no cartão.
3. Os alunos trabalham independentemente, tomando decisões sobre quando começar/parar e que tarefas realizar.
4. O professor circula pela área da atividade conversando com os alunos sobre as escolhas que eles estão fazendo e seu desempenho.
5. Quando os alunos conseguirem realizar uma tarefa da forma adequada, ela é riscada pelo professor, pelo aluno ou por um colega.

Exemplo de arremesso

Após dar aos alunos um cartão de tarefa que liste formas de arremessar uma bola em sequência com dificuldade crescente (ver Quadro 6.3), eles devem praticar essas diferentes habilidades e riscá-las quando já as tiverem dominado. Dependendo do nível de confiança, o aluno, um colega ou o professor será o responsável por riscar o cartão de tarefa.

Vantagens

Esse estilo é individualizado e dá aos alunos cada vez mais responsabilidade sobre sua aprendizagem. Eles decidem quando começar e encerrar uma tarefa e quando têm habilidades suficientes para avançar ao próximo nível na folha de tarefas. O estilo maximiza a habilidade do professor de assistir individualmente um número maior de alunos, além de fazer bom uso das instalações de aprendizagem.

Desvantagens

Esse estilo requer mais tempo de planejamento do que alguns outros estilos, pois os professores devem criar folhas de tarefas apropriadas. Apesar de todos os alunos terem recebido a mesma folha de tarefas no exemplo do arremesso, alguns professores criam cartões individuais para todos na sua turma (com base no nível de desenvolvimento da criança). Essa última opção consome tempo excessivo e, portanto, é uma expectativa irreal para a maioria dos professores. Além disso, se o professor for responsável por avaliar o desempenho individual e, subsequentemente, assinar o cartão de tarefas, ele pode gastar, com isso, um tempo considerável que seria mais bem dispendido com outras tarefas. Se os alunos

Quadro 6.3 Folha de tarefas de arremesso por cima do ombro

Nome

Comece praticando a primeira tarefa. Quando achar que pode realizar a habilidade com sucesso, peça para um colega observá-lo e fornecer sua assinatura e data. Quando tiver a assinatura de um colega, você pode passar à próxima tarefa.

HABILIDADE	APROVAÇÃO	DATA
1. Acerte o alvo vermelho na parede 4 de 5 vezes a 3 metros de distância		
2. Acerte o alvo vermelho na parede 4 de 5 vezes a 6 metros de distância		
3. Acerte o alvo vermelho na parede 4 de 5 vezes a 9 metros de distância		
4. Acerte o alvo preto na parede 4 de 5 vezes a 3 metros de distância		
5. Acerte o alvo preto na parede 4 de 5 vezes a 6 metros de distância		
6. Acerte o alvo preto na parede 4 de 5 vezes a 9 metros de distância		
7. Arremesse uma bola de tênis de um lado ao outro com um parceiro 10 vezes seguidas a uma distância de 3 metros (sem errar)		
8. Arremesse uma bola de tênis de um lado ao outro com um parceiro 10 vezes seguidas a uma distância de 6 metros (sem errar)		
9. Arremesse uma bola de tênis de um lado ao outro com um parceiro 10 vezes seguidas a uma distância de 9 metros (sem errar)		

Fonte: As autoras.

receberem permissão para assinar os próprios cartões ou os dos seus colegas, o professor precisará confiar neles, além de ensiná-los a avaliar seu desempenho com imparcialidade. Agora que você conhece esse estilo, tente completar o Desafio de raciocínio 6.4.

Assim como outros estilos, o de tarefa pode ser incorporado ao ensino de muitas atividades, especialmente as individuais, como a ginástica artística, já que a criança pode avançar no seu próprio ritmo.

Aprendizagem cooperativa

De forma semelhante à aprendizagem recíproca, a cooperativa é feita para incentivar o trabalho em equipe, a interdependência e a cooperação. Nessa forma de ensino, os alunos costumam ser colocados em equipes de habilidades mistas. Apesar de haver flexibilidade em relação ao modo de execução desse estilo, normalmente os alunos trabalham em duplas e combinam que outra dupla avalie o seu desempenho, ou alunos individuais especializam-se em um componente de uma habilidade e a ensinam para seus colegas. As características desse estilo incluem:

1. O professor explica a tarefa, o estilo e a divisão dos grupos para a turma.
2. Os alunos são distribuídos pela área da atividade, devendo praticar e ensinar/avaliar uns aos outros em duplas ou grupos, ou aprender um componente da tarefa e ensinar esse aspecto aos colegas (com ou sem a folha de tarefas).
3. Os alunos continuam praticando ensinar uns aos outros, enquanto o professor passa pela área da atividade observando e fazendo anotações mentais.

Exemplo de arremesso

O professor explica a tarefa de arremesso aos alunos, enfatizando como ela é completada, como os alunos são distribuídos e como eles trabalham para aprender a habilidade. Com ou

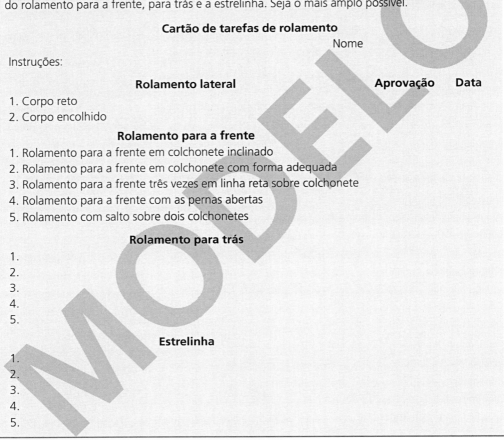

sem uma folha de tarefas, os alunos devem jogar a bola contra uma parede usando a forma adequada. Apesar de haver muitas variações de uso do estilo, dois são descritos aqui. Na primeira situação, as duplas praticam juntas e recebem *feedback* de outra dupla sobre seu desempenho. Na segunda, os alunos podem ser distribuídos em pequenos grupos. Cada indivíduo do grupo se especializa em um elemento do arremesso, passando a ensiná-lo a outros membros do grupo. A seguir, praticam arremessando uma bola contra a parede usando a forma adequada.

Além de arremessar, os professores podem usar a aprendizagem cooperativa para ensinar diversas atividades, que variam de esportes em equipes a individuais. Apesar de o estilo se encaixar bem com atividades motoras básicas, como arremessar e chutar, ele também pode ser usado em aulas de ginástica artística ou dança criativa.

Vantagens

Pesquisas mostram que a aprendizagem cooperativa pode resultar em maior realização, além de ser usada com sucesso por grupos de

A aprendizagem cooperativa estimula os alunos a trabalharem em grupo para adquirirem novas habilidades.

indivíduos muito diversos (DOTSON, 2001). Apesar de as pesquisas sobre a aprendizagem cooperativa na educação física ficarem para trás em relação às pesquisas sobre o ensino em sala de aula, parece lógico que esse estilo promove muitas das mesmas vantagens do estilo recíproco.

Desvantagens

As desvantagens desse estilo também são semelhantes aos do estilo recíproco. Apesar de as crianças provavelmente se beneficiarem com o estilo em relação ao crescimento cognitivo, elas terão menos oportunidade de praticar do que com os estilos de comando ou prática, além de poderem receber orientações equivocadas dos colegas. Assim, conforme enfatizado pelo Ponto-chave 6.4, o professor deve observar com atenção o que as crianças estão aprendendo e ter cuidado para não usar esse estilo até que elas estejam prontas, seja em relação ao seu desenvolvimento físico ou social.

Ponto-chave 6.4
Antes de expor os alunos ao estilo de ensino cooperativo, é muito importante avaliar seu nível de desenvolvimento para saber se eles estão prontos e têm a maturidade social para se envolver com seus colegas com sucesso.

INCLUSÃO

O estilo de inclusão proporciona aos alunos uma grande responsabilidade sobre suas decisões, além de ser o estilo mais individualizado entre os apresentados até o momento. Neste estilo, o aluno recebe uma tarefa de aprendizagem e deve tomar diversas decisões relacionadas à tarefa. Conforme enfatizado pelo Ponto-chave 6.5, o estilo de inclusão permite que as crianças vivenciem o sucesso; os alunos são desafiados a escolher o equipamento e os meios mais adequados para completar a tarefa em relação ao seu nível de habilidade individual. Os procedimentos desse estilo são os seguintes:

1. O professor apresenta a tarefa aos alunos e diz que eles podem tomar diversas decisões relacionadas à forma como irão completá-la (uma folha de tarefas pode ou não ser apresentada).
2. Os alunos praticam a tarefa e tomam decisões independentemente.
3. O professor passa de um aluno ao outro avaliando seu desempenho e fazendo perguntas para ajudá-los a determinar se estão tomando as decisões adequadas.

> **Ponto-chave 6.5**
>
> No estilo de ensino de inclusão, as crianças devem fazer diversas escolhas sobre como irão realizar uma tarefa física. Como resultado, mais crianças são incluídas com sucesso na atividade.

Exemplo de arremesso

Após explicar a tarefa de arremesso, o professor dá aos alunos uma série de opções. Os alunos podem receber bolas de diferentes tamanhos, pesos e texturas; se tiverem de arremessar contra um alvo, podem decidir de onde arremessar; se tiverem de arremessar no ar, podem decidir a altura em que a bola será lançada; se tiverem de arremessar uma bola de basquete em uma cesta, podem decidir a que distância vão ficar e qual a altura da cesta. O professor faz perguntas em relação a como eles estão arremessando como forma de ajudá-los indiretamente a tomar as decisões adequadas sobre como estão se saindo nessa atividade, se está muito fácil ou muito difícil, etc.

Acreditamos que o estilo de inclusão é um dos mais importantes usados no ensino, pois promove muito bem o sucesso individual. De fato, ele pode ser incorporado a praticamente qualquer outro estilo. Ao ensinar o saque de vôlei, por exemplo, permita que os alunos fiquem tão próximos da rede quanto precisarem para que sejam bem-sucedidos. Quando conseguirem, comece a incentivá-los a aproximar-se da linha de fundo. Ao ensinar a pular corda, permita que os alunos escolham o tipo de corda que preferem (plástico ou tecido) e deixe-os decidir a que velocidade, altura e com que estilo vão pular.

Vantagens

O estilo de inclusão é altamente individualizado e permite que as crianças tomem decisões com base nas percepções que têm acerca de sua própria habilidade e no que acreditam que conseguem fazer. Ele ensina as crianças a trabalharem de modo independente e estimula o desenvolvimento da habilidade de autoavaliação, além de permitir várias oportunidades de obter sucesso na tarefa.

Desvantagens

Há poucas desvantagens nesse estilo. Contudo, os alunos precisam ser monitorados para garantir que estão focados na tarefa e que estão tomando as decisões adequadas sobre como completá-la e que equipamentos escolher. Isso pode ser cansativo para o professor, visto que ele precisa passar continuamente pela área da atividade para garantir que os

O estilo de inclusão oferece aos alunos muitas escolhas sobre como irão desempenhar uma atividade.

alunos estão desafiando seu nível atual de habilidade, e não simplesmente se satisfazendo com uma atividade na qual obtêm sucesso contínuo.

Descoberta guiada

Esse estilo de ensino requer fazer aos alunos diversas perguntas e impor uma série de desafios de movimento que são criados para orientá-los de modo que descubram a solução correta independentemente. Presume-se que, quando os alunos chegam à resposta por conta própria, a lição é mais bem memorizada e tem mais efeito do que quando o professor passa a solução. O estilo seria implementado da seguinte forma:

1. O professor propõe um desafio de movimento/questão para a turma.
2. Os alunos praticam o desafio e tentam chegar à resposta.
3. O professor antecipa as respostas dos alunos e continua fazendo perguntas e propondo desafios de movimento até que os alunos cheguem à resposta certa.
4. O professor não dá a resposta, mas continua fazendo perguntas até os alunos chegarem à resposta correta.

Exemplo de arremesso

O professor (P) apresentaria um desafio de movimento relacionado à habilidade do arremesso à turma, antecipando respostas dos alunos (A) como:

P: Fiquem atrás da linha vermelha e arremessem a bola de tênis por baixo do ombro em direção ao alvo na parede, a aproximadamente 7 metros de distância. Lembrem-se de arremessar apenas por baixo do ombro. O que vocês precisaram fazer para a bola alcançar o alvo?
A: Arremessar com força.
P: Bom. Tentem arremessar com diferentes graus de força para ver de quanto vocês precisam para a bola acertar a parede. Agora que praticaram várias vezes, a bola acerta sempre o meio do alvo?
A: Ela normalmente acerta o alvo, mas nem sempre o meio.
P: Experimentem movimentos diferentes para ver o que precisam fazer para a bola atingir o centro do alvo (os alunos praticam vários minutos). O que funcionou melhor?
A: Arremessar para a frente e ficar de olho no alvo é muito importante.

O estilo de descoberta guiada estimula o envolvimento cognitivo e psicomotor na atividade a ser desempenhada.

P: Muito bom. Vocês estão certos. Ambos são importantes. Continuem tentando. Que outros elementos do arremesso são importantes para ajudar a bola a atingir o centro do alvo?

A: Olhar para o alvo durante todo o arremesso.

P: Ok. Tentem arremessar a bola à direita do alvo e depois à esquerda do alvo. O que vocês fizeram de diferente para a bola ir para a direita ou para a esquerda?

A: O movimento da mão no final é muito importante.

P: Sim, está certo. Vocês acertaram a resposta por conta própria! O que vocês precisam lembrar é que o movimento da mão no final é um dos aspectos mais importantes para fazer a bola acertar o alvo quando vocês arremessam a bola por baixo do ombro. Agora treinem para atingir o centro do alvo.

Apesar da descoberta guiada ser um método excelente para estimular a habilidade cognitiva, acreditamos ser muito mais fácil incorporar pequenos segmentos desse estilo em diferentes lições em vez de dar aulas usando apenas esse estilo. De fato, muitos professores eficazes incorporam elementos da descoberta guiada nas suas aulas diariamente; eles desenvolvem pequenos segmentos de perguntas para que as crianças possam descobrir a resposta certa por si próprias.

Vantagens

O estilo da descoberta guiada envolve os alunos na tarefa de movimento e, teoricamente, ajuda-os a transferir o que eles aprenderam a outras habilidades semelhantes, além de levá--los a pensar sobre como estão realizando habilidades específicas.

Desvantagens

Esse estilo apresenta diversos desafios ao professor. Primeiro, o professor de sala de aula precisa ter conhecimento adequado sobre o que está ensinando. Segundo, deve estar disposto a passar o tempo que for necessário pensando nas questões/desafios de movimentos que serão propostos aos alunos e nas respostas que eles podem dar. Se os alunos não responderem de uma forma que o professor tenha previsto, ele precisa pensar em outras perguntas na hora. Terceiro, é difícil de usar quando há uma variação de habilidade muito grande entre os alunos. Por fim, o professor precisa lembrar de *não* dar a resposta correta aos alunos. Em vez disso, ele deve continuar refinando os desafios de movimento ou as perguntas apresentadas até que os alunos cheguem à resposta correta. Complete o Desafio de raciocínio 6.5 escrevendo uma série de perguntas e as respostas antecipadas dos alunos para dar uma aula sobre equilíbrio.

DESAFIO DE RACIOCÍNIO 6.5

Desenvolva uma série de pelo menos cinco desafios e perguntas que os alunos devem responder ao ensinar o conceito de equilíbrio na ginástica artística.

P:
A:
P:
A:
P:
A:
P:
A:
P:
A:

Resolução de problemas

Neste estilo de ensino, o professor apresenta uma série de problemas aos alunos, que são estimulados a serem criativos e a tirarem o maior número de conclusões possível. Conforme enfatizado pelo Ponto-chave 6.6, não há uma única solução correta para o problema; pelo contrário, podem ser encontradas muitas soluções. Neste estilo, promove-se a criatividade. As crianças são incentivadas a focar no desenvolvimento de suas próprias soluções para o problema, e não a imitar as respostas dos colegas. O estilo é implementado da seguinte forma:

1. O professor apresenta uma série de desafios de movimento para a turma.
2. Os alunos respondem usando o próprio corpo para resolver os problemas apresentados.
3. Novos desafios de movimentos são acrescentados com base nas respostas anteriores dos alunos.

> **Ponto-chave 6.6**
>
> No estilo de resolução de problemas, não há uma única solução correta. Em vez disso, o professor incentiva os alunos a encontrar diversas soluções para um problema.

Exemplo de arremesso

Nesse estilo, o professor apresenta uma série de desafios de movimento que os alunos devem completar, como os seguintes:

- Podem me mostrar cinco maneiras diferentes de arremessar a bola de basquete no cesto?
- Podem me mostrar diferentes maneiras de lançar a bola no cesto sem arremessar para a frente?
- Que tal tentarem fazer a bola passar pelo cesto usando uma parte diferente do corpo?
- Podem fazê-la passar pelo cesto se movendo devagar? E se movendo rápido?
- Podem incorporar os seguintes elementos em um único arremesso: (a) arremessar lateralmente, (b) usar sua mão não dominante e (c) mover-se rápido, mas arremessar devagar?

De novo, esse estilo pode ser usado para ensinar praticamente qualquer atividade. Recomendamos usá-lo quando quiser que as crianças explorem um problema e cheguem a várias soluções. Por exemplo, os professores podem pedir para os alunos criarem diversas

O estilo de ensino de resolução de problemas estimula a criatividade.

soluções sobre como conduzir uma bola de basquete, como mover um balão pelo espaço, chutar uma bola em um alvo, passar por um obstáculo ou saltar pelo ar. Contudo, essa estratégia é menos efetiva quando você quer ensinar os alunos a realizar uma atividade utilizando uma técnica específica, como chutar uma bola de futebol com o peito do pé, por exemplo.

Vantagens

Esse estilo incentiva um grau muito alto de funcionamento cognitivo e faz os alunos pensarem em muitas formas de resolver um problema. Estimula-se a criatividade, e todos os alunos podem ser bem-sucedidos, independentemente do grau de habilidade.

Desvantagens

Como a descoberta guiada, o estilo de resolução de problemas leva tempo para planejar, e requer um professor criativo, que esteja disposto a aceitar que em geral há diversas soluções para um problema de movimento.

Exploração

Esse último estilo de ensino cai na extremidade direita do *continuum*, representando o estilo que é menos dirigido pelo professor e se presta mais a crianças menores que ainda estão explorando o próprio corpo e aprendendo a usar os equipamentos. O estilo é implementado da seguinte forma:

1. O professor consideraria os movimentos ou equipamentos que gostaria que os alunos explorassem.
2. O professor fornece os parâmetros relacionados à exploração, especialmente em relação à segurança do ambiente de aprendizagem.
3. Os alunos exploram enquanto são supervisionados pelo professor.
4. Os alunos têm a oportunidade de compartilhar suas experiências com os colegas.

Exemplo de arremesso

Por questões de segurança, é difícil ensinar a arremessar usando um estilo de exploração. Como há diferentes objetos sendo lançados em diversas direções, seria fácil alguém se machucar. Contudo, o professor pode permitir que os alunos arremessassem itens mais macios, como bolas de algodão ou de esponja em bambolês, cestas de basquete, baldes, latas pequenas e latas de lixo. Os alunos seriam encorajados a arremessar de maneiras únicas; talvez até com música. Tente completar o Desafio de raciocínio 6.6.

> **DESAFIO DE RACIOCÍNIO 6.6**
>
> Planeje uma atividade de exploração que estimule os alunos a explorar pelo menos cinco equipamentos novos enquanto seguem a música. Inclua um objetivo de aprendizagem. Não use mais de 100 palavras para descrever o desafio e o objetivo.

Esse estilo se enquadra melhor com atividades criativas. Por exemplo, o professor pode disponibilizar vários equipamentos de ginástica ao redor do ginásio (p. ex., colchonetes, traves baixas, trampolins, barras paralelas) e deixar as crianças os explorarem. O professor, obviamente, precisa estabelecer parâmetros de segurança (p. ex., sem cambalhotas).

Vantagens

Esse estilo é uma forma excelente de apresentar às crianças novos equipamentos e promover a criatividade. O interessante é que os professores muitas vezes cerceiam a criatividade dos alunos informando-os de que há forma adequada ou "certa" de realizar uma tarefa motora. Assim, incorporando um misto de estilos no currículo, tais como descoberta guiada, resolução de problemas e exploração, é possível estimular a criatividade, e os alunos podem pensar em diversas formas sobre como exercitar suas habilidades motoras.

A exploração permite que as crianças explorem criativamente novas atividades e tipos diferentes de equipamentos.

Desvantagens

O professor deve estar ciente quanto à supervisão quando implementar esse estilo, já que as crianças podem não estar cientes dos possíveis problemas de segurança se utilizarem mal os equipamentos ou de forma inadequada (p. ex., saltar da cama elástica direto para um colchonete). Além do mais, se os alunos não estiverem cientes das expectativas de comportamento, eles podem acabar perturbando a aula.

Resumo

Como cada criança é única, e a maioria tem estilos de aprendizagem preferidos, cabe aos professores de sala de aula implementar estilos de ensino que combinem com as necessidades individuais dos alunos matriculados em suas turmas. A dependência de um ou dois estilos devido a algum grau de conforto, falta de conhecimento sobre novos estilos ou tempo inadequado para planejar são desculpas inaceitáveis para não ter diversos estilos à disposição. Quer se ensine matemática em sala de aula, ciência no laboratório, música na sala de orquestra ou educação física no ginásio, um professor eficaz baseia-se em múltiplos estilos ao longo do ano para passar a matéria aos alunos de maneira que ela seja compreensível para todos.

Os estilos de ensino distribuem-se ao longo de um *continuum*, e variam desde os estilos mais orientados pelo professor até os dirigidos primariamente pelos alunos. O estilo mais dirigido pelo professor, de comando, requer que ele tome todas as decisões sobre a aula: ele planeja a lição, diz aos alunos a tarefa a ser realizada, informa-os quando começar e quando terminar, e diz quando passar a uma nova tarefa. O estilo mais centrado nos alunos, de exploração, requer que o professor estabeleça parâmetros para a aula e certifique-se dos fatores de segurança, mas os alunos tomam a maioria das decisões em relação a quando e como vão realizar a tarefa e de que modo irão utilizar o equipamento. Os estilos intermediários passam o comando gradualmente do professor para os alunos.

Os professores devem escolher estilos com base em diversos fatores, que incluem a atividade que está sendo ensinada, o nível de desenvolvimento dos alunos, os objetivos da lição e os equipamentos e instalações adequados. Interessante notar que, com exceção do estilo de exploração, que é melhor para crianças pequenas, os estilos não estão relacionados com a idade dos alunos. O estilo de comando é adequado para ensinar tanto a técnica do arremesso a crianças de 1º ano quanto arqueirismo para adultos na faculdade. O estilo de resolução de problemas é tão adequado para ensinar ginástica para crianças na pré-escola quanto dança moderna para alunos do ensino médio; da mesma maneira, esse estilo é igualmente inadequado para ensinar natação tanto para iniciantes quanto para atletas da equipe de natação. E o estilo recíproco pode ser inadequado tanto para crianças pequenas quanto para adultos que estão aprendendo sobre movimentação expressiva.

Por fim, se um estilo de ensino não funcionar muito bem no início de uma lição, nem por isso é necessário abandoná-lo. Os estilos aqui apresentados foram escolhidos devido à sua eficiência no ensino da educação física. Você irá ter problemas; haverá estilos que não irão funcionar bem com um ou outro conteúdo ou com uma ou outra turma. Contudo, avalie cuidadosamente por que seu estilo não foi bem-sucedido e de que modo ele pode ser modificado para ser usado em lições futuras ou com outros tipos de conteúdo da educação física. Ver o quadro a seguir para sugestões adicionais.

Lista do que fazer e do que não fazer

Fazer	Não fazer
☐ Desafiar-se a aprender mais sobre os estilos de ensino apresentados neste capítulo.	☐ Presumir que todos os alunos aprendem da mesma forma.
☐ Incorporar pelo menos cinco dos estilos em suas aulas.	☐ Desistir de um estilo se ele não for imediatamente bem-sucedido com os alunos.
☐ Tentar implementar pelo menos dois estilos diferentes durante uma aula individual.	☐ Ser dissuadido de utilizar determinado estilo por pressão dos alunos.
☐ Escolher estilos com base em orientações adequadas, e não porque você não está familiarizado com um estilo ou porque tem pressa.	☐ Esquecer-se de avaliar se as crianças estão no nível de desenvolvimento adequado e socialmente prontas para determinado estilo.
☐ Considerar cuidadosamente as implicações de segurança ao selecionar um estilo.	☐ Presumir que os estilos de ensino serão tão eficientes com uma turma quanto foram com outra.

Atividades de revisão

1. Escolha uma atividade que você goste e, com um parceiro, planeje uma tarefa de movimento para ensiná-la a alunos de 5º ano usando cada um dos nove estilos apresentados neste capítulo.
2. Em um grupo pequeno, descreva que estilo de ensino você prefere e por quê.
3. Discuta em um grupo pequeno se alguns tipos de atividade se prestam mais para um estilo específico do que outros.
4. Descreva seu estilo de aprendizagem preferido e por que ele facilita sua aprendizagem.
5. Que estilo de ensino você gosta menos e por quê?

Referências

DOTSON, J. M. Cooperative learning structures can increase student achievement. *Kagan Online Magazine*, 2001. Disponível em: <http://www.kaganonline.com/free_articles/research_and_rationale/increase_achievement.php>. Acesso em: 07 jun. 2008.

GOLDBERGER, M. Research on the spectrum of teaching styles. In: LIDOR, R.; ELDAR, E.; HARARI, I. (Ed.). *Proceedings of the 1995 AIESEP World Congress*. [S.l.: s.n.], 1995. p. 429-435.

GOLDBERGER, M. The spectrum of teaching styles: a perspective for research on teaching physical education. *Journal of Physical Education, Recreation & Dance*, v. 63, n. 1, p. 42-46, 1992.

INDEPENDENT LIVING RESOURCE CENTER. Famous people with disabilities. [S.l.: s.n., 200?]. Disponível em: <http://www.independenceinc.org/trivia.htm>. Acesso em: 02 jun. 2008.

MOSSTON, M.; ASHWORTH, S. *Teaching physical education*. 5th ed. San Francisco: Benjamin Cummings, 2002.

Leitura recomendada

WINGATE INSTITUTE. *The Zinman College of Physical Education and Sport Sciences*. Israel: [s.n., 20--?].

CAPÍTULO 7

ESTABELECENDO UM AMBIENTE DE APRENDIZAGEM EFETIVO

Pesquisas sugerem que os estudantes entram para os cursos de licenciatura nas universidades acreditando que já sabem como ensinar e que não têm muito mais a aprender (LANIER; LITTLE, 1986). Essa crença provavelmente nasce como resultado de suas 13 mil horas como alunos no colégio (LORTIE, 1975). Durante esse período, os futuros professores observaram como foram implementadas as lições, disciplinados os alunos, dado *feedback* e organizadas as turmas. E, apesar de essas experiências servirem de boa fundamentação para o processo de ensino, elas também são limitadas. Por exemplo, você já teve a oportunidade de ver um professor redigindo um plano de aulas? Você já perguntou a um professor por que ele distribuiu os equipamentos de determinada maneira? Você entende por que os professores organizavam as atividades de aula de modo similar de um dia para o outro?

Pense um pouco sobre os professores que teve no ensino fundamental e no ensino médio. Que características específicas distinguiam os professores que considerava "bons" dos que considerava "ruins"? Pense também nos seus professores de educação física mais memoráveis, tanto por serem bons quanto por serem ruins. Existem semelhanças entre eles?

O mais provável é que os professores que você considerava bons não só demonstravam se importar profundamente com os alunos, como também estruturavam o ambiente de aprendizagem de modo a promover a máxima aprendizagem. Eram indivíduos que sabiam implementar o conhecimento que adquiriram sobre o ensino efetivo na faculdade, em cursos de extensão, observando outros professores eficazes e com a aquisição contínua de novos conhecimentos durante sua carreira (ver Ponto-chave 7.1).

Ponto-chave 7.1

Os professores eficazes não acreditam que aprenderam tudo o que precisam sobre o ensino. Seu sucesso se baseia em um corpo de conhecimento adquirido durante a faculdade de licenciatura e complementado por experiência, observação e constante aprendizado por meio da leitura de revistas profissionais, conversas com outros professores e participação de conferências profissionais.

Sendo um professor novato, você cometerá erros, mas isso é esperado. No início, estará mais focado em examinar seus próprios comportamentos ao ensinar do que se os alunos estão aprendendo com as aulas. Ao ganhar

Dar aulas em um ginásio cria novos desafios para o professor.

experiência, contudo, é provável que passe a preocupar-se cada vez mais com a *efetividade do ensino*. Apesar de professores eficazes continuarem a refletir sobre seus comportamentos ao ensinar, eles o fazem à luz do que seus alunos estão aprendendo com as aulas. Enquanto professores iniciantes podem refletir sobre suas aulas e dizer: "Minhas instruções foram muito longas. Deveria ter planejado atividades adicionais, pois os alunos pareciam entediados. Que bom que a aula finalmente terminou". Professores mais experientes teriam outro tipo de reflexão. Eles podem avaliar a aula enfatizando que: "Dei muitas informações aos alunos durante a instrução da aula. Por causa disso, alguns alunos pararam de prestar atenção e outros não conseguiram se lembrar dos pontos principais que eu queria enfatizar. Os alunos ficaram entediados durante a atividade porque ela foi muito desafiadora para alguns e muito fácil para outros. Quando me dei conta de que alguns estavam entediados e outros não estavam se comportando, deveria ter imediatamente interrompido a aula e reorganizado a atividade em um nível que desse conta da diferença dos níveis de habilidade entre os alunos. Agora, irei restruturar a aula e tentar de novo em um futuro próximo".

O ensino efetivo envolve a tomada de uma série de decisões que promovem a oportunidade de aprendizagem dos alunos. É interessante notar que quase todas as decisões que o professor toma têm influência direta no tipo de ambiente de aprendizagem que vai se estabelecer. Ao longo deste livro, "ensino efetivo" será um termo empregado com frequência. Você lerá sobre como implementar aulas, avaliar a aprendizagem e refletir sobre suas práticas de ensino efetivamente. Como futuro professor, você tem duas escolhas: por um lado, pode acreditar que já aprendeu tudo o que existe sobre ensino e que não tem muito mais o que aprender; ou, por outro lado, pode tornar-se um consumidor ativo de conhecimento baseado em pesquisas sobre o ensino efetivo. Apesar de algumas informações apenas reforçarem o que você já sabe sobre o ensino, outras irão contradizer aquilo em que você atualmente acredita. Em vez de descartar informações desconfortáveis ou desconhecidas, considere que o material apresentado neste livro se baseia nos esforços de muitos profissionais que dedicaram suas carreiras a aprender sobre as formas mais efetivas de dar aulas de educação física.

O AMBIENTE DE EDUCAÇÃO FÍSICA

O ambiente de educação física é, ao mesmo tempo, significativamente semelhante e diferente da sala de aula. Ambos os ambientes são estruturados de modo a promover a aprendizagem dos alunos. Observadores em ambos os ambientes veriam professores passando instruções, monitorando a aprendizagem e dando *feedback* aos alunos. Eles observariam os alunos ouvindo as orientações, interagindo com os colegas, trabalhando individualmente e passando de uma atividade de aprendizagem para a outra. Contudo, as diferenças entre esses dois ambientes são notáveis. Primeiro, as possibilidades de ocorrerem lesões físicas são muito maiores no ambiente de educação física do que na sala de aula. Portanto, os professores devem ser observadores muito atentos: antecipando perigos potenciais, monitorando práticas inseguras e mantendo um espaço livre de riscos à segurança. Segundo, é muito mais difícil ganhar a atenção dos alunos no ambiente de atividade física do que em sala

de aula. Enquanto a sala de aula se trata de um espaço relativamente pequeno e quieto, o ambiente de atividade física é amplo e barulhento (em especial quando as crianças estão envolvidas em jogos e brincadeiras). Terceiro, enquanto as crianças, na sala de aula, ficam em geral confinadas a um espaço específico (como sua mesa ou estação de aprendizagem), no ambiente de atividade física ficam em constante movimento. Complete o Desafio de raciocínio 7.1.

Como aluno de licenciatura, você irá adquirir conhecimento sobre como organizar efetivamente a sala de aula de modo a otimizar a aprendizagem. Apesar de alguns desses conhecimentos serem facilmente transferidos para o ginásio, há outros que são únicos ao ambiente especializado em que a atividade física ocorre. Em outras palavras, há comportamentos instrucionais que você pode aprender, com base em achados de pesquisas sobre o ensino efetivo, que irão aumentar suas possibilidades de sucesso enquanto professor. Se você conseguir implementar esses comportamentos no ambiente de educação física com sucesso,

---

DESAFIO DE RACIOCÍNIO 7.1

Acrescente à seguinte lista de semelhanças e diferenças:

	Sala de aula	Ambiente de atividades físicas
Semelhanças entre a sala de aula e a área de atividade física	1. Quadros de avisos apresentam trabalhos dos alunos 2. Professor especializado dá aula 3. Equipamentos auxiliam a aula (p. ex., livros, canetas) 4. 5. 6.	1. Paredes do ginásio apresentam trabalhos 2. Professor especializado dá aula 3. Equipamentos auxiliam a aula (p. ex., bolas, colchonetes) 4. 5. 6.

	Sala de aula	Ambiente de atividades físicas
Diferenças entre a sala de aula e a área de atividade física	1. Ambiente relativamente seguro 2. Espaço pequeno e quieto 4. 5. 6.	1. Ambiente potencialmente perigoso 2. Espaço grande e barulhento 4. 5. 6.

Apesar de uma sala multifuncional ser menor do que um ginásio, ela também apresenta desafios ao professor, que requer tetos mais altos para ensinar atividades como vôlei.

reduzirá a probabilidade de lesões, criará um ambiente propício para a aprendizagem e aumentará seu prazer de dar aulas.

A maioria dos professores que são designados para ensinar educação física têm acesso a um ginásio, ao pátio ou, eventualmente, a uma sala multifuncional. Alguns desses ambientes, em especial um ginásio com teto alto, são locações ideais para desenvolver atividades de condicionamento físico, esportes, jogos e danças. Os alunos têm um espaço amplo para correr, arremessar bolas e movimentar-se sem restrições. Outros espaços, especialmente aqueles que servem a outras funções (p. ex., uma sala multifuncional) impõem limitações que inibem a movimentação e aumentam a possibilidade de lesões. Professores que têm acesso a cestas de basquete, colchonetes e uma ampla variedade de equipamentos podem planejar atividades com mais facilidade do que aqueles com maiores restrições espaciais e menos equipamentos à disposição.

Alguns professores dos anos iniciais que residem em regiões mais ao sul e a oeste dos Estados Unidos não terão acesso a instalações internas. Em grande parte das escolas dessas regiões, até mesmo professores de educação física não têm acesso a um ginásio ou a uma sala multifuncional. Pelo contrário, eles dão aulas de educação física em um campo aberto ou no pátio. Quando chove, esses professores muitas vezes dão aulas no corredor ou em algum outro espaço, como a própria sala de aula ou auditórios, que não foram projetados para atividades físicas.

Uma área externa ampla permite que as crianças se movam com liberdade.

Independentemente de onde você precise ensinar, se o ambiente é adequado ou se não é o ideal, ainda assim é possível implementar um programa efetivo de educação física. Observe que, às vezes, são os indivíduos que ensinam nas piores condições que conseguem aproveitar melhor os parcos recursos disponíveis.

DESENVOLVENDO PROTOCOLOS

Se você espera que os seus alunos aprendam com as suas aulas, é imperativo organizar o ambiente de modo que promova oportunidades de aprendizagem. Sem estrutura e organização, o caos é garantido. Isso é particularmente verdadeiro para professores que dão aulas em ambientes amplos ou abertos, tais como um ginásio ou campo.

A primeira tarefa instrucional que os professores eficazes implementam quando conhecem seus alunos é apresentá-los aos *protocolos*, que são rotinas e regras da sala de aula. Neste capítulo, iremos nos focar nas *rotinas*, ou procedimentos da aula de educação física. No Capítulo 10, continuaremos nossa discussão das rotinas, e serão apresentadas as importantes *regras* que orientam as expectativas do professor para o comportamento dos alunos.

As rotinas são tarefas simples que os alunos realizam consistentemente de maneira diária. Elas são projetadas para dar estrutura e organização, otimizar o tempo de aprendizagem e reduzir a probabilidade de lesões. Conforme enfatizado no Ponto-chave 7.2, elas são praticadas com regularidade durante as primeiras semanas de aula e revisadas ao longo do ano. Após os alunos aprenderem a realizar as rotinas, os comportamentos tornam-se integrados no seu processo de pensamento, de tal forma que eles raramente os questionam ou se desviam deles. Por exemplo, exercícios de incêndio representam uma rotina praticada em todas as escolas dos Estados Unidos. Quando soa o sinal de alarme, os alunos se alinham na porta e dirigem-se em silêncio até uma área específica externa. Em alguns casos, um aluno designado mantém a porta externa aberta enquanto os colegas se encaminham para uma área segura. Em outros, um aluno pode ser o responsável por fechar todas as janelas da sala antes de deixar o prédio. Independentemente dos detalhes, essas rotinas consistem em um conjunto de procedimentos que foram implementados com um propósito específico – garantir que os alunos deixem o prédio com segurança e sem incidentes.

> ### Ponto-chave 7.2
>
> As rotinas devem ser introduzidas e praticadas regularmente durante as primeiras semanas de aula, devendo ser revisadas ao longo do ano e reforçadas com elogios.

Na aula de educação física, as rotinas são especialmente importantes porque permitem que o professor mantenha sob controle um amplo grupo de alunos não confinados a um espaço específico, reduza a possibilidade de lesões e diminua muito os problemas disciplinares. Interessante notar que, durante uma pesquisa com sete professores eficazes de educação física dos anos iniciais, descobriu-se que as rotinas eram ensinadas como parte regular do currículo de educação física (FINK; SIEDENTOP, 1989). Ou seja, as rotinas eram apresentadas, praticadas e reforçadas com elogios ou uma gentil reprimenda – usando as mesmas estratégias instrucionais empregadas quando ajudam os alunos a aprender habilidades físicas. Até mesmo os professores novos que participaram do estudo tiveram pouca dificuldade em controlar a sala de aula porque rapidamente estabeleceram, em suas turmas, as rotinas que haviam aprendido durante a faculdade.

Para que as rotinas obtenham sucesso, elas devem ser estabelecidas durante as primeiras semanas de aula. Apesar de ser possível ensinar as rotinas em qualquer momento do ano, os professores que o fazem cedo estabelecem um ambiente propício à aprendizagem com maior rapidez. Antes de continuar lendo, que tipos de rotinas você se lembra do ensino fundamental? Como essas rotinas foram ensinadas e reforçadas? Pense nos professores que você considerava bons e nos que considerava ruins. Esses professores que considerava bons estabeleciam rotinas? Por que você acha que eles escolhiam essas rotinas específicas? Algumas das rotinas mais importantes são discutidas a seguir. Complete o Desafio de raciocínio 7.2.

DESAFIO DE RACIOCÍNIO 7.2

Antes de prosseguir a leitura, diga as três rotinas que considera mais importantes de ensinar durante os primeiros dias do ano letivo.

Entrando e saindo da área de atividade física

Como professor, você tem tanto vantagens como desvantagens em relação às possibilidades de estruturar o ambiente de aprendizagem da atividade física. Por um lado, é improvável que você consiga chegar ao ginásio ou campo antes dos seus alunos, o que lhe permitiria organizar o equipamento de antemão e garantir que não houvesse riscos à segurança. Por outro lado, é provável que você consiga conduzir os alunos até a área da educação física, o que garante que eles entrem na área rapidamente e sem incidentes. Em alguns casos, quando um professor de educação física dá aula, os alunos se dirigem até a área designada sem acompanhamento de um adulto. Quando chegam, estão ansiosos para participar da atividade física e, portanto, podem ficar agitados e desatentos. Podem entrar no ginásio gritando, se empurrando e sem dar ouvidos ao professor. O resultado final é problemático: antes de começar a aula, é necessário acalmar os alunos para que prestem atenção e sigam as orientações adequadamente.

A maioria dos alunos dos anos iniciais espera com ansiedade pela oportunidade de ficar mais ativo. Eles gostam de movimentar-se, e, apesar de todos os professores de educação física apreciarem esse entusiasmo, isso também aumenta a probabilidade dos alunos não se comportarem adequadamente. Portanto, como professor, é de sua responsabilidade garantir que entrem no ambiente de educação física do mesmo modo como entrariam em qualquer outra sala de aula. Há rotinas que podem ser ensinadas e reforçadas para aumentar a atenção dos estudantes, e talvez você queira escolher alguma das seguintes opções.

Hora da roda

Assim que entram na área da atividade, os alunos precisam sentar em um círculo (ou semi-

Organizar os alunos, conforme demonstrado na imagem, permite que todos possam observar o professor quando ele passar instruções.

círculo) no centro do ginásio ou campo. Essa formação garante que todos tenham uma visão clara e desobstruída de você, o professor. Se tiver uma turma difícil, em que surgem problemas quando grupos de amigos sentam juntos, você pode distribuí-los em lugares determinados, onde devem permanecer por todo o ano. Isso pode ser facilmente realizado organizando os alunos em fila predeterminada antes de saírem da sala de aula, sendo que eles devem caminhar da sala até a área da atividade física sem mudar a ordem. Quando chegarem ao ginásio, caminham em fila até terem formado um círculo. Além disso, ao pedir para os alunos sentarem, reduzem-se os tipos de problemas de comportamento que ocorrem quando eles ficam em pé (p. ex., empurrões, falta de atenção). Para economizar tempo, você pode pedir que eles sentem em ordem alfabética por todo o ano. Isso garante que haverá sempre determinada ordem, e você pode facilmente verificar se eles estão ou não no lugar adequado. Se tiver uma turma que não costuma ser desordeira, talvez não seja necessário preocupar-se com a ordem em que eles se sentam no círculo.

A hora do círculo ajuda os professores a estabelecer com rapidez a ordem no início da aula, mas também pode ser usada em intervalos regulares durante a lição. Por exemplo, em vez de tentar explicar uma nova atividade a alunos que estão espalhados pelo ginásio, eles devem retornar ao círculo para ouvir novas instruções ou para fazer uma revisão. De novo, essa formação facilita a aula porque todos podem observar claramente a demonstração e ouvir as orientações do professor, que, por sua vez, não precisa levantar a voz para ser ouvido. Antes de deixar a área da atividade física, os alunos retornam ao círculo e alguém é designado como líder. Esse aluno lidera a turma da área da atividade física até a sala de aula fazendo os colegas à sua direita o seguirem na mesma ordem em que estão sentados no círculo.

Hora da linha

Como uma alternativa à hora do círculo, alguns professores preferem que os alunos se sentem em uma linha claramente marcada no ginásio ou campo. Por exemplo, podem sentar-se ao longo da linha lateral da quadra de basquete ou na linha que separa a superfície de concreto do campo de jogo onde eles vão fazer a aula. Em alguns casos, os professores colocam um número em pequenas tiras de papel que são afixadas ao chão do ginásio, e os alunos, que recebem um número correspondente, devem sentar-se nessa ordem até o fim do ano. Apesar de tanto a hora do círculo quanto a hora da linha serem eficazes, há ocasiões em que eles têm uma visão mais obstruída do professor quando sentam em fila do que em círculo ou semicírculo. Complete o Desafio de raciocínio 7.3.

DESAFIO DE RACIOCÍNIO 7.3

Imagine que você esteja do lado de fora, em um dia ensolarado, passando instruções aos seus alunos sobre uma nova atividade. Como eles devem sentar para ouvir claramente suas instruções e observar suas demonstrações?

Grupos

Outra maneira eficaz de fazer as crianças se sentarem na área da atividade física é na forma de equipes. Essa técnica envolve distribuir as crianças em pequenos grupos de cinco ou seis. As equipes são pré-escolhidas e os alunos sabem que devem entrar no ginásio e sentar em uma fila com os outros membros de sua equipe. De uma semana para a outra, os alunos variam o líder da equipe, sendo que este deve sentar-se na frente da fila e ser o responsável por ajudar a distribuir os equipamentos e realizar outras tarefas apropriadas.

O ideal é que o número de equipes seja par, para que seja fácil de formar equipes. Por exemplo, as equipes 1, 3 e 5 formariam um time, e as equipes 2, 4 e 6 formariam outro. Em um outro dia, você pode juntar as equipes 1, 2 e 3, e as equipes 4, 5 e 6. Para as tarefas que requerem grupos pequenos, os alunos já terão suas equipes. Periodicamente, ao longo do ano, você pode reagrupar as equipes para que os alunos tenham oportunidades de trabalhar com outros colegas.

Sinalizando aos alunos

Uma questão de extrema importância, que os professores devem resolver de imediato, é a de ganhar a atenção dos alunos, o que é ainda mais difícil em um ambiente de atividade física do que em sala de aula. Portanto, é essencial que o professor passe bastante tempo durante os primeiros dias de aula indicando aos alunos quando pararem as atividades. Essa rotina requer prática substancial durante as primeiras semanas de aula e precisa ser reforçada ao longo do ano. Os alunos costumam ser bastante receptivos a esta rotina quando os professores os informam de que ela foi criada para chamar sua atenção em casos de emergência e para permitir que recebam mais instruções sem que seja necessário levantar exageradamente a voz.

Há diversos tipos diferentes de sinais que podem ser usados. Alguns podem ter propósitos diferentes de outros. Diversos sinais são sugeridos nos parágrafos a seguir. Contudo, conforme enfatizado pelo Ponto-chave 7.3, é bom ter um sinal que seja usado frequentemente de uma aula para a outra. Isso não significa que outros sinais não possam ser usados, mas, em casos de emergência, ou quando é preciso chamar a atenção dos alunos com rapidez, é bom ter um sinal que possa ser implementado logo e que resulte em uma resposta imediata. Nossa sugestão é que você use o mesmo sinal, quando possível, tanto na sala de aula quanto no ambiente da atividade física, o que permitirá que ele seja transportado de um ambiente para o outro.

Ponto-chave 7.3

Como regra geral, é bom ter um sinal verbal para chamar a atenção dos alunos que seja utilizado em todas as aulas de educação física.

Stop *ou estátua*

Esse sinal costuma ser usado nas salas de aulas e nas áreas de atividades físicas dos anos iniciais dos Estados Unidos. Quando o professor disser *"stop"* ou "estátua", os alunos devem imediatamente parar o que estão fazendo e ouvir. Ao ensiná-los a usar este sinal, é importante que você não grite. Levantando a voz, você irá ensinar que eles não precisam ficar atentos ao que você diz. Em vez disso, seja assertivo quando usar esta palavra, mas não levante a voz além do necessário para ser ouvido em um ambiente relativamente quieto. Ensine aos alunos que eles sempre precisam estar atentos à sua voz, mesmo quando estão conversando com outros alunos ou envolvidos em jogos.

Também é importante ensinar aos alunos que "estátua" é um sinal que exige que eles imediatamente ouçam *e* parem. Quando ouvirem o comando, não podem dar mais três passos e parar. Pelo contrário, eles devem congelar o corpo na posição em que estavam quando o sinal foi dado e permanecer em silêncio. Quando tiver a atenção dos seus alu-

Sinais, como *"stop"*, são importantes para chamar a atenção dos alunos.

nos, aí pode mandá-los relaxarem, sentarem ou voltarem ao círculo.

Uma técnica útil para ensinar esta atividade é envolver os alunos em atividades em que se movam ao redor do ginásio. Por exemplo, durante os primeiros dias de aula, concentre-se em ensinar atividades locomotoras, não locomotoras e manipulativas. Em intervalos variados use o sinal de "*stop*" para elogiar os alunos pelo seu comportamento adequado ("Vocês estão ótimos, evitando entrar em contato com os colegas"), para modificar a atividade ("Agora tentem pular para a frente, em vez de saltar no lugar"), ou oferecer correções ("Não se esqueçam de usar os braços para ganhar impulso"). O interessante é que os alunos não se dão conta de que o objetivo implícito da atividade é praticar suas habilidades auditivas. No entanto, em intervalos periódicos, particularmente se congelarem rápido, elogie-os por ouvirem o sinal. Nas ocasiões em que eles não congelarem nem ouvirem na velocidade que você gostaria, relembre-os do sinal e enfatize que eles vão precisar praticar o uso do sinal em intervalos mais frequentes se não responderem mais rápido.

"Estátua" é um sinal que funciona bem tanto com alunos mais velhos quanto com os mais jovens. De fato, não é incomum ver professores do ensino médio também utilizando esse sinal. No entanto, há diferenças em como o sinal deve ser introduzido para grupos de diferentes idades. Ao introduzi-lo para alunos mais jovens, incorpore-o em diversos jogos que você criar. Por exemplo, primeiro peça para os alunos saltarem pela área da atividade. Informe-os de que a primeira pessoa que parar quando ouvir o comando irá escolher a próxima atividade locomotora ou não locomotora que irão realizar. Os alunos irão gostar desse jogo, e você poderá observá-los congelar em posições muito interessantes. Ao apresentar o sinal para alunos mais velhos, você pode simplesmente dizer que "estátua" é uma regra da sala de aula e que, quando ouvirem o sinal, devem imediatamente parar de trabalhar e ou-

vir as instruções. Se não prestarem atenção ao sinal, dê uma advertência verbal. Se continuarem a ignorar o sinal, outras consequências podem surgir.

Palavra do dia

Além de usar congelar como um sinal primário, muitos professores também estão começando a incorporar uma palavra do dia ou palavra da semana nas aulas como forma adicional de chamar a atenção dos alunos. Em um ambiente de atividade física, você deve usar palavras adequadas ao ambiente. Por exemplo, você pode querer ensinar aos seus alunos os nomes de diferentes músculos. Se você não souber os diferentes grupos musculares, pode escolher palavras que estejam ligadas ao conteúdo das aulas, como "locomotor", "não manipulativo" ou "condicionamento físico". Quando os alunos ouvirem essas palavras, devem parar para escutar. Você pode até usar a mesma palavra em sala de aula, para que eles possam transportá-la para o ambiente da atividade física.

Música

Os alunos costumam gostar de ouvir música enquanto realizam as atividades. Como professor, é provável que você incorpore música no seu currículo em ocasiões diversas, como em aulas de história ou quando os alunos estiverem estudando em diferentes estações de aprendizagem. Apesar de você vir a integrar música no seu currículo de educação física ao ensinar dança, ela também pode ser incorporada em outras partes do currículo. Por exemplo, quando os estudantes estão envolvidos em atividades locomotoras, não locomotoras e não manipulativas, uma música de fundo pode servir de bom acompanhamento para a aula e ajudar a motivá-los. Como você deve ter observado, muitas pessoas usam fones de ouvido e escutam música enquanto correm. A maioria dos corredores faz isso porque se sai melhor, se distrai de qualquer desconforto físico que possa estar sentindo e aumenta sua motivação.

Alguns professores batem palmas quando querem que os alunos parem de se mover e ouçam.

Enquanto os alunos fizerem escolhas adequadas, você pode até permitir que eles tragam suas músicas preferidas para a aula.

Igualmente importante, contudo, é que a música é uma ótima forma de sinalizar para os alunos. Por exemplo, você pode estabelecer uma rotina em que os alunos tenham cinco minutos de tempo livre antes das aulas. Toca-se uma música enquanto eles se envolvem em três ou quatro atividades diferentes que você considera adequadas para ensinar seus objetivos de aprendizagem (p. ex., lançar uma bola para um parceiro, praticar uma rotina de dança, arremessar uma bola de basquete, envolver-se em diferentes atividades). Quando a música parar, os alunos devem imediatamente parar e ouvir as próximas instruções. De novo, essa rotina deve ser praticada e reforçada, em especial no início do ano.

Outros sinais

Também há outros aparelhos que você pode usar para chamar a atenção dos seus alunos, se tiver dificuldades para projetar sua voz. Historicamente, os professores de educação física usaram apitos (que não dariam muito certo em sala de aula). De fato, é provável que você tenha encontrado um ou dois desses indivíduos. Apesar de apitos serem uma forma excelente de sinalizar para os alunos, eles também estão associados ao estereótipo do professor de educação física que está mais interessado em manter a ordem do que propiciar boas experiências aos alunos enquanto aprendem sobre atividades físicas. Portanto, talvez só valha usar um apito como último recurso.

Obtendo e devolvendo os equipamentos

Como professor, você desenvolverá rotinas para a distribuição de equipamentos, determinação de tarefas e devolução dos temas de casa, as quais lhe permitem minimizar o tempo de organização e otimizar o tempo de aprendizagem. No ginásio, essas rotinas são igualmente importantes. Portanto, durante os primeiros dias de aula, é importante descrever cuidadosamente aos alunos como se espera que eles peguem e devolvam os equipamentos; seja específico em suas instruções e pratique essas rotinas com os alunos. Em muitos casos, também é bom demonstrar como pegar e devolver os equipamentos. Por exemplo, se eles estão recolocando as cordas de pular nos ganchos no armário dos equipamentos, mostre como eles devem pendurá-las lá. Ensine-os a dobrar a corda ao meio para que as duas pontas fiquem equidistantes. Peça para pendurarem a seção intermediária da corda no gancho. Isso garante que as cordas fiquem arrumadas quando forem devolvidas ao armário dos equipamentos e estejam prontas para a próxima turma que for usá-las. Há diversas estratégias úteis para a organização de equipamentos que também serão abordadas no Capítulo 9.

Necessidades pessoais

Como professor de sala de aula, você vai precisar estabelecer rotinas criadas para aco-

Rotinas de ensino poupam tempo e desenvolvem autorresponsabilidade.

modar as necessidades pessoais dos alunos. Ao dar aulas de educação física, o pedido mais comum é para ir beber água. No entanto, você logo irá notar um efeito dominó, em que diversos alunos pedirão para tomar água após verem colegas no bebedouro. Logo, sua melhor estratégia é estabelecer rotinas para esse tipo de pedido, como beber água ou ir ao banheiro.

ESTRUTURANDO O AMBIENTE DE APRENDIZAGEM

Neste ponto, deve estar claro que um ambiente efetivo de aprendizagem é estruturado e organizado. Os alunos aprendem melhor quando sabem o que esperar de uma aula para a outra, e é por isso que as rotinas são de extrema importância. Do mesmo modo, os professores também são beneficiados por um ambiente estruturado (ver Ponto-chave 7.4). Portanto, os professores eficazes costumam implementar procedimentos instrucionais semelhantes ao longo de extensos períodos. Por exemplo, os professores de sala de aula seguem uma rotina relativamente regular para fazer a chamada, dar aulas de disciplinas específicas em certos períodos do dia, levar os alunos para o lanche

e acompanhá-los até a saída da escola. No ambiente da atividade física, também é importante estabelecer rotinas dos professores. As informações a seguir estão apresentadas em ordem para ajudá-lo a compreender o significado das rotinas tanto dos professores quanto dos estudantes.

Ponto-chave 7.4

Da mesma forma que os alunos se beneficiam das rotinas, os professores também podem tirar proveito delas.

Aquecimento

Os professores de educação física muitas vezes se envolvem em uma rotina para fazer a chamada enquanto os alunos fazem o aquecimento. Como professor, será desnecessário fazer a chamada; você já vai saber quem está presente e quem está ausente. Contudo, pode querer incluir tipos tradicionais de aquecimento como parte de uma rotina de instruções. Os professores de educação física com frequência pedem para os alunos se alongarem ou fazerem exercícios de preparação durante a chamada. Eles implementam o aquecimento em suas aulas porque essa atividade

Os alunos podem alongar enquanto observam a demonstração dos outros.

é algo a que eles foram expostos por muitos anos quando estudavam. Se você também foi exposto a essa rotina, é provável que espere que os seus alunos também façam o aquecimento antes da aula. Infelizmente, ao realizar essa prática, pode estar desperdiçando tempo valioso da aula. Por exemplo, os professores frequentemente acreditam que o alongamento é necessário para evitar lesões musculares. No entanto, o alongamento antes das atividades físicas costuma ser menos benéfico do que o alongamento após uma atividade completa.

Você gostava de dar voltas na pista ou fazer apoios ou abdominais? Se sim, você foi um dos poucos. De fato, se observar uma aula em que os alunos estão se exercitando, você perceberá que eles param assim que o professor lhes dá as costas. Não queremos com isso sugerir que os alunos sejam imediatamente colocados para realizar atividades extenuantes. Pelo contrário, utilize os primeiros minutos de aula para realizar atividades divertidas adequadas ao conteúdo que será trabalhado. Por exemplo, se os alunos irão jogar basquete, permita que eles conduzam a bola ou passem um para o outro por alguns minutos. Se forem realizar atividades locomotoras rápidas, permita que eles façam caminhadas rápidas.

Além disso, como professor, você irá precisar de alguns momentos para se organizar. Será necessário pegar os equipamentos e disponibilizá-los no local adequado para o ambiente da atividade física. Durante esse período, é possível estabelecer uma rotina em que os alunos realizem aquecimentos divertidos, interessantes, relevantes para a aula, e não que simplesmente lembrem aqueles que você realizou quando era um estudante. Em geral, pode ser bom estabelecer uma rotina em que os primeiros cinco minutos de aula são usados para introduzir a atividade. Se você planeja dar futebol, espalhe rapidamente diversas bolas ao longo da área da atividade e peça aos alunos para conduzirem uma bola de maneira controlada até que seja possível terminar de organizar o equipamento que será utilizado para a aula.

Encerramento

Conforme apresentado no Capítulo 3, uma maneira eficaz de encerrar uma aula é fazer os alunos se reagruparem em um círculo para fazer uma breve revisão das atividades do dia. É possível escolher dois ou três alunos para demonstrarem algo que realizaram especialmente bem durante a aula. Se usar essa técnica, certifique-se de alternar os alunos, para que todos tenham a oportunidade de fazer uma demonstração ao longo do tempo. Enquanto revisar os pontos principais da aula, peça para realizarem exercícios simples de alongamento. Isso não só servirá como atividade de encerramento adequada, como os alunos também irão se acalmar antes de voltar para a sala de aula. Por fim, retornando ao círculo, é possível passar instruções finais antes de deixar a área da atividade. Você pode indicar mais alguns alunos para ajudarem com os equipamentos, ou lembrá-los de que eles precisam caminhar em silêncio pelos corredores.

Fazendo anotações

A última rotina que você poderá realizar é a de passar alguns momentos do dia refletindo brevemente sobre o sucesso da aula e fazendo anotações sobre seu plano. Essa rotina é a mais difícil de completar porque você terá muitas outras tarefas que também demandam a sua atenção. Contudo, ela é importante para garantir que as próximas aulas transcorram bem e tenham ainda mais sucesso. Comprometa-se a fazer anotações tanto em casa quanto em sala de aula.

Resumo

As experiências pelas quais você passou durante seu aprendizado servem como fundamento para orientar suas futuras práticas de ensino. Em alguns casos, essas experiências aumentam suas possibilidades de sucesso. Em outros, contudo, as práticas vivenciadas quando aluno podem ser opostas ao ensino efetivo. Professores que utilizam conhecimentos adquiridos durante a faculdade de licenciatura, e que compreendem o significado do ensino efetivo, terão conhecimentos mais sólidos nos quais se basear – e provavelmente terão maior sucesso ao promover a aprendizagem.

Independentemente do tipo de ambiente de atividade física em que deem aulas, os professores eficazes estabelecem um ambiente propício à aprendizagem; eles têm os protocolos que enfatizam as regras e as rotinas. As rotinas são introduzidas no início do ano e praticadas a intervalos regulares. Os alunos aprendem a entrar e sair da sala, quando parar para ouvir e como pegar e devolver os equipamentos. Além disso, os professores desenvolvem rotinas para si mesmos que formam a estrutura da aula e diminuem interrupções (ver o quadro a seguir).

Lista do que fazer e do que não fazer	
Fazer	**Não fazer**
☐ Comprometer-se a aprender sobre o ensino efetivo.	☐ Acreditar que você já sabe como ensinar e que tem relativamente pouco a aprender.
☐ Aproveitar tudo o que o ambiente da atividade física tiver de melhor, mesmo que esteja longe do ideal.	☐ Desistir se não tiver espaço ou equipamento adequados.
☐ Ensinar as rotinas no início do ano letivo e praticá-las ao longo do ano.	☐ Presumir que os alunos saberão como se comportar no ambiente da atividade física.
☐ Ensinar sinais aos alunos que os façam parar e ouvir.	☐ Permitir que os alunos continuem falando e se movendo quando você der o sinal para pararem e ouvirem.
☐ Desenvolver rotinas do professor que lhe permitam ser organizado e eficaz.	

Atividades de revisão

1. Explique a um colega como você ensinaria as seguintes rotinas aos seus alunos:
   a. Entrar e sair da área de atividade física
   b. Sinalizar
   c. Pegar e devolver os equipamentos

2. Durante as aulas de educação física, que rotinas do professor você considera importantes de estabelecer que não estão listadas neste capítulo?

3. Imagine que os seus alunos continuem a desconsiderar o sinal de congelar mesmo depois de ter sido apresentado ao longo de várias semanas. O que você pode ter feito incorretamente? Como é possível recuperar a atenção deles?

4. Que dificuldades você pode encontrar se pedir para alunos do 2º ano do ensino fundamental que se sentem em um círculo em ordem alfabética? Como resolver o problema?

5. Como guardar os equipamentos na sala de aula se não tiver muito espaço à disposição?

Referências

FINK, J.; SIEDENTOP, D. The development of routines, rules, and expectations at the start of the school year. *Journal of Teaching in Physical Education*, v. 8, p. 198-212, 1989.

LANIER, J. E.; LITTLE, J. W. Research on teacher education. In: WITTROCK, M. C. (Ed.). *Handbook of research on teaching*. 3rd ed. New York: Macmillan, 1986. p. 527-569.

LORTIE, D. C. *Schoolteacher*. Chicago: University of Chicago Press, 1975.

CAPÍTULO 8

ENSINO EFETIVO

Nas últimas duas décadas, pesquisadores na área da educação realizaram uma série de investigações em que foram descobertos comportamentos de ensino que estão associados com uma maior oportunidade de aprendizagem por parte dos alunos. No Capítulo 7, discutimos estratégias para estruturar o ambiente de aprendizagem de maneiras efetivas. Por exemplo, vimos que é melhor fazer os alunos se sentarem em semicírculo do que deixá-los em pé em locais onde eles podem não ouvir as instruções ou não ver o que se quer demonstrar. Neste capítulo, você vai aprender sobre técnicas pedagógicas adicionais que podem aumentar a oportunidade de os alunos aprenderem enquanto estão envolvidos nas atividades.

Essas técnicas, chamadas de *comportamentos de ensino efetivo*, se baseiam em achados de pesquisas em que os pesquisadores passaram milhares de horas observando os professores estruturando tarefas de aprendizagem enquanto interagiam com os alunos. Com base nessas investigações, é possível passar aos professores informações sobre as maneiras como podem executar suas responsabilidades pedagógicas de modo mais eficaz. Apesar de muitos dos comportamentos abordados neste capítulo serem semelhantes aos comportamentos de ensino efetivo que os professores empregam em sala de aula, muitos são próprios do ambiente da atividade física.

Em alguns casos, os comportamentos de ensino efetivo são relativamente fáceis de implementar e não requerem muita prática. Em outros, são necessárias muitas horas de prática antes que o instrutor se sinta confortável e consiga executá-los. Conforme enfatizado ao longo deste livro, os professores iniciantes às vezes cometem o erro de abandonar estratégias que estão associadas com o ensino efetivo, porque elas não dão certo logo na primeira vez em que são implementadas. Este, contudo, é um grave engano. Antes de abandonar técnicas promissoras, pergunte-se por que um comportamento específico não foi bem-sucedido. Discuta essa estratégia que deu errado com um professor mais experiente, pedindo estratégias específicas que possam melhorar suas chances de sucesso. Lembre-se: até mesmo professores experientes aprendem com os próprios erros. Antes de ler mais, complete o Desafio de raciocínio 8.1.

> **DESAFIO DE RACIOCÍNIO 8.1**
>
> Que comportamentos de ensino você acha que estão associados com o ensino efetivo? Liste ao menos cinco descritores.
> 1.
> 2.
> 3.
> 4.
> 5.

QUAL A DIFERENÇA ENTRE BOM ENSINO E ENSINO EFETIVO?

Quando os estudantes entram para o curso de licenciatura, é comum ouvi-los dizer que escolheram essa profissão porque foram influenciados por um professor particularmente bom. Ao longo das últimas duas décadas, quando pedimos que os alunos definissem um bom professor, eles costumavam utilizar descritores como: gentil, carinhoso, justo, bom ouvinte, enérgico, divertido, bem-humorado, culto, entusiástico, bom modelo, atlético e criativo. No entanto, eles nunca definiram um bom professor como alguém capaz de criar oportunidades que promovessem a aprendizagem.

É possível argumentar que um bom professor tem todas as características listadas anteriormente. Aqueles descritores são o que distingue um bom professor e o faz ser apreciado pelos alunos. Um professor eficaz frequentemente possui as mesmas características que você listou no Desafio de raciocínio 8.1; contudo, ele também emprega comportamentos instrucionais que estão associados com a aprendizagem dos alunos (ver Ponto-chave 8.1). Apesar de haver alguns poucos professores que são naturalmente eficazes, a maioria chega a esse ponto pelas aulas que frequenta, por ler livros, ir a conferências, conversar com colegas, aprender com os erros e praticar a pedagogia diariamente. O propósito deste capítulo é apresentá-lo a diversos comportamentos de ensino que estão relacionados com o ensino efetivo. Além de apresentar as pesquisas básicas que abordam a pedagogia efetiva, tentaremos fornecer exemplos do mundo real sobre como se tornar um professor de sala de aula eficaz que também ensina educação física de maneira competente.

Um professor eficaz pode se dar bem com os alunos e, ainda assim, promover sua aprendizagem.

> **Ponto-chave 8.1**
>
> Ser descrito como bom professor não é sinônimo de ser eficaz.

MANTENDO OS ALUNOS ATIVAMENTE ENGAJADOS

Há muitos comportamentos do professor que correspondem ao ensino efetivo, e um dos que recebeu muita atenção da literatura está relacionado com manter os alunos ativamente envolvidos nas atividades adequadas. Pode parecer óbvio, mas você ficaria surpreso com a quantidade de professores de educação física que não conseguem fazer isso em suas aulas. As crianças passam a maior parte do tempo de aula em filas, esperando a sua vez, ou sentadas no chão ouvindo as instruções. Dada a

Educação física e atividades para o ensino fundamental **127**

epidemia de inatividade e de obesidade que caracteriza a juventude atual, permitir que os alunos permaneçam inativos na educação física é absolutamente indesculpável.

Esperamos que, ao esclarecer a questão do tempo de aula, estimulemos você a seguir o mesmo princípio que orienta os professores de programas de educação física de qualidade. Ou seja, as crianças devem estar ativamente engajadas em atividades físicas de alta e média intensidade por, no mínimo, 50% do tempo de aula (UNITED STATES. DEPARTMENT OF HEALTH AND HUMAN SERVICES, 2000). A seguir abordamos os obstáculos que podem ser encontrados ao tentar manter os alunos ativamente engajados e sobre como é possível superá-los com sucesso.

Restrições de equipamento

Imagine que você está ensinando alunos do 2º ano do ensino fundamental a ler. Como você os envolve na atividade? Como passa instruções? Com base em suas experiências como aluno dos anos iniciais, talvez recorde técnicas que seus professores empregaram. É provável que muitas dessas técnicas tivessem como base práticas efetivas. Imagine, contudo, ensinar uma turma inteira a ler com apenas um livro didático. Seria impossível individualizar as instruções, e os alunos jamais teriam a oportunidade de praticar de maneira independente. Imagine que eles precisassem esperar em uma fila até a sua vez de ler. Como eles não estariam envolvidos, muitos ficariam distraídos e começariam a atrapalhar.

Os professores de educação física às vezes são confrontados com o dilema de não contar com equipamentos adequados à disposição. Eles têm de ensinar a jogar basquete com apenas oito bolas, ginástica com apenas três colchonetes, ou tênis com apenas uma quadra. A literatura indica que muitos professores, particularmente aqueles que atuam em ambientes urbanos, são desafiados pela falta de instalações e por quantidades inadequadas de equipamentos (SIEDENTOP et al., 1994).

Alguns ficam frustrados com esses desafios e decidem abandonar sua profissão (MACDONALD, 1995). Aqueles que permanecem e são reconhecidos como eficazes aprenderam a estruturar o ambiente de modo que todos os alunos possam se envolver em atividades de ensino adequadas.

Considere o professor com apenas um livro didático conforme descrito anteriormente. Se você fosse esse professor, como lidaria com esse desafio? Desistiria e entraria para uma nova profissão, ou tentaria criar um ambiente efetivo de aprendizagem apesar das restrições com as quais estaria trabalhando? Se sua escolha fosse permanecer, como garantir que todos os alunos tivessem a oportunidade de aprender? Um professor proativo levaria os alunos para a biblioteca, pegaria livros emprestados com outros professores, pediria doações de pais e outras escolas, etc. De maneira semelhante, um professor criativo de educação física teria comportamentos parecidos, já que compreenderia que os alunos devem estar envolvidos em alguma atividade para aprender.

Como professor, há uma grande probabilidade de que você terá acesso a equipamentos e instalações limitados para a educação física. Se tivesse uma quantidade limitada à disposição, como estruturaria o ambiente de aprendizagem de modo a manter todos os alunos ativamente engajados? Talvez queira fazer o seguinte:

- Organizar três estações de aprendizagem: seis alunos praticam ginástica (como rolamentos) em três colchonetes disponíveis, 12 fazem exercícios de caminhada com o professor, 12 desenvolvem rotinas fingindo que as linhas no chão são traves de equilíbrio.
- Se você tem acesso limitado ao ginásio ou ao pátio, leve os alunos para uma caminhada rápida.
- Considere criar seus próprios equipamentos caseiros. Peça para os alunos ajudarem na tarefa. Por exemplo, jarras

Um professor eficaz não permite que uma quantidade inadequada de equipamentos interfira na aprendizagem ou na oportunidade de os alunos ficarem ativos.

plásticas de leite cheias de areia podem dar bons cones, que podem ser usados para marcar limites ou servir como as traves do gol. Sacos de feijão podem ser usados para ensinar a arremessar. Suportes de papel-toalha cheios com sacolas plásticas para aumentar a rigidez podem servir como bastões para dar aulas de corrida de revezamento em uma unidade de triátlon.

- Dê ênfase a atividades de média e alta intensidade planejando atividades como pega-pega e dança criativa, que não requerem equipamentos, mas mantêm as crianças em movimento.
- Se você deseja ensinar as crianças a conduzir bolas de basquete, mas tem um número limitado de bolas, use as do recreio. Da mesma forma, use bolas de praia em vez das caras bolas de vôlei.

Variação no nível de habilidade

Você logo irá notar, especialmente quando as crianças avançarem de um ano para o outro, que há uma enorme disparidade de habilidades. Alguns alunos adquirem novas habilidades com muita velocidade, e esperam encontrar desafios difíceis com frequência. Outros têm tão pouca consideração por suas habilidades físicas que desistem antes mesmo de pisar no ginásio. Contudo, a maioria fica na variação intermediária de habilidade. Conforme enfatizado pelo Ponto-chave 8.2, esse acaba sendo, infelizmente, o único nível de desenvolvimento que os professores abordam no currículo. Para alunos de habilidade intermediária, eles podem ir bem nas aulas e receber práticas e atividades adequadas. No entanto, alunos de níveis mais altos ficam entediados, ao passo que os alunos menos habilidosos tornam-se *observadores competentes* (TOUSIGNANT, 1981). Esses são alunos que não atrapalham a aula e que fingem participar das atividades. Você se lembra de fingir participar da aula para que o professor achasse que você estava envolvido com a lição?

Ponto-chave 8.2

Os professores frequentemente focam seus esforços em ensinar os alunos com habilidades intermediárias. As necessidades dos alunos com habilidades mais altas ou mais baixas costumam ser ignoradas.

Dada a dificuldade que os diferentes níveis de habilidades às vezes causam para os professores, não seria surpresa se você também considerasse esse aspecto da aula desafiador. No Capítulo 6, você adquiriu conhecimentos relacionados aos estilos de ensino; e, ao incorporar diversos estilos nas suas aulas, você será capaz de dar conta das necessidades de um número maior de alunos. Além disso, as técnicas a seguir podem ser úteis.

- Permita variações e escolhas entre atividades. Por exemplo, passe atividades mais desafiadoras a alunos muito habilidosos (p. ex., quicar e passar uma bola de basquete para um parceiro enquanto avançam pelo ginásio) e tarefas menos difíceis para os menos habilidosos (p. ex., quicar a bola no lugar ou seguindo caminhos predeterminados). Permita que os alunos escolham a bola com a qual se sentem mais confortáveis para realizar a tarefa.
- Permita que os alunos trabalhem em diferentes estações, escolhendo a tarefa que vão realizar. Em uma estação de arremesso, eles podem escolher entre fazer um (1) arremesso curto contra uma caixa, (2) arremesso longo para um parceiro, (3) arremesso contra um alvo na parede ou (4) jogar e pegar a bola por conta própria. Além disso, eles escolhem o tamanho e a rigidez da bola, e a distância em que vão arremessar.
- Incentive os alunos a escolher uma habilidade com base no seu nível. Em uma unidade de rolamentos, os iniciantes podem praticar rolamentos com o corpo reto, com o corpo encolhido, ou simples rolamentos para a frente. Alunos intermediários podem acrescentar tarefas cada vez mais desafiadoras ao rolamento para a frente, como saltar antes de rolar, por exemplo. Alunos avançados podem ser estimulados e incorporar rolamentos em uma rotina de ginástica que também empregue outras habilidades, como ficar em parada de mãos ou de cabeça.

ESTRUTURANDO O TEMPO DISPONÍVEL DE APRENDIZAGEM

Conforme destacado, um professor eficaz conhece os níveis adequados de atividade para os alunos. Normalmente, as crianças passam a maior parte do tempo esperando ou envolvidas em tarefas instrucionais ou gerenciais, e o papel do professor é envolvê-los em comportamentos que facilite um ambiente efetivo de aprendizagem. Ao passar informações sobre como realizar uma habilidade, o professor se envolve em tarefas instrucionais. Ao distribuir os equipamentos e os alunos em grupos, ele se envolve em tarefas gerenciais. Apesar de cada uma delas ter seu tempo em aula, elas também têm o potencial de criar um ambiente desprovido de aprendizagem.

Tarefas instrucionais

O período de tempo em que um professor passa ensinando as crianças costuma ser chamado de tempo de tarefas instrucionais. Ou seja, os alunos estão adquirindo informações sobre como desempenhar uma habilidade, conhecimento sobre um conceito, ou informações sobre como praticar uma atividade. Em geral, eles sentam-se ou ficam de pé enquanto recebem as instruções, ou envolvidos em uma atividades depois de serem liberados para praticar. Conforme Rink (1994, 2006) explica, os professores devem usar esse tempo para fornecer instruções diretas sobre (a) o estabelecimento da introdução (descrever o que os alunos vão aprender), (b) as condições/procedimentos organizacionais (como se organizar e praticar a atividade de aprendizagem), e (c) o objetivo da prática (comunicar o propósito da tarefa). Se executado adequadamente, os professores explicam de maneira sucinta e podem rapidamente organizar os alunos na aprendizagem. Infelizmente, pesquisas mostram que os professores costumam ter dificuldades para passar orientações claras, e os estudantes passam de 15 a 30% do tempo de aula ouvindo (SIEDENTOP; TANNEHILL, 2000).

As estratégias a seguir podem ajudá-lo a reduzir o tempo instrucional e aumentar a clareza de suas orientações. Ou seja, você irá realizar mais com menos.

- Passe apenas as instruções necessárias para completar a tarefa. Com frequência os professores tentam passar informações sobre cada aspecto da habilidade para os alunos, só que eles só se lembram de uma pequena parte dessa informação. Portanto, concentre-se em passar apenas de um a três pontos essenciais durante as instruções. O que você não puder abordar em um momento, poderá sempre fazê-lo em outro. Por exemplo, ao ensinar os alunos a saltar, enfatize para as crianças do 1º ano que (a) a ordem de movimentos é passo-salto-passo-salto, alternando os pés (demonstre brevemente) e (b) devem evitar entrar em contato com os outros durante a prática. Deixe-os praticar antes de fornecer informações desnecessárias.
- Consistente com o ponto anterior, é melhor ter diversos pequenos intervalos de instrução em vez de um longo período.
- Use uma técnica que Graham, Holt/Hale e Parker (2004) chamam de *verificações de compreensão*. Faça perguntas simples para determinar se os alunos compreendem questões específicas da instrução. Por exemplo, o professor pode perguntar: "Que parte da mão é usada para quicar a bola de basquete?". Se os alunos responderem: "As pontas dos dedos", ele vai saber que os alunos compreenderam corretamente o conteúdo. Se alguns parecerem confusos e outros disserem: "A palma", o professor vai saber que eles ainda não compreenderam o conceito adequadamente. Nesse caso, é necessário passar mais instruções.
- Evite fazer perguntas gerais como: "Alguém quer fazer um comentário ou tem uma pergunta?". Ao trabalhar com crianças dos anos iniciais, esse tipo de pergunta só as estimula a pensar em algo para dizer apenas porque querem contribuir. Em vez disso, coloque os alunos em atividade o quanto antes. Logo você irá perceber se compreenderam as orientações ou se são necessários mais esclarecimentos.
- Durante a atividade, o professor pode fornecer instruções adicionais para alunos específicos. Assim, ele conseguirá individualizar orientações que não seriam relevantes para os outros, além de

Os alunos só conseguem aprender uma habilidade se tiverem a oportunidade de praticá-la.

ganhar tempo no longo prazo. Complete o Desafio de raciocínio 8.2.

DESAFIO DE RACIOCÍNIO 8.2

Além das estratégias listadas, pense em mais três que podem ser implementadas para aumentar sua clareza ao mesmo tempo em que poupam tempo de aula. Quanto tempo cada uma economizaria?
1.
2.
3.

Tarefas gerenciais

Além de passar informações claras, os professores são responsáveis por administrar e estruturar o ambiente de forma que propicie a aprendizagem. As tarefas gerenciais pelas quais eles são responsáveis incluem agrupar os alunos, distribuir o equipamento, passar de uma atividade para a outra e administrar o comportamento das crianças. Apesar de esses comportamentos parecerem, à primeira vista, fáceis de executar, na realidade eles requerem centenas de horas de prática para refinar.

As tarefas gerenciais são parte das obrigações no ginásio: elas não podem ser eliminadas ou ignoradas. Contudo, podem ser praticadas e refinadas. Os professores eficazes reconhecem que, em média, os alunos passam de 20 a 25% da aula envolvidos nesse tipo de tarefa, e até 50 a 70% nas aulas mais improdutivas. Os professores que se preocupam com a aprendizagem tentam reduzir o tempo gerencial a não mais de 5 a 10% da aula (Siedentop; Tannehill, 2000).

Agrupamento dos alunos

Uma grande parte do tempo de aula na educação física é tradicionalmente voltado ao agrupamento dos alunos em equipes ou com um parceiro. É claro, pode-se dizer que isso consome muito tempo de aula e tira muitas horas de prática das crianças. Por isso, o Capítulo 9 aborda formas para minimizar o tempo gasto nessa atividade.

Quadro 8.1

O tempo de aula pode ser diagramado de acordo com os gráficos abaixo, dividido pelos professores conforme suas prioridades e seu conhecimento em relação à forma de usar o tempo com maior eficácia. Uma aula tradicional, com um professor bem-intencionado, mas desinformado, pode se assemelhar ao gráfico à esquerda, enquanto um ambiente efetivo é caracterizado como o gráfico à direita.

Fonte: As autoras.

Distribuição de equipamentos

Outra tarefa gerencial que consome tempo desnecessariamente é a distribuição de equipamentos. De novo, o Capítulo 9 irá fornecer estratégias para reduzir o tempo consumido nessa área. No entanto, se a lição requisitar o uso de equipamentos, uma parte da aula terá de ser voltada à sua distribuição de maneira eficiente. Quando o professor tiver adquirido diferentes estratégias para distribuir os equipamentos, o tempo gasto nessa atividade será reduzido.

Transição

Professores hábeis desenvolveram formas de passar rapidamente de uma atividade para a outra. Uma estratégia sobre a qual falamos no capítulo anterior envolve pedir para os alunos sentarem em círculo ou em semicírculo durante as orientações. Se for necessário passar instruções durante a aula, desenvolver a rotina de sentar em um semicírculo pode poupar tempo (que, de outro modo, seria gasto tentando passar instruções a alunos que estariam espalhados por toda a área sem conseguir ouvir).

Administração de comportamentos

A estratégia mais importante para poupar tempo está relacionada com apresentar os protocolos aos alunos. Ao envolver os alunos em rotinas e cumprir regras de modo consistente, será possível economizar inúmeras horas de aula. Quando os alunos compreendem as expectativas do ambiente de aprendizagem e as consequências de não cumpri-las, fica reduzido o potencial de má conduta.

Envolvimento

O terceiro componente do tempo está relacionado com a parte da aula voltada a envolver os alunos em tarefas práticas. Antes da década de 1970, havia poucas informações que descreviam como os professores de educação física usavam seu tempo, mas, com o advento de um instrumento para medição do tempo, o Active Learning Time – Physical Education (ALT-PE), os professores conseguiram entender melhor como se gastava o tempo no ginásio. Uma série de estudos, inicialmente realizados pela Ohio State University (METZLER, 1979; SIEDENTOP; BIRDWELL; METZLER, 1979), e, posteriormente, por pesquisadores de todo o país, resultou em um aumento tão grande da consciência do tempo de aprendizagem que os professores eficazes não puderam mais ignorar os alunos que não estavam envolvidos. O que pode parecer bom senso – que os alunos devem estar ativos para aprender – não costumava ser uma grande preocupação para os professores. Tanto os pesquisadores de educação física quanto os de educação geral estavam começando a entender a importância de como gastar o tempo de aula.

PRÁTICA ADEQUADA

Por muitos anos, presumiu-se que, se os alunos estivessem envolvidos em uma atividade, eles aprenderiam. Contudo, ficou evidente que algumas crianças, mesmo com muito tempo de envolvimento, não adquiriam as habilidades ensinadas. Esse reconhecimento levou à percepção de que, para aprenderem, elas devem estar envolvidas na prática adequada (SILVERMAN, 1985). Faz sentido que, para os alunos aprenderem a somar, eles precisam praticar essa habilidade de forma adequada. Independentemente da quantidade de horas de prática, eles não vão acertar a soma a menos que saibam que é necessário somar a dezena à próxima coluna. A mesma regra se aplica à educação física. Complete o Desafio de raciocínio 8.3.

DESAFIO DE RACIOCÍNIO 8.3

Se a realização dos alunos está relacionada com a prática adequada, como você explicaria o sucesso de um indivíduo como Tiger Woods, que pode jogar golfe usando uma técnica que os especialistas não consideram inteiramente correta? Há ocasiões em que exceções à regra da prática adequada existem? Isso significa que a regra deve ser ignorada? Durante sua próxima aula, pergunte a opinião do seu orientador.

Se você precisar dar aulas de educação física e houver atividades que não se considera qualificado para ensinar, seria muito melhor se focar no que você faz bem e deixar conteúdos desconhecidos para os outros. Apesar de essa situação não ser ideal, acreditamos que é muito melhor do que ensinar técnicas incorretas – que se tornam cada vez mais difíceis de modificar conforme os alunos vão crescendo. Há conteúdo mais do que o suficiente de educação física que pode ser desenvolvido ao longo de um ano – mesmo que o seu currículo consista quase exclusivamente em caminhadas rápidas, jogos de pega-pega e práticas em tarefas básicas.

Além disso, esperamos que você siga a regra geral que os professores de educação física tentam seguir. Qual seja, fornecer oportunidades por meio das quais os alunos obtenham sucesso em 80% de suas tentativas. Apesar de haver situações em que essa expectativa é irreal, tais como lances livres no basquete (que até mesmo jogadores profissionais não conseguem executar com 80% de acerto), a maioria das atividades que você desenvolver devem ser individualizadas de modo que todos os alunos obtenham um alto grau de sucesso.

INFLUÊNCIA DOS ALUNOS NO TEMPO DE ENVOLVIMENTO

Apesar de a maioria dos professores acreditar que controlam o ambiente de aprendizagem, são os alunos que costumam determinar como esse tempo é gasto. O sistema social dos alunos é um poderoso mecanismo que influencia quanto tempo as crianças se envolvem adequadamente em uma atividade.

Sistema social dos alunos

Os sistemas de tarefas instrucionais e gerenciais foram apresentados por Doyle (1979, 1981) por volta da mesma época em que o ALT-PE (instrumento para medição de tempo) ganhava proeminência. Um terceiro sistema de tarefas, o social dos alunos, tornou-se evidente durante o estudo de Allen (1986)

sobre a sala de aula, em que ele observou o grau em que os alunos buscam os próprios objetivos quando se espera que eles estejam envolvidos. Na educação física, Siedentop e Tannehill (2000) comentam sobre o grau em que o sistema social dos alunos pode subjugar o sistema de tarefas instrucionais. Ou seja, os alunos podem se envolver de tal forma na socialização que eles param de se envolver nas atividades de aula. Você mesmo deve se lembrar de quando se envolveu no sistema social dos alunos. Lembra-se de quando deveria treinar vôlei com um colega ou desenvolver uma rotina de dança criativa com os amigos? Deve ter havido muitas ocasiões em que você parou de praticar e alterou a atividade ou começou a conversar. Apesar de, por vezes, ser melhor ignorar aqueles comportamentos que não atrapalham muito a aula, é necessário lidar com aqueles que atrapalhem a aprendizagem.

Como professor, você conhecerá os alunos da sua turma que podem perturbar mais a aula. Conforme enfatizado pelo Ponto-chave 8.3, contudo, a área menos restrita do ginásio ou do pátio pode dificultar um pouco mais o controle do sistema social dos alunos do que a área mais restrita da sala de aula. Quando os alunos começam a comportar-se de forma que atrapalhe a aprendizagem dos colegas ou que crie um ambiente inseguro, é responsabilidade do professor intervir imediatamente.

> **Ponto-chave 8.3**
>
> Sem supervisão contínua, os alunos começam a modificar as tarefas e, até, a perturbar a aula. Isso é especialmente verdadeiro em ambientes menos restritos em que ocorre a atividade física. Por isso, é muito importante supervisionar em todos os momentos. Lembre-se de que perturbações na aula podem ser acarretadas por um professor ineficaz ou relapso.

Monitoramento

Observar atentamente enquanto os alunos realizam tarefas instrucionais é um comportamento essencial por parte do professor de educação física. Pesquisas mostram que os professores que monitoram atentamente reduzem muito as chances de os aspectos mais nocivos do sistema social dos alunos surgirem (HASTIE; SAUNDERS, 1990). Portanto, cabe ao professor supervisionar todos os aspectos da aula de educação física. Ao monitorar, os professores têm a oportunidade de fornecer *feedback* individual e determinar se os alunos estão aprendendo bem as habilidades apresentadas na lição, além de ser uma oportunidade de determinar se os alunos têm o espaço de que necessitam para praticá-las.

Negociação

Outro comportamento dos alunos que tem o potencial de reduzir a aprendizagem é a negociação do sistema de tarefas. Esse comportamento é descrito como

> [...] qualquer tentativa de os alunos trocarem de tarefa, mudarem as condições em que elas são realizadas, ou modificarem os padrões de desempenho usados para julgar como a tarefa foi realizada. (SIEDENTOP; TANNEHILL, 2000, p. 47).

Alunos que são cuidadosamente supervisionados apresentam menor tendência a desviar-se das tarefas e a atrapalhar a aula.

Em alguns casos, os alunos negociam tarefas porque estão entediados com a atividade e desejam fazer algo mais desafiador. Por exemplo, um aluno que faça parte da equipe de futebol pode não se sentir desafiado apenas tendo de passar a bola de leve para um colega. Ele pode modificar a tarefa ficando mais longe e chutando a bola com muito mais força. O professor pode optar por modificar a tarefa para dar conta das necessidades de um aluno específico, ou, se acreditar que o aluno está chutando a bola com mais força do que o necessário só para atrapalhar, pode intervir para dar fim a esse comportamento. Independentemente das intenções dos alunos ao negociar as tarefas, é responsabilidade do professor determinar quando a negociação é apropriada e quando é inadequada e apenas atrapalha.

ASSUMINDO COMPORTAMENTOS PESSOAIS EFETIVOS

Além de criar oportunidades para os alunos se envolverem, entenderem de forma clara as instruções e serem adequadamente desafiados, o professor eficaz é capaz de empregar comportamentos que também têm o potencial de influenciar a aprendizagem, que variam desde demonstrar entusiasmo com a aula até posicionar os alunos apropriadamente e demonstrar atenção a todos os detalhes da aula.

Entusiasmo

Apesar das poucas evidências sobre a correlação entre entusiasmo e aprendizagem dos alunos, tendo sido inclusive coletadas em estudos conduzidos há mais de duas décadas (CARLISLE; PHILLIPS, 1984; ROLIDER; SIEDENTOP; VAN HOUTEN, 1984), o bom senso afirma que professores entusiásticos e ativos passam uma vibração contagiante. Como você pode lembrar, a aprendizagem é menos empolgante quando o professor é chato e indiferente do que quando é vibrante e ativo. Estudantes com professores desinteressados podem questionar a relevância da disciplina e apresentar maior dificuldade de se empolgar com o que estão aprendendo. Se queremos convencer os alunos de que a atividade física é importante para a vida, devemos demonstrar um entusiasmo que os atraia em vez de afastá-los dela.

Como professor que pode ter sido designado para dar aulas de educação física, esperamos que você consiga transmitir entusiasmo aos seus alunos. Se você nunca foi apaixonado por esportes, isso pode ser difícil; portanto, o incentivamos a avaliar as atividades de que gosta (caminhar, andar de bicicleta, *hiking*, ioga) para envolver seus alunos e passar empolgação.

Posicionamento

Os professores eficazes entendem claramente que o posicionamento é um comportamento básico associado com boas instruções. Considere o exemplo do professor de sala de aula que tem o hábito de ficar na frente do projetor, causando dificuldades para os alunos enxergarem a tela. Parece incrível, mas esse não é um comportamento incomum – ele pode ser visto tanto em aulas de ensino fundamental quanto em professores universitários. No nível mais elementar, isso demonstra falta de consciência acerca do ambiente de aprendizagem.

No ambiente de educação física, Graham Holt/Hale e Parker (2004) recomendam uma estratégia chamada de *costas para a parede*. Essa técnica exige que o professor mova-se ao longo da área de aprendizagem sem dar as costas aos alunos, o que, além de passar a mensagem de que ele não irá permitir que as crianças se desviem da tarefa, também promove mais segurança. Além disso, o professor consegue observar o progresso individual de todos os alunos, identificando se a tarefa é muito simples ou se está muito difícil. A única hora em que você precisa dar as costas aos alunos é durante uma demonstração, para que os alunos possam ver por trás como realizar a atividade.

Atenção total

Esse ponto refere-se aos professores cujos alunos os consideram conscientes e perceptivos. Eles são muito atentos e respondem às situações rápida e adequadamente. Inicialmente usada como um descritor para professores perceptivos (KOUNIN, 1970), essa característica tem sido cada vez mais associada com os de educação física eficazes que contam com maior atenção por parte dos alunos (JOHNSON, 1995). De novo, pense nos professores que não davam espaço para interrupções em suas aulas em contraposição àqueles cujas turmas eram consideradas caóticas. É provável que aqueles com as salas de aula mais concentradas estivessem muito atentos a tudo o que se passava.

FORNECENDO *FEEDBACK* EFETIVO

Apesar de a literatura de pesquisas não ser clara quanto à efetividade do *feedback* do professor na educação física (GRABER, 2001), a maioria dos educadores acredita que fornecer *feedback* adequado é de extrema importância para melhorar as habilidades dos alunos (GRAHAM, 2001) Há muitos tipos de *feedback* que podem ser empregados, sendo alguns mais úteis do que os outros. Por exemplo, o *feedback* pode ser positivo ou negativo, geral ou específico, coerente ou não coerente. Em muitos casos, acaba sendo uma combinação de duas dessas características.

Feedback positivo

Afirmações do professor sobre o comportamento ou o desempenho de um aluno, tais como "bom trabalho" ou "bom arremesso", descrevem o *feedback* positivo. Por algum motivo, talvez para incentivar os alunos, os professores de educação física dão *feedback* positivo mesmo que o seu desempenho não mereça esse tipo de elogio. Por exemplo, não é comum ver um professor gritar "bom trabalho" para um aluno que corre para realizar uma manchete no vôlei, mas acaba mandando a bola no teto. Apesar de ser importante apoiar os alunos, isso só deve ser feito para desempenhos que mereçam. Do contrário, ele tende a perder seu valor. Em vez de dizer "bom trabalho" quando a bola acertar o teto, diga: "Valeu por tentar pegar a bola antes de bater no chão".

Feedback negativo

Frases como "que coisa horrível" ou "que voleio horroroso" referem-se a formas negativas de *feedback*. Com relação ao desempenho, seria inadequado dar *feedback* negativo, visto que pode ser nocivo à autoestima da criança. Em vez disso, quando o aluno errar uma recepção, diga: "Da próxima vez, lembre-se de manter os olhos na bola". Em termos de comportamento, simplesmente diga: "Esse é o seu primeiro aviso; por favor, não chute mais a bola de vôlei".

Feedback geral

Essa forma de *feedback* descreve alguns dos exemplos dados anteriormente, como "bom trabalho". Ele costuma ser tão geral que não dá nenhuma informação significativa sobre o comportamento ou o desempenho dos alunos.

Feedback específico

Quando os professores abordam componentes específicos do comportamento ou do desempenho de um aluno, ele estará recebendo *feedback* específico. A frase: "João, você apontou os pés na direção certa quando fez o rolamento", ou: "Karen, você precisa ouvir as instruções, porque pedi para usar uma bola de futebol, e não de vôlei", são exemplos de *feedback* específico. No caso da primeira frase, trata-se de uma frase específica e positiva. No caso da segunda, trata-se de uma frase específica e negativa. A seguir constam *feedbacks* específicos que podem ser úteis para os alunos.

- "Erica, você está chutando a bola com muita força. Lembre-se de só dar uma batida ou de empurrar a bola para a frente".
- "Karen, mantenha a altura da bola abaixo dos joelhos quando chutar. Como você está chutando é perigoso, e, se continuar chutando assim, vou ter de colocar você de castigo".
- "Gostei muito de ver como a turma voltou e formou o círculo rápido quando chamei. Obrigado. Poupamos muito tempo assim".
- "Tiago, lembre-se de olhar para a frente quando quicar a bola. Se você olhar para baixo, não vai conseguir ver para onde está indo ou para quem passar a bola".
- "Camila, não se esqueça de baixar o queixo quando estiver fazendo o rolamento. Tente fingir que o seu queixo está grudado no pescoço".

O *feedback* é um importante componente do ensino efetivo, mas às vezes é difícil determinar quando passar aos alunos. Por exemplo, quando estiverem aprendendo uma habilidade nova, eles irão fracassar algumas vezes, e isso faz parte do ciclo de aprendizagem, portanto é inadequado fornecer *feedback* após cada tentativa sem sucesso. Contudo, há um momento em que o professor precisa intervir para que a criança não aprenda a técnica de maneira inadequada ou se sinta desestimulada e desista. Com a prática, você irá aprender quando é o melhor momento para fornecer *feedback* ao aluno para que ele progrida. Tente completar as atividades do Quadro 8.2.

Feedback coerente

Os educadores acreditam que o *feedback* coerente é a forma mais significativa de aprimorar o desempenho dos alunos, pois aborda apenas os componentes da habilidade ou do comportamento enfatizados (GRAHAM, 2001). Se, por exemplo, o professor falou, durante

Educação física e atividades para o ensino fundamental **137**

Quadro 8.2

Leia cada afirmativa de *feedback* e caracterize-a usando o código a seguir (há muitas situações em que dois tipos de *feedback* são dados em uma afirmativa):

P = POSITIVO   **N = NEGATIVO**

G = GERAL   **E = ESPECÍFICO**

1. Lembre-se de olhar a bola quando fizer contato com a raquete _____
2. Isso não está muito bom _____
3. Ótima tentativa _____
4. Tente parar de arremessar com tanta força _____

5. Gostei de como você está posicionando os pés _____
6. Isso mesmo. Estique bem os braços _____
7. Legal essa dança. Bem criativa _____
8. Lembre-se de girar o tronco _____
9. Isso, continue olhando para o alvo _____
10. Passo, pulo, passo, pulo _____
11. Você é uma estrela _____
12. Não pare. Continue. Você consegue _____
13. Seu comportamento está atrapalhando os colegas _____
14. Não se esqueça de usar os braços _____
15. Na próxima vez, você vai conseguir fazer direito _____

Fonte: As autoras.

as instruções, para quicarem a bola usando a ponta dos dedos, os *feedbacks* subsequentes devem abordar essa questão. O professor diz: "Helena, lembre-se de usar a ponta dos dedos, e não a palma da mão". *Feedback* não coerente seria uma afirmação como: "Helena, olhe para a frente". Se o professor está focado no movimento final do arremesso, então o *feedback* deve enfatizar esse elemento da habilidade, e não se o aluno está olhando para a bola. Se o foco da lição se dá em alongar bem os braços e as pernas durante uma rotina de dança criativa, o *feedback* deve ser específico a esse elemento da rotina, e não se o aluno está flexionando os joelhos. Tente completar a atividade descrita no Quadro 8.3.

Quadro 8.3

Observe um(a) professor(a) por aproximadamente 10 minutos, usando os códigos a seguir para registrar o tipo de *feedback* que ele(a) está fornecendo (pode haver instâncias em que os professores combinem duas formas de *feedback*). Use um asterisco para designar se o *feedback* é coerente. Que porcentagem das afirmativas é positiva, negativa, geral ou específica? Que porcentagem é coerente?

P = POSITIVO   **N = NEGATIVO**

G = GERAL   **E = ESPECÍFICO**

1.
2.
3.
4.
5.

6.
7.
8.
9.
10.
11.
12.
13.
14.
15.
16.
17.
18.
19.
20.

Avaliação: Como você avaliaria o professor observado em relação à frequência e ao tipo de *feedback* que ele forneceu?

Fonte: As autoras.

Resumo

O objetivo deste capítulo foi apresentá-lo aos comportamentos associados com o ensino efetivo. Esperamos que você comece a diferenciar os professores considerados bons, ou caracterizados como populares, daqueles que são eficazes, que se distinguem por manter os alunos ativamente engajados nas tarefas de aprendizagem adequadas na maior parte da aula. Eles passam orientações rápidas, distribuem os equipamentos de maneira eficiente e passam de uma atividade para a outra sem demora. Eles entendem que as crianças apresentam uma tendência à socialização durante a prática e respondem monitorando-os cuidadosamente, utilizando técnicas variadas, como ficar de costas para a parede. Eles sentem entusiasmo pela disciplina que ensinam e demonstram conhecimento de tudo o que acontece em sala de aula respondendo a todas as situações de forma rápida e eficiente. Eles compreendem as necessidades individuais dos alunos e fornecem *feedback* de acordo, utilizando frases específicas que são coerentes com a matéria recém-ensinada. Mas, ainda mais importante, os alunos aprendem com as suas aulas.

Agora que você foi apresentado aos comportamentos de ensino efetivo, é improvável que consiga observar um professor sem considerar o grau em que ele está envolvido com técnicas efetivas. Não importa se você está dando aulas de matemática em sala de aula ou de dança no ginásio, nós o estimulamos a ser o professor eficaz que sabemos que você pode ser. (Ver o quadro a seguir para saber o que fazer e o que não fazer.)

Lista do que fazer e do que não fazer

Fazer	Não fazer
☐ Praticar comportamentos associados com o ensino efetivo.	☐ Achar que, por ser um professor popular, você também é eficaz.
☐ Manter as instruções e as tarefas gerenciais em um mínimo.	☐ Fornecer instruções sobre cada aspecto da habilidade de uma única vez.
☐ Fornecer oportunidades adequadas para os alunos praticarem uma habilidade	☐ Presumir que, como os alunos estão envolvidos, eles também estão aprendendo a habilidade.
☐ Monitorar a turma de perto para identificar se há alunos ociosos.	☐ Abordar cada aluno que se desviou da atividade sem tentar entender por que isso está acontecendo.
☐ Demonstrar entusiasmo.	☐ Realizar atividades adequadamente desafiadoras com o intuito de impedir que o sistema social dos alunos ou a negociação de tarefas surjam em aula.
☐ Estar atento a tudo o que acontece em aula.	
☐ Fornecer *feedback* coerente de maneira regular.	☐ Esperar que os alunos reconheçam seus próprios erros.

Atividades de revisão

1. É possível ser um bom professor sem criar oportunidades para a aprendizagem dos alunos? Você pode ser um bom professor sem ser considerado bom pelos alunos? Defenda sua posição nessas questões.

2. Se você só tiver acesso a seis bolas, discuta como manter todos os alunos ativamente engajados por três dias em aulas adequadas ao seu nível de desenvolvimento. Defina seus objetivos e descreva suas atividades de aprendizagem.

3. Lembre-se dos comportamentos de um professor de educação física que você considerava eficaz. Descreva uma aula típica. Quanto de atividades físicas de média e alta intensidade você recebeu?

4. Que tipos de comportamentos do sistema social dos alunos você pode esperar de estudantes de 5º ano? E dos alunos da educação infantil?

5. Liste cinco comportamentos que você associa com o ensino efetivo e defina por que elegeu cada um.

Referências

ALLEN, J. D. Classroom management: students' perspectives, goals, and strategies. *American Educational Research Journal*, v. 23, p. 437-459, 1986.

CARLISLE, C.; PHILLIPS, D. A. The effects of enthusiasm training on selected teacher and student behaviors in preservice physical education teachers. *Journal of Teaching in Physical Education*, v. 4, p. 64-75, 1984.

DOYLE, W. Classroom tasks and students' abilities. In: PETERSON, P. L.; WALBERG, H. J. (Ed.). *Research on teaching*: concepts, findings and implications. Berkeley: McCutchan, 1979. p. 183-209.

DOYLE, W. Research on classroom contexts. *Journal of Teacher Education*, v. 32, n. 6, p. 3-6, 1981.

GRABER, K. C. Research on teaching in physical education. In: RICHARDSON, V. (Ed.). *Handbook of research on teaching*. 4th ed. Washington: American Educational Research Association, 2001. p. 491-519.

GRAHAM, G. *Teaching children physical education*. 2nd ed. Champaign: Human Kinetics, 2001.

GRAHAM, G.; HOLT/HALE, S. A.; PARKER, M. *Children moving*. 4th ed. Boston: McGraw Hill, 2004.

HASTIE, P. A.; SAUNDERS, J. E. A case study of monitoring in secondary school physical education classes. *Journal of Classroom Interaction*, v. 25, n. 1-2, p. 47-54, 1990.

JOHNSON, B. D. Withitness: real or fictional? *The Physical Educator*, v. 52, p. 22-28, 1995.

KOUNIN, J. S. *Discipline and group management in classrooms*. New York: Holt; Rinehart and Winston, 1970.

MACDONALD, D. The role of proletarianization in physical education teacher attrition. *Research Quarterly for Exercise and Sport*, v. 66, p. 129-141, 1995.

METZLER, M. W. The measurement of academic learning time in physical education. Columbus: The Ohio State University, 1979.

RINK, J. E. Task presentation in pedagogy. *Quest*, v. 46, p. 270-280, 1994.

RINK, J. E. *Teaching physical education for learning*. 5th ed. Boston: McGraw Hill, 2006.

ROLIDER, A.; SIEDENTOP, D.; VAN HOUTEN, R. Effects of enthusiasm training on subsequent teacher enthusiastic behavior. *Journal of Teaching in Physical Education*, v. 3, n. 2, p. 47-59, 1984.

SIEDENTOP, D. et al. Don't sweat gym: an analysis of curriculum and instruction. *Journal of Teaching in Physical Education*, v. 13, p. 375-394, 1994.

SIEDENTOP, D.; BIRDWELL, D.; METZLER, M. A process approach to measuring teaching effectiveness in physical education. In: ENCONTRO ANUAL DA AMERICAN ALLIANCE OF HEALTH, PHYSICAL EDUCATION, RECREATION AND DANCE, 1979. *Anais...* New Orleans: [s.n.], 1979.

SIEDENTOP, D.; TANNEHILL, D. *Developing teaching skills in physical education*. 4th ed. Mountain View: Mayfield, 2000.

SILVERMAN, S. Relationship of engagement and practice trials to student achievement. *Journal of Teaching in Physical Education*, v. 5, p. 13-21, 1985.

TOUSIGNANT, M. *A qualitative analysis of task structures in required physical education*. Columbus: The Ohio State University, 1981.

UNITED STATES. DEPARTMENT OF HEALTH AND HUMAN SERVICES. *School health index for physical activity and healthy eating*: a self-assessment planning guide for elementary school. Atlanta: Centers for Disease Control, 2000.

CAPÍTULO 9

ORGANIZAÇÃO E ADMINISTRAÇÃO DA AULA

Aprender a organizar e administrar a sala de aula efetivamente é uma habilidade essencial para professores que querem promover máxima aprendizagem e grandes quantidades de envolvimento. Até o momento, vimos que ensinar rotinas organizacionais para os alunos e estruturar cuidadosamente a aprendizagem pode influenciar positivamente o que você é capaz de realizar enquanto professor e o que os alunos, por fim, aprenderão com as suas aulas. O objetivo deste capítulo é acrescentar ao que foi visto sobre a criação de um ambiente efetivo de aprendizagem. Especificamente, você vai adquirir conhecimentos adicionais sobre como maximizar o tempo de aula e minimizar o tempo gasto organizando e administrando a turma. Além disso, veremos como estabelecer um ambiente de aprendizagem seguro.

Conforme visto no Capítulo 8, os alunos de educação física passam o tempo envolvidos em uma de quatro atividades principais (SIEDENTOP; TANNEHILL, 2000). Primeiro, uma parte do tempo é gasta esperando. Em geral, isso envolve esperar sua vez na fila, embora também possa envolver esperar pela atenção do professor ou para receber orientações. Segundo, seu tempo é gasto em atividades gerenciais, como determinar as equipes, escolher os capitães, pegar os equipamentos e passar de uma atividade para a outra. Terceiro, eles gastam um pouco de tempo nas instruções, quando recebem orientações quanto à habilidade que estão aprendendo e à tarefa que irão realizar. Por fim, gastam tempo envolvidos na atividade física, sendo que o ideal é que eles passem a maior parte do tempo focados nessa última categoria. Esperamos que este capítulo acerca da organização da aula dê informações sobre como eliminar o tempo de espera, minimizar o tempo de organização e maximizar o tempo de envolvimento.

GERENCIAMENTO DO TEMPO

No Capítulo 2, vimos que o tempo reservado para as instruções na educação física é limitado. Apesar de a National Association for Sport and Physical Education (NATIONAL ASSOCIATION FOR SPORT AND PHYSICAL EDUCATION; AMERICAN HEART ASSOCIATION, 2010) e de agências do governo (CENTERS FOR DISEASE CONTROL AND PREVENTION, 1997) defenderem que os alunos dos anos iniciais devem receber pelo menos 150 minutos de educação física por semana (ver Ponto-chave 9.1), a realidade é que as crianças da maioria das escolas recebem consideravelmente menos tempo de aula.

> **Ponto-chave 9.1**
>
> Agências profissionais e organizacionais recomendam que crianças dos anos iniciais do ensino fundamental recebam educação física por, pelo menos, 150 minutos por semana.

Se você tem sorte o bastante para ter tempo especificamente reservado para aulas de educação física, deve aproveitar o máximo de cada minuto à disposição. Por exemplo, se a sua escola que oferece 30 minutos de educação física duas vezes por semana, isso dá apenas 33 horas de aula disponíveis por ano. Apesar de não haver muita margem de manobra para o caso de perder tempo, é possível desenvolver estratégias para maximizar essa pequena quantidade de tempo disponível.

Professores atenciosos de educação física e de sala de aula podem envolver facilmente as crianças dos anos iniciais pela maior parte do período planejando com antecedência e meticulosidade como aproveitar o tempo. Se você está motivado a organizar bem o tempo, acreditamos que praticar e implementar algumas estratégias apresentadas neste capítulo podem ajudá-lo a maximizar o tempo de envolvimento dos alunos na educação física ao organizar efetivamente o ambiente de aprendizagem.

ORGANIZANDO A AULA AGRUPANDO OS ALUNOS

Do que você se lembra quando foi atribuído a uma dupla, pequeno grupo ou equipe? Com base em nossas próprias memórias, lembramos que podíamos decidir com quem queríamos formar grupos. Apesar de a seleção de duplas e de pequenos grupos costumar ser uma atividade rápida e relativamente inofensiva, escolher equipes era muito mais complicado e geralmente resultava em mágoas. Lembramo-nos de ter tido professores que designavam dois capitães, que eram responsáveis pelo revezamento na escolha de alunos para suas equipes. Aqueles que fossem muito habilidosos ou muito próximos dos capitães eram sempre escolhidos primeiro. Aqueles com habilidade moderada ou que eram conhecidos dos capitães eram os próximos. Por fim, os alunos com baixa habilidade e que não eram populares ficavam sempre por último.

Esse exemplo pode parecer antiquado se comparado aos padrões educacionais de hoje, mas, quando estávamos no ensino fundamental, essa era a estratégia mais usada pelos professores para selecionar equipes. Contudo, imagine o número de regras de pedagogia efetiva que foram quebradas por essa prática e quanto tempo de aula foi desnecessariamente perdido. Conforme enfatizado pelo Ponto-chave 9.2, não desperdice tempo de aula em questões relativamente sem importância, como escolher as equipes.

> **Ponto-chave 9.2**
>
> Maximize o tempo de aula pensando com antecedência sobre como você irá escolher as equipes e agrupar os alunos.

Os professores eficazes são conscientes sobre a forma como o tempo é gasto.

Quando passar do estágio em que os alunos trabalham por conta própria para o que eles trabalham com os outros, sugerimos que você comece gradualmente. Comece apresentando o conceito de cooperação fazendo os alunos trabalharem em duplas. Quando eles tiverem compreendido como trabalhar com outra pessoa efetivamente, distribua-os em grupos pequenos, com os quais eles devem interagir, compartilhar e cooperar. Por fim, você pode colocá-los em grupos maiores ou em equipes que necessitem de habilidades sociais mais avançadas. A seguir constam alguns exemplos de como organizar de maneira efetiva os alunos em duplas, pequenos grupos e equipes.

Duplas

Escolher duplas é uma estratégia pedagógica relativamente fácil de aprender. Professores atenciosos podem escolher duplas de forma rápida e com relativa facilidade. Muitas dessas estratégias podem ser usadas ao pedir para os alunos trabalharem em trios. Na verdade, haverá momentos em que um aluno ficará sem parceiro, sendo que o professor pode rapidamente colocá-lo em uma dupla, formando um trio. Às vezes os professores assumem o papel de dupla quando uma criança fica sem ninguém com quem trabalhar, mas essa estratégia impede o professor de passar *feedback* a outros alunos e não se configura como bom uso do seu tempo.

Proximidade

Envolve pedir para os alunos formarem duplas com quem estiver mais próximo.

Mesmo tamanho

Essa estratégia requer que os alunos localizem um indivíduo de tamanho aproximado para formar uma dupla.

Autoescolha

Às vezes, os professores podem permitir que os alunos escolham a própria dupla. No en-tanto, essa técnica só deve ser usada se os amigos conseguirem trabalhar juntos sem atrapalhar a aula.

Atribuição de duplas

Em alguns casos, o professor pode planejar com antecedência quem serão as duplas, optando até por mantê-las por determinado período de tempo (p. ex., semana ou unidade do conteúdo).

Pequenos grupos

Estratégias semelhantes às utilizadas para formar duplas também são adequadas para formar pequenos grupos. Técnicas adicionais são sugeridas a seguir.

Proximidade entre duplas

Essa estratégia requer que um aluno forme dupla com o colega mais próximo, e que essa dupla junte-se a outra que esteja perto.

Baralho de cartas

Cada aluno recebe uma carta de um baralho. Os alunos com a mesma carta formam um grupo com quatro membros. Por exemplo, os alunos com a carta "10" formariam um grupo, assim como os que tivessem a carta "valete". Lembre-se de que há 52 cartas em um baralho, portanto, algumas cartas (como as figuras) podem ter de ser retiradas do baralho antes de ser distribuído. Do contrário, haveria mais cartas do que alunos. Os professores também podem manipular o baralho para que ele inclua apenas três cartas de determinado valor se o objetivo for fazê-los trabalhar em trios. De forma semelhante, os professores podem usar os naipes para dividir os alunos em equipes.

Grupos

Dependendo do tamanho da turma, os professores podem atribuir os alunos a equipes semipermanentes. Essas equipes acabam virando um mecanismo útil, pois não precisarão gastar tempo durante a aula para agrupar os alunos. A composição das equipes deve ser considerada antes da aula, para que sejam equilibradas em habilidade e gênero. Como os grupos pequenos, as equipes podem trabalhar em conjunto ao longo de várias semanas, durante uma unidade da disciplina ou até que o professor decida alterar sua composição.

Números

Atribua números para os alunos no início do ano. Esse mecanismo é maravilhoso para agrupá-los. Por exemplo, se você quiser formar grupos pequenos, pode fazer os números 4, 8, 12, 16 e 20 trabalharem juntos, ou pode agrupar os alunos número 1, 2, 3, 4 e 5. Utilizando números, fica fácil alterar a composição dos grupos pequenos.

Times

Acreditamos que os professores de educação física passam tempo demais se preocupando com a composição dos times e distribuindo os alunos entre eles. Esperamos que os professores de sala de aula não cometam o mesmo erro. As estratégias sugeridas a seguir podem ser implementadas em segundos, e provavelmente formarão times tão equilibrados quanto os que levam muito mais tempo para determinar.

Duplas divididas

Quando os alunos precisam escolher uma dupla, eles frequentemente buscam seus amigos ou alguém de habilidade semelhante. Portanto, um meio fácil de escolher times equilibrados é pedir para os alunos rapidamente formarem uma dupla. Depois de formadas, pede-se que um dos membros da dupla fique sentado. Aqueles que estão de pé devem deslocar-se até uma área da atividade e formar o Time #1, e aqueles que estão sentados devem ir até outra área e formar o Time #2. Utilizando essa técnica, separam-se os amigos e as equipes ficam equilibradas. Outra estratégia útil é pedir para os alunos formarem duplas com crianças do mesmo tamanho (ou do mesmo sexo). Quando eles estiverem divididos, você terá dois times de tamanho e/ou gênero igual.

Grupos

Se você pré-atribuir os alunos a equipes permanentes ou semipermanentes, certifique-se de ter um número par de equipes, pois isso irá permitir que você agrupe suas equipes em times. Por exemplo, as equipes 1, 2 e 3 formariam um time, e as equipes 3, 4 e 5 formariam outro. A composição das equipes deve ser modificada periodicamente para que cada equipe tenha a oportunidade de formar um time com as outras.

Medir a olho

Ao utilizar essa técnica, os professores simplesmente medem a turma a olho e explicam que os alunos serão divididos em duas metades. Eles podem apontar para Jorge e dizer: "Todos os alunos entre Jorge e Alice vão para um time, e os outros vão para o outro."

Baralho de cartas

Conforme os alunos entram no ginásio, cada um recebe uma carta de baralho. Um time pode ser composto por alunos que têm cartas vermelhas, e o outro, por alunos que têm cartas pretas. Outra opção é fazer os alunos com os naipes de copas e de espadas trabalharem juntos, e os com naipes de paus e ouros trabalharem entre si.

Números

Se os alunos receberam um número no início do ano, isso irá ajudá-los a escolher os times. De modo semelhante ao uso de números para distribuir os alunos em pequenos grupos, use os números para agrupar as crianças em grupos maiores ou em times. Em um dia, os números de 1 a 12 formam um time, e os números de 13 a 24 formam outro. Em outro, são os números pares que formam um time, e os ímpares, outro.

Esperamos que essa seção do capítulo tenha fornecido um número adequado de estratégias para agrupar os alunos em duplas, grupos pequenos e times. Se você notar um desequilíbrio grande entre habilidades, seja discreto e faça pequenos ajustes aos times ou aos grupos existentes. Há muitas outras estra-

Há muitas formas de escolher equipes equilibradas com rapidez.

tégias que os professores podem facilmente inventar e incorporar à sua prática, por isso o estimulamos a desenvolver as suas completando o Desafio de raciocínio 9.1.

DESAFIO DE RACIOCÍNIO 9.1

Descreva duas estratégias para escolher com rapidez duplas, pequenos grupos e equipes que você considere pedagogicamente adequadas e que não tenham sido discutidas neste capítulo.

	Estratégia #1	Estratégia #2
Duplas		
Pequenos grupos		
Equipes		

ESCOLHENDO CAPITÃES

Muitos professores seguem acreditando que os alunos adquirem habilidades de liderança por terem sido designados os capitães do time. Apesar de não discutirmos o possível mérito dessa prática, defendemos que há algumas técnicas para escolher e usar os capitães que são mais adequadas do que outras.

Primeiro, se elas forem usadas, todas as crianças devem ter a oportunidade de serem capitães. O professor, por exemplo, pode escolher dois capitães novos por semana, que realizarão essa função até a escolha dos próximos. No final do ano, todos os alunos terão recebido a oportunidade de serem capitães.

Segundo, o capitão deve ter responsabilidades de liderança, como distribuir equipamentos e ajudar os colegas. O capitão *não* pode escolher o time nem dizer aos outros o que fazer, a menos que esteja auxiliando.

Por fim, utilize os capitães para maximizar o tempo de aula. Para isso, os capitães podem ajudar a organizar os equipamentos ou a levá-los de um lugar para o outro entre as atividades. Eles também podem ser utilizados como auxiliares da aula, mas não podem ter acesso aos registros dos alunos nem realizar alguma função que possa infringir o direito de privacidade de outro aluno. Por exemplo, seria inadequado que registrem as notas dos alunos no teste ou pedir para que devolvam as provas corrigidas.

ORGANIZANDO OS EQUIPAMENTOS

Uma atividade que tende a desperdiçar grande quantidade de tempo é a distribuição de equipamentos. Apesar de o Capítulo 7 ter apresentado informações sobre o ensino de rotinas para os alunos pegarem e devolverem os equipamentos, ainda é necessário aprender como organizar o ambiente de aprendizagem de modo que a distribuição de equipamentos seja segura e ordenada. Esperamos que, após a leitura deste capítulo, você entenda quanto tempo é desperdiçado com a distribuição de equipamentos e tenha confiança suficiente para começar a desenvolver suas próprias estratégias e atalhos.

A distribuição de equipamentos é algo que não pode ser evitado, mas que pode ser realizado de maneira eficiente. Você se lembra de como os equipamentos eram distribuídos nos anos iniciais? Lembramos de ter de aguardar na fila até receber a bola vermelha para praticar no pátio. Era um processo lento, e quem ficava no final da fila normalmente recebia as bolas nas piores condições, apesar de, curiosamente, esses alunos serem, em geral, os que tinham menos habilidade e que mais necessitavam dos melhores equipamentos.

Planejamento adiantado

Como acontece com a maior parte dos aspectos do ensino, quando você planeja cuidadosamente com antecedência, tende a ser mais eficaz. Em relação aos equipamentos, considere como distribuí-los rapidamente aos alunos sem fazê-los esperar. Para professores de educação física que dão muitas aulas simultaneamente, eles acabam precisando transitar entre uma aula de arremesso para o 1º ano, uma aula de hóquei de quadra para o 5º ano e uma aula de rolamentos para a educação infantil. Isso torna a distribuição de equipamentos difícil, sendo necessário ser criativo para economizar tempo. No caso do professor de sala de aula, você não precisa dar mais de uma aula de educação física ao mesmo tempo, mas é provável que precise compartilhar seus equipamentos com outros professores. Portanto, você nunca vai ter certeza absoluta sobre os equipamentos que estarão à sua disposição e suas condições.

Já se tiver acesso ao próprio equipamento, você terá muita sorte. Nesse caso, peça ajuda para o diretor para encontrar um lugar seguro para guardá-lo. Se o único espaço disponível for em sua sala de aula, peça para os pais doarem sacolas grandes para as bolas ou caixas para guardar objetos como sacos de feijão e bolas pequenas.

Distribuição

Um erro comum cometido pelos professores é assumir toda a responsabilidade pela distribuição e pela coleta de equipamentos. Por exemplo, o professor corre para o campo para montar o gol do jogo de futebol, então distribui as equipes e corre para colocar a bola em jogo. Ao final da aula, os alunos saem rapidamente do campo enquanto ele se apressa para recolher as traves e a bola. Conforme enfatizado pelo Ponto-chave 9.3, os alunos devem aprender a assumir responsabilidade pelos equipamentos que utilizam, o que envolve ajudar o professor a organizar, distribuir e devolver tudo ao seu lugar.

As estações ajudam a tornar a distribuição ordenada e rápida.

Outro erro comum está relacionado com a forma como são distribuídos os equipamentos. Os alunos ficam em fila e recebem um equipamento por vez, ou o professor distribui os equipamentos a cada aluno da turma, um a um. A seguir constam algumas opções para reduzir o tempo organizacional e aumentar o tempo de envolvimento. Você consegue pensar em três sugestões adicionais para completar o Desafio de raciocínio 9.2?

> ### Ponto-chave 9.3
>
> Os professores podem ajudar os alunos a aprender sobre responsabilidade pedindo para que auxiliem a montar e distribuir os equipamentos, o que também maximiza o tempo de aprendizagem das outras crianças.

DESAFIO DE RACIOCÍNIO 9.2

Liste três estratégias diferentes das mencionadas neste capítulo sobre como distribuir os equipamentos com rapidez entre os alunos.
1.
2.
3.

Capitães

Se utilizar a técnica de selecionar capitães semanalmente, eles podem auxiliá-lo com os equipamentos. Mas, se for necessário pedir ajuda a mais alunos, você pode requisitar voluntários ou designar outros para a tarefa. A maioria se mostrará ansiosa por prestar assistência, e você estará ensinando os alunos sobre responsabilidade ao mesmo tempo em que não terá ressentimentos por ficar sobrecarregado.

Jogar e rolar

Esse procedimento simples envolve pegar uma cesta ou sacola para bolas e simplesmente jogá-las no chão para que os alunos peguem uma quando passarem. Esse procedimento é rápido e justo para todos os alunos.

Distribuir com antecedência

Antes de pedir para os alunos começarem uma atividade, e preferivelmente antes da aula ou enquanto os alunos estiverem envolvidos com outra coisa, o professor distribui de maneira estratégica os equipamentos ao longo do ginásio. Pode haver uma sacola com bolas em cada canto, ou elas podem ser distribuídas ao longo do chão do ginásio.

Distribuição por equipes

Essa estratégia envolve pedir para o líder ou capitão da equipe obter e distribuir os equipamentos para sua equipe ou time, e envolve fazer as equipes pegarem seus equipamentos de diferentes locais no ginásio ou no campo. A Equipe #1 pode ter de buscar seus equipamentos no canto leste, enquanto a Equipe #2 pode ir ao canto oeste.

Regra dos 30 segundos

Quando os alunos precisam pegar ou devolver os equipamentos por conta própria, eles normalmente fazem isso relativamente devagar. No entanto, a maioria dos alunos dos anos iniciais está ansiosa para participar de uma atividade e disposta a pegar e devolver os equipamentos se for incentivada. No nosso próprio ensino, utilizamos algo chamado regra dos 30 segundos (que pode ser adaptada para 10 segundos, 40 segundos ou mais, dependendo do que precisa ser feito). Quando o professor dá o sinal, os alunos começam a pegar e a devolver os equipamentos rapidamente no limite de tempo especificado pelo professor, que conta cada número em voz alta ou dá um sinal nos momentos-chave, como a cada 5 ou 10 segundos. Se os equipamentos não tiverem sido devolvidos no tempo desejado, ele deve ser redistribuído ao longo da área da atividade até que os alunos consigam devolvê-lo dentro do tempo especificado. Essa atividade economiza uma enorme quantidade de tempo, sendo que a maioria dos alunos gosta muito. No entanto, às vezes ela precisa ser praticada, visto que os alunos podem estar pegando ou devolvendo os equipamentos de forma mais lenta do que o desejado.

Voluntários

Em muitas das escolas norte-americanas que observamos, um ou mais pais exerciam o papel de auxiliar de educação física ao longo do ano. Os pais dispostos iam à escola antes da aula de educação física e ajudavam o professor a distribuir os equipamentos e a trabalhar com os alunos. O ideal seria que os mesmos pais ajudassem durante o ano inteiro, pois assim aprenderiam as rotinas da aula e como ajudar melhor o professor com tarefas como distribuição de equipamentos.

Manutenção

Além de assumir responsabilidade por montar e desmontar os equipamentos, os alunos também devem aprender a auxiliar na manutenção. De novo, os capitães podem ser os responsáveis por limpar as bolas ou verificar se elas precisam ser reinfladas periodicamente. Cada aluno deve ficar responsável por passar problemas com os equipamentos para o professor, como colchonetes rasgados, bolas murchas ou sacos furados. Algumas vezes, o professor pode requisitar o auxílio de voluntários que fiquem depois das aulas e ajudem na manutenção ou na limpeza da sala de equipamentos. A maioria das crianças gosta da oportunidade de passar mais tempo com o professor fora da sala de aula. Por fim, para facilitar o envolvimento com a atividade, a manutenção dos equipamentos deve ser realizada fora do tempo reservado para a aula.

TRANSIÇÃO ENTRE ATIVIDADES

A maioria dos professores inclui diferentes tipos de atividade em um período de aula, e, apesar de incentivarmos essa prática, pois os alunos ficam entediados se cumprem sempre a mesma tarefa sem desafios adicionais, é importante aprender como passar de uma atividade para a outra de forma efetiva. Perde-se muito tempo de atividade quando os professores não têm a habilidade adequada para entender qual a melhor forma de passar de uma atividade para a outra, como arremessar contra um alvo de maneira individual para fazê-lo em duplas. Esperamos passar algumas técnicas para ganhar conhecimento acerca desse comportamento instrucional.

Primeiro, planeje com antecedência. Como todos os outros assuntos abordados neste capítulo, e conforme enfatizado pelo Ponto-chave 9.4, planejar com antecedência como passar de uma atividade para a outra é de absoluta importância se você pretende reduzir o tempo gasto na administração da aula. É preciso antecipar onde os alunos vão ficar quando receberem as próximas instruções, como irão trocar de equipamento e como irão passar de um lugar para o outro. Caso o seu plano seja passar de uma atividade individual para um evento em equipes, planeje de antemão como os times serão distribuídos.

Ponto-chave 9.4

Planejar com antecedência é essencial para gerenciar bem o tempo. Já que mudar de uma atividade para a outra é uma forma de administração, considere de antemão como você pode reduzir o tempo de transição entre as atividades.

Segundo, certifique-se de que os alunos podem ouvir suas orientações. Apesar de parecer uma questão de bom senso, nem todos os professores têm certeza se seus alunos podem ou não ouvi-los. Se os alunos não compreenderem o que se espera deles, tal como o modo como devem passar a uma nova atividade, eles irão atrasar a aula inteira. Uma estratégia que consideramos bem-sucedida é dar cinco segundos para todos os alunos voltarem ao círculo central e se sentarem no chão do ginásio. Essa prática garante que todos alunos estejam bem localizados e consigam ver e ouvir suas próximas orientações.

Os professores eficazes aprenderam como mudar rapidamente de uma atividade para a seguinte.

Terceiro, evite distrações com os equipamentos. Outro problema que atrasa a aula e as transições é quando os alunos se distraem com os equipamentos que têm em mãos. Quando supervisionamos os alunos de licenciatura, notamos que eles muitas vezes pedem para os alunos congelarem quando passam as orientações necessárias para a realização da próxima atividade. Quando os alunos estão segurando bolas de basquete, raquetes ou outros tipos de equipamentos, eles ficam distraídos; os equipamentos caem de suas mãos, eles continuam quicando a bola ou começam a brincar com as cordas da raquete. Mesmo quando instruídos a não quicarem a bola, muitos não conseguem resistir à tentação. Portanto, desenvolvemos estratégias para reduzir problemas nessa área. Se os equipamentos não forem necessários para a próxima atividade, os alunos vão precisar de alguns segundos para devolvê-los ao local adequado e rapidamente sentar-se no círculo central. Já se os equipamentos forem necessários, pode ser melhor pedir para os alunos os deixarem no lugar e voltar para o círculo ou colocá-los no chão a pelo menos 1 metro atrás de onde estão sentados. Com isso, garante-se que eles ouçam as próximas orientações sem ficarem distraídos.

Quarto, realize comportamentos efetivos de ensino. Transições entre atividades representam um período de tempo em que os alunos podem facilmente se distrair. Eles podem começar a conversar com um colega ou brincar com os equipamentos. Portanto, mantenha-se sempre de costas para a parede para conseguir observar todos os alunos da turma e corrigir os que não estão se comportando adequadamente. Demonstre que você está atento a tudo o que eles estão fazendo, pois assim saberão que estão sendo monitorados e que devem seguir as regras de transição estabelecidas.

Por fim, esteja ciente do tempo. É fácil ficar distraído ao passar orientações. Às vezes, os professores estimulam perguntas desnecessárias dos alunos ou ficam muito tempo passando orientações. Os alunos só conseguem se lembrar de uma quantidade limitada de informações, então é importante estabelecer um tempo-limite para sua fala e para passar de uma atividade à outra. Coloque as crianças em atividade rapidamente, mesmo que ache que eles ainda têm perguntas. Na maioria dos casos, suas perguntas serão respondidas à medida que eles se envolvem na atividade; e, se eles ainda parecerem confusos, interrompa brevemente a atividade para esclarecer suas orientações.

SEGURANÇA E RESPONSABILIDADE

O papel mais importante do professor, em qualquer situação, é proteger os alunos de lesões. Assim, tomando medidas proativas, é possível evitar muitas lesões em potencial, e as crianças estarão mais inclinadas a movimentar-se porque não terão medo de se machucar. Esta seção do capítulo ensina como estabelecer um ambiente seguro de aprendizagem, evitar brigas e responder adequadamente quando alguém se ferir.

Estabelecendo um ambiente de aprendizagem seguro

Os professores eficazes reconhecem que as lesões podem acontecer muito rapidamente, e fazem tudo em seu poder para criar um ambiente seguro, que seja livre de riscos em potencial à segurança. Muitos aprenderam a ser cuidadosos depois de ver alunos se machucando ou ouvindo histórias de colegas que estavam dando aula quando um aluno se lesionou. Apesar de pequenos ferimentos poderem ocorrer em praticamente qualquer lugar, a natureza da educação física e dos equipamentos usados aumenta a possibilidade de lesões.

Não importa o quanto você se esforce para criar um ambiente seguro, pequenos machucados são inevitáveis. Por exemplo, é fácil torcer um tornozelo após saltar para arremessar uma bola de basquete, bater a cabeça com outro aluno durante um exercício livre de corrida no ginásio, ou arranhar-se ao dar um carrinho no futebol. Além do mais, as crianças têm maior propensão a lesões do que os adultos, por serem menos cuidadosas quando se movem. Elas não percebem situações perigosas com antecedência nem têm os mesmos instintos dos adultos para evitar situações inseguras. Portanto, como o professor tem mais conhecimento acerca dos riscos potenciais, é de sua responsabilidade ser proativo e criar um ambiente seguro. A seguir listamos algumas sugestões que ajudam a reduzir as possibilidades tanto de lesões mais graves quanto de ferimentos menores.

Antecipe situações perigosas

Nós, adultos, aprendemos que certas situações podem incorrer em maiores riscos, e, por isso, os pais frequentemente proíbem seus filhos de pular no sofá, brigar pela casa, usar facas ou correr com objetos afiados. Conforme ilustrado pelo Ponto-chave 9.5, o professor é o responsável por garantir a segurança daqueles a quem deve ensinar. Ele assume o papel de protetor enquanto as crianças estão sob seus cuidados, e é sua obrigação antecipar riscos em potencial e impedir que eles se traduzam em lesões. A seguir constam algumas orientações:

> **Ponto-chave 9.5**
>
> Os professores são responsáveis pela segurança das crianças da sua turma e por mantê-las longe de situações perigosas.

- Ensine as crianças a agirem com segurança durante as atividades. Por exemplo, lembre-as de que precisam estar atentos aos que também estão se movimentando no espaço geral. Mande-as ter cuidado quando pularem para não pisarem no pé de outra criança ou em uma bola que esteja rolando pelo chão. Relembre-as frequentemente de que precisam ter cuidado quando estiverem envolvidas na atividade.
- Peça para as crianças informarem imediatamente quando sentirem que determinada situação pode ser insegura.
- Faça discussões sobre segurança e ensine as crianças a antecipar riscos.
- Quando identificar uma situação insegura, interrompa imediatamente a atividade ou se desfaça dos riscos em potencial.
- Não permita que as crianças se envolvam em atividades em que é comum sofrer lesões graves. Por esse motivo, muitas escolas proibiram equipamentos como camas elásticas e não permitem a execução de

saltos mortais durante as aulas de ginástica. De fato, muitos distritos escolares dos Estados Unidos baniram atividades como a queimada tradicional devido aos riscos de lesões causadas pela força da bola quando arremessada contra o corpo das crianças.

Estabeleça e reforce as regras de segurança com firmeza

As crianças ficam muito animadas quando se envolvem em uma atividade e com frequência se esquecem da questão da segurança. Portanto, para impedir que lesões ocorram, os professores precisam estabelecer regras que devem ser reforçadas com firmeza. Algumas sugestões para o desenvolvimento de regras incluem:

- Antes de permitir que os alunos se envolvam na atividade, revise suas regras de segurança.
- Se as crianças não seguirem as regras de segurança, é necessário haver consequências imediatas, como seu afastamento da atividade.
- Ensine regras relacionadas com atividades específicas.
- Escolha um estilo de ensino que promova a segurança ao ensinar atividades perigosas.

Complete o Desafio de raciocínio 9.3 listando as regras específicas de segurança que você estabeleceria em sua sala de aula.

Forneça equipamentos de proteção e obrigue os alunos a usá-los

Existem atividades com um potencial tão perigoso que as crianças não deveriam participar sem utilizar equipamentos de proteção. A seguir constam algumas regras que você pode estabelecer:

- É obrigatório o uso de capacete ao andar de bicicleta.
- As crianças devem usar tênis *e* meias quando realizarem uma atividade. Também incentive-as a usar trajes adequados como calças ou shorts sob as saias. (Como a maioria das escolas de nível fundamen-

---

> **DESAFIO DE RACIOCÍNIO 9.3**
>
> Descreva três regras específicas de segurança que você cumpriria ao realizar cada uma das seguintes atividades:
>
> **Jogos de pega-pega**
> 1.
> 2.
> 3.
>
> **Rolamento**
> 1.
> 2.
> 3.
>
> **Hóquei de quadra**
> 1.
> 2.
> 3.
>
> **Futebol**
> 1.
> 2.
> 3.

---

tal não tem uma área para as crianças trocarem de roupa, elas usam a mesma roupa da educação física na sala de aula.)
- É obrigatório o uso de capacetes para batedores e receptores ao jogar beisebol ou *softball*.
- É necessário o uso de joelheiras para jogar vôlei.
- É necessário o uso de salva-vidas ao praticar canoagem em saídas de campo.

Realize inspeções de segurança regularmente

Os professores, além de precisarem aprender a antecipar os riscos, também precisam inspecionar os equipamentos e as instalações com regularidade para garantir sua segurança. Ao realizar as medidas preventivas, como as aqui descritas, a probabilidade de lesões será reduzida.

- Inspecione o campo de jogo em busca de cacos de vidro, buracos ou objetos potencialmente perigosos.

Os professores devem examinar cuidadosamente o ambiente físico em que as crianças participam. Uma situação de risco que não foi identificada um dia pode se tornar visível no seguinte.

- Certifique-se de que os equipamentos de ginástica ou outros aparelhos semelhantes estejam presos no lugar (p. ex., as barras paralelas ou as pernas da trave de equilíbrio precisam estar bem presas para não cair). Colchonetes devem ser colocados em áreas potencialmente perigosas ou arredores, como nas traves de equilíbrio *e* em torno das pernas do aparelho.
- Inspecione equipamentos como os colchonetes de ginástica para garantir que eles não estejam rasgados.
- Certifique-se de que o chão do ginásio esteja limpo e não contenha sujeira nem objetos potencialmente perigosos.
- Mantenha os equipamentos em boas condições realizando reparos periódicos e descartando os equipamentos inseguros, como bastões quebrados.

Crie um ambiente seguro

Apesar de as crianças aprenderem gradualmente a serem cuidadosas, o professor deve presumir que elas não têm capacidade de prever o perigo e, assim, criar um ambiente seguro para evitar lesões. Algumas orientações incluem:

- Ao ensinar atividades perigosas, como usar um taco de beisebol ou de golfe, faça os alunos praticarem em uma área em que outros estudantes não possam entrar. Por exemplo, aponte uma área do campo de jogo para a prática dessa atividade, em que apenas alguns poucos alunos possam praticar enquanto você supervisiona. Enquanto isso, outros estudantes podem envolver-se em atividades mais seguras, como arremessar e apanhar a bola até chegar sua vez.
- Desestimule-os a ficarem em locais inseguros, como embaixo da cesta de basquete enquanto os outros estão arremessando.
- Só deixe as crianças arremessarem e apanharem as bolas em uma única direção.
- Estabeleça regras quanto ao uso de tacos ou bastões. Por exemplo, não permita que as crianças balancem bastões de hóquei acima do nível do joelho quando estiverem jogando.

Evite litígios

Comparado a outros países, os Estados Unidos são uma nação relativamente litigiosa. Em outras palavras, os indivíduos de nossa sociedade estão inclinados a processar por compensação financeira se tiverem sofrido danos e acreditarem que outros sejam responsáveis ou que poderiam ter impedido o ocorrido. No caso de um pai processar um professor ou escola, o professor tem a desvantagem porque os jurados tendem a simpatizar com a criança ferida e acreditar que os distritos escolares não têm a cobertura de segurança adequada. Apesar de professores deverem ser legalmente protegidos pelo distrito em que estão empregados, recomendamos que você adquira cobertura adicional, como aquela que é fornecida pelas associações profissionais de professores. Essa cobertura adicional ajudará a proteger seus bens pessoais de serem levados caso você tenha a infelicidade de perder uma ação judicial. De novo, essa cobertura e as despesas legais fornecidas pela maioria dos distritos deve ser o bastante, mas, para se proteger contra uma lesão catastrófica que envolva negligência, recomendamos cobertura adicional.

Há diretrizes que testemunhas especializadas em educação física utilizaram como forma de determinar negligência, e conhecê-las pode ajudar os professores a planejar atividades seguras e ajudá-los a evitar litígios futuros. A seguir constam algumas diretrizes (GRAY, 1995; HART; RITSON, 2002):

1. A atividade deve ter um propósito educacional "legítimo".
2. A atividade não deve ser inerentemente perigosa (p. ex., correr em uma superfície úmida ao ar livre).
3. Os participantes devem ter parceiros adequados ao seu tamanho, peso e habilidade.
4. Os alunos devem ter maturidade física e emocional para participar da atividade.
5. As crianças devem ser avisadas dos riscos em potencial e sobre como evitar lesões.
6. Devem ser fornecidas orientações corretas.
7. O professor deve ter ensinado as habilidades físicas necessárias para realizar a atividade.
8. O aluno deve ser adequadamente supervisionado.
9. Os equipamentos e as instalações devem ser seguros e estar em boas condições.

Reagindo a uma lesão

Aprender a reagir adequadamente a uma lesão é importante, e incentivamos todos os futuros professores a matricularem-se nos cursos de primeiros-socorros e de utilização do desfribilador oferecidos na faculdade, na Associação Cristã de Moços (ACM), nos bombeiros ou na Cruz Vermelha*.

Lesões graves versus *leves*

Como as crianças dos anos inciais tendem a chorar quando sofrem física ou emocionalmente, às vezes é difícil para o professor avaliar se ocorreu uma lesão ou se a criança está chorando porque feriram seus sentimentos. Em caso de dúvida, sempre aja como se uma lesão grave tivesse ocorrido. Também recomendamos que, no início do ano, quando estiver ensinando as regras e as rotinas da sala de aula, você os ensine a relatar adequadamente o grau em que se

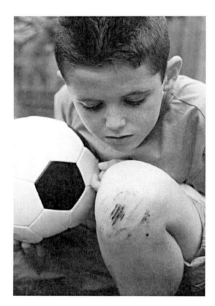

Todos os professores devem receber treinamento de primeiros-socorros e utilização de desfibrilador.

---

* N. de R.T.: No Brasil, estes cursos são oferecidos por algumas instituições particulares como universidades, cursos de enfermagem ou instituições como Bombeiros, Samu e Brigada Militar.

machucaram. Estimule-os a serem honestos com você sobre a natureza de seus ferimentos: se foram físicos ou emocionais. Para algumas crianças, isso é difícil, pois elas reagem da mesma forma quando sofrem uma pequena lesão e quando ficam constrangidas ou sofrem emocionalmente. Para outras, é necessário ficar muito atento quando elas tiverem se ferido, porque elas têm medo de que, se falarem sobre sua lesão, terão de se retirar da atividade.

Reagindo a lesões leves

A maioria dos professores vai aprender a diferenciar rapidamente lesões leves das mais graves. Quando começar a dar aulas, você vai ter a tendência a interromper tudo e imediatamente para atender às necessidades de qualquer um que estiver chorando ou que tiver se machucado. E, conforme ganhar experiência, vai aprender que pode demonstrar empatia e administrar uma pequena lesão sem interromper a aula. Se, por exemplo, uma criança caiu ou bateu com um colega, ela pode imediatamente começar a chorar. Após uma rápida avaliação, você vai conseguir determinar o grau de lesão deles. Se estiverem chorando, mas você acreditar que se trata de uma lesão leve, simplesmente diga que sente muito que isso tenha acontecido e convide-os a se sentarem um pouco até se sentirem melhor. Na maioria dos casos, os alunos vão ficar um pouco sentados e rapidamente voltar à atividade. Se a criança não quiser retornar à aula, talvez seja necessário avaliar se a lesão foi mais grave do que o antecipado ou tomar as medidas adequadas (ver Ponto-chave 9.6).

> **Ponto-chave 9.6**
>
> No caso de uma emergência grave, ligue imediatamente para o serviço de emergência e comece a cuidar da pessoa que se feriu. Matricule-se em um curso para aprender procedimentos de primeiros-socorros e utilização de desfibrilador. Esse treinamento irá ajudá-lo tanto em sua vida profissional como em sua vida privada.

Reagindo a lesões graves

Se uma lesão for grave, ligue imediatamente para o serviço de emergência e comece a cuidar da vítima. Ao ensinar rotinas para os alunos no início do ano, uma que eles devem aprender é como reagir em casos de emergência. Isso pode significar que eles precisam interromper todas as atividades e permanecer em silêncio até ouvirem suas novas instruções. Sua escola também deve ter procedimentos estabelecidos sobre como reagir em emergências e situações que envolvam sangue. Fale com seu diretor sobre esses procedimentos. Se você tiver o luxo de ter um interfone, sistema telefônico interno ou rádios de comunicação à disposição, pode ser necessário utilizar essas ferramentas para obter assistência. Complete o Desafio de raciocínio 9.4.

> **DESAFIO DE RACIOCÍNIO 9.4**
>
> Escreva um pequeno parágrafo que pode ser usado como roteiro para instruir seus alunos sobre como reagir quando um colega se lesionar.

Resumo

O tempo de aula da educação física pode ser dividido nos quatro componentes de (a) espera, (b) gerenciamento, (c) instrução e (d) envolvimento. O objetivo deste capítulo foi fornecer informações sobre como reduzir os tempos de espera e de gerenciamento e aumentar o tempo de envolvimento (ver o quadro a seguir). Crianças que não estiverem esperando sua vez na fila têm menor probabilidade de atrapalhar a aula e maior oportunidade de envolver-se na atividade. Além disso, se os professores aprenderem técnicas para formar grupos rapidamente, distribuir e devolver os equipamentos de maneira efetiva, e passar de uma atividade para outra sem demora, será mais fácil cumprir as diretrizes federais de tempo fisicamente ativo dos alunos.

Lista do que fazer e do que não fazer

Fazer	Não fazer
☐ Eliminar o tempo de espera.	☐ Permitir que as crianças desenvolvam hábitos ruins, como devolver os equipamentos devagar.
☐ Reduzir o tempo usado organizando os alunos.	☐ Permitir que as crianças escolham seus times.
☐ Permitir que os alunos assumam posições de liderança ao longo do ano.	☐ Permitir que as crianças sempre trabalhem com a mesma dupla.
☐ Ser proativo em relação à segurança.	☐ Deixar os alunos brincarem com os equipamentos enquanto você está passando instruções.
☐ Aprender sobre como tratar lesões e administrar desfibrilador matriculando-se em um curso de primeiros-socorros.	☐ Presumir que, se a criança não está chorando, então ela não se machucou gravemente.

Por fim, os professores são responsáveis por fornecer atividades de movimento seguras, ambientes de aprendizagem livres de riscos, equipamentos adequados e trajes de proteção. Aqueles que deixarem de instruir seus alunos sobre segurança, que apresentarem uma atividade antes de eles estarem prontos, ou que permitirem que se envolvam em comportamentos inseguros estarão os expondo a lesões e a si mesmos a litígios.

Atividades de revisão

1. Escolha uma estratégia e defenda por que você acha que ela é o meio mais efetivo de agrupar os alunos.
2. Liste as formas de usar os capitães em sala de aula.
3. Pense com uma dupla em todos os procedimentos de segurança que vocês podem realizar ao ensinar os alunos a rebater.
4. Discuta os desafios que você pode encontrar ao passar de uma atividade para a outra.
5. Liste cinco formas de defender-se caso seja processado após uma criança se machucar em um jogo de pega-pega.
6. Descreva como você acha que um professor deve reagir a uma criança que sempre chora quando cai.

Referências

ALMEIDA, D. A. Behavior management and "The Five C's." *Teaching K-8*, v. 26, p. 88-89, 1995.

AMERICAN ACADEMY OF CHILD & ADOLESCENT PSYCHIATRY. Bullying resourse center. *American Academy of Child & Adolescent Psychiatry*, n. 80, 2011. Disponível em: <http://www.aacap.org/cs/root/facts_for_families/bullying>. Acesso em: 08 jun. 2011.

CANTER, L.; CANTER, M. *Assertive discipline*: positive behavior management for today's classroom. Santa Monica: Canter and Associates, 1992.

GRAHAM, G.; HOLT/HALE, S. A.; PARKER, M. *Children moving*: a reflective approach to teaching physical education. 6th ed. New York: McGraw Hill, 2004.

HELLISON, D. *Teaching personal and social responsibility through physical activity*. 3rd ed. Champaign: Human Kinetics, 2011.

LEFF, S. S.; POWER, T. J.; GOLDSTEIN, A. B. Outcome measures to assess the effectiveness of bullying prevention programs in the schools. In: ESPELAGE, D. L.; SWEARER, S. M. (Ed.). *Bullying in American schools*. Mahwah: Erlbaum, 2004. p. 269-295.

SIEDENTOP, D.; TANNEHILL, D. *Developing teaching skills in physical education*. 4th ed. Mountain View: Mayfield, 2000.

STANDAGE, M.; DUDA, J. L.; NTOUMANIS, N. A test of self-determination theory in school physical education. *British Journal of Educational Psychology*, v. 75, p. 411-433, 2005.

CAPÍTULO 10

ADMINISTRAÇÃO PREVENTIVA E DISCIPLINA

A principal preocupação da maioria dos professores novatos costuma estar relacionada ao estabelecimento de um clima respeitoso em sala de aula que seja relativamente livre de problemas de disciplina. Essa preocupação vem do simples fato de que os professores iniciantes sentem-se despreparados para entrar em aula e ter de lidar com alunos malcomportados. Visto que a natureza exata dos problemas disciplinares não pode ser prevista, eles sentem-se apreensivos em relação ao que podem encontrar e que técnicas disciplinares podem ser mais eficazes para resolver o problema imediato e evitar situações semelhantes no futuro. Eles se preocupam, e com razão, que, se deixarem de criar um ambiente de aprendizagem respeitoso no início do ano, o restante possa piorar cada vez mais.

O propósito deste capítulo é fornecer estratégias para impedir o surgimento de problemas disciplinares e técnicas para lidar com esse tipo de situação, quando ocorre. Você irá aprender sobre os tipos mais comuns de problemas que encontrará e que estratégias têm maior probabilidade de sucesso. Apesar de ser impossível antecipar cada situação problemática que se apresente, esperamos passar princípios básicos que sirvam de orientação para de-

terminar a melhor resposta possível. Contudo, o conhecimento mais útil será o resultado de suas experiências em situações reais. Até entrar em sala de aula como professor, qualquer situação hipotética que tenha sido discutida durante a faculdade será uma forma insuficiente de preparação. Porém, nós o encorajamos a não se preocupar muito. São poucos os que abandonam a profissão por não conseguirem lidar com os alunos. Se conseguir se lembrar dos princípios básicos apresentados aqui e adquirir um pouco de experiência prática com um orientador, temos certeza de que conseguirá confrontar efetivamente quaisquer situações com as quais se defrontar.

Ao ler este capítulo, esperamos que você tenha em mente que lidar com quaisquer problemas disciplinares nos anos iniciais costuma ser muito mais simples do que nos anos finais do ensino fundamental e no ensino médio. Apesar de o conteúdo e o ambiente da educação física produzirem desafios inexistentes no ambiente mais restrito da sala de aula, lembre-se de que a educação física é uma das aulas preferidas de muitos alunos dos anos iniciais. Portanto, eles normalmente estarão muito mais ansiosos por envolver-se na atividade do que por causar problemas, e os problemas que surgirem

A maioria das crianças gosta de educação física e segue as regras com avidez.

muitas vezes serão por causa da sua agitação. Pensando assim, não é problema ruim de se ter!

ADMINISTRAÇÃO PREVENTIVA DA AULA

A administração preventiva da aula e o reforço da disciplina são considerados tarefas gerenciais do professor. A melhor arma contra o mau comportamento é antecipar possíveis problemas e agir com determinação para impedir que eles apareçam. Estabelecer rotinas de aula, estabelecer e cobrar o cumprimento das regras, estabelecer expectativas elevadas para um clima positivo de aula, e reforçar os comportamentos positivos desejados aumentam suas probabilidades de sucesso. Complete o Desafio de raciocínio 10.1.

DESAFIO DE RACIOCÍNIO 10.1

Quais são cinco técnicas que você pode usar para criar um clima positivo tanto na sala de aula quanto no ginásio?
1.
2.
3.
4.
5.

Uma das razões principais para usar estratégias preventivas e interromper imediatamente comportamentos inadequados assim que acontecem é que, assim que um aluno quebrar as regras ou ficar excessivamente agitado, outros ficarão propensos a seguir este exemplo (ver Ponto-chave 10.1). É melhor interromper imediatamente as ações de um aluno do que ter de administrar uma turma inteira se comportando mal. No entanto, é interessante notar como muitos professores iniciantes se mostram relutantes em enfatizar suas expectativas e reforçar as regras da turma. Eles têm medo de que, se forem considerados muito rígidos, serão impopulares e ficarão mal vistos pelos alunos. Agora pense na sua própria experiência de estudante. Os professores que tinham aulas ordenadas eram os mais impopulares? Ao contrário do que você pode pensar agora, o mais provável é que os professores que eram firmes, porém justos, fossem os mais respeitados na escola, ao contrário dos que concediam o controle da aula aos alunos, que provavelmente sofriam risadas e desrespeito pelas costas. A bem da verdade, o mais provável é que não tenha sido com eles que você aprendeu mais, e sim com aqueles que eram capazes de administrar a sala de aula efetivamente.

> **Ponto-chave 10.1**
>
> Quando um aluno quebrar as regras ou ficar muito tumultuoso, os colegas terão a tendência de fazer as mesmas coisas. É muito importante interromper instâncias individuais de desobediência antes que os outros alunos também comecem a comportar-se de maneira inadequada.

Pense se ser amigo dos alunos é o que significa ensinar. A amizade, na nossa opinião, é uma situação em que duas ou mais partes dão e recebem, contribuindo igualmente para o relacionamento. Será que uma criança nos anos iniciais tem como servir efetivamente o professor nessa questão? A resposta é só uma: "Não". E os professores, eles podem ser amigáveis e gentis para com os alunos? "Com certeza". Na verdade, as crianças, os pais e os administradores esperam que você demonstre comportamentos gentis, amistosos, carinhosos, envolventes e calorosos. Esses comportamentos são o que, muitas vezes, distinguem os professores que são excepcionais. No entanto, você deve manter um relacionamento profissional, o que requer estabelecer suas expectativas e reforçar regras, mesmo que isso seja difícil. Você não é um amigo, você é o professor.

Se quer minimizar problemas de disciplina, sua melhor estratégia é realizar uma administração preventiva da aula. Quando os alunos conhecem as rotinas da aula, compreendem as regras, recebem as consequências quando as violam, e são obrigados a cumprir padrões elevados de comportamento, reduz-se a probabilidade de surgirem problemas disciplinares. Portanto, desenvolva protocolos para suas aulas.

Estabelecendo rotinas

No Capítulo 7, você aprendeu que professores eficazes estabelecem rotinas em suas aulas, que incluem ensinar as crianças a entrar e a deixar a área de atividade, como pegar e devolver os equipamentos e como responder a sinais de interrupção e de prosseguimento da atividade. Como esse assunto já foi bastante desenvolvido, não seremos redundantes e evitaremos a repetição dessas informações. Ainda assim, devemos reforçar a importância das rotinas para reduzir os problemas disciplinares. Sem as rotinas, espere passar muito mais tempo envolvido em tarefas gerenciais.

Estabelecendo e reforçando regras

Conforme enfatizado pelo Ponto-chave 10.2, para funcionar bem em sociedade, os indivíduos precisam compreender as normas e os limites culturais que orientam o comportamento. De modo semelhante, as crianças precisam entender as expectativas e os limites de comportamento impostos pelo professor. Você se lembra das regras que precisava seguir no ensino fundamental? Essas regras eram exclusivas daquela sala de aula, ou eram as mesmas em toda a escola?

> **Ponto-chave 10.2**
>
> Para funcionar bem em sociedade, os indivíduos precisam compreender as normas e os limites culturais que orientam o comportamento. De modo semelhante, as crianças precisam entender as expectativas e os limites de comportamento impostos pelo professor.

Disciplina em toda a escola

Cada vez mais escolas dos Estados Unidos estão implementando um sistema em que todos os alunos precisam seguir o mesmo sistema de regras. Eles seguem as mesmas regras em sala de aula que seguem na cantina, no ginásio, na sala de artes e no ônibus escolar. As regras são comunicadas com clareza, tanto de forma oral como escrita, são afixadas nas salas de aula e em toda a escola e reforçadas pelos professores em sala de aula, durante anúncios e até mesmo durante reuniões escolares.

No caso de muitas escolas, há um conjunto universal de consequências por desobedecer as regras. É claro, há variações nas consequências entre os anos mais adiantados e as

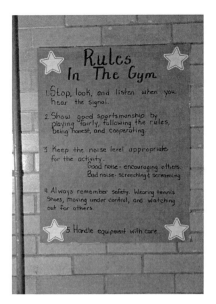

As regras devem ser claramente exibidas em todas as áreas da escola.

iniciais, e até entre professores. Por exemplo, os professores podem ser mais pacientes com crianças pequenas do que com as mais velhas. Um professor pode ser mais condescendente e permitir que os alunos se desviem das regras, enquanto outros podem ser mais rígidos.

A principal vantagem do sistema de regras escolar é que todos os alunos compreendem as regras e as consequências. Eles não precisam aprender regras novas quando passam de ano ou quando mudam de conteúdo, como da educação física para a arte, por exemplo. As regras também são claramente comunicadas para os pais.

Estabelecendo regras

Apesar de o sistema de regras em toda a escola ser popular, provavelmente também há muitas outras escolas no país em que cada professor estabelece as regras para suas aulas. Reconhece-se que nessas escolas os professores têm a palavra final na tomada de decisões acerca de sua sala de aula, e que algumas matérias, como educação física, arte e música, podem precisar de regras especiais.

Mesmo que haja algumas regras em comum na escola, os professores recebem a responsabilidade de estabelecer as regras específicas de sua sala de aula. Complete o Desafio de raciocínio 10.2.

DESAFIO DE RACIOCÍNIO 10.2

Use o espaço a seguir para desenvolver um conjunto de regras para ensinar educação física que possam ser usadas com alunos de todos os anos do ensino fundamental.
1.
2.
3.
4.
5.

Ao estabelecer regras, há algumas diretrizes importantes a seguir. Aderindo a estes princípios, é mais provável que os seus alunos obedeçam.

- As regras devem ser sucintas. De fato, o melhor são cinco regras ou menos, visto que é difícil para crianças dos anos iniciais se lembrarem de listas longas de regras de comportamento complexas. Como forma de redução, reúna uma série de regras semelhantes em uma única diretriz. Por exemplo, uma regra simples como: "Respeite a si mesmo, aos outros e aos equipamentos", é fácil de lembrar e abrange diversas categorias distintas. Veja o Quadro 10.1 para exemplos de regras que você pode implementar nas aulas de educação física. Compare essa lista à que você criou no Desafio de raciocínio 10.2.
- Exponha as regras claramente em sala de aula.
- Relembre os alunos regularmente das regras durante os primeiros dias de aula e repita-as periodicamente ao longo do ano, especialmente quando começar a notar aumentos no número de incidentes de mau comportamento.

Quadro 10.1   Regras de educação física

1. Respeite a si mesmo, aos outros e ao equipamento
2. Demonstre cortesia ouvindo quando alguém está falando
3. Pare quando ouvir o sinal
4. Dê o seu melhor
5. Lembre-se de ficar sempre em segurança

Fonte: As autoras.

- Reforce positivamente as instâncias em que os alunos seguem as regras, especialmente no início do ano.
- Use linguagem positiva ao estabelecer as regras.

Forneça exemplos

Quando explicar as regras básicas aos alunos, lembre-se de fornecer exemplos. Como diversas regras podem ter sido unificadas em uma única categoria, certifique-se de que os alunos compreendem a expectativa que cerca essa regra única. Por exemplo, ao apresentar os alunos à norma: "Respeite a si mesmo, aos outros e aos equipamentos", informe-os de que, para tal, eles precisam:

1. Ser pacientes consigo mesmos.
2. Tratar os outros com gentileza (sem brigar nem ofender).
3. Tomar muito cuidado com os equipamentos (não podem sentar nas bolas, chutar as bolas de vôlei nem jogar os equipamentos pelo ginásio).

Reforçando as regras

Na próxima seção deste capítulo, veremos exemplos de consequências para aqueles que quebrarem as regras. O elemento mais importante para manter os alunos de uma sala de aula bem comportados é que as regras devem ser reforçadas consistentemente com uma consequência. Por exemplo, se o professor definir que irá reforçar uma consequência quando uma regra for quebrada, essa consequência *deve* ser imediata e consistentemente exercida.

Lembre-se de sua infância e das regras que foram estabelecidas por seus pais ou pelos pais de amigos. Provavelmente houve instâncias em que você foi capaz de dobrar as regras para conseguir o que queria. Talvez tenha chorado, gritado ou implorado até seus pais se renderem aos seus desejos. Se eles ameaçavam puni-lo, mas não cumpriam a ameaça, você aprendia que podia exercer poder e ultrapassar os limites das regras realizando certos comportamentos que faziam seus pais cederem a seus desejos.

Como professor, você não tem o tempo ou a energia para permitir que os alunos dobrem as regras de acordo com suas vontades. No entanto, se você for permissivo porque não gosta de fazer cumprir as consequências, as crianças vão aprender que você pode ser manipulado. Elas são extremamente inteligentes e aprendem muito rápido como obter o controle. Se você deseja ter uma sala de aula organizada, mas não reforçar as regras consistentemente, é provável que não consiga aproveitar tanto a experiência de dar aulas como outros professores. Lembre-se: reforçar as regras pode ser uma forma de mostrar que você se importa.

Siga os "cinco Cs" da administração de comportamento

Em um artigo útil, foi sugerido que o ensino de comportamentos adequados pode ser incentivado com um plano simples composto de cinco passos (ALMEIDA, 1995). Especificamente, o professor é estimulado a:

- Ser *claro* quanto a suas expectativas.
- Fazer cumprir as *consequências* por quebrar as regras.
- Ser *consistente*.
- Demonstrar *cuidado* para com as crianças.
- Demonstrar a disposição de *comutar* o currículo e as rotinas, quando necessário.

Expectativas para um clima de aula positivo

Os professores frequentemente dizem aos alunos que sua aula foi projetada para promover um ambiente positivo para todos. No entanto, os alunos aprendem com rapidez, por meio do currículo oculto, que a escola é um ambiente que favorece as crianças populares e habilidosas. Quando os professores informam os alunos de que espera gentileza e respeito, mas não faz cumprir essa expectativa, eles aprendem que comportamentos ofensivos são toleráveis.

A maioria dos professores preocupa-se com a promoção de um ambiente de aprendizagem justo e equitativo para todos, mas é impossível, para eles, observar e detectar cada xingamento, ato de desrespeito ou de intolerância. No entanto, é fato que as escolas permanecem abarrotadas de incidentes como *bullying* e pressão dos pares. Apesar de muitos alunos terem sucesso e divertirem-se na educação física ou no recreio, outros lutam para manter a compostura até que possam voltar para a sala de aula, um ambiente mais reduzido que eles consideram mais bem supervisionado.

O *bullying* nos Estados Unidos é um problema que afeta todos os estados e a maioria das escolas. De fato, conforme o Ponto-chave 10.3 indica, até 50% de todas as crianças sofreram *bullying* em algum momento de sua vida escolar, e 10% sofrem regularmente (AMERICAN ACADEMY OF CHILD & ADOLESCENT PSYCHIATRY, 2011). Infelizmente, os efeitos negativos do *bullying* podem ser vistos muitas vezes nos noticiários na forma dos terríveis massacres escolares, apresentando consequências de longo prazo para aqueles que sofrem seus efeitos negativos (LEFF; POWER; GOLDSTEIN, 2004).

Ponto-chave 10.3

Até 50% de todas as crianças sofrem *bullying* em algum momento de sua vida escolar, e 10% sofrem regularmente (AMERICAN ACADEMY OF CHILD & ADOLESCENT PSYCHIATRY, 2011).

Dada a natureza competitiva da educação física, trata-se de um ambiente propenso à intolerância e ao *bullying*. Apesar de crianças poderem ser indivíduos incrivelmente gentis e carinhosos, elas também podem ser cruéis e maldosos com os outros. Durante corridas de revezamento, por exemplo, os alunos com grandes habilidades às vezes ficam tão frustrados com os que não são habilidosos que começam a colocar apelidos e a fazer piadas

Os alunos precisam aprender a exibir atos de gentileza no ambiente de atividade física.

com aqueles que consideram responsáveis pela derrota da equipe. Ao longo do tempo, a hostilidade e a frustração se acumulam em outros ambientes. No final, os indivíduos sofrem eventos regulares de comportamentos ofensivos dos colegas.

De novo, reconhecemos que seria difícil impedir todas as formas de xingamentos e de *bullying*. Lembramo-nos muito bem de eventos de *bullying* que observamos no pátio e no ginásio quando éramos crianças. No entanto, os professores devem empenhar todos os esforços possíveis para garantir que isso não ocorra em sala de aula ou sob sua supervisão. Além disso, recomendamos com ênfase que os professores responsabilizem-se cada vez mais por estabelecer ambientes em que o *bullying* e a intolerância sejam impossibilitados de emergir. A seguir constam alguns exemplos sobre como criar um clima de aula positivo para todos:

- Elogiar os alunos publicamente por atos de gentileza.
- Insistir que todos merecem ser tratados com respeito e que comportamentos ofensivos direcionados aos outros sofrerão consequências negativas.
- Planejar eventos especiais que reforcem a gentileza (tais como um dia em que os alunos devem realizar atos de gentileza para cinco pessoas que conheçam e para cinco pessoas que não conheçam).
- Observar com atenção os alunos na sala de aula, no ginásio e no campo de jogo estando sempre voltado para eles e mantendo-se atento a tudo.
- Ensinar aos alunos a desencorajar os outros de comportamentos ofensivos fazendo-os intervir quando seus colegas estiverem sendo maltratados.
- Não colocar alunos com relações particularmente adversas no mesmo grupo.
- Evitar planejar eventos, como corridas de revezamento, que possam promover o *bullying*.

Por fim, não ignore instâncias de *bullying* porque você acha que uma criança mere-

ce passar por isso. Entre em contato com os recursos relacionados ao *bullying* e que ajudem a reduzir sua ocorrência. Muitos estados, como Massachusetts, mantêm estatísticas sobre o *bullying* e outros riscos de saúde que você pode achar interessante em: http://www.doe.mass.edu/cnp/hprograms/yrbs. Por mais incompreensível que seja, há professores que estimulam sutilmente atos de *bullying* em relação a algumas crianças dando as costas quando elas estão sendo ofendidas ou atormentadas. Lembre-se: todas as crianças merecem ser tratadas com justiça; elas são pessoas pequenas que um dia se tornarão adultos. Elas precisam aprender a funcionar em uma sociedade que seja composta de muitos tipos diferentes de pessoas, e como esses alunos são considerados hoje certamente terá um impacto em como eles irão se comportar e se ver no futuro. Complete o Desafio de raciocínio 10.3.

DESAFIO DE RACIOCÍNIO 10.3

Descreva como reduzir incidentes de *bullying* em cada um dos ambientes a seguir:

Sala de aula durante o intervalo entre as atividades físicas
1.
2.
3.

Ginásio durante uma aula de educação física
1.
2.
3.

Pátio durante o recreio
1.
2.
3.

Reforço positivo

Uma técnica usada por professores eficazes é reforçar de forma positiva o bom comportamento quando ele é observado, dada a crença corrente de que as crianças têm o desejo de agradar. Na maioria dos casos, o reforço positivo ajuda-as a sentirem-se bem com o seu desempenho e cria nelas um desejo de continuar agradando o professor. Curiosamente, algumas crianças precisam tanto de atenção do professor que agem de maneira inadequada apenas para serem notadas. A teoria subjacente ao reforço positivo afirma que os alunos que precisam de atenção reagem tanto ao reforço positivo quanto ao reforço negativo do professor. Ao elogiar os alunos por comportamento adequado, eles estarão menos inclinados a envolver-se em comportamentos negativos (GRAHAM; HOLT/HALE; PARKER, 2004; SIEDENTOP; TANNEHILL, 2000). Algumas estratégias para reforçar positivamente o comportamento dos alunos são descritas a seguir.

Reforço em toda a escola

As escolas que utilizam uma abordagem disciplinar única em todo o ambiente escolar por vezes oferecem incentivos a todos os alunos, o que facilita a coesão e incentiva os alunos a trabalharem em conjunto para atingir um objetivo comum. Quando indivíduos ou uma turma inteira de alunos comportam-se particularmente bem, eles recebem um símbolo, como uma tira de papel que pode ser ligada com a tira recebida por outro aluno. Quando ligadas, as tiras formam uma corrente de papel. A corrente começa em um lado da escola, com o objetivo de alcançar o outro lado em um período definido de tempo. Quando as crianças atingem esse objetivo, elas ganham uma recompensa. No caso de uma escola específica, o diretor prometeu raspar o cabelo e realizar uma festa quando a corrente ao redor da escola estivesse completa, e ele cumpriu!

Qualquer incentivo, por menor que seja, pode ser usado para atingir os objetivos. Por exemplo, os alunos podem receber algum símbolo, como uma bola de gude, que eles devem colocar em um jarro. Quando as bolinhas alcançarem o topo, todos recebem um prêmio.

Algumas escolas removem um número específico de símbolos quando os alunos se comportam de maneira inadequada. Por exemplo, seriam removidas tiras de papel da corrente ou bolinhas de gude do jarro. Apesar de essa técnica poder ser efetiva, também vimos seus efeitos negativos. Por isso, recomendamos que a distribuição de símbolos seja usada apenas para recompensar os alunos, jamais para puni-los.

Reforço individual

Semelhante à abordagem escolar, os professores podem recompensar alunos individualmente quando se comportarem bem, e, em alguns casos, eles podem receber privilégios especiais como ser o líder da fila ou o capitão. Em outros casos, os alunos podem receber objetos materiais, como uma corda para pular. Ainda em outros casos, podem receber símbolos que eles podem juntar para "comprar" um objeto especial, como uma bola para usar no pátio.

Ensinar motivação interna

Visto que as pesquisas apontam um peso absurdamente maior para a motivação intrínseca, tal como querer participar de uma atividade de educação física apenas pelo prazer, e não para receber recompensas, como método preferido de motivação, recomenda-se ensinar as crianças a se motivarem internamente (STANDAGE; DUDA; NTOUMANIS, 2005). Conforme enfatizado pelo Ponto-chave 10.4, apesar de as recompensas se provarem efetivas para começar a estabelecer bons comportamentos e a incentivar a participação dos alunos no ginásio, os professores devem ir desestimulando os alunos a participarem por recompensas externas e, em vez disso, ajudá-los a participar porque querem, e não por receberem algum objeto material.

> **Ponto-chave 10.4**
>
> Os professores são incentivados a irem gradualmente afastando a ideia de recompensa externa dos alunos e ajudá-los a aprender a encontrar motivações internas.

Elogios não verbais podem ser muito efetivos para promover o comportamento adequado.

Elogios verbais e não verbais

Quando as crianças fazem algo certo, em especial no início do ano, e se envolvem com destaque em um comportamento que o professor se esforça em promover, é adequado dar um reconhecimento, seja verbal ou não verbal. Em alguns casos, o professor pode elogiar o aluno publicamente, assim reforçando o comportamento adequado para todos. Em outros, pode achar mais adequado elogiar a criança de forma individual. Independentemente da escolha, gestos simples, como apertos de mão, acenos de cabeça ou piscadelas de olho podem ser bastante recompensadores para as crianças. Elogios como: "ótimo trabalho", "muito bem", "Vocês estão vendo como o Thiago e a Sandra estão dividindo bem as coisas?" podem ser recompensadores do mesmo modo.

Tempo individual com o professor

Visto que a maioria dos alunos gosta de passar um tempo a sós com o professor, eles podem ser recompensados com a oportunidade de ajudar o professor a criar um quadro de avisos, servir como assistente ou almoçarem juntos. Recompensas como essas são gratuitas, permitem que o professor e o aluno aprofundem seus laços e ajudam os professores a compreender melhor sua turma. Também há aqueles alunos que não recebem muita atenção em casa, e se comportar adequadamente para passar mais tempo com o professor pode ser um enorme incentivo para uma criança que necessita de uma dose muito grande de atenção individual. De fato, já observamos pessoalmente uma situação em que uma criança com grandes dificuldades emocionais pode passar mais tempo a sós com o professor e, por fim, foi convidada a servir como assistente. A mudança no seu comportamento foi acentuada. Ela recebeu a atenção de que tanto precisava, mas de forma positiva, ao mesmo tempo em que melhorava seu comportamento. Complete o Desafio de raciocínio 10.4.

DESAFIO DE RACIOCÍNIO 10.4

Liste uma reação positiva e uma negativa que você tenha sobre as técnicas a seguir:

Técnica	Reação positiva	Reação negativa
Reforço em toda a escola		
Reforço individual		
Ensinar motivação interna		
Elogios verbais e não verbais		
Tempo individual com o professor		

DISCIPLINA

Conforme já mencionado, professores inexperientes costumam ter problemas para impor disciplina; para eles, é muito difícil repreender e punir os alunos. Isso se deve, em grande parte, à necessidade pessoal de ser visto favoravelmente, e não tem embasamento em nenhuma pesquisa que afirme ser inadequado disciplinar os alunos. É lamentável quando os professores não disciplinam seus alunos por medo de que as crianças não gostem mais deles. Lembre-se: muitas vezes os professores mais respeitados são os que têm sala de aula ordenadas.

Apesar de a ampla maioria dos professores novatos passarem por um momento no ano em que acabam percebendo a necessidade de disciplina, é muito mais fácil quando podem começar o ano comunicando as regras e estabelecendo as consequências de forma clara. As crianças ficam confusas quando recebem sinais incoerentes. No fim das contas, é muito melhor quando elas aprendem as regras e as normas da sala de aula desde o primeiro dia, visto que mudar as regras no meio do ano é difícil tanto para elas quanto para os professores.

A próxima seção deste capítulo trata sobre como estabelecer e implementar as consequências adequadas. Antes de continuar a leitura, pense sobre as consequências que você considera mais adequadas para crianças dos anos iniciais do ensino fundamental e complete o Desafio de raciocínio 10.5.

DESAFIO DE RACIOCÍNIO 10.5

Crie uma lista progressiva de consequências que você empregaria quando os alunos violassem as regras. O ideal é que as consequências implementadas no ginásio ou no campo de jogo sejam as mesmas da sala de aula.
1.
2.
3.
4.
5.

Estabelecendo consequências

Conforme enfatizado no Ponto-chave 10.5, é melhor para as crianças quando as consequências para infrações são claramente estabelecidas e reforçadas com consistência. As orientações a seguir foram criadas para ajudar a desenvolver consequências justas, fáceis de implementar e efetivas na eliminação de comportamentos inadequados.

Ponto-chave 10.5

Será melhor para as crianças, que ficarão menos confusas, se os professores comunicarem com clareza as consequências por infringir regras e as reforçarem de maneira consistente.

Consequências comuns

Conforme enfatizado anteriormente, as crianças se comportam melhor quando entendem as regras e as consequências do ambiente de aprendizagem. Apesar de algumas consequências não poderem ser determinadas de antemão, os alunos saem ganhando quando têm um entendimento claro do que vai acontecer se quebrarem as regras. As consequências a seguir se provaram eficazes para muitos professores:

- *Aviso*. Quando os alunos se comportam mal, eles devem receber um aviso de imediato. Apesar de preferirmos chamar as crianças individualmente, há ocasiões em que uma repreensão pública, seja uma afirmação verbal ou um sinal não verbal, é necessária. Por exemplo, se um aluno continuar conversando enquanto você está falando, você precisa lembrá-lo de que só uma pessoa pode falar por vez. Se uma criança estiver fazendo algo perigoso no ginásio, você precisa resolver o assunto com rapidez com uma repreenda verbal que a impeça de se ferir. Se uma criança ficar muito agitada quando estiver com uma dupla, talvez seja necessário olhar para ela com dureza.

Às vezes uma simples conversa com um aluno é o suficiente para acabar com o mau comportamento.

- *Castigo.* Se a criança continuar se comportamento mal mesmo depois de receber um aviso, ela deve ser imediatamente posta de castigo. O aluno precisa deixar a área da atividade imediatamente e se sentar em um local predeterminado do ginásio ou da área da brincadeira onde não atrapalhe os outros alunos e possa refletir sobre seu comportamento. Essa é uma consequência muito eficiente para alunos dos anos iniciais, visto que eles adoram participar de atividades físicas. Recomendamos um castigo inicial de cinco minutos, ao final dos quais você deve chamá-lo para reintegrar a atividade.
- *Castigo adicional ou remoção.* Algumas crianças costumam quebrar as regras com maior frequência do que os outros. Se uma criança tiver recebido um aviso e tiver sido posta de castigo, mas mesmo assim continuar se comportando mal quando retornar à área da atividade, é necessário decidir se o melhor é colocá-la de castigo novamente ou removê-la da atividade pelo resto da aula. Se a segunda infração for pequena, e não estiver relacionada com a primeira, pode ser mais adequado dar um segundo castigo. Contudo, se a segunda infração for mais grave, ou se a criança continuar se comportando do mesmo modo que a colocou de castigo, pode ser melhor afastá-la pelo restante da aula.
- *Remoção de privilégios.* Quando castigos não dão resultado, a retirada dos privilégios pode ser muito eficaz. Tirar a oportunidade de ir a um evento especial ou de participar de uma atividade muito esperada pode se provar eficiente. No entanto, achamos necessário aconselhar os professores a não tirar oportunidades de educação física se a criança se comportou mal em outra matéria, como ciência, leitura ou matemática. A educação física é tão importante quanto essas outras disciplinas, e tirar a oportunidade da criança de participar por ter se comportado mal em outra é errado e tem implicações negativas para a saúde.
- *Conversar com os pais.* As crianças que continuam atrapalhando a aula interferem na sua própria aprendizagem e na dos outros alunos. Se estratégias como avisos, castigos e remoção de privilégios forem ineficazes, é necessário conversar com os pais para que eles intervenham. Alguns

professores pedem para as crianças escreverem cartas para o pais (que devem ser assinadas por eles e devolvidas ao professor) descrevendo o que fizeram de errado. Essa estratégia costuma funcionar porque força a criança a contemplar seu comportamento, além de ser um bom exercício de escrita. Já outros professores preferem chamar os pais por conta própria e conversar sobre o problema. Na maioria dos casos, os pais reagem bem quando são chamados pelo professor, mas, se eles não forem prestativos, lembre-se de que você pode economizar muito tempo e evitar agravamentos deixando de reclamar deles para encontrar outra estratégia que funcione para a criança.

- *Reunião com os pais.* Pedir um horário com os pais para discutir o comportamento dos seus filhos é outra técnica eficaz. Muitos pais sentem-se perturbados pelo fato de o comportamento do seu filho merecer uma reunião, e, como resultado, assumem papéis mais proativos na promoção de comportamentos positivos no futuro. Quando tiver a oportunidade de falar a sós com os pais, e, se acreditar que tem o seu apoio, você pode convidar o filho deles para participar da última parte da reunião. Mas lembre-se de que, em muitas famílias, ambos os pais trabalham, pode ser necessário marcar a reunião para depois do horário comercial.
- *Reunião com o diretor.* Como último recurso, pode-se discutir o comportamento inadequado de um aluno com o diretor. Você pode mandar a criança para explicar o seu comportamento para o diretor, ou pode encontrar-se com ele individualmente para criar uma estratégia para solucionar o problema. Sugerimos o diretor como último recursos por dois motivos. Primeiro, você não quer que a criança tema o diretor, e sim que o veja como alguém que facilita o ambiente educacional da escola. Segundo, você não quer passar a mensagem, nem para a criança

nem para o diretor, de que você não é capaz de revolver os problemas que ocorrem em sua sala de aula. O diretor é uma pessoa extremamente ocupada que só deve ser chamada a intervir quando todas as outras estratégias fracassaram.

Implementando as consequências

Cada comportamento que o professor exibe envia uma mensagem aos alunos. Antes de agir, é necessário considerar os prováveis resultados de sua ação. Ao adquirir mais experiência, você irá desenvolver um repertório de reações a situações que se tornarão quase instintivas. Contemplando as orientações a seguir antes de se deparar com um problema disciplinar, você terá maior probabilidade de reagir de forma adequada.

Não gaste muito tempo com um mau comportamento

Professores inexperientes costumam passar muito tempo falando sobre uma infração de comportamento durante a aula, e, ao fazer isso, além de darem muita atenção ao aluno que se comportou mal, também tiram tempo de aula dos que seguem as regras. É melhor tratar rapidamente do mau comportamento e ignorar o aluno até que ele esteja efetivamente reintegrado à atividade após um castigo ou até você conseguir falar com ele a sós fora da aula.

Exiba sempre um comportamento calmo

Há momentos em que somos confrontados com situações particularmente incômodas. Em alguns dias, você pode estar menos paciente do que o normal, ou um aluno pode irritá-lo a ponto de você achar que vai perder o controle. Porém, além de arrepender-se por ter feito isso mais tarde, também enviará uma mensagem que não quer. Se achar que está prestes a perder o controle, respire fundo ou afaste-se da situação por alguns momentos. Outra estratégia é dizer ao aluno que você irá cuidar da situação depois da aula.

Informe seus alunos sobre o que fizeram de errado

Antes ou depois de disciplinar as crianças, sempre as informe do que elas fizeram, pois, se não fizer isso, haverá situações em que ficarão confusas sobre por que estão sendo punidas. Em alguns casos, as crianças podem achar que estão sendo castigadas por outra coisa, e não pelo que fizeram de errado.

Identifique bons comportamentos

Após uma criança ter sido disciplinada, tente observar seu desempenho e instâncias de bom comportamento, para que possa reforçá-lo e elogiá-lo. Você não quer que elas sintam que recebem mais reforços negativos do que positivos.

Para cada situação negativa, crie uma positiva

Os professores de algumas escolas são confrontados com problemas disciplinares com maior frequência do que os de outras, e, apesar desses últimos terem sorte, os primeiros podem rapidamente ficar exaustos. Uma estratégia para continuar encarando seu trabalho de maneira positiva é reconhecer bons comportamentos na mesma frequência em que corrige os maus. Por exemplo, para cada ligação negativa para um pai, faça uma ligação positiva para outro.

Evite constrangimentos públicos

Assim como você não gosta de ser constrangido publicamente, nenhuma criança quer ser corrigida em público. Sempre que possível, comunique um aviso individualmente de modo que não seja ouvido pelos outros. A criança vai gostar disso e pode ficar mais inclinada a cumprir suas expectativas no futuro. É claro, isso nem sempre é possível ou desejável. Pode haver momentos em que é necessário corrigir a criança publicamente, mas, se você tiver a oportunidade de ser discreto, o incentivamos a fazê-lo.

Não puna a turma pelas ações de um

Alguns professores utilizam a pressão dos pares como uma estratégia efetiva para reduzir o mau comportamento, e podem punir a turma inteira pelas ações de algumas poucas crianças. Em verdade, isso não é justo para os alunos que estão se comportando adequadamente, e recomendamos que essa estratégia não seja empregada em suas aulas. As crianças que se comportam bem ficam ressentidas quando o professor age assim, e com razão!

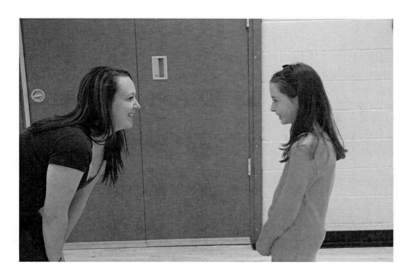

Após uma criança ter sido punida, elogie-a quando se comportar bem no futuro.

A punição deve equivaler à infração

As consequências mais eficazes são que foram pensadas de modo a se equivaler à infração. Por exemplo, se as crianças forem maldosas com outras crianças, faça-as redigir um texto sobre as consequências negativas de se tratar alguém assim. As crianças aprendem mais quando as consequências equivalem à infração do que quando elas são desproporcionais.

Nunca puna fisicamente uma criança

Não há motivo para o professor empregar punições corporais, seja batendo ou ferindo fisicamente uma criança. Se você ficar tão furioso que considere punições físicas, retire-se da situação imediatamente. Caminhe até o outro lado do ginásio ou peça para outro professor supervisionar sua aula até você se acalmar. Punições corporais são uma oportunidade perdida de educar, e não vão melhorar a situação. Em alguns estados, você pode até perder o emprego!

Não utilize exercícios físicos como punição

Não usar exercícios ou atividades físicas como consequência é mais importante do que qualquer outra orientação apresentada neste capítulo. As crianças precisam ser incentivadas a movimentar-se e a ficarem fisicamente ativas, e não a detestar a atividade ou considerá-la punição. Apesar de mandar os alunos correrem em volta da pista ou fazerem apoios ser uma consequência muito eficaz, a mensagem que isso passa é inadequada. Na realidade, você está ensinando, por meio do currículo oculto, que fazer exercícios é uma coisa negativa, e há muitas estratégias, como as sugeridas anteriormente, que são tão ou mais efetivas. Conforme enfatizado pelo Ponto-chave 10.6, simplesmente não há desculpa para usar atividades físicas como consequência.

Ponto-chave 10.6

Atividades físicas *nunca* devem ser usadas como punição!

Escolha um sistema que funcione para você

Dois tipos de sistemas disciplinares receberam atenção considerável da literatura. O primeiro, *disciplina assertiva,* está associado com Lee Canter, que acredita que os educadores têm o direito de ensinar e que o mau comportamento em sala de aula não deve ser tolerado. Ele estimula os professores a desenvolver uma série de regras simples que devem ser firme e positivamente reforçadas. Quando os alunos se comportam de forma adequada, eles devem ser reconhecidos e recompensados, e, quando se comportam mal, devem receber as consequências imediatamente (CANTER; CANTER, 1992). Esse é um dos sistemas disciplinares mais utilizados, embora às vezes seja criticado por ensinar as crianças que, se elas se comportarem, serão recompensadas.

Outro sistema popular, em especial no campo da educação física, é o *modelo de responsabilidade pessoal social,* de Don Hellison (HELLISON, 2011). Esse modelo foi inicialmente implementado em escolas urbanas onde ele trabalhava com crianças com baixo autocontrole. Ao contrário de Canter, Hellison acredita que os alunos devem ser ensinados a comportar-se de maneira adequada não porque irão receber recompensas extrínsecas, mas pelos sentimentos intrinsecamente bons que vêm da autorresponsabilidade. Esse modelo tem cinco níveis: Nível 0: Irresponsabilidade, Nível 1: Autocontrole, Nível 2: Envolvimento, Nível 3: Autorresponsabilidade e Nível 4: Empatia. Os professores ajudam os alunos a, aos poucos, assumirem responsabilidades e avaliarem seu próprio nível de desempenho, com o objetivo final de alcançarem o Nível 4, no qual passam a se focar menos neles mesmos, e mais em ajudar os outros.

Resumo

O propósito deste capítulo foi proporcionar informações sobre a administração preventiva da aula e de disciplina. Apesar de experiências em primeira mão do mundo real serem preferíveis, os professores podem aprender técnicas para promover o bom comportamento e reforçar as consequências antecipando cuidadosamente situações que possam encontrar e formas de reagir. Antecipando essas situações, é provável que você reaja de modo mais eficaz no futuro (complete o Desafio de raciocínio 10.6).

Os professores mais eficazes trabalham de forma diligente para criar um clima positivo em sala de aula e promover proativamente bons comportamentos. Eles estabelecem rotinas, criam e reforçam regras pensadas, têm altas expectativas para o ambiente da aula e oferecem reforço positivo para os bons comportamentos, como a gentileza. Apesar de serem firmes e consistentes, eles também demonstram carinho e consideração pelos sentimentos dos alunos. Elogiam publicamente bons comportamentos e, quando necessário, utilizam recompensas adequadas como reforço.

Os professores eficazes não gostam de disciplinar os estudantes, mas entendem que este é um elemento necessário de uma sala de aula ordenada. As consequências devem ser conhecidas dos alunos, justas e consistentemente aplicadas, e não criadas para constranger as crianças, além de serem adequadas para a infração cometida. Apesar de professores eficazes compreenderem que algumas consequências podem ser mais efetivas do que outras, eles também não estão dispostos a usarem exercícios, atividades físicas ou outras medidas igualmente inadequadas como consequências.

DESAFIO DE RACIOCÍNIO 10.6

Os cenários a seguir foram escritos por professores futuros antecipando problemas de disciplina com os quais eles podem se deparar. Como você reagiria?

Estudo de caso 1:
Cerca de um mês após o início das aulas, uma professora de 5° ano está com problemas com os seus alunos, que não cuidam dos equipamentos. Ela os pegou usando as raquetes para bater em coisas e jogando-as no chão de propósito. Essa atividade ocorreu inúmeras vezes, e com mais de um aluno.

Estudo de caso 2:
O final do primeiro semestre está se aproximando, e uma professora de 4° ano está ficando frustrada, porque seus alunos vivem brigando sobre as regras de vários jogos que eles têm jogado ao longo do ano. Em cada unidade, parece que há vários alunos que não concordam com as regras usadas em aula. Eles brigam constantemente entre si e com a professora.

Estudo de caso 3:
Uma aluna de 2° ano frequentemente denuncia o comportamento dos seus colegas, que estão ficando cada vez mais irritados com ela, sendo que você já ouviu-os xingando-a pelas costas. Você se sente incomodado com o que ela faz, mas também não aprova o comportamento negativo dos outros alunos em relação a ela.

Estudo de caso 4:
Uma turma de 3° ano está no meio de uma unidade sobre hóquei de quadra. A turma recém iniciou uma partida. À medida que o jogo prossegue, João acidentalmente atinge a perna de Tomas com o seu bastão, mas Tomas acha que ele fez isso de propósito. Os dois começam a discutir e, logo, a se empurrar, e, antes que o professor consiga intervir, começam uma briga.

Lista do que fazer e do que não fazer

Fazer	Não fazer
☐ Estabelecer altas expectativas por um ambiente de aprendizagem ordenado. ☐ Reforçar consistentemente as consequências para quando as regras forem quebradas. ☐ Esperar que as crianças se tratem com gentileza. ☐ Implementar estratégias para incentivar os comportamentos adequados. ☐ Eleger consequências adequadas à infração cometida.	☐ Esperar que você vire amigo dos seus alunos. ☐ Ignorar instâncias de comportamento inadequado. ☐ Tolerar circunstâncias de *bullying*. ☐ Punir todos pelas ações de alguns. ☐ Constranger os alunos punindo-os publicamente sem necessidade. ☐ Usar atividades físicas ou exercícios como punição.

Atividades de revisão

1. Em um grupo pequeno, desenvolva um sistema disciplinar para toda a escola que promova o comportamento adequado.

2. Discuta como os professores podem reduzir as circunstâncias de *bullying*.

3. Debata com outros professores se recompensas materiais são adequadas para incentivar o comportamento positivo.

4. Descreva como você reagiria se os pais não fossem receptivos após chamá-los para relatar um problema disciplinar.

5. Debata se é ou não adequado punir todos pelas ações de alguns.

Referências

ALMEIDA, D. A. Behavior management and "The Five C's." *Teaching K-8*, v. 26, p. 88-89, 1995.

AMERICAN ACADEMY OF CHILD & ADOLESCENT PSYCHIATRY. Bullying resourse center. *American Academy of Child & Adolescent Psychiatry*, n. 80, 2011. Disponível em: <http://www.aacap.org/cs/root/facts_for_families/bullying>. Acesso em: 08 jun. 2011.

CANTER, L.; CANTER, M. *Assertive discipline*: positive behavior management for today's classroom. Santa Monica: Canter and Associates, 1992.

GRAHAM, G.; HOLT/HALE, S. A.; PARKER, M. *Children moving*: a reflective approach to teaching physical education. 6th ed. New York: McGraw Hill, 2004.

HELLISON, D. *Teaching personal and social responsibility through physical activity*. 3rd ed. Champaign: Human Kinetics, 2011.

LEFF, S. S.; POWER, T. J.; GOLDSTEIN, A. B. Outcome measures to assess the effectiveness of bullying prevention programs in the schools. In: ESPELAGE, D. L.; SWEARER, S. M. (Ed.). *Bullying in American schools*. Mahwah: Erlbaum, 2004. p. 269-295.

SIEDENTOP, D.; TANNEHILL, D. *Developing teaching skills in physical education*. 4th ed. Mountain View: Mayfield, 2000.

STANDAGE, M.; DUDA, J. L.; NTOUMANIS, N. A test of self-determination theory in school physical education. *British Journal of Educational Psychology*, v. 75, p. 411-433, 2005.

CAPÍTULO 11

ANÁLISE DE DESEMPENHO E AVALIAÇÃO

Este capítulo trata dos propósitos da análise de desempenho, de como as crianças costumam ser avaliadas, de métodos alternativos de avaliação e de orientações que podem ajudar o professor a conduzir as análises de desempenho. Já que muitas escolas de ensino fundamental não têm especialistas em educação física, os professores de sala de aula ficam responsáveis por realizar as análises de desempenho, e, apesar de os incentivarmos a criarem suas próprias avaliações, de modo que deem conta das necessidades específicas de seus alunos, é importante enfatizar que, recentemente, a NASPE publicou análises de desempenho para crianças dos anos inicias (NATIONAL ASSOCIATION FOR SPORT AND PHYSICAL EDUCATION, 2010). Essas análises de desempenho foram criadas por especialistas da área, e têm relação com o que eles acreditam que as crianças devem saber e conseguir realizar ao final de um ano específico, tendo, para isso, usado análises válidas e confiáveis. Elas também foram escritas para abordar os seis padrões nacionais apresentados no Capítulo 2. Estimulamos os professores de sala de aula a obterem cópias dessas análises de desempenho.

As avaliações e as análises de desempenho são responsabilidades muito importantes do professor, visto que passam informações sobre o desempenho das crianças para outras pessoas. Em alguns estados, como a Carolina do Sul, os legisladores instituíram provas exigidas pelo estado (RINK; MITCHELL, 2003), e as escolas ficam obrigadas a listar o escore dos alunos em um boletim estadual. Isso permite que pais, legisladores e outros comparem e contrastem escolas específicas, resultando na maior responsabilização da escola pela aprendizagem dos alunos.

PROPÓSITOS DA ANÁLISE DE DESEMPENHO

Antes de prosseguir, é importante compreender a diferença entre os termos "análise de desempenho" e "avaliação". Apesar de ambos serem usados para passar informações sobre o desempenho dos alunos, cada um tem uma definição um pouco diferente. Conforme explicado pelo Ponto-chave 11.1, a *análise de desempenho* refere-se a um processo diagnóstico por meio do qual os professores coletam informações sobre o desempenho ou o desenvolvimento dos alunos em relação a um objetivo. A *avaliação* cria um produto que fornece uma medida comparativa sobre como os alunos atingiram determinado objetivo. A análise de desempenho é, em essência, *formativa*, sendo usada para relatar informações sobre o progresso geral dos alunos. A avaliação, por sua vez, é *somativa*, e "[...] usada para julgar a qualidade de um desempenho ou trabalho em relação a um padrão." (PARKER et. al, p. T3A-1, 2001).

Ponto-chave 11.1

Análise de desempenho refere-se a um processo diagnóstico por meio do qual os professores recebem informações sobre o desempenho ou o progresso dos alunos em relação a um objetivo. A *avaliação* cria um produto que fornece uma medida comparativa sobre como os alunos atingiram determinado objetivo.

O texto sobre as análises de desempenho da NASPE descrito anteriormente pode ser usado pelos professores para *analisar formativamente* o *progresso* dos alunos em relação aos padrões nacionais e também como um mecanismo para *avaliar somativamente* seu desempenho no final do ano letivo em relação aos padrões nacionais. Trata-se de uma ferramenta ideal para ajudar os professores a determinar o que as crianças devem saber e conseguir realizar, além de poder ser usado como guia de desenvolvimento do currículo anual. Além dessa, os professores também podem desenvolver suas próprias ferramentas para analisar o desempenho e avaliar os alunos, ou ir atrás de outras referências úteis em busca de ideias (HOLT/HALE, 1999; LAMBERT, 1999; LUND, 2000; MELOGRANO, 2000; O'SULLIVAN; HENNINGER, 2000).

Tente lembrar-se de suas próprias experiências durante as aulas de educação física nos anos iniciais. Antes de ler mais, complete o Desafio de raciocínio 11.1. Do que você se lembra? Essas memórias são positivas ou negativas?

DESAFIO DE RACIOCÍNIO 11.1

Liste as técnicas que os professores empregavam na educação física dos anos iniciais para analisar e avaliar seu desempenho.

Análise de desempenho	Avaliação
1.	1.
2.	2.
3.	3.
4.	4.
5.	5.

Os professores de sala de aula podem aprender a avaliar e a analisar o desempenho dos alunos adequadamente.

Os professores analisam o desempenho e avaliam os alunos por diversos motivos. Com base no tempo de aula disponível ao longo do ano e em suas crenças sobre a análise de desempenho e a avaliação, eles podem decidir realizá-las de maneira regular ou periódica. A seguir constam alguns dos objetivos ao *analisar o desempenho* dos alunos:

- Classificar os alunos por habilidade para agrupá-los.

- Informar os alunos sobre em que eles melhoraram.
- Motivar os alunos a esforçar-se.
- Identificar dificuldades de desempenho.
- Prever futuros níveis de habilidade.
- Permitir que o professor avalie sua própria eficácia.
- Informar o professor sobre o sucesso de uma aula, unidade ou currículo.

A seguir constam alguns dos objetivos ao *avaliar* os alunos:

- Determinar se os alunos atingiram os resultados propostos.
- Estabelecer se os alunos têm condições de cumprir os padrões nacionais.
- Relatar o estado de um aluno ao final de uma unidade.
- Determinar se as crianças alcançaram os objetivos de uma unidade.

ANÁLISE DE DESEMPENHO E AVALIAÇÃO TRADICIONAIS

Na nossa experiência, os professores de educação física passam mais tempo avaliando os alunos do que fazendo a análise do seu desempenho. Apesar de não podermos atestar como os professores se comportam, a avaliação tem sido realizada quase exclusivamente como um método para determinar as notas. Na maioria das escolas de ensino fundamental, as notas dizem se as crianças estão **Ó**timas, **S**atisfatórias, ou **I**nsatisfatórias. Em algumas escolas, as crianças recebem um longo texto escrito pelo professor, ou um boletim tradicional com as letras **A, B, C, D** ou **F**. Qualquer que seja o sistema usado, o boletim final passa informações sobre o *status* dos alunos para (a) eles mesmos, (b) os pais, (c) os professores e (d) outras escolas, nas quais eles podem tentar matricular-se posteriormente. Apesar de algumas vezes os alunos terem de redigir uma autoavaliação ou avaliar os colegas, na maior parte dos casos, é o professor quem realiza a avaliação. Antes de ler mais, complete o Desafio de raciocínio 11.2.

DESAFIO DE RACIOCÍNIO 11.2

Liste uma vantagem e uma desvantagem para cada sistema de notas a seguir que não tenham sido discutidas neste capítulo.

Sistema de notas	Vantagem	Desvantagem
Sistema O, S, I		
Sistema A, B, C, D, F		
Boletim escrito		

Cada tipo de sistema de notas tem suas vantagens e desvantagens. As letras tradicionais têm a vantagem de serem mais rápidas e fáceis de completar pelos professores e de passarem informações sobre o desempenho dos alunos de forma rápida e acessível. No entanto, elas não fornecem informações específicas sobre as áreas em que o aluno se saiu melhor ou pior. Por exemplo, se uma criança receber "C" em educação física, ela pode ter se saído muito bem em atividades criativas, como ginástica artística e dança, mas ter apresentado um mau desempenho em habilidades motoras básicas, como arremessar e pegar. O "C" passa a ideia de que o desempenho da criança é razoável, mas não explica o motivo.

Apesar de boletins escritos serem extremamente úteis para pais e crianças, eles exigem muito tempo para completar, tempo esse que o professor poderia usar para preparar novas aulas e melhorar as atuais.

O ideal é que os pais tenham a oportunidade de se reunir individualmente com o professor do filho diversas vezes ao longo do ano. Assim, eles podem compreender melhor o desempenho de seu filho ao mesmo tempo em que permitem que o professor lhes passe muitas informações, o que seria muito mais demorado se fosse feito por escrito. No entanto, os boletins escritos são um mecanismo importante para informar os futuros professores sobre o desempenho das crianças, além de serem de grande utilidade quando elas trocam de escola. O Quadro 11.1 contém um exemplo de boletim que pode ser usado nos anos iniciais do ensino fundamental. O boletim contém no-

Quadro 11.1 Boletim de educação física do 1º ao 5º ano

Nome do aluno:
Série:
Nome do professor:
Data:

CHAVE
O = Ótimo
P = Progresso consistente
N = Necessita melhorar
(+ ou − valores podem ser acrescentados à nota)

	Bimestre			
ÁREA DA AVALIAÇÃO	1	2	3	4
Habilidades motoras básicas **Comentários:**				
Movimento criativo **Comentários:**				
Condicionamento físico **Comentários:**				
Conhecimento **Comentários:**				
Trabalho em equipe e cooperação **Comentários:**				
Atitude **Comentários:**				
Desempenho geral **Comentários:**				

Fonte: As autoras.

tas em letras, além de permitir que o professor coloque comentários relacionados aos assuntos específicos tratados em cada bimestre. Se for impresso de modo padronizado, várias páginas podem ser afixadas em conjunto. A parte superior dos boletins pode usar papel carbono para que as notas atribuídas no primeiro semestre fiquem visíveis quando completar o boletim para os períodos posteriores. Já a porção inferior do boletim não deve usar papel carbono, para que novos comentários possam ser adicionados a cada bimestre.

Os alunos costumam ser avaliados em três domínios, os quais discutimos anteriormente: psicomotor, cognitivo e afetivo. Curiosamente, conforme enfatizado no Ponto-chave 11.2, os alunos de educação física costumam primeiro ser avaliados no domínio afetivo, e não no psicomotor. Os professores querem alunos comportados e participativos. Eles acreditam que é injusto penalizar uma criança com uma nota ruim só porque ela não apresenta boa coordenação motora. Porém, se o aluno "se esforçar", ele pode receber a nota mais alta

> **Ponto-chave 11.2**
>
> Às vezes, crianças na educação física são avaliadas mais no domínio afetivo do que no domínio psicomotor. No entanto, elas deveriam ser avaliadas pelo seu desempenho motor.

possível – mesmo que seja a criança menos habilidosa da turma. Isso é justo? Isso informa com precisão o progresso do aluno de forma que ele ou seus pais compreendam? Considere como você, enquanto professor, analisaria o desempenho e avaliaria os alunos enquanto segue lendo este capítulo.

Domínio psicomotor

Parece lógico que os alunos de educação física sejam analisados com base no seu desempenho motor. Estranhamente, essa área costuma ser a mais ignorada, por razões já abordadas. Contudo, atribuir uma nota excelente a um aluno de educação física que não demonstrou um desempenho excepcional no domínio psicomotor demonstra pedagogia inadequada. É igual a atribuir uma nota "A" em leitura para um aluno porque ele sempre se lembra de trazer um livro para a aula e se esforça muito, mas não consegue ler.

Os professores são contratados para analisar o desempenho e avaliar os alunos de maneira objetiva. Ser generoso porque gosta do aluno ou acredita que ele se esforça muito é um grande desserviço para você, para a criança e para os pais, já que não passa uma ideia verdadeira do progresso e pode gerar grande prejuízo para a criança, que poderá sofrer exigências para além do que é capaz de realizar por outro professor no futuro.

Os boletins, como aquele ilustrado no Quadro 11.1, são úteis porque permitem que o professor teça comentários sobre diferentes áreas relacionadas ao desempenho das crianças. Se uma criança é boa em áreas como habilidades motoras e condicionamento físico, mas fraca na realização de atividades criativas, essa informação pode ser adequadamente transmitida. Os pais aprendem que seu filho é habilidoso e fisicamente preparado, mas que pode ser beneficiado por um programa de extensão que o ajude a desenvolver seus talentos criativos.

Os professores empregam testes adequados de habilidades e de condicionamento físico para analisar o desempenho na área psicomotora. Muitas análises de desempenho, como as recentemente produzidas pela National Association for Sport and Physical Education (2010) são válidas, confiáveis e fáceis para professores de educação física e de sala de aula usarem. Instrumentos como *checklists*, cartões de tarefas, folhas de avaliação e análises visuais são úteis para analisar o desempenho dos alunos nesse domínio.

Na área psicomotora estão todas as atividades nas quais a criança deve realizar uma tarefa física. Exemplos incluem:

- Habilidades motoras básicas
- Condicionamento físico relacionado à saúde
- Movimento criativo
- Desempenho em atividades individuais, em duplas e em equipes

As *habilidades motoras básicas* envolvem atividades como arremessar, pegar, chutar, rebater, desviar, cair, correr, virar, girar e outras. Elas incluem as habilidades que as crianças precisam aprender para participar efetivamente de outras atividades, sendo, a princípio, ensinadas individualmente para depois combiná-las em movimentos complexos. Análises de desempenho válidas e confiáveis foram desenvolvidas pela National Association for Sport and Physical Education (2010), mas também podem ser encontradas em outros livros profissionais.

O *condicionamento físico relacionado à saúde* inclui resistência cardiovascular, composição corporal e força muscular, resistência e flexibilidade muscular. Os níveis de condicionamento físico das crianças devem ser analisados regularmente em todos os anos. Análises de desempenho como o FITNESSGRAM, que são bastante utilizadas por professores de

Análises de desempenho para o condicionamento físico podem fornecer informações importantes sobre se a criança está ou não na zona de condicionamento físico saudável.

educação física, também podem ser utilizados por professores de sala de aula (WELK; BLAIR, 2008; WELK; MEREDITH, 2008). Para analisar a capacidade aeróbica, as crianças completam (a) o teste PACER, (b) uma milha de corrida/caminhada e (c) o teste de caminhada (para crianças com 13 anos ou mais). Para obter acesso às informações mais recentes do FITNESSGRAM, acesse: http://www.cooperinstitute.org/ourkidshealth/fitnessgram/documents/FITNESSGRAM_ReferenceGuide.pdf. Outro *website* que você pode visitar é o President's Challenge: http://www.presidentschallenge.org/. Esse programa também promove testes de condicionamento físico e permite que os professores adquiram prêmios para as crianças que atinjam as exigências do desafio.

Para avaliar a composição corporal, é possível calcular o percentual de gordura corporal ou o índice de massa corporal. Apesar de vários mecanismos terem sido usados para analisar a composição corporal, as medidas mais comuns incluem o uso de adipômetros ou calculadoras simples, disponíveis em *websites* como o U.S. Department of Health and Human Services: http://www.nhlbisupport.com/bmi/.

Por fim, para determinar a força, a resistência e a flexibilidade muscular, os professores podem analisar (a) força e resistência abdominal (exercícios abdominais), (b) força e resistência de extensão do tronco (levantamento do tronco), (c) força e resistência da parte superior do corpo (apoio, barra) e (d) flexibilidade (sentar e alcançar ou alongamento de ombros). Os professores podem aprender a criar aulas de condicionamento físico relacionado à saúde usando os diversos produtos que acompanham o FITNESSGRAM, e determinar se as crianças estão na zona de condicionamento físico saudável (ver http://www.fitnessgram.net/home/).

O *movimento criativo* deve ser ensinado em todos os anos da escolaridade. Algumas crianças vão se sair melhor na área das habilidades motoras básicas, enquanto outras terão desempenho mais competente na área dos movimentos criativos. E ainda há aqueles que serão competentes em ambas. Crianças que apresentam um bom desempenho criativo tendem a se sair bem em ginástica artística e aulas de dança. Eles usam seus corpos para se expressar e podem até gostar de conectar seus movimentos ao ritmo da música. A National Association for Sport and Physical Education(2010) oferece diversas análises de desempenho para avaliar o movimento criativo.

O *desempenho em atividades individuais, em dupla ou em equipes* é enfatizado quando as crianças começam a adquirir experiência em habilidades motoras básicas. Os professores analisam as habilidades dos alunos, como passar para os outros, recepcionar uma bola enquanto correm e completar com sucesso estratégias ofensivas e defensivas durante o jogo. Análises de desempenho válidas e confiáveis também estão à disposição pela National Association for Sport and Physical Education (2010).

Domínio cognitivo

Outra área importante em que as crianças na educação física precisam ser avaliadas é o domínio cognitivo. Isso inclui testar os alunos utilizando análises de desempenho para avaliar coisas como (a) a compreensão e o processamento cognitivos (p. ex., regras, estratégias, fatores de segurança, história dos jogos, resolução de problemas); (b) habilidade de aplicar o conhecimento e (c) compreensão dos princípios e da mecânica do movimento (p. ex., produção de força, uso de alavancas, condicionamento). Sem uma aula sobre biomecânica ou sobre os princípios do condicionamento, será difícil para o professor de sala de aula avaliar o desempenho das crianças em algumas áreas cognitivas. Contudo, há recursos como as avaliações de desempenho da NASPE, em que é possível obter testes cognitivos que são válidos e confiáveis (NATIONAL ASSOCIATION FOR SPORT AND PHYSICAL EDUCATION, 2010). Além disso, também é possível analisar o desempenho cognitivo utilizando instrumentos que você desenvolveu, como testes rápidos, provas e entrevistas para analisar o desempenho dos alunos nas áreas em que você tem maior conhecimento e nas quais se sente mais confortável.

Ensinar as regras e a história de certas atividades é mais fácil do que tentar aprender os princípios complexos relacionados com áreas como a biomecânica. Obviamente, você é incentivado a acumular conhecimento para ajudar as crianças a compreender como seu corpo funciona, como os conceitos podem ser aplicados em um ambiente de atividade física e como estratégias distintas podem ser utilizadas em situações assemelhadas a jogos. Além do mais, conforme enfatizado no Ponto-chave 11.3, é importante passar a maior parte do tem-

po envolvendo os alunos em atividades físicas. Portanto, se você puder separar um período do tempo em sala de aula para realizar testes com as crianças sobre o que elas estão aprendendo na educação física, você terá mais tempo para mantê-las fisicamente ativas durante as aulas de educação física.

> ### Ponto-chave 11.3
>
> Apesar de analisar o desempenho no domínio cognitivo ser importante, os professores de sala de aula devem usar a maior parte do tempo de educação física para manter as crianças em movimento, e não para completar tarefas escritas.

Mas se tentar desenvolver provas escritas ou testes rápidos, eles podem ser tanto objetivos como subjetivos. O aprendizado sobre como criar provas ocorre durante o curso de licenciatura, portanto não vamos gastar muito tempo cobrindo os tipos questões, exceto para enfatizar que elas podem ser objetivas ou subjetivas. As provas *objetivas* usam múltipla escolha e questões de verdadeiro/falso. Há uma resposta definitivamente correta. Já as provas *subjetivas* incluem respostas curtas e questões dissertativas que são mais difíceis de avaliar, pois nem sempre existe uma resposta absolutamente certa. A predisposição do professor contra ou a favor de determinada criança às vezes pode influenciar a forma como ela é avaliada em um exame subjetivo. Assim, é importante lembrar-se de ser justo e equitativo nos casos em que a avaliação for subjetiva.

Outro meio de analisar o desempenho cognitivo dos alunos é pedir para completarem tarefas durante a aula ou como tema de casa. Estimulamos os professores a utilizarem tarefas e temas de casa porque eles promovem a aprendizagem e fornecem outra forma de analisar a compreensão cognitiva.

Domínio afetivo

A terceira área em que as crianças podem ser avaliadas é o domínio afetivo. Isso inclui

Analisar o desempenho das crianças em todos os três domínios é importante.

analisar a habilidade dos alunos de cooperar, compartilhar, trabalhar em grupo e exibir a conduta adequada durante um jogo. Mas também envolve esforço. Curiosamente, a maioria dos professores de educação física dá mais ênfase ao domínio afetivo do que aos domínios psicomotor ou cognitivo. Eles se utilizam de medições como frequência, vestimenta adequada e atitude quando analisam o desempenho nessa área. Apesar de sua intenção de recompensar os alunos esforçados ser louvável, ela passa uma mensagem equivocada sobre as reais capacidades dos alunos para si próprios e aos seus pais.

Apesar do peso inadequado em favor do domínio afetivo, ainda assim essa é uma área que não pode ser ignorada. As crianças devem ser avaliadas para determinar se estão progredindo adequadamente nas áreas de desenvolvimento pessoal e social. É importante saber se adquiriram habilidades que promovem a cooperação, a esportividade e a tolerância com aqueles que são diferentes. Contudo, avaliar esse domínio à custa dos domínios psicomotor e cognitivo é inadequado.

A análise de desempenho na área afetiva é difícil, pois a maioria das análises é inteiramente subjetiva. É difícil determinar, por exemplo, se uma criança está se esforçando. Pode parecer que ela está dando duro porque segue as regras, faz o que é pedido e sorri quando se comunica com o professor. Contudo, pode possuir as habilidades de um observador competente e, assim, enganar o professor quanto ao seu nível de envolvimento.

A NASPE Assessment Task Force tem questões escritas de análise de desempenho que testam se os alunos compreendem conceitos como cooperação, compartilhamento, esforço e tolerância. Essas questões são um meio válido e confiável de testar o que os alunos aprenderam no domínio afetivo. Complete o Desafio de raciocínio 11.3.

DESAFIO DE RACIOCÍNIO 11.3

Desenvolva uma avaliação que analise o desempenho dos alunos no domínio afetivo, mas que não seja subjetiva nem exija que eles completem uma prova escrita.

ANÁLISE DE DESEMPENHO ALTERNATIVA

Cada vez mais professores de educação física dos EUA estão substituindo a avaliação tradicional com as análises de desempenho alternativas. Essa forma de análise, às vezes chamada de *análises de desempenho autêntica*, tem as seguintes características (DOOLITTLE; FAY, 2002; GRAHAM, 2001):

- São criadas para serem mais significativos do que as avaliações tradicionais com papel e caneta.
- São dequadas para o nível de desenvolvimento das crianças.
- São conduzidas em ambientes autênticos, como durante um jogo complexo.

Analisar o desempenho dos alunos durante jogos complexos é uma forma de análise autêntica.

- Podem exigir habilidades de raciocínio complexas durante uma atividade.
- Pretendem avaliar o currículo atualmente ensinado pelo professor.
- Podem se tornar públicos.
- Podem ser usadas nos domínios psicomotor, cognitivo e afetivo.

Análises de desempenho alternativas nos anos iniciais talvez exijam que os professores usem *checklists* com rubricas para avaliar o nível de habilidade dos alunos enquanto estão envolvidos em jogos (ver Quadro 11.2).

Tanto professores como alunos com frequência consideram esses tipos de análises de desempenho significativas, porque avaliam a aprendizagem no mundo real (MORROW et. al., 2005). Por exemplo, o professor pode observar um aluno brincar em situação de jogo ou durante um simples teste (ver Quadro 11.2). Muitas análises de desempenho alternativas são desenvolvidas por professores individualmente, e apesar de não serem testadas em função de sua validade ou confiabilidade, podem ser um mecanismo valioso para verificar o que os alunos estão aprendendo em situações autênticas. Algumas análises de desempenho podem ser completadas como tema de casa, enquanto outras são completadas durante a aula. A seguir constam alguns exemplos de análises alternativas que os alunos podem completar focadas nos três domínios da aprendizagem.

- Mantenha um portfólio sobre o que os alunos aprenderam durante uma unidade de educação física (ver Quadro 11.3).
- Escreva um plano individualizado de condicionamento físico relacionado à saúde.
- Construa um pôster descrevendo os princípios do condicionamento que são mais importantes para a saúde.
- Crie uma colagem que demonstre como você se sente em relação à educação física.
- Mantenha um diário alimentar de tudo o que você comeu na última semana e liste que grupos alimentares correspondem aos itens que você comeu.
- Crie uma prova escrita que você poderia passar aos seus colegas sobre as regras oficiais do basquete e inclua uma chave de respostas.
- Desenvolva uma rubrica para avaliar uma rotina de ginástica e avalie sua própria rotina usando a rubrica.
- Escreva uma redação sobre seu desempenho mais memorável na educação física durante a última unidade.

Quadro 11.2 Quicar a bola – Análise de desempenho

Peça para os alunos quicarem a bola de basquete em uma área de 2x2m, mantendo o controle. Após avaliar os alunos usando a rubrica a seguir, contabilize os pontos e calcule a média.

4 = Realiza a habilidade com eficácia e sem erros
3 = Desempenho aceitável
2 = Às vezes realiza a habilidade corretamente
1 = Raramente realiza a habilidade corretamente

Nome do aluno	Não olha para a bola	Usa as pontas dos dedos	Flexiona levemente os joelhos	Pontuação total	Escore médio
Bernardo					
Charlene					
Miguel					
Sílvio					
Júlia					
Joana					
Karen					
Patrícia					
Katrina					
Guilherme					

Fonte: As autoras.

Quadro 11.3 Portfólio de uma unidade da 5ª ano – 50 pontos

Você precisa desenvolver um portfólio que contenha informações relacionadas a tudo o que aprender durante a (*preencha com o nome da unidade*) que iremos completar nas próximas seis semanas. Seu portfólio deve incluir o seguinte:

1. Folheto com as regras para ser compartilhado com os colegas
2. Redação de 500 palavras descrevendo a história da unidade e seu impacto na sociedade
3. Redação de uma página descrevendo como você tentou aprimorar seu desempenho na unidade fora dos horários de aula
4. Entradas em um diário com pelo menos 25 palavras sobre como você se sentiu acerca do seu desempenho na aula
5. Folhetos para toda a turma
6. Um teste de 20 perguntas que você poderia passar aos colegas sobre a unidade (10 questões de verdadeiro/falso e 10 questões de múltipla escolha)
7. Informações adicionais que você ache importante incluir

Seu portfólio deve ser digitado e apresentado em um formato adequado. Deve conter figuras e outros gráficos.

Fonte: As autoras.

- Quando estiver participando de um jogo de vôlei, grite que estratégias você escolheu usar.

- Desenvolva uma dança criativa que expresse como você se sente em relação aos movimentos.

DIRETRIZES DAS ANÁLISES DE DESEMPENHO

Ao desenvolver e implementar análises de desempenho, é importante considerar diversos fatores, pois são eles que determinam o sucesso do que você está tentando implementar e como os seus alunos se sentem em relação ao processo da análise de desempenho.

Aumentando o sucesso da análise de desempenho

Ao planejar suas análises de desempenho, é importante seguir os procedimentos adequados e relatar com precisão os resultados do processo. Também é importante ter em mente como ela será administrada ao aluno que está sendo testado e o que os outros estudantes irão fazer durante esse tempo.

Frequência da avaliação

Lembre-se de que você tem tempo limitado para dar aulas de educação física. Portanto, seja criterioso em relação ao tempo gasto conduzindo as análises de desempenho. O ideal é que os alunos estejam envolvidos em atividades físicas e continuem se movimentando enquanto estiverem sendo analisados. Assim, se continuarem ativos durante as análises de desempenho psicomotor, você não estará tirando tempo de envolvimento. Contudo, se estiverem sendo testados com provas ou com tarefas escritas, eles não estarão se movimentando, e logo seu tempo de envolvimento irá diminuir. Como professor, lembre-se de testar seus alunos periodicamente, mas não exagere. Quando possível, administre as provas com rapidez. Por exemplo, na análise de desempenho descrita no Quadro 11.2, é possível analisar o desempenho de diversos alunos ao mesmo tempo, e o procedimento não deve demorar mais do que alguns minutos.

Pré-teste e pós-teste

As análises de desempenho são criadas de modo a fornecer informações sobre o desenvolvimento dos alunos. Portanto, se você não ensinou determinada atividade, não há necessidade de analisar o desenvolvimento do desempenho deles nessa atividade. Por exemplo, se você não planeja enfatizar o condicionamento físico relacionado à saúde no seu currículo, então não há necessidade de planejar o pré e o pós-teste, a menos que você queira conhecer o nível de condicionamento físico da sua turma ou acha que seria bom se eles tivessem essa informação. O pré-teste tem por objetivo analisar o desempenho atual da criança, enquanto o pós-teste tem como objetivo analisar seu desempenho após a aula e a prática.

No que tange ao condicionamento físico relacionado à saúde, incentivamos os professores a realizarem testes em todas as áreas do FITNESSGRAM no início do ano letivo. As crianças devem ser desafiadas a aprimorar seus níveis de condicionamento físico ao longo do ano, e os professores devem oferecer as atividades adequadas para tal. Se o condicionamento físico for enfatizado, deve ser realizado um teste em uma data posterior para determinar se os alunos fizeram algum progresso em direção à zona de condicionamento físico saudável.

Faça análises de desempenho que combinem com as atividades de aula

Conforme enfatizado pelo Ponto-chave 11.4, você só deve avaliar aquilo que ensinou. Se não deu aulas de vôlei para as crianças, nem pretende fazê-lo no futuro, não há necessidade de analisar seu desempenho. Contudo, se você incluir uma unidade sobre vôlei no currículo, é adequado analisar o desempenho delas nas habilidades ensinadas: se enfatizaram manchetes e passes, deve-se analisar o desempenho nessas habilidades; se discutiram as regras do vôlei, podem desenvolver um teste rápido a respeito; se enfatizaram a cooperação, deve-se observar se os alunos apresentam habilidades cooperativas.

> **Ponto-chave 11.4**
>
> Os professores só devem avaliar as atividades que ensinaram.

Verifique a compreensão antes e durante uma análise de desempenho

Durante uma unidade do conteúdo, sempre faça perguntas aos alunos e observe seu desempenho para garantir que eles compreenderam as instruções. Se, por exemplo, continuarem usando a palma da mão, e não as pontas dos dedos para quicar uma bola de basquete, existe uma chance de que eles não tenham entendido suas orientações e, por isso, acham que o correto é usar a palma. Ao realizarem a análise de desempenho, é provável que usem a palma da mão, achando que isso é o que foi ensinado, quando, na realidade, eles podem muito bem quicar a bola utilizando as pontas dos dedos, só não sabem que isso é o esperado.

Se você administrar uma análise de desempenho e todos os alunos fracassarem, existe uma grande probabilidade de que eles não tenham entendido suas orientações. Se você achar que esse é o caso, pode ser necessário refazer as explicações e a análise de desempenho.

Tema de casa

É perfeitamente razoável passar tema de casa de educação física para os alunos. Visto que a quantidade de tempo reservada para essa matéria na escola é tão pequena, aulas suplementares por meio de temas de casa podem ser muito úteis. O tema pode ser pedir para as crianças estudarem as regras de atividades específicas, coletar informações sobre a história de um esporte, desenvolver um plano de condicionamento físico individualizado, usar um pedômetro durante um final de semana, ou manter um diário alimentar de tudo o que comeram em uma semana. O ideal é que os temas escritos agreguem informações ao que eles estão aprendendo em aula. Por exemplo, se você estiver enfatizando o vocabulário, eleja palavras para eles aprenderem relacionadas à educação física. Por fim, o tema de casa pode exigir a participação em atividades físicas, além das praticadas em aula. As crianças podem ter de participar de atividades específicas ou escolher livremente, enquanto os pais podem ter de verificar sua participação apenas assinando um registro. No longo prazo, o tema deve ser projetado de forma que resulte no aumento do desempenho do aluno nas avaliações. Complete o Desafio de raciocínio 11.4 criando seu próprio tema de casa.

DESAFIO DE RACIOCÍNIO 11.4

Crie um tema de casa que envolva os alunos em uma atividade física e exija que eles demonstrem conhecimento cognitivo sobre o condicionamento físico relacionado à saúde.

Não faça afirmações que não possa comprovar

Às vezes, os professores de educação física fazem afirmações sobre a aprendizagem dos alunos que não são precisas. Por exemplo, não é incomum ouvir um professor de educação física afirmar que os alunos da sua turma têm um bom condicionamento físico. Apesar de a educação física ajudar no aumento dos níveis de condicionamento físico, a quantidade de tempo disponível durante as aulas na maior parte das escolas não tem como gerar resultados acentuados nessa área, a menos que as crianças estejam envolvidas em atividades físicas suplementares fora do horário de aula. Alguma melhora no condicionamento físico pode ter relação com as aulas, mas também pode estar relacionada a outras atividades. Se você desenvolver um programa que considere sólido, tem todo o direito de gabar-se do seu sucesso. Se o programa enfatizar o condicionamento físico por um período adequado durante as aulas e estimular as crianças a ficarem ativas fora da escola, exigindo temas de educação física, você pode usar esse aprimoramento para justificar seu programa para pais e administradores.

Mantenha todos os alunos ativos durante as análises de desempenho

Alguns professores têm mais dificuldade para conduzir análises de desempenho do que outros. Eles acham mais fácil deixar a maior parte da turma sentada enquanto só alguns alunos são analisados, mas esse é um erro, e por uma série de motivos. Primeiro, não respeita a privacidade dos alunos. Segundo, resulta em mais tempo em que as crianças ficam sentadas; elas não aprendem, e tampouco se envolvem em alguma atividade, o que resulta em um incrível desperdício de tempo.

Se você achar que não vai conseguir fazer as análises de desempenho, peça para um pai voluntário ajudar a registrar as notas para que várias crianças possam ser analisadas simultaneamente, ou peça para eles realizarem alguma atividade com as crianças que não estejam sendo avaliadas. Mas, se não conseguir obter assistência, teste apenas alguns alunos enquanto passa uma atividade segura para os outros. Ao adquirir mais experiência, você vai conseguir observar múltiplos eventos ao mesmo tempo posicionando-se de maneira estratégica em um local do ginásio em que é possível observar todos.

As análises de desempenho devem ser conduzidas privativamente, enquanto os outros alunos estão envolvidos em alguma atividade.

Aumentando os sentimentos positivos dos alunos em relação às análises de desempenho

Professores de sala de aula e de educação física têm um problema em comum, que é envolver os alunos em análises de desempenho, das quais muitos não gostam, podendo inclusive vir a ressentir-se delas. Aqueles que se esforçam, mas que não se saem muito bem, acreditam que são incapazes, e outros acreditam que uma nota ruim indica que eles não são inteligentes ou habilidosos. Felizmente, é possível evitar parte do dano causado durante as análises de desempenho.

Informe os alunos sobre o que eles serão testados

Em um estudo que examinou os testes de condicionamento físico dos anos iniciais, os alunos não conseguiam explicar o propósito das corridas, nem entendiam por que estavam sendo testados (HOPPLE; GRAHAM, 1995). Neste caso, é provável que o professor não tenha explicado com clareza a importância de fazer esse teste nem por que eles seriam testados. Em outros casos, às vezes os professores pedem para os alunos completarem uma análise de desempenho, mas se esquecem de informar os critérios que serão analisados. Isso resulta em confusão por parte dos alunos e pode levar a desempenhos insatisfatórios que, de outro modo, poderiam ter sido aceitáveis. Na verdade, é provável que você consiga se lembrar de muitas instâncias em que estudou com afinco para uma prova, mas não se saiu bem porque achava que seria avaliado em relação a outra coisa.

Crie uma experiência positiva da análise de desempenho

Conforme enfatizado no Ponto-chave 11.5, diversas crianças sofrem de muita ansiedade quando realizam uma análise de desempenho. Algumas não conseguem se concentrar e distraem-se com facilidade, enquanto outras esquecem o que aprenderam ou não realizam a tarefa devido às condições estressantes da análise de desempenho. Os professores devem fazer o máximo esforço possível para criar um ambiente positivo para não colocar pressão demais nos alunos. Algumas crianças podem levar mais tempo para realizar uma prova do que outras, e, se tempo não for um fator considerado no exame, não deve haver mal em lhes dar esse tempo a mais. Alguns professores de educação física tentam reduzir as condições de estresse da análise de desempenho permitindo que os alunos façam duas vezes, mas registrando apenas sua nota mais alta. Quando adequado, incentivamos os professores de sala de aula a fazer o mesmo.

> ### Ponto-chave 11.5
>
> Muitas crianças sofrem de grande ansiedade quando completam uma análise de desempenho. Portanto, os professores devem tentar tornar o ambiente o mais positivo possível.

Crie um ambiente privado

Infelizmente, muitas avaliações na educação física são realizadas em público e, enquanto os alunos não podem ver a prova de seus colegas em sala de aula, os testes na educação física são amplamente visíveis. O problema é exacerbado pelos professores que avaliam uma criança de cada vez enquanto os outros observam. Essa é uma prática cruel, que resulta em experiências traumáticas para muitas crianças, em especial para as menos habilidosas.

Os professores eficazes compreendem a necessidade de tornar os testes privados, e implementam técnicas que dificultam que os alunos comparem seu desempenho com os dos outros. Ou todas as crianças são testadas ao mesmo tempo, ou os professores envolvem os alunos que não estão sendo testados em atividades que os mantenham ocupados e os impeçam de observar aqueles que estão sendo avaliados. Estratégias adicionais incluem nunca anunciar publicamente as notas ou o tempo que os alunos levaram para completar uma análise de desempenho, como uma corrida.

Devido à epidemia de obesidade infantil, alguns estados passaram a exigir que as crianças sejam pesadas na escola. Essa exigência controversa resultou em muitos debates públicos tanto sobre os benefícios quanto os riscos causados por essa prática. Apesar de o propósito deste capítulo não ser questionar a obrigatoriedade desta medida, se você tiver de participar da pesagem dos alunos, recomendamos com ênfase que sejam tomadas todas as medidas possíveis para garantir que o procedimento seja conduzido em uma sala privada, longe de outros alunos, e que os pesos fiquem em um local seguro.

ANÁLISE DE DESEMPENHO DO PROFESSOR

Outro assunto que gostaríamos de abordar com rapidez é a análise de desempenho do professor. Apesar de professores de educação física serem treinados para refletir cuidadosamente sobre a qualidade de suas aulas e implementar procedimentos avançados para analisar critérios como o tempo de atividade dos alunos, não esperamos que os professores de sala de aula demonstrem o mesmo grau de especialização em relação à análise de desempenho de um professor com graduação em educação física. Contudo, nós o estimulamos a analisar periodicamente sua efetividade no ginásio, igual a como você faria em sala de aula.

Compreender seu comportamento enquanto professor é de absoluta importância, se quiser melhorar. Ao codificar coisas como a quantidade de *feedback* dado, o número de interações com diferentes crianças, os tipos de comentários positivos e negativos feitos durante a aula e a quantidade de tempo usado com orientações pode fornecer dados valiosos para facilitar mudanças de comportamento positivas. Saber como as crianças passam o tempo é outra área vital que os professores de sala de aula devem examinar. Elas estão envolvidas em atividades durante a maior parte da aula, estão esperando sua vez na fila ou ouvindo orientações? Examinando o comportamento delas, você pode determinar se é necessário fazer ajustes que aumentem o tempo de envolvimento das crianças em aula.

Você pode escolher criar seus próprios instrumentos para analisar o seu comportamento (complete o Desafio de raciocínio 11.5), ou comprar uma série de livros sobre a análise de desempenho do professor. Você pode tanto gravar suas aulas para se analisar posteriormente, quanto pedir para um colega ou para um aluno dar uma nota ao seu desempenho. Note, contudo, que, em algumas escolas, as crianças não podem ser gravadas sem o consentimento dos pais – mesmo que o propósito seja a autoavaliação do professor.

DESAFIO DE RACIOCÍNIO 11.5

Desenvolva uma análise de desempenho que você acha que melhoraria sua habilidade de ensino na educação física.

Resumo

Esforços para reformar a educação resultaram no aumento da pressão sobre as escolas para abrir ao público as realizações dos alunos e sobre as associações profissionais para criar análises de desempenho válidas e confiáveis. Em alguns estados em que os testes eram obrigatórios, houve aumento de responsabilização sobre a escola pela aprendizagem dos alunos. Apesar de nem todos os estados exigirem esses testes, tentativas de reforma na educação física resultaram no desenvolvimento de análises de desempenho que seguem os padrões nacionais e se provaram válidas e confiáveis.*

A análise de desempenho dos alunos é de extrema importância, pois fornece informações relacionadas ao seu desenvolvimento e se o seu desempenho é compatível com as exigências estabelecidas por especialistas na área. Apesar das análises de desempenho tradicionais, como testes de habilidades e provas escritas ainda serem o método-padrão para avaliar os alunos, análises alternativas conduzidas em situações reais estão se tornando cada vez mais comuns. Tanto as análises de desempenho tradicionais quanto as alternativas focam os domínios psicomotor, cognitivo e afetivo.

Por fim, os professores precisam considerar se irão realizar pré e pós-testes e com que frequência. Durante o processo de análise de desempenho, é importante informar os alunos sobre os propósitos da análise, descrever os critérios utilizados, criar um ambiente positivo e conduzir análises de forma mais reservada possível. Ver quadro a seguir para saber o que fazer e o que não fazer.

---

* N. de R.T.: No Brasil não há avaliação de desempenho docente e nem uma padronização de avaliações dos alunos em relação à educação física.

Lista do que fazer e do que não fazer

Fazer	Não fazer
□ Conduzir análises de desempenho válidas e confiáveis.	□ Conduzir análises de desempenho à custa de tempo de envolvimento em atividades físicas.
□ Empregar tanto as avaliações formativas quanto as somativas no currículo.	□ Esquecer-se de informar os alunos sobre os critérios usados para avaliá-los.
□ Escolher análises de desempenho que estejam ligadas aos padrões de conteúdo da educação física.	□ Avaliar o desempenho com base apenas no domínio afetivo.
□ Pedir ajuda de pais ao conduzir análises de desempenho.	□ Compartilhar publicamente os resultados das análises de desempenho com os outros alunos.
□ Avaliar periodicamente seu próprio ensino.	□ Fazer afirmações sobre o seu currículo, a menos que você possa embasá-las com análises de desempenho.

Atividades de revisão

1. Em suas próprias palavras, descreva a diferença entre análise de desempenho formativa e a avaliação somativa.

2. Discuta como você foi testado nos domínios psicomotor, cognitivo e afetivo. Descreva como se sentiu em relação a esses testes.

3. Discuta se os alunos de educação física devem receber boas notas caso se esforcem, mas não consigam desempenhar a atividade na área psicomotora.

4. Crie um boletim para a educação física que você gostaria de usar com os seus alunos.

5. Discuta procedimentos que você implementaria para garantir que os testes de condicionamento físico não constrangessem ninguém.

Referências

DOOLITTLE, S.; FAY, T. *Authentic assessment of physical activity for high school students*. Reston: National Association for Sport and Physical Education, 2002.

GRAHAM, G. *Teaching children physical education*. 2nd ed. Champaign: Human Kinetics, 2001.

HOLT/HALE, S. A. *Assessing and improving fitness in elementary physical education*. Reston: National Association for Sport and Physical Education, 1999.

HOPPLE, C.; GRAHAM, G. What children think, feel, and know about physical fitness testing. *Journal of Teaching in Physical Education*, v. 14, p. 408-417, 1995.

LAMBERT, L. *Standards-based assessment of student learning*: a comprehensive approach. Reston: National Association for Sport and Physical Education, 1999.

LUND, J. L. *Creating rubrics for physical education*. Reston: National Association for Sport and Physical Education, 2000.

MELOGRANO, V. J. *Portfolio assessment for K-12 physical education*. Reston: National Association for Sport and Physical Education, 2000.

MORROW, J. R. et al. *Measurement and evaluation in human performance*. 3rd ed. Champaign: Human Kinetics, 2005.

NATIONAL ASSOCIATION FOR SPORT AND PHYSICAL EDUCATION. *PE metrics*: assessing national standards 1-6 in elementary school. Reston: Author, 2010.

O'SULLIVAN, M.; HENNINGER, M. *Assessing student responsibility and teamwork*. Reston: National Association for Sport and Physical Education, 2000.

PARKER, P. E. et al. Differentiating assessment from evaluation as continuous improvement tools. In: ASEE/IEEE FRONTIERS IN EDUCATION CONFERENCE, 31., 2001, Reno. *Paper...* Reno: ASEE/IEEE, 2001.

RINK, J.; MITCHELL, M. (Ed.). State level assessment in physical education: the South Carolina experience. *Journal of Teaching in Physical Education*, v. 22, p. 471-588, 2003.

WELK, G. J.; BLAIR, S. N. Health benefits of physical activity and fitness in children. In: WELK, G. J.; MEREDITH, M. D. (Ed.). *Fitnessgram/actvitygram reference guide*. 3rd ed. Dallas: The Cooper Institute, 2008. p. 40-51.

WELK, G. J.; MEREDITH, M. D. (Ed.). *Fitnessgram/actvitygram reference guide*. 3rd ed. Dallas: The Cooper Institute, 2008. p. 40-51.

CAPÍTULO 12

INTEGRAÇÃO DE MOVIMENTO A TODO O CURRÍCULO

Você pode lembrar que, no Capítulo 1, apresentamos diversas estatísticas diferentes relacionadas à epidemia de obesidade. Por exemplo, devido ao estilo de vida sedentário e à dieta insalubre de muitas crianças, o número de crianças de 6 a 11 anos com sobrepeso aumentou mais do que três vezes nas últimas três décadas (UNITED STATES. DEPARTMENT OF HEALTH AND HUMAN SERVICES, 2004), o que gerou previsões de que as crianças de hoje serão a primeira geração cujas expectativas de vida são mais curtas do que as de seus pais (OLSHANSKY et al., 2005). Por esse motivo, o Congresso dos EUA aprovou a Child Nutrition and WIC Reauthorization Act (ver http://www.fns.usda.gov/tn/healthy/108-265.pdf). Essa lei obriga a adoção de políticas locais de bem-estar, incluindo educação nutricional, atividade física e outras ações com base na escola para promover o bem-estar dos alunos.

Como resultado da legislação, os funcionários das escolas dos Estados Unidos examinaram suas práticas atuais e abordaram formas de melhorar o ambiente escolar geral para facilitar uma nutrição melhor e fornecer mais oportunidades para as crianças ficarem fisicamente ativas durante o dia de aula. Em muitos casos, o programa de almoço das escolas foi melhorado para oferecer uma variedade mais saudável de alimentos e bebidas. Em outros, a quantidade de educação física que as crianças recebiam aumentou, ou então foi um tempo a mais de recreio que foi incorporado ao dia de aula. A legislação também motivou muitos professores a começarem a oferecer oportunidades de educação física aos seus alunos ao longo do dia. Quando os professores incorporam movimentos em suas atividades, chama-se isso de integração de movimento a todo o currículo. Complete o Desafio de raciocínio 12.1.

DESAFIO DE RACIOCÍNIO 12.1

Os funcionários com frequência relutam em implementar novas políticas na escola pelos desafios que eles criam, como a necessidade de recursos adicionais para implementar as novas diretrizes com sucesso. Especifique a seguir outras três barreiras que os funcionários podem enfrentar.

1.
2.
3.

A Child Nutrition and WIC Reauthorization Act criou opções mais saudáveis de bebidas e alimentos para as crianças de muitas escolas.

APRENDIZAGEM BASEADA NO CÉREBRO

Outra vantagem para os professores ansiosos para começar a promover o bem-estar é a ênfase atual que se dá à educação baseada no cérebro. As crianças aprendem muito mais rápido durante os anos iniciais do ensino fundamental. Sousa (1998, p. 52) explica o impacto desse conceito de "janela de oportunidade", que afirma que aquilo que a criança aprende entre os 2 e os 11 anos "[...] irá influenciar fortemente o que se aprende quando a janela fecha." Além disso, pesquisas recentes mostraram que as crianças fisicamente ativas e saudáveis apresentam maior realização acadêmica, melhoram na escola, têm menos problemas disciplinares e se saem melhor em provas de avaliação (UNITED STATES. CENTER FOR DISEASE CONTROL AND PREVENTION, 2010).

As funções que controlam a atividade cerebral estão diretamente ligadas ao movimento, beneficiando não apenas o coração, como também o cérebro. Quando as crianças estão ativa-

Participação na atividade física está ligada a melhor desempenho acadêmico.

mente engajadas, glicose e oxigênio chegam ao cérebro, aumentando as conexões nervosas que auxiliam na aprendizagem. Logo, se a aprendizagem dos alunos é aumentada pelo movimento, há uma grande probabilidade de que a retenção de informações também aumente. Portanto, se o professor quiser que os alunos revisem as informações, a melhor forma de guardar esses dados ou essas ideias na memória é continuar se movimentando durante a revisão. Por exemplo, antes de um prova de soletração, os alunos podem pular, correr no lugar ou saltar apenas em um dos pés ao lado da sua mesa enquanto soletram as palavras em uníssono.

Ao planejar o currículo, é essencial considerar essas vantagens e marcar algum tipo de atividade física de alta intensidade durante cada hora do dia de aula. Ao fazer uma revisão da tabuada, os alunos podem flexionar o quadril no primeiro número (4), se abaixar no segundo (6) e pular na resposta (24). Envolver as crianças em atividades físicas relacionadas ao conteúdo aumenta sua criatividade e sua própria aprendizagem. Para crianças com dificuldades para ficarem sentadas por longos períodos de tempo, a aprendizagem em sala de aula associada a atividades físicas propicia alívio a essa necessidade de movimento, além de ser um estímulo muito necessário.

Rink, Hall e Williams (2010) afirmam que aprender por meio do movimento contribui para o sucesso acadêmico. Além de promover mais saúde, atividades físicas também ajudam os alunos a melhorar na escola. Por exemplo, pesquisadores da University of Illinois descobriram que, após 20 minutos de caminhada, as crianças "[...] obtiveram uma nota um ponto maior em compreensão de leitura do que após um período de repouso." (HILLMAN et al., 2009). Do mesmo modo, a Robert Wood Johnson Foundation (2007) determinou que os alunos que tinham mais tempo de educação física ou de atividades físicas em sala de aula "mantiveram ou aumentaram suas notas em testes de avaliação", apesar da redução no tempo de aula (ver Ponto-chave 12.1). Tais dados fortalecem a ideia de que os professores devem

> **Ponto-chave 12.1**
>
> Apesar de as crianças que participam da educação física passarem menos tempo na sala de aula, crianças ativas e saudáveis tendem a apresentar um desempenho acadêmico melhor e a ter menos problemas de comportamento.

reservar mais tempo para caminhadas, saltos, ginástica ou alongamentos no currículo. Apesar de atividades físicas normalmente ocorrerem durante as aulas de educação física ou no recreio, os professores de sala de aula que compreendem seus benefícios cognitivos incorporam segmentos de atividade física no currículo a intervalos frequentes ao longo do dia de aula. Complete o Desafio de raciocínio 12.2.

> **DESAFIO DE RACIOCÍNIO 12.2**
>
> Descreva uma atividade física que você poderia integrar em sua sala de aula quando ensinasse cada uma das atividades a seguir.
> 1. Atividade para ensinar a ler:
> 2. Atividade para ensinar a soletrar:
> 3. Atividade para ensinar a somar:
> 4. Atividade para ensinar estudos sociais:
> 5. Atividade para ensinar a cooperar:

BENEFÍCIOS DA INTEGRAÇÃO DE MOVIMENTOS

Certamente, o campo da educação defendeu a integração de currículos por décadas, e as evidências atestam a melhora no desempenho acadêmico das crianças após se engajarem em atividades físicas (FLESHNER, 2000; UNITED STATES. CENTERS FOR DISEASE CONTROL AND PREVENTION, 2010). Os educadores também estão cientes da Taxonomia de Bloom e reconhecem a importância de fazer conexões com outras disciplinas. Bandura (1998), teórico comportamental famoso, afirma que o aumento nas atividades diárias pode trazer benefícios à saúde infantil.

Jensen (2005) defende que os movimentos devem ter papel integral na aprendizagem escolar. Ele defende intervalos periódicos em que as atividades físicas sejam integradas ao conteúdo acadêmico. "Você pode passar quanta água quiser de um jarro para um copo", enfatizou, "mas o copo tem um limite para o quanto consegue aguentar" (p. 34). Jensen oferece sete motivos para fazer os alunos se movimentarem para aprender mais:

1. *Circulação.* Quando as crianças passam muito tempo em posições sedentárias, é essencial incluir um período para elas se alongarem ou se mexerem no lugar, aumentando a flexibilidade ao mesmo tempo em que mandam oxigênio para áreas importantes do cérebro e relaxam os olhos. Isso não só interrompe tensões musculoesqueléticas, mas também aumenta o foco quando elas voltam aos seus lugares.
2. *Codificação episódica.* Uma nova referência espacial em relação à sala de aula aumenta a capacidade de aprendizagem. Após interromper o período de aprendizagem com movimentos, os alunos mudam de lugar na sala, alterando sua relação com o cenário.
3. *Um intervalo da aprendizagem.* Os cérebros aprendem melhor quando são expostos a surtos de informação seguidos de um tempo para reflexão. O cérebro não pode aprender uma quantidade ilimitada de conteúdos. Portanto, a intenção do professor de cobrir muito material por vez é um grave erro.
4. *Maturação do sistema.* Conforme o cérebro da criança amadurece e cresce, os intervalos tornam-se essenciais para o remapeamento cognitivo. Algumas áreas aumentam de tamanho, enquanto outras diminuem, enfatizando a necessidade de atividades físicas como um repouso da aprendizagem.
5. *Bons hormônios.* O corpo produz diversos motivadores naturais, incluindo noradrenalina (o hormônio de risco ou urgência) e dopamina (o neurotransmissor que produz sensações agradáveis). A noradrenalina pode ser produzida fazendo os alunos estabelecerem metas pessoais, como praticar a tabuada enquanto pulam corda, e tentar pular cada vez mais rápido, mostrando maior domínio sobre as multiplicações. A dopamina é gerada por meio de movimentos motores grossos repetitivos, como preparar uma rotina de ginástica no ritmo de um poema aprendido em literatura.
6. *Muito tempo sentados.* Quando uma criança passa mais de 10 minutos em uma cadeira, ela corre o risco de respirar mal, estirar a coluna e os nervos da lom-

As crianças gostam da oportunidade de serem fisicamente ativas na sala de aula.

bar, piorar a visão e de fadiga corporal. A pressão sobre a coluna é maior quando estamos sentados do que quando em pé, criando fadiga, o que inibe a aprendizagem. Do mesmo modo, para enxergar melhor, as crianças compensam inclinando-se para a frente arqueando as costas, restringindo a função interna dos órgãos e reduzindo a circulação de sangue e de oxigênio para o cérebro. Portanto, é evidente que a integração de atividades físicas significativas deve ter um papel de grande importância no planejamento do currículo.

7. *Valor da aprendizagem implícita.* A aprendizagem implícita é um tipo de aprendizagem procedimental ou baseado em habilidades, típico da educação física ou das artes. Assim, quando atividades físicas são integradas, a retenção das informações do conteúdo aumenta.

As evidências de Jensen para manter os alunos "em movimento" oferece fortes argumentos para a integração de atividades físicas nos currículos. Além disso, os educadores que conhecem a ciência por trás da aprendizagem não podem ignorar a necessidade de movimentos ao longo do dia de aula.

IDEIAS PARA A INTEGRAÇÃO DE MOVIMENTOS

A seguir constam algumas ideias para incorporar atividades de educação física na sala de aula. Elas foram criadas tendo em mente os professores unidocentes. Apesar de a possibilidade de integrar o currículo de a educação física em toda a escola ser remota, professores específicos podem fortalecer sua posição e a de seus alunos incorporando lições de educação física em suas aulas.

Internalização do processo

Woods e Weasmer (1999) contam a história de um professor de corrida de Iowa que venceu repetidos campeonatos estaduais. No dia anterior de cada competição, ele mandava seus alunos escreverem em detalhes o procedimento que iriam seguir na competição do dia seguinte. Um corredor dos 400 m rasos, por exemplo, definiria precisamente como aceleraria na largada, estabeleceria o tamanho das passadas, usaria os braços para ganhar impulso, se inclinaria nas curvas e manteria sua velocidade ao passar na linha de chegada. Visualizando e documentando a visão, o corredor internalizava o processo em seu pensamento, permitindo-lhe aprimorar a eficácia de seus movimentos. Na saída do aquecimento, os membros da equipe se isolavam e liam as descrições que haviam composto no dia anterior, centrando o foco de cada atleta nas expectativas específicas do evento.

Padrões norte-americanos

A estratégia desse treinador mostra formas de integrar o ensino da língua e movimentos nos anos iniciais do ensino fundamental. Quando os alunos são obrigados a conectar seus conhecimentos em diversas disciplinas, suas habilidades de raciocínio aumentam. A melhor forma de ensino não é fragmentada. De forma ideal, aprendizados anteriores misturam-se com informações novas para dar vazão a perspectivas inéditas. A National Association for Sport and Physical Education (NASPE) exalta a educação física como um importante componente do ensino, desde a educação infantil até o último ano do ensino médio. Os padrões norte-americanos de educação física (NATIONAL ASSOCIATION FOR SPORT AND PHYSICAL EDUCATION, 2004) foram criados para reforçar o que os alunos aprendem com o currículo e mostram que a educação física também pode servir de laboratório para aplicar conhecimentos adquiridos em matérias como matemática, ciência e estudos sociais. Os professores de sala de aula que tentam unir e sobrepor as experiências de aprendizagem oferecem mais oportunidades para o desenvolvimento de habilidades e aplicação de conceitos. Ver Ponto-chave 12.2.

> **Ponto-chave 12.2**
> A educação física é uma disciplina propícia à integração, visto que há muitas atividades físicas que podem ser combinadas com as outras lições, como matemática, leitura, ciências e artes.

Modelos de integração

Nichols identifica três formas de integrar os currículos. No *modelo sequenciado* "[...] cada matéria é ensinada em separado, mas em um ritmo tal que unidades semelhantes coincidam em diversas matérias." (NICHOLS, 1994, p. 49). Em uma unidade sobre a Guerra de Secessão, por exemplo, um professor de história pode colaborar com um professor de educação física para apresentar danças da época. Em um *modelo compartilhado,* as disciplinas são unidas com um único foco utilizando conceitos sobrepostos. Quando turmas de ciências estudam a reciclagem, por exemplo, grupos pequenos podem criar e completar desafios de condicionamento físico usando materiais recicláveis. Por fim, no *modelo enredado*,* a integração é aprofundada ao se estabelecer um objetivo para toda a escola focando um tema central. Um projeto que empregue este modelo pode-se focar por várias semanas na Grécia, incorporando peças gregas em aulas de literatura, história em aulas de estudos sociais, músicas em aulas de música, e eventos olímpicos em aulas de educação física. Todos esses modelos oferecem oportunidades para os professores e os alunos integrarem a aprendizagem por meio de práticas ricas e atuais.

Iniciativa individual

Um único indivíduo pode gerar ideias completamente novas para uma aprendizagem integrada. Jack, um professor de educação física de uma cidade do interior, leu em uma revista profissional sobre uma escola que adotou o modelo enredado com sucesso, focando no transporte. Ele tinha grande interesse na vida marinha e acreditava que era possível formar uma rede efetiva sobre esse tema. Como a escola onde ele trabalhava tinha permissão da prefeitura para usar a piscina da cidade nas primeiras semanas do semestre, seus alunos puderam trabalhar suas habilidades de natação e aplicar a dinâmica corporal das criaturas marinhas aos seus próprios movimentos na água. Note que, em todos os capítulos de prática pedagógica deste livro, foram incluídas atividades de aprendizagem integrada. Tais sugestões

---

* N. de R.T.: Seria o que chamamos no Brasil de modelo interdisciplinar.

Atividades como a dança transferem-se facilmente para outras unidades de aula.

Educação física e atividades para o ensino fundamental **193**

são como trampolins para o desenvolvimento de ideias colaborativas entre os professores.

Iniciativa colaborativa

Atividades inovadoras propostas por professores criativos conseguem ligar confortavelmente o conteúdo com a educação física. Em outro exemplo, Amanda, uma professora de educação física enérgica e inovadora, começou a dar aulas em uma escola rural. Em uma conferência profissional da qual participou, aprendeu sobre as possibilidades de integrar as aulas e ficou ansiosa para compartilhar a experiência com seus alunos. Os outros três professores de 4º ano da sua escola tinham um bom relacionamento e pareciam progressistas, então ela os abordou com a proposta de integrar as aulas de língua com uma unidade que ela planejava iniciar sobre chutes e condução da bola com os pés. Para descrever o processo por escrito, os alunos precisavam refletir sobre o procedimento e depois articulá-lo, o que garantia compreensão e retenção da matéria. Os professores de 4º ano ficaram encantados com a oportunidade de conectar escrita com educação física, uma disciplina em que muitos alunos se sobressaíam. Os quatro professores concordaram que, devido à quantidade limitada de tempo usado na educação física, a experiência deveria ser incorporada como uma tarefa da sala de aula. Ver Ponto-chave 12.3.

> ### Ponto-chave 12.3
>
> Uma vez que a maioria das crianças gosta de atividades físicas, elas podem ficar mais empolgadas com a aprendizagem quando os professores de sala de aula unirem lições de educação física com as lições de outras áreas.

Uso da surpresa

Willis (2007) afirma que surpresas aumentam a aprendizagem, elevando a probabilidade de o conteúdo apresentado com a surpresa ser retido. Os alunos podem ficar muito surpresos quando o professor começar a incorporar intervalos de movimentação no currículo imediatamente antes de passar a uma nova atividade de aprendizagem em sala de aula. Quando as crianças começarem a trabalhar os sons das letras, por exemplo, elas podem "pipocar" da carteira e formar uma letra com seu corpo, e depois, durante a aula, se levantarem quando o professor chamar sua letra. Da mesma forma, crianças mais velhas, durante uma aula sobre o clima, podem começar movendo-se em grupos por uma área, simulando uma tempestade, um tornado ou um furacão. No entanto, após estudar os padrões climáticos, podem explicar o papel de cada membro da frente climática mais detalhadamente. Complete o Desafio de raciocínio 12.3.

> ### DESAFIO DE RACIOCÍNIO 12.3
>
> Quais são três obstáculos com os quais os professores podem se deparar ao tentarem incorporar atividades físicas em sua sala de aula? Liste também três vantagens de incorporar atividades físicas.
>
> **Obstáculos**
> 1.
> 2.
> 3.
> **Vantagens**
> 1.
> 2.
> 3.

Transições

Devido à necessidade de passar de um conteúdo a outro durante o dia de aula, vale a pena aproveitar essas oportunidades para se mover. Aplicando a estratégia conhecida como "Pipoca", descrita anteriormente para a aprendizagem do som das letras, as crianças podem passar de uma atividade para a outra, "pipocando" com palavras de resumo e ideias para iniciar a próxima atividade. Quando alguns alunos ficam para trás em uma tarefa, é possível envolver os que já encerraram uma atividade física organizada para criar uma ideia de urgência e instigar os outros a apressar o passo e completar a tarefa, para se juntarem ao ritmo da turma.

Professores de sala de aula motivados podem abrir novas oportunidades para as crianças se envolverem em atividades físicas em dias em que não teriam aulas de educação física.

Recursos adicionais

Há muitos livros didáticos sobre como integrar atividades físicas à disposição dos professores. *Take 10!*, por exemplo, é um programa criado para crianças da educação infantil até o 5º ano que integra atividades físicas e dieta ao currículo tradicional, e oferece diversas sugestões de atividades para envolver os alunos em movimentos enquanto aprendem a matéria. Estão inclusos cartões de atividades, folhas de exercícios, um vídeo e objetivos de currículo oferecidos pelo International Life Sciences Institute (ILSI), uma fundação sem fins lucrativos em Atlanta focada na educação relacionada à saúde.

Outro programa, *Active Academics,* oferece formas de integrar atividades físicas com matemática, língua e saúde/nutrição até o 5º ano. Do mesmo modo, *Brain Breaks* apresenta lições que podem ser incorporadas a matérias até o 6º ano. Outro recurso, *Energizers,* integra atividades físicas com conceitos acadêmicos. Se o professor estiver interessado em tirar os alunos da sala de aula, *Winter Kids Outdoor Learning Curriculum* oferece diversas possibilidades. Para aprofundar ainda mais o conceito, *Activity Bursts for the Classroom* mostra maneiras de reestruturar as atividades físicas em uma série de episódios breves repetidos ao longo do dia.

Envolvimento de toda a escola

Uma abordagem para envolver toda a escola em atividades físicas foi criada por Roth (2005). O programa *Around the Clock* requer que os alunos se encontrem com o professor de educação física por 30 minutos nos dias em que eles têm aulas normalmente, mas, nos dias em que não há aula de educação física, são seus professores de sala de aula que ficam responsáveis por essa parte. Vários objetivos são cumpridos com a "Educação Física *Around the Clock*". Primeiro, todos os alunos são estimulados a caminhar e a correr diariamente e a manter um registro de seu tempo envolvido na atividade. Os professores levam os alunos para fora por 10 minutos todos os dias para caminhar ou correr, e depois registram o número total de minutos em que eles ficaram ativos. Segundo, os alunos se envolvem em brincadeiras ativas no recreio, estendendo o programa para "Recreio *Around the Clock*". Ao final do recreio, registram o tempo de envolvimento novamente. Por fim, como uma forma de extensão dos programas descritos, os alunos participam do "Fim de Semana *Around the Clock*", em que tabulam seus níveis individuais de atividade física, assim incentivando-os a permanecer ativos mesmo fora da escola. Ao final do programa, o número de minutos de caminhada ou corrida de todos os membros da comunidade escolar é tabulado primeiro pelos alunos individualmente, depois pela turma como uma unidade, e a seguir pela escola inteira.

Ao priorizar a atividade física como um componente viável de todas as matérias e anos escolares, os professores reconhecem a necessidade das crianças de mover-se para aprender. Os resultados beneficiam todos os alunos, em especial os aprendizes cinestésicos, que muitas vezes têm problemas com o currículo segmentado tradicional. Atividades físicas integradas com o estudo das disciplinas facilitam o bem-estar ao mesmo tempo em que estimulam o crescimento acadêmico.

Resumo

Cada vez mais evidências mostram haver uma forte ligação entre a participação em atividades físicas e um desempenho aprimorado em sala de aula. Crianças fisicamente ativas e saudáveis tendem a apresentar melhor desempenho em testes de avaliação e têm menos problemas disciplinares. Dado o aumento alarmante dos níveis de obesidade, junto da pouca exposição a oportunidades de ficar fisicamente ativo, faz sentido que o professor de sala de aula enfatize ao mesmo tempo a atividade física e o desempenho acadêmico, introduzindo intervalos de atividade física ao longo do dia durante as aulas em sala de aula.

Professores motivados que incorporam atividades físicas em suas salas de aula podem verificar o nível de interesse dos outros professores para facilitar a integração de atividades físicas ao currículo na escola. Há muitos recursos à disposição que podem orientar professores interessados.

Atividades de revisão

1. Discuta em um pequeno grupo como você se sente em relação à incorporação de atividades físicas em sua sala de aula. Isso é algo que você apoia?
2. Em um pequeno grupo, discuta como você utilizaria o modelo enredado para desenvolver um tema curricular que uniria o que os alunos estão aprendendo em língua, matemática, educação física, leitura e estudos sociais.
3. Como seria possível integrar uma lição de dança criativa em outra que você possa ensinar no mesmo dia, em sua sala de aula?
4. Discuta por que as atividades físicas podem ajudar a reduzir os problemas de administração de comportamento.
5. Como você convenceria um professor cético a envolver-se em um esforço de integração curricular?

Referências

BANDURA, A. Health promotion from the perspective of social cognitive theory. *Psychology and Health*, v. 13, p. 623-649, 1998.

FLESHNER, M. Exercise and neuroendocrine regulation of antibody production: protective effect of physical activity on stress-induced suppression of the specific antibody response. *International Journal of Sports Medicine*, v. 21, p. 14-19, 2000.

HILLMAN, C. H. et al. The effect of acute treadmill walking on cognitive control and academic achievement in preadolescent children. *Neuroscience*, v. 159, n. 3, p. 1044-1054, 2009.

JENSEN, E. *Teaching with the brain in mind*. 2nd ed. Alexandria: Association for Supervision and Curriculum Development, 2005.

NATIONAL ASSOCIATION FOR SPORT AND PHYSICAL EDUCATION. *Moving into the fu-*

ture: national standards for physical education. 2nd ed. Reston: Author, 2004.

NICHOLS, B. *Moving and learning*: the elementary physical education experience. 3rd ed. Boston: McGraw Hill, 1994.

OLSHANSKY, S. J. et al. A potential decline in life expectancy in the United States in the 21st century. *New England Journal of Medicine*, v. 352, p. 1138-1145, 2005.

RINK, J. E.; HALL, T. J.; WILLIAMS, L. H. *Schoolwide physical activity*: a comprehensive guide to designing and conducting programs. Champaign: Human Kinetics, 2010.

ROBERT WOOD JOHNSON FOUNDATION. *Active education*: physical education, physical activity and academic performance. San Diego: Active Living Research, 2007.

ROTH, J. F. *The role of teachers' self-efficacy in increasing children's physical activity*. 2005. 192 f. Tese (Doutorado) – Louisiana State University, Baton Rouge, 2005.

SOUSA, D. Is the fuss about brain research justified? *Education Week*, v. 18, n. 16, p. 52, 1998.

UNITED STATES. CENTERS FOR DISEASE CONTROL AND PREVENTION. *The association between school-based physical activity, including physical education, and academic performance*. Atlanta: U.S. Department of Health and Human Services, 2010.

UNITED STATES. DEPARTMENT OF HEALTH AND HUMAN SERVICES. *Steps to healthier women*. [S.l.: s.n.], 2004.

WILLIS, J. Brain-based teaching strategies for improving students' memory, learning, and test-taking success. *Childhood education*, v. 85, n. 5, p. 310, 2007.

WOODS, A. M.; WEASMER, J. R. Integrated learning: greater than the sum of its parts. *Teaching Elementary Physical Education*, v. 10, n. 1, p. 21-23, 1999.

CAPÍTULO 13

HABILIDADES LOCOMOTORAS: PADRÕES FUNDAMENTAIS

Uma criança de 2 anos desce as escadas, pula os últimos degraus e corre ao redor da mesa da cozinha, gritando: "Olha, mãe! Olha como eu corro!". Em sua curta vida, ela passou de um bebê sedentário a um furacão de criança. Ela tem orgulho e confiança em suas habilidades de mover-se e busca continuamente por novos movimentos para dominar. A maioria das crianças com 2 anos gosta de caminhar, correr e pular, habilidades importantes para explorarem o seu mundo. A alegria da descoberta motiva os jovens a continuarem se movimentando.

Conforme as crianças crescem, dominam habilidades locomotoras complexas, tais como saltar, pular, saltitar e pular em apenas um pé. Apesar de a maioria das crianças aprender habilidades locomotoras simples por meio de tentativa e erro, quando elas entram na escola, precisam de orientação para realizar as habilidades mais complicadas. Por exemplo, algumas crianças vão precisar ver alguém saltitar e de um tempo de prática antes de dominar esse movimento. Quando os alunos tiverem adquirido essas habilidades e aprendido os nomes desses movimentos, eles podem incorporá-los em atividades mais estruturadas, como esportes, danças e ginásticas.

Os professores dos anos iniciais precisam garantir que as crianças tenham dominado os padrões locomotores fundamentais de maneira eficiente, e as crianças também precisam de orientação para adaptar os movimentos que aprenderam a diferentes ambientes e atividades. Revisitando os fundamentos dos movimentos durante os anos iniciais, os professores podem ajudar os alunos a desenvolver ainda mais as habilidades locomotoras.

PADRÕES LOCOMOTORES FUNDAMENTAIS

Transportar o corpo de um espaço ao outro requer locomoção. Para avançar ou recuar, as extremidades se unem em um esforço para atingir o objetivo de movimentação, estando as pernas e os braços responsáveis pela maior parte desse esforço. Instruções sobre a forma correta podem resultar em maior eficiência dos movimentos, enquanto orientações mais específicas delineiam os procedimentos corretos de cada habilidade. Há, também, dificuldades comuns, e as habilidades locomotoras que requerem movimentos do corpo inteiro incluem as seguintes:

Caminhar

Em que idade as crianças começam a ficar de pé? Quando dão o primeiro passo? Quando elas conseguem correr em círculos ao redor da mesa? Quando, finalmente, conseguem caminhar de forma independente, indo e vindo de um lado ao outro da sala? Esses movimentos são marcos das crianças durante os anos iniciais. Já nos primeiros anos de escolaridade, é de responsabilidade do professor reconhecer e reforçar os padrões maduros de caminhada. Esses movimentos fundamentais estabelecem as bases para as exigências mais refinadas posteriores, como danças, ginásticas e outros esportes.

As pessoas caminham para a frente, para trás e para os lados. Em uma caminhada para a frente, a pessoa se move adiante trocando o peso de um pé para o outro, sempre mantendo contato entre um pé e o chão. O calcanhar atinge o chão primeiro, seguido pela planta do pé, e, por fim, empurra com os dedos. Em uma caminhada eficiente, os dedos dos pés apontam para a frente e os pés se colocam no chão em uma linha regular que divide o corpo verticalmente ao meio. O corpo fica com uma postura reta, com a cabeça ereta, cada braço balançando para a frente e para trás com o pé oposto.

Dicas de ensino

- Coloque o pé na ordem: "calcanhar, planta, dedos".
- Aponte os dedos para a frente.
- Mantenha o corpo ereto com a cabeça levantada.
- Relaxe os braços e mova-os na mesma direção das pernas opositoras.

Dificuldades comuns

- Pisar com a planta do pé primeiro.
- Apontar os dedos para dentro.
- Apontar os dedos para fora.
- Manter os braços duros/rígidos/abertos para se equilibrar.
- Balançar os braços lateralmente.
- Inclinar a cabeça para a frente, fazendo o tronco inclinar-se junto.

Correr

Inúmeras atividades nos primeiros anos de escola utilizam um padrão de corridas. Correr utiliza todos os movimentos básicos da caminhada, mas, como a velocidade é maior, há um breve momento entre os passos em que nenhum pé toca o solo. Durante a corrida há um aumento no tamanho dos passos, movimento dos braços, inclinação do corpo

As crianças gostam de se mover com uma variedade de movimentos locomotores.

e flexão dos joelhos. Em uma corrida leve, o pé atinge o chão primeiro com o calcanhar, como na caminhada. Em uma corrida rápida, os pés são impulsionados com os dedos, enquanto os calcanhares nunca tocam o chão. Conforme as pernas balançam para trás, o calcanhar se movimenta em direção às nádegas; os braços, com a flexão dos cotovelos criando um ângulo reto, balançam para a frente e para trás junto das pernas opostas. Ver Figura 13.1.

Dicas de ensino
- Mantenha um breve período fora do chão.
- Em uma corrida leve, coloque o pé na ordem: "calcanhar, planta, dedos".
- Em uma corrida rápida, coloque o pé na ordem: "planta, dedos".
- Flexione e mova os braços na direção oposta à das pernas.
- Incline o corpo para a frente com a cabeça ereta.
- Abra a boca e respire naturalmente.

Dificuldades comuns
- Balançar os braços em excesso.
- Balançar os braços incompletamente.
- Balançar os braços lateralmente.
- Pisar com a planta do pé primeiro.
- Cruzar a frente do corpo com as pernas.
- Afastar as pernas do corpo durante o movimento.
- Fechar a boca ou deixar de respirar.

Pular

Pular é uma habilidade empolgante para as crianças, que gostam da emoção de deixar o solo e ficarem momentaneamente no ar. Conforme suas habilidades de pulo aumentam, elas passam a gostar de pulos cada vez mais

Figura 13.1 Corrida madura.
Fonte: As autoras.

desafiantes. Elas podem pular de escadas, varandas e até de balanços em movimento. Pular é uma habilidade comum utilizada em esportes, danças, ginásticas e brincadeiras individuais, como amarelinha ou pular corda.

Três estilos diferentes incluem pular de dois pés para dois pés, de um pé para dois pés, e de dois pés para um pé. Um pulo pode ser modificado verticalmente em busca de altura, horizontalmente em busca de distância, ou ritmicamente, para pular corda, por exemplo. Um pulo eficiente exige coordenação de todos os movimentos corporais.

Quando as crianças pulam verticalmente, seu desempenho é aprimorado se elas pulam para atingir um objetivo. Por exemplo, se o professor colocar um balão a certa altura, as crianças podem pular para tocá-lo. Antes de pular em busca de altura, os alunos se abaixam e flexionam os quadris, os joelhos e os tornozelos. Em um surto de energia, o corpo salta com ambos os pés, estendendo-se enquanto estende os braços para cima. No alto do pulo, um dos braços cai para permitir que o outro alcance mais alto. Os olhos se focam no alvo, fazendo a cabeça inclinar-se para cima. No meio do pulo, o corpo fica completamente estendido, e, quando a pessoa desce, os quadris, os joelhos e os tornozelos flexionam-se novamente para absorver o impacto e manter o equilíbrio.

Dicas de ensino

- Agache-se para preparar-se.
- Incline a cabeça e olhe o alvo.
- Estenda o corpo completamente.
- Baixe um dos braços no ponto alto do pulo.
- Flexione as pernas quando cair.

Dificuldades comuns

- Pular sem flexionar os joelhos.
- Pular com apenas um dos pés.
- Não estender o corpo por completo.
- Manter a cabeça baixa.
- Estender os dois braços no ponto alto do pulo.
- Cair com as pernas estendidas.

Quando as crianças pulam em busca de distância, elas costumam começar dando alguns passos para ganhar impulso. Antes de pular horizontalmente, o corpo se agacha e os braços balançam para trás. Conforme os braços balançam na frente do corpo, o corpo salta para a frente, estendendo-se por completo a um ângulo de 45 graus. As pernas posicionam-se na frente do corpo antes de cair, tocando o solo com a planta do pé primeiro, e os quadris, os joelhos e os tornozelos se flexionam. Os braços podem ficar na frente do corpo para ganhar equilíbrio. Ver Figura 13.2.

Dicas de ensino

- Agache-se e jogue os braços para trás para se preparar.
- Balance os braços para a frente.
- Estenda o corpo completamente.
- Caia com a planta dos pés e com as pernas flexionadas.
- Equilibre-se com os braços para a frente.

Dificuldades comuns

- Pular sem flexionar os joelhos.
- Pular com apenas um dos pés.
- Não estender o corpo por completo.
- Deixar de balançar os braços para a frente e para trás.
- Cair com as pernas estendidas.

Pular com apenas um pé

Em uma grade feita de giz no chão, uma criança brinca na calçada, pulando com um e dois pés com destreza, alcançando o final com uma combinação destes movimentos. Essa brincadeira, chamada de "amarelinha", acaba sendo uma mistura de saltos, só que, aqui, pula-se em somente um pé, seja pulando no lugar ou se impulsionando para a frente. Enquanto se pula com um pé, a outra perna deve estar em um ângulo reto, enquanto os braços são usados para ganhar equilíbrio e impulso, e a perna que salta deve partir e cair na planta do pé. Saltitar exige resistência e equilíbrio, pois o movimento concentra-se em apenas um pé. Os professo-

Figura 13.2 Salto em distância.
Fonte: As autoras.

res devem fazer as crianças praticarem pular, primeiro com um pé, e depois com o outro, para igualar o esforço de cada perna.

Dicas de ensino

- Pule em apenas um pé.
- Pise no chão com a planta do pé.
- Flexione a perna inativa.
- Use os braços para aumentar o equilíbrio e a força.
- Troque as pernas ativas com frequência.

Dificuldades comuns

- Pisar com o pé inteiro.
- Movimentar os braços em excesso.
- Deixar de controlar o movimento da perna ativa.
- Estender a perna inativa.

Saltar

Saltos são movimentos comuns em danças e ginásticas, assim como em esportes em que as crianças saltam para receber uma bola ou fazer um arremesso. Cruzando um campo arborizado, as crianças podem saltar sobre poças d'água, riachos e valas, além de saltar para tocar as folhas das árvores. Combinando as habilidades de corrida com um pulo vertical, os saltos sustentam um momento de suspensão no ar ao mesmo tempo em que cobrem distância, passando de um pé ao outro. Ao executar um salto eficiente, a perna do impulso estende-se por completo e o corpo se inclina para a frente, enquanto os braços se movem em oposição às pernas, balançando para cima para ganhar altura. Ao completar o salto, pisa-se no solo com a planta dos pés.

Dicas de ensino

- Faça força com a perna do impulso.
- Incline-se para a frente.
- Use os braços para equilíbrio e força.
- Pise com a planta dos pés.

Dificuldades comuns

- Pisar com o pé inteiro.
- Mover os braços fora de sincronia com as pernas.
- Falta de altura.
- Falta de distância.

Galopar e deslizar

O galope é um movimento em que a perna principal faz um movimento maior enquanto a outra fecha a distância. Conforme as crianças tentam imitar o movimento de cavalos, uma perna lidera com passos para a frente e o outro pé salta para fechar o espaço e alcançar o pé da frente, mas sem cruzar o seu caminho. O pé anterior para próximo ou atrás do pé da frente, que dá mais um passo, repetindo o movimento. Os braços não são uma parte crítica do movimento, apesar de o balanço dos braços poder aumentar a velocidade do galope. As crianças podem praticar primeiro com um pé na frente, e depois trocando com o outro. O movimento de deslizar usa movimentos semelhantes em direções laterais.

Dicas de ensino

- Lidere com somente uma perna.
- Dê um passo amplo com a perna da frente.
- Feche o espaço com a perna de trás.

Dificuldades comuns

- Dar muita ênfase à altura do movimento, e não ao alcance.
- Dar passos muito longos ou muito curtos.
- Passar o pé de trás pelo pé da frente.
- Não conseguir liderar com ambos os pés.

Saltitar

Saltitar combina andar e pular alternando os pés. O movimento começa com um passo para a frente com a planta de um pé, impulsionando-se com os dedos, e por fim um salto com este pé, concluindo o movimento chegando com os dedos do outro pé no chão. A outra perna repete a sequência, e o indivíduo alterna as pernas. Os braços se movem com as pernas opostas e podem ser usados para aumentar a força ou a altura. Saltitar é um movimento associado com felicidade – uma pessoa saltita alegre ou contente. Quando as crianças aprendem esse movimento complexo, elas saltitam como forma de expressar sua alegria, como quando ganham um sorvete ou chegam ao parque.

Dicas de ensino

- Dê o passo com um pé.
- Pule com o mesmo pé.
- Repita o movimento com a outra perna.
- Mova os braços na direção oposta à das pernas.

Dificuldades comuns

- Pisar com o pé inteiro.
- Parar entre passos e pulos.
- Não conseguir saltar com ambos os pés.
- Mover os braços fora de sincronia com as pernas.
- Dar muita ênfase à altura; não enfatizar o movimento para a frente.

EXPERIÊNCIAS DE MOVIMENTOS

Macaco vê; macaco faz

Objetivos

Aumentar a consciência dos alunos da forma madura de caminhar, correr e pular.

Aumentar o equilíbrio dinâmico dos alunos.

Estimular a aprendizagem de movimentos prazerosos.

Idade do grupo-alvo

Até o $2^{\underline{o}}$ ano

Equipamentos

Músicas animadas

CD *player*

Administração

1. Escolha uma área de atividade ampla.
2. Divida a turma em grupos de 4 a 5. Escolha um macaco-líder para cada tropa e peça para os outros macaquinhos formarem filas atrás do seu líder.

Pré-atividade

Conforme o professor descreve cada movimento, os macacos-líderes demonstram para as tropas a forma correta de caminhar.

Outro representante de cada tropa demonstra a forma madura da corrida, e um terceiro demonstra o salto.

O professor enfatiza que é de responsabilidade do macaco-líder demonstrar corretamente como andar, correr e pular, e explica as vantagens da movimentação eficiente.

Atividade

1. No começo da música, os macacos-líderes levam suas tropas a qualquer localização da área da atividade enquanto praticam o movimento eficiente. Quando o líder corre, a sua tropa macaqueia essa ação até o líder começar a caminhar ou pular. Nesse momento, a tropa deve segui-lo igualmente.
2. Quando a música parar, o macaco-líder vai para o fim da fila e o segundo macaco vira o líder.
3. Continue a atividade até todos os macacos terem tido a oportunidade de liderar, demonstrando movimentações maduras.

Modificações

- O ritmo da música pode ser variado para animar ou reduzir o ritmo da movimentação das crianças.
- Quando os alunos começarem a dominar movimentos eficientes com o pé/perna, eles podem acrescentar movimentos criativos com os braços.
- A área da atividade pode ser dividida em três segmentos usando cones ou outros marcadores. Quando os grupos entrarem em outra área, eles começam a atividade designada para aquele segmento.
- Estude macacos e seu hábitat. Descubra padrões de comportamento e de movimento.

Análise de desempenho

Todos os alunos estão buscando aumentar a eficiência locomotora?

Os alunos estão seguindo as regras e as medidas de segurança?

Os alunos estão entusiasmados com a atividade?

Feijões saltadores

Objetivos

Alcançar habilidades mais eficientes de pulo.

Incentivar os alunos a pular em direção a alvos.

Apresentar atividades locomotoras divertidas.

Idade do grupo-alvo

Até o $2^{\underline{o}}$ ano

Equipamentos

10 balões

10 cones ou marcadores

Fita-crepe

15 cordas de pular

5 marcadores

CD *player*

Músicas animadas

Administração

1. Divida a área da atividade em quatro quadrantes.
2. Encha 10 balões e, em um quadrante, grude-os aos equipamentos do pátio, às árvores ou em áreas do ginásio que fiquem além do alcance dos alunos quando eles estendem os braços.
3. Em outro quadrante, coloque cinco pares de corda em formas V.
4. No terceiro quadrante, coloque cinco cordas para servir como linhas de contenção. Coloque um marcador ao lado de cada corda.
5. Distribua os alunos em quatro grupos iguais. Direcione cada grupo para quadrantes diferentes.

Pré-atividade

Os alunos devem pensar em esportes e atividades que exijam pular.

Enquanto o professor descreve o procedimento para saltos em distância, um feijão representante de cada um dos dois grupos dos quadrantes de salto em distância irá demonstrar a forma adequada de pular.

Enquanto o professor resume a forma adequada de salto em altura, um feijão representante de cada um dos grupos dos quadrantes de salto em altura irá demonstrar a forma adequada.

Atividade

Ao sinal do professor, os feijões irão trocar os quadrantes.

Primeiro quadrante

Feijões neste quadrante irão saltar para tocar os balões grudados aos objetos elevados em diferentes alturas. Quando alcançarem um, ou se não tiverem obtido sucesso nos três primeiros saltos, devem ir para outro balão.

Segundo quadrante

Os feijões irão correr e saltar pelo segmento da corda em V. Eles podem escolher a distância mais curta ou a porção mais ampla do V.

Terceiro quadrante

Os feijões irão correr pelo quadrante até alcançarem as cordas de contenção, quando devem pular o mais longe possível, usando um marcador para registrar seu salto mais longo.

Quarto quadrante

Os feijões irão formar duplas e ficar de frente uns para os outros. Um feijão pula o mais alto que conseguir, enquanto o outro se agacha e se prepara para saltar assim que o outro cair.

Modificações

- Os feijões podem usar caixas como plataformas para pular.
- Os feijões podem pular sobre ou dentro de bambolês.
- Os feijões podem usar cordas de pular, tentando chegar o mais alto que conseguirem com cada pulo.

Análise de desempenho

Os feijões estão movimentando-se com segurança quando pulam?

Os feijões estão alcançando alturas e distâncias desafiadoras?

Os feijões estão se esforçando para pular da forma correta?

Os feijões estão se divertindo com a atividade?

Safári na selva

Objetivos

Desenvolver habilidades locomotoras eficientes.

Aumentar o entusiasmo com atividades locomotoras.

Idade do grupo-alvo

Até o 5º ano

Equipamentos

CD *player*

Música da selva

Administração

1. Os participantes do safári dividem-se em grupos de cinco e se espalham pela ampla área da atividade.
2. Estabelecem-se os limites da selva.

Pré-atividade

Os alunos pensam no que podem encontrar em um safári na selva.

O professor diz que eles estão prestes a embarcar em uma grande viagem pela selva, com terrenos perigosos, animais selvagens e clima variado.

Atividade

1. Cada grupo de crianças orientado pelo guia do safári pode viajar aonde quiser pela área designada.
2. O professor fala um obstáculo e cada grupo segue as orientações anunciadas.

Exemplos

"Um crocodilo está com a boca aberta esperando por vocês no pântano à frente. Corram rápido e saltem por cima do crocodilo."

"Oh, não! Aí vem um rebanho de animais selvagens! Virem para a direita e corram para não serem pisoteados!"

"Logo à frente tem uma ponte caindo aos pedaços. Caminhem com cuidado e de forma correta para garantir uma passagem segura."

"Aqui tem um grande amontoado de carvão que um grupo de canibais deixou para trás. Saltitem o mais rápido que conseguirem para evitar queimar os pés!"

"Uma cobra escura e comprida está balançando da árvore. Pulem, agarrem e a coloquem em um saco."

"Aí vem um rebanho de zebras! Juntem-se a elas e galopem pela selva."

"Oh, não! Um javali mordeu os dedos do seu pé direito. Pulem em apenas um pé pelas árvores."

"Vejam as girafas comendo aqui! Pulem o mais alto que conseguirem para fazer carinho na cabeça delas."

"Um grupo de hipopótamos está dormindo no rio que estamos atravessando. Deslizem ao redor deles rápida e silenciosamente para não acordá-los."

"Um rinoceronte está correndo na nossa direção! Virem e corram o mais rápido que puderem antes que ele os pegue com seu chifre afiado."

"Vejam que bela cachoeira. Caminhem cuidadosamente por trás dela usando a forma adequada para manter o equilíbrio. Estendam os braços para manter o equilíbrio. Tentem não se molhar."

3. Ao sinal do professor, o guia vai para o final da fila e o segundo participante lidera o safári.

Modificações

- Junte essa lição com uma unidade sobre os animais da selva.
- Estude e crie uma unidade semelhante sobre o Velho Oeste.
- No Dia das Bruxas, use fantasmas, casas assombradas, bruxas em vassouras e gatos pretos como obstáculos.
- Estude e viaje para um outro planeta e confronte-se com obstáculos alienígenas.

Análise de desempenho

Os alunos maximizaram as possibilidades de atividade?

Os alunos estão utilizando a forma correta de movimento?

Todos os alunos estão envolvidos com entusiasmo?

Roda de carroça

Objetivos

Estimular os alunos a demonstrar a forma correta de movimento.

Desenvolver habilidades locomotoras.

Entusiasmar os alunos com as atividades locomotoras.

Idade do grupo-alvo

3º ao 5º ano

Equipamentos

Sinais que digam: "caminhar", "correr", "pular em apenas um pé", "saltar", "pular", "galopar", "deslizar" e "saltitar"

8 cordas de pular

CD *player*

Músicas animadas

Administração

1. Sinais são colocados ao redor de uma ampla área de atividade.
2. As cordas são estendidas no formato de uma roda de carroça para separar as áreas.

Pré-atividade

As crianças são divididas em oito grupos. Cada grupo assume uma posição em uma das estações locomotoras.

Atividade

1. Quando a música começa, as crianças realizam a atividade locomotora designada pelo sinal pendurado na área.
2. Quando a música para, cada grupo move-se em sentido horário para a próxima área.
3. O professor irá sinalizar periodicamente uma mudança de direção, ritmo e caminhos, como "para trás!", "zigue-zague!" "para a direita!", "para a esquerda!", "sentido horário!", "sentido anti-horário!", "rápido!" e "devagar!".

Modificações

- O professor pode chamar o nome de uma criança, que irá sinalizar a mudança de direção, ritmo ou caminho.
- Realizar a atividade com um parceiro.
- Os alunos podem assumir outra *persona*, como um homem de lata, um soldado, uma bailarina, um palhaço ou um animal, para demonstrar como este indivíduo realizaria a atividade locomotora.

Análise de desempenho

As crianças estão demonstrando a forma locomotora adequada?

Os alunos estão seguindo as orientações e mantendo caminhos seguros?

Os alunos estão se divertindo com a atividade?

CAPÍTULO 14

HABILIDADES MANIPULATIVAS: ARREMESSO E RECEPÇÃO

Bruno vê pela janela seus alunos de 4º ano se divertindo no recreio. Ele sorri quando nota que Júlia arremessou uma bola para Jéssica do outro lado do pátio. Seus rostos expressam grande concentração quando praticam os movimentos que ele demonstrou mais cedo. As duas amigas costumam prestar muita atenção aos detalhes das atividades físicas ensinadas, e ele é capaz de visualizá-las ao longo do verão, tirando proveito de suas habilidades crescentes. Assim como dar e receber são necessários em uma amizade, arremessar e recepcionar são atividades interdependentes. Quando alguém lança uma bola no ar, ela voa em direção ao alvo, ao seu destino, ao receptor. Quer a troca ocorra em um campo de jogo, na praia ou no pátio, o uso de movimentos adequados de arremesso e recepção tornam o jogo mais eficiente e satisfatório.

Devido às rigorosas exigências do trabalho, muitos pais têm pouco tempo para dedicar-se a atividades de lazer com seus filhos. Enquanto algumas crianças se envolvem em atividades físicas com os vizinhos depois das aulas, muitas outras são instruídas a permanecer em casa, atrás de portas fechadas, até a noite, quando os pais chegam. Assim, as aulas

dadas pelos professores podem ser parte integral do desenvolvimento inicial das habilidades de arremesso e recepção dessas crianças, que têm tão pouco tempo de atividades após as aulas ou durante as férias.

Em um estudo de Manross (2000, p. 32), 54 crianças testemunharam sobre seus "pensamentos, sentimentos e conhecimentos" sobre aprender a arremessar. Manross formulou as três asserções a seguir: (1) arremessar é uma importante habilidade a se aprender; (2) praticar sozinho e/ou com um amigo é a melhor forma de aprender a arremessar; e (3) as crianças entendiam o que era útil e o que não era nas aulas de educação física. Um motivo pelo qual os alunos acreditavam na importância de desenvolver suas habilidades era que saber arremessar abria oportunidades de aventuras e permitia-lhes participar de diversos jogos e esportes. Eles também achavam isso importante porque algum grau de habilidade impedia-os de sentirem-se constrangidos diante dos amigos e desapontarem seus colegas de equipe.

Tais informações afirmam a importância de fornecer instruções sobre os procedimentos corretos. Os alunos procuram aqueles que têm conhecimento para ajudá-los a desenvolver as

As crianças podem ter oportunidades valiosas para praticar arremessar e receber durante seu tempo livre.

habilidades que precisam saber como parte de sua cultura jovem. Assim, tanto as aulas em sala de aula quanto as de educação física contribuem para desenvolver o sucesso inicial e a confiança das crianças.

FUNDAMENTOS DO ARREMESSO

O arremesso dá impulso para transportar um objeto pelo ar por uma distância desejada. Enquanto arremessar a distância curta exige pouco mais do que um movimento de pulso, arremessar longa distância demanda maior investimento físico, mais eficiente mecanicamente. Ao trabalhar com os alunos para desenvolver habilidades de arremesso mais maduras, os professores devem criar experiências de aprendizagem que incentivem arremessos mais vigorosos. Arremessos repetidos em áreas de atividade amplas exigem esforços mais vigorosos do que a maioria dos alunos está habituada a realizar.

Arremesso por baixo

Neste tipo de arremesso, a mão que segura a bola estende-se para trás enquanto os quadris estão voltados para a frente, e o pé opositor posiciona-se adiantado em relação ao corpo. A seguir, a mão que segura o objeto passa pelo joelho de apoio e arremessa a bola quando atinge um ponto em linha direta com o alvo (ver Figura 14.1). A quantidade de impulso requerida é proporcional à distância necessária. Trabalhar cada vez com mais força estimula os alunos a repetir a forma adequada até alcançar precisão e distância. Arremessar uma bola de beisebol para um rebatedor, ou uma bola de boliche na direção de pinos, requer procedimento semelhante.

Arremesso por cima

Este arremesso costuma ser usado quando é necessário mais força. As principais diferenças entre essse arremesso e o arremesso por baixo são a localização dos quadris, a rotação do tronco e o uso adicional do cotovelo (ver Figura 14.2). Enquanto no arremesso por baixo o corpo fica voltado para a frente e o braço estende-se completamente, no arremesso por cima o corpo encara o alvo de lado e o cotovelo lidera o movimento do arremesso.

Níveis de desenvolvimento
Nível 1
Frequentemente, nos níveis iniciais do arremesso, a criança fica de frente para o alvo, limitando a força do arremesso. O braço torna-se a única fonte de força, e os pés permanecem estacionários quando a bola é lançada.

Nível 2
Nesse nível, a criança dá um passo para a frente com o pé do mesmo lado do braço que arremessa, supondo erroneamente que é a força de ambos que irá impulsionar a bola. O braço pode movimentar-se para a frente e para baixo conforme a criança se inclina para a frente na altura da cintura.

Figura 14.1 Arremesso maduro por baixo.
Fonte: As autoras.

Nível 3

No nível mais avançado, o aluno fica de lado, com o braço não dominante repousando contra o lado do corpo que está voltado para o alvo. A mão dominante segura a bola e levanta o braço até este ficar paralelo ao chão. O aluno dá um passo para a frente com o pé não dominante, colocando seu peso sobre este pé, enquanto o cotovelo lidera e o antebraço move-se para a frente, impulsionando a bola. Conforme a bola é lançada, o braço deve continuar o movimento na direção do alvo.

Ver o Quadro 14.1 para mais informações sobre os níveis de desenvolvimento do arremesso.

Dicas de ensino

- Segure a bola com as pontas dos dedos.
- Gire o corpo na direção contrária do alvo.
- O cotovelo lidera o braço para a frente.
- Dê um passo para a frente com o pé opositor.
- Continue o movimento.

Dificuldades comuns

- Segurar a bola na palma da mão.
- Dar um passo com o pé do mesmo lado do braço do arremesso.
- Deixar de girar os quadris.
- Inclinar-se para a frente na cintura.
- Lançar a bola para baixo.

FUNDAMENTOS DA RECEPÇÃO

Como as crianças se desenvolvem em ritmos variados, costuma ser difícil prever suas habilidades de recepção. Quanto mais imatura for a criança, mais difícil é, para ela, determinar a que distância e a que velocidade está uma

Figura 14.2
Arremesso maduro por cima.
Fonte: As autoras.

bola, e, quando ela não tem confiança em sua habilidade de recepcionar a bola, seu primeiro impulso costuma ser abaixar-se ou encolher-se quando ela se aproxima. Como seus colegas arremessadores também não são habilidosos, a precisão da bola é inconsistente, o que se soma à resposta já normalmente evasiva. Por esse motivo, o uso de bolas de espuma no desenvol-

Quadro 14.1 Arremesso por cima

Nível I	Nível II	Nível III
Posição voltada para a frente	Dá um passo à frente com o pé do mesmo lado do braço do arremesso	Posição de lado para o alvo
O braço é única fonte de força	Braço segue para a frente e para baixo	Braço não dominante fica solto contra a lateral do corpo
Pés estacionários ao lançar a bola	Flexiona o quadril	Mão dominante segura a bola
		Levanta o braço até estar paralelo ao chão
		Dá um passo à frente com o pé não dominante e troca o peso
		O cotovelo lidera o movimento e o braço move-se para a frente para impulsionar a bola
		O braço continua o movimento em direção ao alvo

Fonte: As autoras.

vimento inicial pode oferecer a prática necessária para aumentar os níveis de habilidade ao mesmo tempo em que constrói confiança.

Ao recepcionar uma bola acima da cintura, os alunos juntam as pontas dos dedões com as mãos abertas em posição de recepção. A recepção abaixo da cintura difere na medida em que os dedos mínimos devem estar paralelos e se tocarem. Levantando as mãos para receber uma bola alta, e depois trocando de posição para receber uma bola baixa, é possível notar a diferença. Ver Figura 14.3.

Níveis de desenvolvimento

Nível 1

Os alunos nos níveis iniciais de recepção costumam expressar medo quando a bola se aproxima. Devido à sua falta de velocidade e de percepção de profundidade, eles usam o corpo inteiro para parar a bola, postando-se eretos, em vez de curvarem-se de encontro à bola. Eles costumam juntar as mãos em forma de concha para segurar a bola contra o corpo antes de ela cair.

Nível 2

Nessa fase, os alunos demonstram mais confiança, alongando-se para recepcionar a bola, embora ainda não sejam proficientes. Às vezes, eles ainda podem juntar as mãos em forma de concha para apanhá-la. Contudo, eles ainda não se posicionam de forma adequada para fazer a recepção. Ao absorver o impacto com as mãos estendidas para a frente, eles podem deixar a bola cair.

Nível 3

Em preparação para receber a bola, os alunos flexionam levemente os joelhos e afastam um pouco os pés. Os braços ficam relaxados ao lado do corpo, enquanto as mãos e os antebraços ficam a postos na frente. De olhos atentos, o receptor move o corpo diretamente na linha da bola. Se a recepção for acima da cintura, os polegares das mãos estarão juntos, enquanto uma bola baixa exige a junção dos dedos mínimos. O aluno estende-se para receber a bola e absorve a força do arremesso recebendo-a no centro do corpo. Ver o Quadro 14.2 para mais informações sobre os níveis de desenvolvimento da recepção.

Dicas de ensino

- Estenda-se na direção da bola.
- Relaxe os dedos, baixando-os para bolas baixas e levantando-os para as altas.

Figura 14.3 Recepção madura.
Fonte: As autoras.

- Flexione os joelhos, afaste os pés.
- As pontas dos dedos recebem a bola e puxam-na na direção do tronco.

Dificuldades comuns
- Medo da bola.
- Permanecer ereto.
- Agarrar a bola contra o peito.
- Recepcionar com as palmas.

EXPERIÊNCIAS DE MOVIMENTOS

Na mosca

Objetivo

Aprofundar o desenvolvimento de habilidades maduras de arremesso e recepção.

Aprimorar o arremesso por baixo com força e precisão.

Apreciar a natureza colaborativa do arremesso por baixo.

Idade do grupo-alvo

1º e 2º anos

Equipamentos

30 sacos de feijão (um para cada aluno)
15 bambolês (dois alunos por bambolê)

Administração

1. Cada aluno escolhe um saco de feijão.
2. As crianças formam duplas.
3. Cada par pega um bambolê.

Pré-atividade

Os alunos revisam a forma madura do arremesso por baixo.

Educação física e atividades para o ensino fundamental **213**

Quadro 14.2 Recepção

Nível I	Nível II	Nível III
Medo de aproximar-se da bola	Estica-se para receber a bola	Posição com joelhos levemente dobrados e pés afastados
Usa o corpo inteiro para parar a bola	Junta as mãos em forma de concha para prender a bola	Mãos e antebraços firmes diante do corpo
Fica ereto em vez de curvar-se para receber a bola	O passo para a recepção não é evidenciado	Mãos e antebraços firmes diante do corpo
Forma uma concha com os braços para prender a bola junto ao corpo	Mão esticada pode derrubar a bola	Olhos focados na bola
		Corpo move-se em linha com a bola
		Dá um passo à frente com o pé não dominante e troca o peso
		Polegares juntos para pegar bola acima da cintura
		O cotovelo lidera o movimento e o braço move-se para a frente para impulsionar a bola
		Dedos mínimos juntos para pegar bola abaixo da cintura
		O braço continua o movimento em direção ao alvo
		Estica-se para pegar a bola
		Absorve a força recolhendo a bola junto ao corpo

Fonte: As autoras.

Os alunos discutem as atividades em que se usa o arremesso.

O professor acrescenta as orientações necessárias à atividade.

Atividade

1. O bambolê é colocado no chão a aproximadamente 5 m diante de cada dupla.
2. Alternando arremessos, os dois praticam lançar os sacos de feijão no bambolê.
3. Alternando arremessos entre as duas crianças, elas jogam os sacos de feijão no centro do bambolê. Após três acertos seguidos, a equipe dá um passo para trás.
4. As crianças penduram os bambolês nas paredes, dão 10 passos para trás e arremessam os sacos. Após três acertos seguidos, a equipe dá um passo para trás.

Modificações

- Os alunos variam os tipos de objetos arremessados para aumentar o desafio.

- As crianças contam de 5 em 5, 10 em 10 ou 20 em 20 a cada arremesso.
- Os alunos somam um ponto para cada arremesso que cai no alvo, e diminuem um a cada erro.
- As crianças passam pelas letras do alfabeto em cada arremesso, falando: "A-asterisco", "B-borracha", etc.

Análise de desempenho

Os participantes arremessaram de forma madura?

As crianças trabalharam em conjunto?

Todas as duplas conseguiram se afastar pelo menos cinco passos para arremessar?

Feijões!

Objetivo

Aprofundar o desenvolvimento de habilidades maduras de arremesso e recepção.

Aprimorar o arremesso por baixo com força e precisão.

Apreciar a natureza colaborativa do arremesso por baixo e da recepção.

Idade do grupo-alvo

1º e 2º anos

Equipamentos

30 sacos de feijão (um para cada aluno)
Fita métrica

Administração

Cada aluno escolhe um saco de feijão.

Os alunos ficam a pelo menos 10 passos uns dos outros em uma área ampla.

Pré-atividade

Os alunos revisam formas maduras de arremessar e receber.

Os alunos discutem as atividades em que se usam o arremesso e a recepção.

O professor acrescenta as orientações necessárias à atividade.

Atividade

1. O professor utiliza a fita métrica para demonstrar a altura em que os alunos devem arremessar. Com ambas as mãos, cada participante arremessa o saco de feijão para cima, mantendo os olhos no saco, e depois o pegam.

2. Quando os alunos tiverem demonstrado consciência da forma correta de arremessar, eles praticam a recepção madura, em que ambas as mãos estendem-se para o alto para fazer a recepção, e, quando em contato, deixam-se cair até agarrar a bola por completo na altura da cintura.

3. Os alunos são desafiados a ver quantas recepções em sequência conseguem realizar.

4. A seguir, os alunos repetem o processo, mantendo os olhos na bola enquanto jogam o saco de feijão 2 m no ar e o agarram.

5. Depois, os participantes jogam o saco de feijão no ar apenas com a mão dominante e o agarram com ambas as mãos.

6. Quando a maioria dos alunos tiver dominado a atividade, desafie-os a receber com apenas uma das mãos.

7. A seguir, as crianças jogam o saco de feijão um pouco à frente, caminhando quando forem agarrá-lo no ar, absorvendo a força com um puxão para baixo.

8. Por fim, os participantes ficam de frente uns para os outros, a 5 m de distância, e praticam arremessos e recepções uns com os outros. O professor grita: "Feijões!", sinalizando que os alunos devem arremessar e dizer ao mesmo tempo um tipo de feijão, como: "feijões pretos", "feijões vermelhos", "feijões brancos", etc. Quando disserem o tipo de feijão e conseguirem trocar sem derrubar o saco de feijão, eles podem dar um passo para trás. (Os alunos podem precisar ver os nomes dos feijões antes de se envolverem no jogo para se familiarizarem com eles.)

Modificações

- Os alunos variam os tipos de objetos arremessados para aumentar o desafio.
- As crianças contam de 5 em 5, 10 em 10 ou 20 em 20 a cada arremesso/recepção.
- Os alunos somam um ponto para cada arremesso recebido, e diminuem um a cada erro.
- As crianças arremessam e recepcionam ao ritmo de uma música ou cantando uma canção.

Análise de desempenho

Os alunos seguiram as instruções da atividade?

Os participantes demonstraram formas maduras de arremesso e recepção?

As crianças permaneceram nas tarefas descritas pelo professor?

Os alunos se envolveram com entusiasmo?

Pegue-me se for capaz

Objetivo

Aprofundar o desenvolvimento de habilidades maduras de arremesso e recepção.

Aprimorar os arremessos por baixo e por cima com força e precisão.

Apreciar a natureza colaborativa dos arremessos por baixo e por cima e da recepção.

Idade do grupo-alvo

3º ao 5º ano

Equipamentos

Uma bola para cada dupla de alunos

Administração

Os alunos formam duplas, e cada dupla escolhe uma bola.

Pré-atividade

Os alunos revisam as técnicas corretas de arremesso e recepção.

As crianças ficam a aproximadamente 5 m uma da outra.

Atividade

Arremesso com um parceiro:

Mantendo a distância de 5 m, as duplas correm por toda a área, arremessando a bola de um para o outro enquanto correm sem parar.

Ao chegar ao outro lado, elas se viram e voltam, arremessando e receptando enquanto correm.

Arremesso com um grupo:

Em grupos de quatro, os alunos formam círculos a, no mínimo, 10 passos de distância.

Ao sinal do professor, todos os alunos começam a correr ao redor dos seus círculos. Sem parar, uma criança arremessa a bola para outro aluno do grupo enquanto corre, e os arremessos e as recepções em movimento continuam até o professor indicar que os alunos devem aumentar o círculo, mas sem interromper a atividade. Os grupos se desafiam a continuar expandindo o círculo até não conseguirem mais arremessar e receber em movimento.

Modificações

- O arremessador faz perguntas de multiplicação quando arremessa, e o receptor grita a resposta quando pega.
- A música começa e interrompe a atividade e, quando a atividade é em grupo, a música indica a hora de o círculo aumentar.
- Uma segunda bola pode ser acrescentada à atividade em grupo para intensificar o envolvimento.

Análise de desempenho

Os alunos estão conseguindo completar a atividade conforme as orientações?

As crianças estão demonstrando habilidades efetivas de arremesso e recepção em movimento sem parar?

Os alunos estão demonstrando esportividade com os colegas?

Arremesso contra as paredes

Objetivo

Aprofundar o desenvolvimento de habilidades maduras de arremesso e recepção.

Aprimorar o arremesso com força e precisão.

Apreciar a natureza colaborativa do arremesso e da recepção.

Lembrar os alunos das precauções de segurança ao arremessar e receber bolas.

Idade do grupo-alvo

3º ao 5º ano

Equipamentos

Uma bola de tênis para cada criança

2 cones ou marcadores

Administração

Os cones marcam uma linha imaginária a aproximadamente 10 passos da parede.

Pré-atividade

Os alunos revisam formas maduras de arremesso e recepção.

Os alunos discutem as atividades em que usam o arremesso e a recepção.

O professor acrescenta as orientações necessárias à atividade.

O professor lembra os alunos para terem cuidado para não atingir os outros com as bolas.

Atividade

Arremesso individual

1. Primeiro as crianças pegam a bola após um quique e, ao sinal do professor, arremessam a bola com mais força e a pegam sem deixar quicar.
2. Os alunos demonstram recepção adequada – firmam o corpo à frente da bola, dão um passo para interceptá-la e a abraçam junto ao corpo ao final do movimento.
3. As crianças contam quantas bolas conseguiram pegar em sequência, desafiando-se a aumentar o número.

Arremesso com um parceiro

1. Os alunos formam duplas, compartilhando uma bola.
2. Um participante arremessa a bola contra a parede, sendo que o outro a recebe e depois a arremessa de volta.
3. Primeiro as crianças pegam a bola após um quique, e, ao sinal do professor, arremessam a bola com mais força e a pegam sem deixar quicar.

4. Os alunos demonstram recepção adequada – firmam o corpo à frente da bola, dão um passo para interceptá-la, e a abraçam junto ao corpo ao final do movimento.
5. As crianças contam quantas bolas conseguiram pegar em sequência, desafiando-se a aumentar o número.
6. As duplas contam o número de vezes que conseguiram pegar a bola em 2 minutos, em tempo contado pelo professor. Depois, reiniciam o tempo e a contagem.

Modificações

- Antes que as crianças peguem a bola após um quique, deixe-as pegar a bola após dois quiques.
- Os alunos dizem o nome de um estado quando arremessam a bola, e a dupla diz o nome da capital ao recebê-la.
- Os alunos dizem o nome de um ex-presidente após cada arremesso ou recepção.
- As crianças dizem uma palavra do vocabulário quando arremessam a bola, e os pares, a definição quando a recebem.
- Os participantes podem revisar a tabuada, fazendo perguntas no arremesso e dando as respostas na recepção.
- A atividade pode ser acompanhada de música, com os alunos arremessando e recebendo no ritmo.

Análise de desempenho

Os alunos estão conseguindo completar a atividade conforme as orientações?

As crianças estão demonstrando habilidades efetivas de arremesso e recepção?

Os alunos estão demonstrando esportividade com os colegas?

Referências

MANROSS, M. Learning to throw in physical education class: part 2. *Teaching Elementary Physical Education*, p. 32-34, 2000.

CAPÍTULO 15

HABILIDADES MANIPULATIVAS: VOLEIO COM AS MÃOS E QUIQUE

No Dia da Independência, a família de Filipe convida amigos e parentes para virem à sua casa e, após o churrasco, eles inevitavelmente se juntam para uma partida amistosa de vôlei. Os jogadores incluem o alegre Sr. Simpson, do outro lado da rua, o primo de 7 anos de Filipe, Nick, e sua irmã mais velha, Susana, que jogava na equipe de vôlei do colégio. Todos se mostram muito amigáveis, e Filipe sente sua contribuição para o time. Sem seguir seriamente as regras, os times se preocupam mais em fazer a bola passar para o outro lado da rede e em se divertirem.

Em agosto, o Sr. Landbeck, professor de 4º ano de Filipe, anuncia: "Hoje nós vamos começar a trabalhar vôlei". Filipe sorri, relembrando suas memórias prazerosas. Seu entusiasmo e sua confiança são evidentes quando ele ouve, receptivo, os conselhos que possam aprimorar um jogo que ele já adora.

Apesar de o voleibol normalmente se basear em técnicas de voleio, há outras oportunidades para usar essa habilidade, como cabeceios ou embaixadas no futebol, por exemplo. O voleio difere do arremesso e da recepção à medida que, em vez de agarrar a bola e redirecioná-la, aqui o corpo se contrapõe à bola, e é o impacto que a envia na direção preten-

dida. Os antebraços, a cabeça, os joelhos e as pontas dos dedos servem como os pontos de impacto. Como o voleio pode incluir participantes de todas as idades, o desenvolvimento de habilidades maduras nos anos iniciais do ensino fundamental pode estabelecer as bases para uma vida inteira de prazer.

Nos estágios iniciais do voleio, as crianças devem usar apenas bolas grandes e leves, ou balões, para evitar o medo do contato. Além disso, a vantagem de bolas maiores é que seu padrão de voo é mais lento, permitindo que a criança prepare-se para o impacto. Com a exceção do uso das pontas dos dedos no vôlei, em geral são áreas maiores do corpo que entram em contato com a bola. As crianças podem divertir-se individualmente, com um parceiro ou em grupos.

FUNDAMENTOS DO VOLEIO

O voleio dá impulso para transportar um objeto pelo ar por uma distância desejada. O corpo inteiro situa-se de modo a direcionar a bola ao seu alvo. Apesar de parecer que passar a bola para um companheiro não exige esforço, o investimento complexo necessário pode ser difícil para crianças pequenas, que geralmente

A batida por baixo é praticada nessa atividade modificada de vôlei.

não têm muita experiência em bater na bola. Nos estágios iniciais, as crianças precisam praticar muito apenas para conseguir passar a bola de um lado para o outro, mas, com experiência, elas tornam-se mais habilidosas, podendo desenvolver habilidades específicas dos esportes. O voleio com os antebraços é essencial quando a bola vem em um ângulo que requeira contato logo acima da cintura. Já os voleios altos são necessários quando a bola vem acima da cabeça do jogador. Desenvolver o uso dos antebraços para voleios baixos, e das pontas dos dedos para voleios altos, leva a formas maduras.

Voleio com os antebraços

No voleio maduro, o corpo deve estar posicionado para receber a bola e executar um passe efetivo. Com as costas firmes, tronco inclinado para a frente e joelhos levemente flexionados, o receptor fixa os olhos na bola. As mãos ficam estendidas com a mão dominante agarrada e fechada sobre a palma da não dominante. Os antebraços devem ficar juntos, formando uma plataforma plana para entrar em contato com a bola no ponto mais amplo. As pernas fornecem propulsão erguendo-se junto com os ombros, para enviar a bola ao seu alvo. Após a bola ricochetear, o corpo continua o movimento na mesma direção. Ver Figura 15.1.

Níveis de desenvolvimento

Nível 1 Nos níveis iniciais do voleio com os antebraços, normalmente a criança não consegue assumir a posição adequada com os joelhos flexionados para fazer contato com a bola no local correto dos antebraços. As crianças podem acabar ficando ansiosas e jogar os braços para cima para atingir a bola, em vez de posicioná-los mais abaixo para deixá-la ricochetear com o impacto. Além disso, elas podem ficar eretas, sem flexionar os joelhos.

Figura 15.1 Esta figura mostra um voleio maduro com os antebraços.
Fonte: As autoras.

Nível 2 Aqui, a criança continua a ter dificuldades para prever o trajeto da bola e posicionar-se de modo a rebatê-la para cima. Por vezes, elas podem projetar os braços para cima antes de entrar em contato com a bola, preferencialmente em um ponto abaixo do peito. Já alguns alunos podem conseguir mandar a bola para o alvo pretendido.

Nível 3 No nível mais avançado, o aluno posiciona-se ligeiramente agachado sob a trajetória da bola, com o pé principal um pouco projetado à frente. Os pulsos e as mãos ficam unidos. O movimento dos braços dá-se nos ombos, em vez dos cotovelos, conforme os braços em paralelo sobem junto das pernas para entrar em contato com a bola e mandá-la para cima.

Ver o Quadro 15.1 para mais informações sobre os níveis de desenvolvimento do voleio.

Dicas de ensino

- Posicione o corpo diretamente abaixo do ponto de contato previsto da bola.
- Agache-se levemente e mantenha os olhos na bola.
- Junte os pulsos e as mãos.
- Trave os cotovelos.
- Levante-se com as pernas e posicione-se de modo que a bola entre em contato com os antebraços.

Dificuldades comuns

- Previsão incorreta da trajetória da bola para posicionar o corpo.
- Levantar os braços para entrar em contato com a bola, em vez de esperar sua descida.
- Entrar em contato com a bola em qualquer outro lugar que não sejam os pontos mais amplos dos antebraços.
- Fazer força apenas com os ombros, em vez de usar o corpo inteiro para impulsionar a bola.

Voleio alto

No voleio alto, o corpo fica agachado diretamente abaixo da bola com um pé ligeiramente à frente do outro. O rosto volta-se para o alto, na direção da bola, com as palmas das mãos posicionadas para cima da cabeça, com os cotovelos flexionados para fora. As pontas dos dedos entram em contato com a bola em um ponto acima e à frente da testa, enquanto as pernas e os braços, quando a bola é impulsionada, estendem-se simultaneamente. Ver Figura 15.2.

Níveis de desenvolvimento

Com o amadurecimento das habilidades da criança, ela passa pelos níveis a seguir:

Quadro 15.1 Voleio com os antebraços

Nível I	Nível II	Nível III
Pés juntos	Pés juntos ou separados	Pé dominante à frente
Ereto, em vez de flexionando os joelhos	Leve flexão dos joelhos	Levemente agachado sob o ponto de contato previsto com a bola
Balançar os braços para cima para bater na bola	Empurrão ocasional para cima dos ombros	Movimento dos braços localizado nos ombros
	Pulsos e mãos afastados	Pulsos e mãos juntos
		Braços em paralelo sobem junto com as pernas para entrar em contato com a bola

Fonte: As autoras.

Figura 15.2 Estes são exemplos de voleio alto.
Fonte: As autoras.

Nível 1 Nos níveis iniciais do voleio, a criança costuma ser incapaz de posicionar-se abaixo da bola ou de fazer contato com ambas as mãos simultaneamente. Ela também tem dificuldades para prever a trajetória da bola e, quando tenta o voleio, com frequência dá um golpe na bola por trás, impulsionando-a para a frente ou para baixo, em vez de para cima.

Nível 2 Nesse nível, a criança continua a ter dificuldades para seguir a rota da bola, posicionar-se abaixo dela e impulsioná-la para cima. O movimento continua centrado mais nos ombros do que em todo o corpo, necessário para realizar o voleio de forma madura. Também fica evidente que o aluno não consegue direcionar o voleio de retorno.

Nível 3 No nível mais avançado, o aluno posiciona-se ligeiramente agachado sob a trajetória da bola, com o pé principal um pouco projetado à frente. Com o contato pouco acima da cabeça, as pontas dos dedos impulsionam a bola na direção pretendida, os pulsos permanecem firmes e o corpo inteiro do aluno projeta-se na propulsão da bola em direção do alvo.

Ver o Quadro 15.2 para mais informações sobre os níveis de desenvolvimento do voleio alto.

Dicas de ensino
- Posicione o corpo diretamente abaixo do ponto de contato previsto da bola.
- Agache-se levemente e mantenha os olhos na bola.
- Toque a bola com as pontas dos dedos um pouco acima da cabeça.
- Estenda o corpo inteiro para cima e continue o movimento.

Dificuldades comuns
- Incapacidade de prever a trajetória para posicionar o corpo.
- Bater na bola por trás.
- Incapacidade de bater na bola com ambas as mãos simultaneamente.
- Utilizar apenas os ombros para impulsionar a bola.

FUNDAMENTOS DO QUIQUE

Quicar em esportes organizados é utilizado no basquete e no handebol. Seja em uma posição estacionária ou em movimento, o jogador empurra a bola contra o chão, onde ela rebate e volta, tocando as pontas dos dedos da mão à espera. Um bom jogador consegue quicar a bola de uma mão para a outra. Ao jogar com

Quadro 15.2 Voleio alto

Nível I	Nível II	Nível III
Incapaz de posicionar-se sob o ponto de contato previsto da bola	Às vezes posiciona-se sob a trajetória da bola	Posiciona-se levemente agachado sob a trajetória da bola
Incapaz de fazer contato com ambas as mãos	Às vezes faz contato com ambas as mãos	Pé dominante um pouco à frente
Bate por trás da bola	Bate por trás da bola	Pulsos firmemente juntos permanecem fixos
Não há centralização do movimento	Movimento centrado na parte superior do corpo	Pontas dos dedos direcionam a bola
		Entra em contato com a bola logo acima da cabeça
		Corpo inteiro move-se na direção do alvo

Fonte: As autoras.

um oponente, um jogador experiente pode proteger a bola para manter a posse, mantendo a cabeça erguida e olhando para a frente.

Uma das vantagens de quicar a bola é que a criança não precisa de um parceiro para se divertir com a atividade. Quicando de forma independente, ela desenvolve um nível de habilidade e de confiança que pode ser aplicado a futuras atividades em grupo. Além disso, é possível quicar bolas de diversos tipos e tamanhos, então as limitações de equipamentos são poucas.

Ao quicar, o corpo fica um pouco inclinado para a frente nos joelhos e nos quadris, com a bola ao lado e o pé opositor à frente. As pontas dos dedos fazem contato com o centro da bola e a empurram contra o chão, onde ela rebate e volta. Ao final do empurrão, o braço e os dedos devem estar completamente estendidos para baixo, e, conforme a bola sobe, os dedos recebem o impacto levemente até a altura da cintura, quando a empurram de novo. Ver Figura 15.3.

Níveis de desenvolvimento

Nível 1 Nos níveis iniciais do quique, a criança joga e pega a bola sem um padrão. Em vez de quicar ao lado, ela frequentemente bate na bola por trás com os pés juntos, impulsionando-a para a frente, em uma direção imprevista. Ela não consegue conduzir a bola em um padrão específico, e muitas vezes precisa se projetar adiante quando ela foge do seu domínio. Esse nível desafia os reflexos e a noção de tempo da criança, mas é a bola que controla suas ações.

Nível 2 Nesse nível, a criança ainda pode bater na bola por trás e flexionar o cotovelo um pouco, mas sem estendê-lo completamente para baixo, como acontece no quique maduro. O aluno pode ficar com um pé projetado um pouco à frente, mas ainda não conseguir quicar a bola em um padrão pretendido. Às vezes, a bola quica no nível da cintura; contudo, nesse estágio, a criança começa a controlar melhor a bola e demonstra um pouco de confiança em seus movimentos.

Nível 3 Quando o jogador alcança o nível mais alto, ele posiciona-se com um pé à frente e empurra a bola contra o chão, estendendo o braço para baixo por completo. A criança sabe onde deixar a mão à espera do contato com a bola após rebater no chão. Ela quica a bola ao lado do corpo e consegue afastar os adversários protegendo-a com o antebraço.

Ver o Quadro 15.3 para mais informações sobre os níveis de desenvolvimento do quique.

Figura 15.3 Esta ilustração mostra um menino quicando.
Fonte: As autoras.

Dicas de ensino
- Flexione levemente os joelhos e os quadris.
- Toque o centro da bola com as pontas dos dedos.
- Empurre a bola para baixo, para rebater no chão e voltar.
- Estenda o braço completamente para baixo.
- Entre em contato novamente com a bola quando ela subir.
- Quique na altura da cintura ou mais abaixo.

Dificuldades comuns
- Incapacidade de prever o quique da bola.
- Bater na bola por trás.
- Deixar de estender o braço completamente para baixo.
- Seguir, em vez de direcionar o curso da bola.

Quadro 15.3 Quique

Nível I	Nível II	Nível III
Pernas retas	Pernas podem ou não estar flexionadas	Leve flexão dos joelhos e dos quadris
Posiciona os pés juntos	Às vezes coloca um pé à frente do outro	Coloca um pé à frente do outro
A bola cai e é pega	Bate menos na bola	Usa pontas dos dedos para controlar a bola
Bate por trás da bola	Melhor em retornar a bola	Sabe onde parar a mão e esperar a bola
Não consegue devolver a bola a um ponto específico	Pode flexionar os cotovelos sem estender o braço completamente para baixo	Empurra a bola contra o chão estendendo completamente o braço
Joga-se contra a bola	Às vezes a bola quica no nível da cintura	Quica bola do lado, na altura da cintura ou abaixo
		Protege a bola com os antebraços

Fonte: As autoras.

EXPERIÊNCIAS DE MOVIMENTOS

Bola para cima!

Objetivos

Aprofundar o desenvolvimento maduro das técnicas de voleio com os antebraços e de voleio alto.

Aprimorar o voleio com força e precisão.

Apreciar a natureza colaborativa do voleio.

Idade do grupo-alvo

Até o 2º ano

Equipamentos

Um balão para cada criança (com extras, para o caso de estourarem)

Administração

Distribuir os balões.

Os alunos ficam no mínimo a 10 passos uns dos outros em uma área ampla.

Pré-atividade

Revisar as formas de voleio.

Discutir atividades que usem cada tipo de voleio.

Estabelecer orientações para essa atividade.

Atividade

1. Com os pés parados, os alunos jogam os balões para cima e devem mantê-los no ar apenas com o voleio.
2. Fazer voleios contra uma parede, tentando manter o ritmo do balão sob controle.
3. Em duplas, passar de um para o outro com voleios.
4. Em duplas, passar de um para o outro com voleios contra uma parede.

Modificações

- Contar cada voleio para ver quantos acertos em sequência consegue manter o balão no ar.

- Usar acertos para recitar os dias da semana, os meses do ano, problemas matemáticos ou contar em uma língua estrangeira.
- Tocar música e fazer voleios conforme o ritmo. Começar e parar ao som da música.

Análise de desempenho

Os alunos estão conseguindo completar a atividade conforme as orientações?

As crianças estão controlando os balões?

Os alunos estão trabalhando bem em duplas?

Batida de praia

Objetivos

Aprofundar o desenvolvimento maduro das técnicas de voleio com os antebraços e de voleio alto.

Aprimorar o voleio com força e precisão.

Apreciar a natureza colaborativa do voleio.

Idade do grupo-alvo

Até o 2º ano

Equipamentos

Uma bola de praia ou de plástico grande para cada criança

Giz para marcar as quadras

Música de praia (como os Beach Boys)

Administração

Distribuir os balões.

Preparar o CD para tocar.

Os alunos ficam no mínimo a 10 passos uns dos outros em uma área ampla.

Pré-atividade

Revisar as formas maduras do voleio.

Discutir atividades que usem cada tipo de voleio.

Dar orientações para essa atividade.

Atividade

1. Ao som da música de praia, as crianças usam as mãos e os antebraços para bater as bolas de praia no ar, como se estivessem jogando vôlei de praia.
2. Os alunos formam duplas, com uma bola de praia entre eles, e passam de um para o outro com voleios, contando o número de vezes em que o fizeram sem deixar a bola cair.
3. A seguir, os alunos são agrupados em três e continuam na mesma atividade de contagem.
4. Os alunos, em duplas, desenham uma linha com giz, separando-os, e cada um escolhe o seu lado. Para praticar o voleio baixo, o aluno pode deixar a bola quicar no chão antes de mandá-la para o outro lado, na direção do seu parceiro.

Modificações

- Usar músicas de culturas variadas.
- Usar música de selva e peça para os alunos dizerem o nome de um animal selvagem antes de baterem na bola.
- Dizer uma letra com cada voleio para soletrar palavras (p. ex., nome, lista de soletramento, lista de vocabulário).

Análise de desempenho

- Os alunos estão conseguindo completar a atividade conforme as orientações?
- As crianças estão controlando a força e desenvolvendo precisão?
- As crianças estão cooperando umas com as outras?

Batidas por baixo

Objetivos

Aprofundar o desenvolvimento de habilidades maduras do voleio baixo.

Aprimorar o voleio com força e precisão.

Apreciar a natureza colaborativa do voleio.

Idade do grupo-alvo

3º ao 5º ano

Equipamentos

Uma bola de vôlei leve para cada dupla de crianças

Diversos pedaços de giz

Administração

Os alunos formam duplas.

Cada dupla fica com uma bola.

Os alunos formam duas linhas paralelas a aproximadamente 3 m de distância, posicionando-se de frente para os seus parceiros.

Pré-atividade

Revisar as formas maduras do voleio.

Discutir atividades que usem cada tipo de voleio.

Atividade

1. Uma criança joga a bola para a outra, que tenta usar a forma madura do voleio baixo para devolver a bola ao parceiro, que deve segurá-la. O primeiro parceiro deve jogar a bola, em vez de usar o voleio, assim garantindo que ela chegue ao local correto. O processo é repetido dez vezes para ajudar o receptor a devolver a bola para o passador com o voleio baixo. A seguir, os alunos trocam os papéis. Esse procedimento pode prosseguir por diversas rodadas, e os alunos podem desafiar-se a ver quantos voleios conseguem executar de forma correta a cada 10 tentativas.
2. Esta tarefa é semelhante à atividade 1; contudo, o passador deve lançar a bola de modo que o receptor tenha de dar um ou dois passos para se posicionar de modo a dar um bom voleio.
3. Agora os alunos trocam voleios com um parceiro, desafiando-se a ver quantos vo-

leios em sequência eles conseguem receber e devolver ao outro.

4. No ginásio, as duplas usam uma linha existente no chão; se estiverem ao ar livre, podem desenhar uma linha no pavimento para separá-las. Use o giz para marcar uma linha representando uma rede e calcule um quadrado de 15 passos, marcando os cantos para estabelecer os limites. A seguir, desenhe as linhas para formar o quadrado.

5. Cada dupla dá quatro passos para trás da linha e começa a dar voleios de um lado ao outro.

6. Quando a bola bater no chão, dá-se um ponto ao último aluno que conseguiu mandar a bola para o outro lado da linha. Entretanto, se a bola sair da quadra definida pelas marcações de giz, o último aluno a tocar nela perde um ponto. A contagem de pontos continua até o professor indicar que é hora de parar.

Modificações

- Realizar a atividade com três participantes, em vez de dois.
- Uma dupla junta-se a outra para formar times.
- Usar bolas de tamanhos variados.

Análise de desempenho

Os alunos estão conseguindo completar a atividade conforme as orientações?

Os alunos estão desenvolvendo habilidades maduras de voleio baixo?

Os alunos estão se respeitando e trabalhando de maneira cooperativa?

Em dose dupla

Objetivos

Aprofundar o desenvolvimento de habilidades maduras do voleio baixo.

Tentar realizar voleios com um parceiro.

Apreciar a natureza colaborativa do voleio.

Idade do grupo-alvo

3º ao 5º ano

Equipamentos

Uma bola para cada grupo de quatro alunos

Um pedaço de giz para cada grupo

Administração

Os alunos formam grupos de quatro e dividem-se em dois times.

Cada grupo fica com uma bola.

Os alunos traçam uma linha para representar uma rede e calculam um quadrado de 15 passos, marcando os cantos para estabelecer os limites. A seguir, desenham-se as linhas para formar o quadrado.

Pré-atividade

Revisar as formas maduras do voleio.

Discutir regras de respeito para o jogo.

Atividade

1. O aluno que faz aniversário mais cedo manda a bola por cima da rede imaginária.

2. Um dos membros do outro time usa um voleio alto ou baixo para devolver a bola ou passá-la para algum de seus colegas, com um limite de três toques por lado.

3. Quando a bola bater no chão, dá-se um ponto ao último aluno que conseguiu mandar a bola para o outro lado da linha. Porém, se a bola sair da quadra definida pelas marcações de giz, o último aluno a tocar nela perde um ponto. A contagem de pontos continua até o professor indicar que é hora de parar.

Modificações

- Após cada intervalo indicado, os parceiros se separam para formar um time com outros alunos.

- Após 5 minutos de jogo, o professor manda parar e os alunos precisam jogar contra outro time.

Análise de desempenho

Os alunos estão desenvolvendo a forma madura de voleio?

Os alunos estão competindo de forma cooperativa?

As equipes estão tomando decisões democráticas?

Soletrar e contar

Objetivos

Desenvolver habilidades de quique em posição estacionária.

Trabalhar habilidades de soletração e de matemática.

Criar padrões ritmados.

Idade do grupo-alvo

Até o 2º ano

Equipamentos

Uma bola para cada aluno

Administração

1. Cada aluno escolhe uma bola.
2. Os alunos ficam cerca de 10 passos uns dos outros em uma área ampla.

Pré-atividade

Revisar a forma do quique.

Discutir respeito aos limites dos outros.

Atividade

1. Ao sinal do professor, a turma conta até 20 ou mais, bem devagar, tentando quicar a cada número.
2. Contar de 20 até 1.
3. Contar de 2 em 2 ou de 3 em 3 para seguir a mesma orientação anterior a cada quique.

4. Cada criança soletra seu nome, dizendo uma letra para cada quique.
5. Recitar o alfabeto com uma letra por quique.
6. Criar padrões individuais, tais como "2 2 1, 2 2 1" ou "c c g, c c g".

Modificações

- Praticar a tabuada a cada quique.
- Soletrar palavras, quicando em cada letra.
- Recitar rimas quicando no ritmo.
- Tocar música e tentar quicar no ritmo.
- Usar padrões de cores como "vermelho vermelho verde, azul azul amarelo".

Análise de desempenho

Os alunos estão conseguindo completar a atividade conforme as orientações?

Os alunos estão participando da contagem, da soletração ou das padronizações?

Os alunos estão desenvolvendo confiança com os quiques?

Quique-quique

Objetivos

Desenvolver habilidades de quique.

Criar padrões ritmados.

Idade do grupo-alvo

Até o 2º ano

Equipamentos

30 bolas (uma para cada aluno)

30 bambolês (um para cada criança)

Administração

1. Espalhar-se por uma área ampla.
2. As crianças colocam seus bambolês no chão à sua frente.

Pré-atividade

Revisar a forma do quique.

Atividade

1. Ao sinal do professor, quicar a bola com a mão dominante dentro do perímetro do bambolê.
2. Ao sinal, quicar dentro do bambolê com a mão não dominante.
3. Criar padrões de quique em que a bola atinja o chão quando o termo é dito, como "casa casa porta", "queijo queijo pão".
4. Quicar de uma mão para a outra.
5. Criar um padrão que inclua quicar de uma mão para a outra.
6. Quicar a bola dentro e fora do bambolê em um padrão alternado.
7. Criar um padrão de quique dentro e fora do bambolê.
8. Modificar a altura do quique ao sinal do professor.

Modificações

- Jogar "Meia, meia lua 1, 2, 3" com orientações de quique para a tripulação.
- Mover-se em sentido horário e, depois, em sentido anti-horário ao redor do bambolê enquanto quica a bola.

Análise de desempenho

Os alunos estão desenvolvendo competência em quicar a bola?

O alunos estão juntando-se para criar os padrões?

As crianças estão desenvolvendo habilidades para quicar com a mão não dominante?

Indy 500

Objetivos

Desenvolver uma atitude positiva em relação a quicar com as mãos e driblar com os pés.

Desenvolver habilidades de quique.

Incentivar a cooperação entre os alunos.

Idade do grupo-alvo

$3^{\underline{o}}$ ao $5^{\underline{o}}$ ano

Equipamentos

6 cones/marcadores para marcar a pista de corrida

1 marcador para cada duas crianças

1 bola de futebol para cada duas crianças

1 bola de basquete para cada duas crianças

CD *player*

Música motivacional

Administração

1. Organizar os cones de modo que eles formem uma pista de corrida retangular.
2. Espalhar os marcadores pela pista de corrida.
3. Os alunos formam duplas.
4. Os parceiros escolhem uma bola de futebol e de basquete e encontram um marcador.

Pré-atividade

Discutir corridas e como os pilotos precisam fazer *pit stops*.

Revisar a forma adequada de quicar com as mãos e de driblar com os pés.

Revisar precauções de segurança, especialmente consciência espacial.

Atividade

1. Quando a música começar, um aluno de cada dupla conduz a bola de futebol com o pé pelo lado dos cones, enquanto o outro aluno quica a bola de basquete ao longo da pista de corrida, tentando evitar os marcadores. A prática continua por 4 a 5 minutos.
2. Quando a música parar, as duplas se encontram no seu *pit stop*, trocando as bolas e mudando seus papéis.
3. Quando a música começar novamente, os alunos assumem seus novos papéis.

Modificações

- A área pode ser um caminho pela selva, com árvores, cobras e tocas de leões a serem evitados.
- O caminho pode ser uma estrada pelo país, com marcadores como produtos, bandeiras estaduais ou marcos famosos a serem evitados.
- Os alunos podem fazer compras para o natal, representados por marcadores, e precisam andar pela rua até chegar a uma loja em que devem quicar no lugar.
- Os alunos podem passar por períodos pré-históricos, evitando dinossauros carnívoros (indicados por cones marcados).

Análise de desempenho

Os alunos estão conseguindo completar a atividade conforme as orientações?

As crianças estão ficando mais confiantes com o aumento de sua experiência?

Os alunos estão se movimentando com segurança, sem se baterem com os outros?

No ritmo

Objetivos

Desenvolver habilidades de quique.

Quicar em um padrão ritmado.

Desenvolver habilidades de escuta.

Idade do grupo-alvo

3º ao 5º ano

Equipamentos

Um bola para cada aluno (tipos e tamanhos variados)

iPod ou CD *player*

Músicas variadas (p. ex., samba, forró, *funk*, frevo, etc.)

Administração

1. Espalhar marcadores por uma área grande.
2. Cada aluno escolhe uma bola.

Pré-atividade

Revisar a forma adequada do quique.

Revisar precauções de segurança, especialmente consciência espacial.

Atividade

1. No início da música, todos os alunos começam a quicar a bola conforme o ritmo.
2. Quando a música parar, cada criança passa a bola para outro aluno e recebe uma bola diferente.
3. Com cada parada e início, um tipo diferente de música marca o ritmo.

Modificações

- Usar um metrônomo e gradualmente aumentar o ritmo.
- Usar um tamborim, bongôs ou um tambor para estabelecer o ritmo.
- Os alunos quicam no mesmo ritmo das rimas de pular corda.

Análise de desempenho

Os alunos estão conseguindo realizar a atividade ao ritmo da música?

Os alunos estão se movimentando e passando as bolas com segurança?

Os alunos estão seguindo as orientações de maneira ordenada?

CAPÍTULO 16

HABILIDADES MANIPULATIVAS: CHUTE E VOLEIO COM OS PÉS

Érica, aluna do 4º ano, joga futebol por um clube local desde os 5 anos. Seu técnico trabalha chutes a longa distância e o desenvolvimento de precisão nos passes com o time, e, como ela tem bastante experiência, já que joga desde muito jovem, Érica já desenvolveu bastante seus chutes. Já outros alunos da turma, que não foram expostos a um treinamento tão intenso, demonstram habilidade limitada em bater na bola com os pés. Professores inteligentes sabem se apoiar nos alunos mais habilidosos para ajudar a ensinar os menos experientes. Érica pode servir não só como um modelo para os outros, mas também como auxiliar, ajudando-os a melhorar seu chute.

Chutar é uma habilidade fundamental em diversos esportes. As crianças gostam de jogar futebol, futebol americano e futsal, todas atividades que requerem destreza com os pés. Chutar envolve bater com força em um objeto estacionário ou em movimento com o pé. Se uma criança receber uma bola no pátio, é provável que ela a chute. Chutar a uma grande distância, dar um balão na bola e passar a bola são desafios muito prazerosos para os mais jovens.

FUNDAMENTOS DO CHUTE

Ao passo que o chute a curta distância requer pouco mais que um toque na bola com o pé, chutar a longa distância exige um investimento de todo o corpo, que é mais mecanicamente eficiente. Ao trabalhar com os alunos para desenvolver habilidades de chute mais maduras, os professores devem criar experiências de aprendizagem que estimulem chutes mais vigorosos. Chutes repetidos por áreas de atividade amplas exigem esforços mais vigorosos do que os alunos podem estar habituados a realizar. O tamanho da bola é um componente vital. Bolas de praia, de espuma, ou bolas de futebol um pouco murchas são as melhores para esta atividade, pois não são muito grandes para chutar a longas distâncias, mas têm o tamanho adequado para permitir um contato eficiente com a bola. Além disso, devido à suavidade dessas bolas, elas não machucam os pés das crianças, nem vão tão longe que elas tenham dificuldades para buscá-las. Os alunos precisam treinar os chutes com bolas de diversos tipos e tamanhos; assim, incluindo bolas de futebol e outras bolas apropriadas ao seu tamanho, as crianças recebem oportunidades

O futebol exige que as crianças manipulem a bola em ambientes dinâmicos.

para desenvolver habilidades mais maduras de chute.

Quando quiser distância, o jogador chuta a bola por trás, batendo no centro, para que ela saia levemente do chão. Quando quiser altura, ele chuta a bola abaixo do centro, para que ela se eleve, fazendo a trajetória de um arco. Em ambos os casos, os alunos são incentivados a entrar em contato com a bola na região dos seus cadarços. Ver Figura 16.1.

Níveis de desenvolvimento

As crianças se desenvolvem em ritmos variados, dependendo de sua experiência, desenvolvimento cognitivo, nível de habilidade e condicionamento físico. Devido ao tempo e à experiência necessários para alcançar um nível maduro de desempenho, o desenvolvimento claro de certos níveis de habilidade irá avançar e regredir ao longo do tempo. Os três níveis a seguir definem o desenvolvimento do chute:

Nível 1

No nível 1, o movimento de chute é limitado por um chute com a perna praticamente estendida, com mínimo movimento de impulso tomado de trás. O pé pode fazer contato com a bola pelo lado do pé, de bico ou na região dos cadarços (dorso do pé), mandando a bola em rotas imprevisíveis a distâncias irregulares. Pouco movimento do tronco é demonstrado e os braços são usados apenas para auxiliar no equilíbrio.

Nível 2

Neste nível, a perna do chute exibe movimentação muito maior para trás e para a frente. A criança flexiona o joelho da perna do chute e dá um passo à frente para se preparar para chutar. O contato do pé com a bola pode se dar no peito do pé, na altura dos cadarços; contudo, a consistência da direção e da distância continua imprevisível. Os braços podem mover-se em oposição à perna, o braço oposto estendendo-se para a frente junto da perna do chute.

Nível 3

No nível 3, a criança ou corre ou salta para a bola com os braços balançando em oposição ao chute, dando mais impulso ao movimento. Conforme a criança inclina-se para trás, o quadril também se junta ao movimento, aumentando o movimento do pé para trás antes do chute, e a extensão do movimento para a frente depois. No momento do impacto, a criança eleva-se, apoiando-se nos dedos dos pés, podendo até mesmo deixar o chão. Para maximizar o contato, é dado um chute efetivo com o lado de dentro ou com o peito do

Figura 16.1 Esta ilustração demonstra o chute maduro.
Fonte: As autoras.

pé. Ver o Quadro 16.1 para mais informações sobre os níveis de desenvolvimento do chute.

Dicas de ensino
- Corra com a bola.
- Balance a perna do chute bem para trás.
- Troque o peso para o pé de apoio.
- Balance os pés para ganhar força.
- Faça contato com a bola com o peito do pé.
- Siga a bola com o pé.

Dificuldades comuns
- Começar a chutar de uma posição estacionária.
- Bater na bola com os dedos do pé.
- Deixar de balançar a perna para trás antes do chute.
- Deixar de seguir o movimento após o chute.
- Deixar de balançar os braços.

FUNDAMENTOS DO VOLEIO COM OS PÉS

O *voleio* é uma forma difícil de chute porque a criança precisa coordenar seu movimento para a frente com largar a bola e chutá-la antes que ela toque o chão. Devido à complexidade dessa ação, talvez seja melhor esperar a criança desenvolver formas mais simples de chute antes. Para fazer o voleio, a criança precisa mover-se rapidamente alguns passos antes de saltar e volear a bola. A criança segura a bola com o braço estendido na frente do corpo, larga-a sem jogá-la para cima, e então troca o peso para a perna de apoio, inclina-se para trás e chuta a bola abaixo do nível do joelho, mas antes de tocar o chão. No contato, ambos os pés saem do chão para dar força máxima ao chute. Ver Figura 16.2.

Dicas de ensino
- Bata rápido.
- Jogue a bola direto no chão, sem jogá-la no ar primeiro.
- Balance a perna do chute bem para trás antes do movimento.
- Troque o peso para o pé de apoio.
- Mova os braços na direção oposta à das pernas.
- Incline-se para trás para chutar.
- Bata na bola com o peito do pé.
- Siga a bola com a sua perna, tirando ambos os pés do chão.

Dificuldades comuns
- Soltar a bola jogando-a para cima.
- Bater na bola com os dedos do pé.
- Deixar de inclinar-se para trás.
- Deixar de seguir o movimento após o chute.
- Deixar de tirar ambos os pés do chão.

EXPERIÊNCIAS DE MOVIMENTOS

Um dia na praia

Objetivos

Aumentar a consciência da forma madura do chute.

Desenvolver habilidades de chute e de voleio.

Aumentar o entusiasmo com os chutes.

Quadro 16.1 Chute

Nível I	Nível II	Nível III
Perna estendida	Perna flexionada no joelho	Corre ou salta na direção da bola
Toca na bola com os dedos ou lado do pé	Toca na bola com os dedos ou lado do pé	Toca na bola com o peito do pé
Mínimo movimento para trás com a perna	Maior movimento para trás e para a frente após o chute	Inclina-se para trás e envolve o quadril no chute
Pouca quantidade de movimento com o tronco	Tronco move-se para a frente e para trás	Tamanho do movimento com a perna para trás aumenta
	Dá um passo para a frente para preparar o chute	No impacto, o chutador levanta apoiado nos dedos do pé de apoio, podendo até deixar o chão
Braços usados apenas para equilíbrio	Braço para a frente oposto ao pé que chuta	Braço para a frente oposto ao pé que chuta

Fonte: As autoras.

Idade do grupo-alvo

Até o 2º ano

Equipamentos

Uma bola de praia para cada criança

10 a 15 cordas de pular

CD *player*

Música dos Beach Boys

Administração

1. As cordas de pular são esticadas em um padrão de ondas, simulando um litoral.
2. Cada aluno recebe uma bola.

Pré-atividade

Os alunos pensam em itens que costumam ser encontrados na praia.

Os alunos revisam a forma adequada do chute.

Os alunos revisam as precauções de segurança.

Atividade

1. Os alunos se alinham na praia e chutam as bolas de praia no mar o mais longe que conseguirem.

2. Periodicamente, os professores gritam: "andorinha", "pipa", "gaivota" ou outro objeto que pode ser visto no céu da praia, momento em que as crianças chutam o mais alto que puderem para tocar o objeto imaginário.

3. O professores interpõem embarcações e animais marinhos como "barcos a vela", "*banana boats*" ou "boias", para que os alunos pratiquem chutes a longa distância sobre as ondas.

4. Após chutar as bolas para dentro do mar, os alunos simulam estarem nadando para buscá-las e correr de volta.

5. Em algumas ocasiões, quando as crianças estão buscando a bola, na parte da atividade que enfatiza movimentos rápidos, o professor pode gritar: "tsunami", "tubarão" ou "arraia", fazendo sinal para as crianças correrem para a praia em segurança.

Modificações

- Ensinar essa atividade junto de uma unidade sobre biologia marinha.
- Dar um ponto para os alunos toda vez que eles chutarem a bola alto ou longe quando o professor sinalizar.

Educação física e atividades para o ensino fundamental   **233**

Figura 16.2 Este jogador de futebol americano está mostrando o voleio maduro.
Fonte: As autoras.

Análise de desempenho

As crianças estão respondendo aos sinais do professor?

Os alunos estão usando boa forma do chute?

As crianças estão se divertindo com a atividade?

Chutar que conta
Objetivo

Combinar chutes, contas, adição e subtração.

Desenvolver uma forma mais madura do chute.

Envolver-se em uma atividade divertida em equipes.

Idade do grupo-alvo

Até o 2º ano

Equipamentos

Folhas de pontuação para cada grupo

Lápis

Bolas variadas

Dinheiro de mentira

Cones ou marcadores

Giz

Escada alta para marcar gol

Administração

1. Os alunos são divididos em quatro grupos.
2. As folhas de pontuação são distribuídas.
3. Os grupos se juntam e escrevem seus nomes nas folhas de pontuação.
4. Cada grupo escolhe uma bola.

Estação 1

Linhas de contenção são postas em paralelo a aproximadamente 7m de distância.

Os grupos se alinham de frente uns para os outros nas linhas paralelas.

Estação 2
Cones paralelos definem uma linha de contenção e uma linha do gol.

Estação 3
Marcas de giz na parede, ou outro alvo alto, definem o gol.

Estação 4
Cones marcam uma linha de contenção a aproximadamente 7 m da parede.

Pré-atividade
Os alunos revisam a forma madura do chute em distância e em altura.

Atividade
Quatro grupos de alunos giram até a próxima estação ao sinal do professor:

Estação 1: contagem
1. Ficando em suas respectivas linhas de contenção, os parceiros chutam a bola de um lado para o outro, parando a bola antes de chutar.
2. As crianças contam o número de vezes em que chutam a bola para seus parceiros sem ter de andar mais de um ou dois passos para recuperá-la.
3. A pontuação do grupo é contabilizada e registrada.

Estação 2: adição e subtração
1. Com um parceiro, os alunos chutam 20 vezes a gol, contando quantas vezes o gol é atingido.
2. Os participantes subtraem o número de vezes em que erram o alvo do número total de chutes.
3. O grupo soma sua pontuação.

Estação 3: contando dinheiro
1. Em grupo, os alunos se alternam em chutes na direção da marca de giz no alto da parede, ou em outro alvo elevado.
2. Toda vez que uma criança acerta o alvo, ela ganha dinheiro e, ao final, o grupo soma seus ganhos.

Estação 4: previsão e < >.
1. Cada aluno tem 10 chances de chutar o alvo na parede a partir da linha de contenção, mas, primeiro, cada um tenta prever quantas vezes acha que seu time vai acertar o alvo.
2. O grupo soma sua pontuação.
3. Os participantes determinam se o número de vezes que acertaram o alvo é maior (>) ou menor (<) do que o número de vezes que eles previram.

Modificações
- Variar a quantidade de dinheiro de acordo com o nível de habilidade.
- Variar as operações matemáticas requeridas de acordo com as habilidades e os conceitos adequados ao desenvolvimento dos alunos.

Análise de desempenho
Os alunos completaram as folhas de pontuação?

Os participantes demonstraram a forma madura do chute?

As crianças permaneceram nas tarefas descritas pelo professor?

Os alunos se envolveram com entusiasmo?

Chute gráfico

Objetivo
Desenvolver habilidades de chute a distância.

Desenvolver habilidades de criação de gráficos.

Envolver-se em uma atividade divertida em equipes.

Idade do grupo-alvo
$3^{\underline{o}}$ ao $5^{\underline{o}}$ ano

Equipamentos
Uma folha de pontuação para cada aluno

Lápis

Bolas variadas

Cones ou marcadores

Fitas métricas

Palitos variados

Administração

1. Os alunos escolhem um parceiro rapidamente.
2. As folhas de pontuação em gráficos são distribuídas.
3. Os alunos juntam-se em duplas e cada um escreve seu nome na folha de pontuação em gráficos.
4. Cada dupla escolhe uma bola.

Estação 1: gráficos de setores

Coloque ou desenhe vários alvos grandes em uma parede. Esses alvos podem ser como os de arqueirismo, com o alvo no centro de uma cor, e os outros círculos concêntricos de cores variadas ao redor do centro. Os alvos podem ser feitos em superfícies variadas, incluindo murais ou lençóis.

Posicione um cone indicando a linha de chute.

Estação 2: gráfico de barras

Linhas de contenção são marcadas com cones em paralelo a aproximadamente 7m de distância. Os grupos se alinham uns aos outros nas linhas paralelas.

Estação 3: gráfico de linhas

Os cones marcam uma linha de contenção. Fitas métricas são colocadas ao lado dos cones.

Pré-atividade

Os alunos revisam a forma madura do chute em distância e em altura.

Os alunos revisam aspectos dos diferentes tipos de gráficos.

Atividade

Três grupos de alunos irão girar até a próxima estação ao sinal do professor:

Estação 1: gráficos de setores

1. Em suas respectivas linhas de contenção, um aluno chuta a bola 20 vezes contra o alvo colorido na parede.
2. Um colega mantém um registro da cor atingida em cada um dos 20 chutes.
3. Os colegas trocam de papel.

Estação 2: gráfico de barras

1. Os colegas chutam a bola de um para o outro, parando antes de chutar. Cada um chuta a bola 25 vezes.
2. As crianças contam e registram na folha de pontuação o número de vezes em que chutam a bola para seus parceiros sem ter de andar mais de um ou dois passos para recuperá-la.

Estação 3: gráfico de linhas

1. Um aluno chuta a bola 10 vezes o mais longe que puder.
2. Após cada chute, o outro aluno corre para colocar o palito no ponto em que a bola parou e a traz de volta.
3. Após um aluno ter chutado a bola 10 vezes, o grupo usa a fita métrica para determinar a distância a que a bola foi chutada.
4. Os colegas trocam de papel.

Após os alunos terem completado as tarefas de cada estação, usam os totais que documentaram e criam cada um dos três tipos de gráficos anotados.

Modificações

- Usar esses procedimentos com habilidades variadas, como voleio, pulos e arremessos.
- Usar computadores para montar os três gráficos.
- Usar medidas diferentes (cm, metros, etc.).

Análise de desempenho

Os alunos completaram os gráficos?

Os participantes mantiveram uma forma madura de chutes?

As crianças se mantiveram focadas na tarefa?

Os alunos demonstraram entusiasmo com a atividade?

Golfe com chutes e voleios

Objetivo

Aprofundar o desenvolvimento de habilidades maduras de chute e voleio.

Tentar aumentar as habilidades de chutar e volear com precisão e distância.

Competir em um curso de chute e voleio para aprimorar-se individualmente.

Idade do grupo-alvo

3º ao 5º ano

Equipamentos

30 bolas (uma para cada aluno)

Cones/marcadores

10 cordas

5 bambolês

Folhas de pontuação individuais

Lápis

Pôsteres escritos com os números de 1 a 9

Administração

1. O curso é mapeado em uma área ampla com um bambolê servindo como alvo para cada um dos nove "buracos". A uma distância segura, um marcador é situado além de cada bambolê como o ponto inicial para o próximo buraco.
2. Os alunos se dividem em duplas ou em trios.
3. Cada grupo recebe um número diferente como ponto inicial, conforme indicado pelos marcadores.
4. Cada aluno escreve seu nome em uma folha de pontuação.
5. Os alunos começam no seu marcador.
6. As cordas de pular indicam as direções de chutar/volear.
7. Os bambolês situam-se a cada ponto-alvo, numerados com um pôster.
8. Os cones são colocados em pontos intermediários entre os alvos.

Pré-atividade

Os alunos revisam formas maduras de chutar e volear.

Os alunos compartilham o que sabem sobre golfe.

O professor acrescenta as orientações necessárias à atividade.

Atividade

1. Um participante chuta a bola na direção do cone-alvo. Cada chute conta como um.
2. A seguir, os participantes fazem um voleio com a bola do cone até o bambolê-alvo. Cada voleio conta como um.
3. O participante conta o número total de chutes e voleios necessários para alcançar o alvo e registra a contagem na sua folha de pontuação.
4. Quando o primeiro participante acertar o bambolê-alvo, o segundo participante começa.
5. Quando todos os participantes tiverem jogado, todos rodam na direção do próximo alvo e iniciam de novo.

Modificações

- Os alunos variam os tipos bolas para aumentar o desafio.
- Os alunos criam o percurso como uma tarefa depois da aula.
- Os alunos usam bolas de borracha ou balões pesados em um percurso curto.
- O mesmo percurso pode ser usado com diferentes habilidades, como arremessos ou rebatidas com tacos de golfe, tacos de hóquei ou raquetes.

Análise de desempenho

Os alunos completaram as folhas de pontuação?

Os participantes demonstraram formas maduras de chute e voleio?

As crianças permaneceram nas tarefas descritas pelo professor?

Os alunos se envolveram com entusiasmo?

CAPÍTULO 17

MOVIMENTO CRIATIVO: CONCEITOS, DANÇAS E IMAGINAÇÃO

Jeniffer, uma professora de 4º ano em seu primeiro ano de aula, entrou na sala dos professores com um sorriso largo no rosto. "Amo dar aulas de dança para essas crianças. A criatividade delas vive me surpreendendo". Tiago, um professor veterano com 20 anos de carreira, rolou os olhos e respondeu: "Você só pode estar brincando. Dança não tem nada a ver com movimentos atléticos. É para bailarinas". Jeniffer parou e olhou para ele. "Você quer dizer que a dança não tem valor nenhum para a educação física?". Silêncio. Ela continuou: "A dança é o lugar em que as crianças colocam as ideias em movimento. Elas trabalham em conjunto, em vez de competir. É uma pena que nem todas as crianças tenham mais oportunidades de desenvolver sua autoconfiança com movimentos corporais".

O termo "dança" pode fazer alguns professores rangerem os dentes. Eles frequentemente se lembram de suas tentativas malsucedidas de imitar os passos dos outros na pista de dança quando tentavam dançar tango, valsa, ou até dança de salão. Entretanto, para dar aulas de dança, o professor não precisa se mover com a graça e a desenvoltura de um Fred Astaire ou Ginger Rogers. Para trabalhar com a dança tradicional, o professor só precisa estar disposto a aprender enquanto busca replicar os passos de dança tradicionais ao som de música. Além disso, nem todas as formas de dança seguem uma rotina culturalmente estabelecida. Em muitos casos, os passos de dança são movimentos criados pelo próprio participante para expressar suas ideias e sentimentos de maneira criativa, ao mesmo tempo em que contribuem para seu condicionamento físico.

BENEFÍCIOS DA DANÇA

O estabelecimento de um momento específico para os alunos aprenderem danças estruturadas e explorarem movimentos rítmicos criativos lhes dá a oportunidade de usar os movimentos de forma funcional e criativa. Quando os alunos aprendem rotinas de dança, eles observam o modelo, que demonstra a ação desejada, guardam na memória o que viram para repetir no processo, e se avaliam quando pensam em seus movimentos em relação ao modelo, fazendo ajustes quando necessário. Por exemplo, um menino de 5º ano que observa cuidadosamente um colega fazer todos os passos da valsa pega a ideia do ritmo, tenta alguns passos, e repete a ação até sentir-se confortável e se tornar algo quase rotineiro. Se for necessária a adição de um parceiro, soma-se à dança um componente social. Ao dançar com uma parceira, o menino se dá conta de que os seus movimentos bem executados de repente não são mais adequados. Agora ele deve se mover em sincronia com outra pessoa, cujos movimentos podem ser igualmente proficientes, muito mais bem treinados, ou fora de ritmo. Da mesma maneira, incorporar movimentos de dança nas atividades de sala de aula fornece os meios para os alunos refletirem sobre o que estão estudando, traduzir o conteúdo para os movimentos e elaborar a matéria por meio de gestos. Uma turma de 1º ano que esteja estudando os hábitos dos animais selvagens africanos pode dividir-se em grupos, representando animais diversos, e assumir os papéis de predadores e presas, demonstrando movimentos característicos dos seus animais enquanto música da selva toca ao fundo. Por fim, danças expressivas criadas pelos alunos obriga-os a formular uma sequência de movimentos correspondentes aos seus pensamentos. O professor pode, por exemplo, usar tom de voz, seleção de palavras e volume como indicadores de alterações esperadas nos movimentos.

FUNDAMENTOS DA DANÇA TRADICIONAL

Na tentativa de suprir a demanda do público, os estúdios de dança normalmente tentam atrair bailarinas pequenas e sapateadores animados. Jovens ginastas que disputam competições também aprendem a integrar movimentos de dança em suas rotinas. Mais tarde, quando as crianças entram na adolescência, elas costumam tentar entrar para equipes de dança com pompons ou bandeiras, danças essas que também exigem movimentos preestabelecidos. Além disso, nas baladas do ensino médio, os corpos giram ao rugido das caixas de som, liberando as energias acumuladas da juventude. E, durante a faculdade, aos 20 e 30 anos, os jovens gostam de dançar ao som de

DJs em boates. Por fim, na vida adulta, os casais entram para clubes de dança de quadrilha ou fazem aulas de dança de salão ou danças latinas pelos seus benefícios sociais.

Essas experiências requerem movimentos disciplinados estabelecidos, sofrendo variações apenas em relação ao estilo pessoal de cada dançarino. Apesar dos custos em que incorrem tais experiências estruturadas de dança, aqueles que tiveram oportunidade desenvolvem compostura diante do público, confiança em seus movimentos físicos e consciência dos padrões definitivos de movimento. Contudo, nem todas as crianças tiveram pais capazes de financiar essas oportunidades e que estavam dispostos a sacrificar o tempo e a energia necessários para levar e buscar seus filhos nas aulas e apresentações. Para que as crianças aproveitem essas experiências, é essencial reservar um tempo para o ensino dos tipos de danças estruturadas que forneçam esses contextos sociais. As crianças que já têm conhecimento de passos de dança específicos podem aprender novas formas de dança e ajudar no ensino de suas próprias especialidades aos colegas.

FUNDAMENTOS DA DANÇA CRIATIVA

Outra forma de dança que oferece oportunidades de juntar expressão criativa e atividades físicas é a dança criativa. A integração de movimentos criativos com informações de outras disciplinas, como ciências e matemática, pode aumentar o aprendizado e tornar a atividade ainda mais prazerosa. Se, por exemplo, a turma está estudando a movimentação das tempestades, as crianças podem demonstrar como a umidade se acumula, flui em círculos e se derrama sobre a terra. Trovões e relâmpagos podem invocar movimentos ainda mais vigorosos. Para aprimorar a experiência, CDs que incluam sons da natureza podem contribuir para os movimentos rítmicos e dar ainda mais ideias.

O uso de fitas ajuda as crianças a comunicarem ideias.

Outra forma de utilizar tal expressividade é ler uma obra literária ao som de músicas de tom semelhante ao fundo. Conforme os alunos ouvem a leitura do professor, eles interpretam a história ou o poema por meio da dança, de modo que se concentrem não na apresentação dos outros, mas em seus próprios movimentos, assim reduzindo seu constrangimento e estimulando-os a expressar-se livremente. Para dar mais variedade, os alunos podem ser divididos em pequenos grupos representando diversos personagens, apresentando cada um seus próprios movimentos.

ELEMENTOS DA DANÇA CRIATIVA

Para que a dança criativa seja coerente, diversos fatores são necessários. O mais significativo é o corpo, pois é o elemento que cria e demonstra o movimento. Quer o foco esteja no corpo como um todo, nos movimentos de suas muitas partes, ou na forma do corpo, a consciência corporal é essencial. Além disso, o movimento do corpo está limitado a determinado espaço, e a consciência dos movimentos corporais da criança naquela área limitada é um componente-chave do desenvolvimento de habilidades (ver Quadro 17.1). Cada movimento do corpo depende de esforço. O modo como o corpo se move é determinado pela força expendida, pela fluidez e pelo tempo. Por fim, as relações entre parceiros e entre um grupo de dançarinos ou objetos são elementos-chave na dança.

O corpo

Na dança, o corpo se torna um instrumento que se move como meio de expressão. As atividades realizadas pelo corpo variam de movimentos fluidos e sutis a expressões vigorosas e definitivas. O dançarino move-se pelo chão usando movimentos de saltos, giros, levantamentos e quedas, ou pode estender os braços em um alongamento amplo ou recolhê-los, fechando-os em si mesmo.

Partes do corpo

Em geral as crianças acham que não é necessário se preocupar com as relações entre as partes do seu corpo. Na marcha, por exemplo, elas não pensam conscientemente que, quando o cotovelo direito se flexiona para levantar o braço direito, o braço esquerdo simultaneamente se estende para baixo. Da mesma forma, em sincronia com o braço direito, o joelho esquerdo flexiona para levantar a perna, enquanto a perna direita se estende em oposição. Contudo, quando a marcha se torna

Quadro 17.1 Elementos do movimento criativo

O CORPO	CONSCIÊNCIA ESPACIAL	CONSCIÊNCIA DO ESFORÇO	CONSCIÊNCIA DAS RELAÇÕES
Partes do corpo	Localização	Tempo	Objetos ou outros
Cabeça, tronco, braços, pernas, etc.	Espaço pessoal, espaço geral	Rápido, devagar	Entre, dentro, fora
	Direções	Força	Ao redor, através
	Para a frente, para trás	Forte, leve	Na frente, atrás, ao lado
Formas	Para cima, para baixo	Fluidez	Sob, sobre
Curvado	Direita, esquerda	Contida, livre	Em cima, fora, transversal
Torcido	Sentido horário, sentido anti-horário		Acima, abaixo
Estreito			Duplas
Amplo	Níveis		Liderar
Simétrico	Baixo, médio, alto		Seguir
Assimétrico	Rotas		Juntar-se
Locomotores	Linha reta, em curva, ziguezague		Separar-se
Caminhar			Combinar movimentos
Pular	Extensões		Imitar movimentos
Saltitar	Longe, perto		
Deslizar			
Galopar			
Saltar			
Não Locomotores			
Inclinar-se			
Balançar			
Girar			
Virar			
Curvar-se			
Alongar			
Afundar			
Empurrar			
Puxar			
Sacudir			

Fonte: As autoras.

parte da dança, é essencial que as crianças fiquem cientes do papel de cada parte do corpo no movimento de cada padrão planejado. Em movimentos de dança menos estruturados, as partes do corpo podem mover-se em harmonia ou em movimentos assimétricos.

Corpo como um todo

Quando o corpo se envolve na dança, diversas atividades que utilizam o corpo inteiro oferecem modos de expressão criativa. Movimentos **locomotores**, tais como passos, deslizamentos, saltos, corridas, pulos e giros, podem exercer papel fundamental quando o dançarino percorre a área de dança. Ações não locomotoras, incluindo alongamentos, inclinações e giros, podem interromper movimentos em uma sequência de dança. Tais combinações permitem interpretações de movimentos de diversos eventos ou emoções, convidando os alunos a criar, definir e ensaiar maneiras novas de mover-se.

As crianças se expressam conforme se envolvem na dança criativa.

Para qualquer movimento de dança, as partes do corpo podem liderar, ficar isoladas ou servir como suporte para um movimento. Por exemplo, se uma criança estende a mão para simular que está colhendo uma flor, a mão lidera o movimento. Se fica parada, exceto por sua cabeça, que se vira para cima e para baixo como se estivesse vendo neve cair, esse movimento é isolado. Por fim, se a criança ficar em apenas um pé enquanto flexiona o quadril, com as mãos estendidas para trás como um patinador, o pé e a perna servem de suporte.

Forma do corpo

O corpo tem uma forma que muda de acordo o movimento. A forma também muda quando você vê o corpo de frente, de lado, de costas e de cima para baixo. Formas comuns do corpo são curvada, contorcida e estreita. As crianças podem usar os seus corpos para criar formas específicas, como uma caixa, uma pera ou uma flecha. Sua consciência da forma corporal pode, inclusive, ser aprimorada quando elas trabalham em conjunto para construir uma forma.

Consciência espacial

O espaço é onde o corpo se move. A emoção ou o humor da dança é demonstrado por meio do uso do espaço. Conforme as crianças exploram o seu uso, sua consciência espacial se desenvolve. Alterações sutis nos rumos, níveis e extensões se agregam à cor da dança e desafiam os dançarinos a usar sua criatividade.

Espaço geral e espaço pessoal

O espaço geral inclui toda a área da atividade. Os alunos podem entrar em qualquer parte do espaço geral dentro das limitações físicas ou das impostas pelo professor. Já o espaço pessoal, entretanto, é limitado à área ao redor do corpo das crianças, sendo determinado pela distância a que suas extremidades podem estender-se, a partir de uma posição estacionária. Para que as crianças compreendam completamente a segurança, primeiramente é essencial que tenham consciência plena do seu espaço pessoal, o qual pode ser expandido quando começam a explorar o espaço geral.

Rotas

Padrões no chão e no ar são formados quando os alunos criam rotas por meio dos movimentos. Se uma criança pisasse em tinta antes de entrar na casa, suas pegadas indicariam suas rotas seguindo padrões no chão. Além disso, quando a criança traça um padrão no ar com roda (estrelinha), frequentemente seus rastros permanecem mesmo após a roda ter sido deslocada. E, apesar de essas rotas serem invisíveis na dança, os padrões ainda assim estão lá. Padrões típicos são em linha reta, em curva e em ziguezague. Assim como um golfista visualiza a rota que a bola vai viajar antes de dar a tacada, as crianças podem visualizar sua rota ao planejar um padrão de dança.

Níveis

Três níveis de espaço podem ser utilizados quando as crianças dançam. A área acima dos ombros é chamada de nível alto, em que movimentos como pulos, saltos, passos nas pontas dos pés ou esticar-se para cima ocorrem. Quando a cintura eleva-se acima de sua posição habitual, está-se penetrando um nível alto do espaço. O nível médio do espaço corporal é a área entre os ombros e os joelhos da criança. Flexionando o quadril e estendendo os braços para baixo, para a frente, para trás ou para os lados, o aluno pode explorar o espaço pessoal nesse nível. Por fim, o nível baixo do espaço é a área dos joelhos até o chão. Quando precisa demonstrar um movimento nesse nível, a primeira resposta da criança pode ser simplesmente se jogar no chão. Contudo, o aluno também deve ser estimulado a explorar diversas outras possibilidades, como se agachar com os braços ao redor dos joelhos enquanto se equilibra nos dedos dos pés para apoiar o peso do corpo.

Direções

A dança é composta de uma série de movimentos em uma combinação de direções em potencial, como para trás e para a frente, de um lado para o outro, ou de cima para baixo. A mudança de direção é de extrema importância para a dança, assim como o movimento contínuo é o que fornece a expressão estética. Pode-se relembrar as crianças menores de que, no movimento para frente, é o umbigo que lidera, no movimento para o lado são os quadris, e no movimento para trás são os calcanhares. Elas também podem ser lembradas que pular para o alto é na direção do teto e que para baixo é na direção do chão. Ao desenvolver uma dança, a direção do movimento deve ser rotineira, para que os alunos consigam antecipar seu próximo passo.

Extensões

Dois tipos de movimentos caracterizam as extensões do corpo durante a dança: os que ficam próximos do corpo e são menos dinâmicos são considerados movimentos pequenos, e as crianças adoram fechar seus corpos em

As crianças gostam do desafio de encolherem-se em uma bola.

um espaço pessoal reduzido; porém, quando as partes do corpo se estendem amplamente ao longo do espaço pessoal, estes são considerados movimentos grandes. O uso de gestos irrestritos, ampliando o espaço pessoal ao máximo, libera tensão e energia acumuladas. De novo, uma combinação de movimentos pequenos e grandes é o que dá à dança forma e estilo.

Consciência do esforço

Três tipos de movimentos exemplificam a dinâmica do esforço realizado: força, fluidez e tempo. A variação de força, direção, movimento e ritmo é o que dá a brilho à dança. Tais esforços servem para interpretar os pensamentos e as emoções que determinados temas evocam nos jovens dançarinos.

Força

A energia dispendida para começar, sustentar e completar um movimento é descrita como força. Quando o movimento é pesado e firme, a força é considerada forte, como imitar um elefante passeando com sua tromba pelo espaço geral. O movimento leve, entretanto, é aéreo e flutuante, como imitar uma folha no vento ou uma libélula em um lago. A força exerce papel fundamental para comunicar o humor da dança.

Fluidez

Os dois tipos de fluidez são o fluxo contido e o fluxo livre. Quando uma criança pula de um ponto para o outro, se recompõe e depois pula de novo, essa movimentação é considerada contida. Em geral vemos essa ação após uma chuvarada, quando uma pessoa tenta atravessar a rua pulando entre as poças, movendo-se como um gafanhoto, que pega impulso, salta, cai, então se recompõe para pular de novo. O fluxo livre difere na medida em que o movimento é fluido e contínuo, e qualquer pausa na fluidez é tão sutil que sequer é notada. O dançarino move-se com aparente abandono, mesmo que a estrutura básica da dança seja planejada. Danças combinando movimentos contidos intercalados com movimentos fluidos podem criar uma mistura bem interessante.

Tempo

A velocidade da dança pode ser lenta e deliberada, com ênfase prolongada em cada movimento, ou pode ser rápida, com ações velozes e leves ou animadas e agudas. Quando o professor seleciona composições musicais para dar aula de dança, é importante expor os alunos a diversos ritmos para desenvolver sua consciência do compasso. Para os alunos se animarem com uma feira local, por exemplo, uma música animada é um convite para correr, pular, girar e dar piruetas antecipando a diversão que está por vir. No entanto, quando o ambiente é pesado, a música deve ter uma ressonância profunda, indicando sombrias ou tenebrosas possibilidades. Os alunos podem estar dançando uma fuga de um bosque sombrio e desconhecido, e a música pode transmitir sua cautelosa vigilância. Para alcançar uma mistura de ambos os ritmos, a música deve variar entre vigorosa e serena.

Consciência das relações

Como as crianças se focam principalmente nelas mesmas, nada mais natural do que lhes oferecer oportunidades de concentrarem-se em danças pessoais. Ao fazer os alunos moverem partes específicas do corpo, esses jovens dançarinos podem ter mais consciência e compreensão da coordenação de movimentos dos seus corpos. Da mesma forma, quando as crianças se juntam em duplas para coordenar seus movimentos, é necessário ter atenção a ações específicas do corpo. Quer elas imitem as ações uma da outra, quer se movam assimetricamente, a consciência que elas têm dos movimentos do parceiro em relação aos próprios movimentos deve ser significativa. Por fim, quando os dançarinos tiverem alcançado um grau de sofisticação das relações, eles estarão prontos para formar grupos com três ou quatro e dançar de forma colaborativa.

Com parceiros

Alguns dançarinos podem entender imediatamente os conceitos de juntar-se e separar-se, enquanto outros ficam perplexos. Com frequência, é mais fácil para uma criança desenvolver a consciência das partes do seu corpo imitando ou contrastando seus movimentos com os de um parceiro. Quando uma criança dança com outra para expressar uma ideia, elas reafirmam-se na presença de um colaborador. A vantagem de dançar com um parceiro não está apenas no apoio psicológico, mas também no apoio físico. Os alunos podem vir de mãos dadas, e rapidamente se afastar. Um pode erguer-se enquanto o outro se abaixa. Eles podem ficar lado a lado e inclinar-se em direções paralelas, ou juntar as mãos e se projetarem para fora, unindo os quadris. A mão para o alto, na direção do céu, de um pode ser contrastada pelo movimento na direção do chão do outro parceiro. Tal exploração dos movimentos, com consciência da responsabilidade, não apenas para si, mas também para o outro, pode ser uma experiência valiosa.

Com outros

Antes de os alunos explorarem a dança criativa em grupos, eles precisam ser maduros o suficiente para negociar os movimentos necessários para coreografar uma história ou um tema determinado. Quando o esforço colaborativo aumenta para incluir um grupo de dançarinos, o planejamento torna-se mais complexo. Talvez duas crianças queiram realizar movimentos contidos, passeando pela área com os braços estendidos como um avião, enquanto as outras duas prefiram passear com os braços cruzados. A combinação do movimento dos participantes pode tornar a dança ainda mais interessante.

Se o professor notar que o grupo está se atrapalhando, ele só precisa assegurar aos membros de que todas as ideias são válidas. Ao sugerir que os alunos simplesmente intercalem movimentos contidos leves dentro de uma estrutura de movimentos amplos e abrangentes, como uma nevasca e uma flor se escondendo da primeira neve, ambas as ideias podem ser reconhecidas como válidas.

Os benefícios da dança em grupo incluem a construção de relações sociais, o desenvolvimento de habilidades de negociação e a combinação de ideias para criar um plano. Os conceitos de movimento aplicados no movimento na dança criativa são aplicáveis a uma ampla gama de habilidades e atividades. Desenvolver habilidades para usar as rotas aumenta o movimento no uso de habilidades abertas. Utilizar o ritmo nos movimentos contribui para uma boa noção de tempo e da hora certa para executá-los. A consciência espacial é essencial no esporte, na ginástica, na dança e nas atividades físicas gerais, além de contribuir para a movimentação em segurança no ambiente. Da mesma forma, se as crianças tiverem noção clara da importância das relações nas atividades físicas, será mais provável que elas obtenham sucesso em situações em que dependam de parceiros ou equipes.

As crianças devem ajustar seus movimentos em relação aos outros quando dançam em duplas ou em grupos.

Os esforços de Jeniffer para introduzir a dança em seu primeiro ano de aula podem ter benefícios duradouros para seus alunos de 4° ano. Quando eles fazem farra no pátio, imitando um bando de cavalos, Jeniffer reconhece suas interpretações únicas do movimento. Ela reconhece a sua habilidade crescente em realizar movimentos no ritmo da música. Por meio da dança, as crianças ficam mais confiantes, utilizando seus corpos para se expressar e desenvolver consciência dos seus corpos, do espaço, do esforço e das relações de formas que não seriam possíveis em outro ambiente.

EXPERIÊNCIAS DE MOVIMENTOS

O soletrador

Objetivo

Ter consciência do que significa isolar as partes do corpo.

Revisar a lista de soletração semanal.

Trabalhar colaborativamente com a soletração.

Idade do grupo-alvo

2° ao 5° ano

Equipamentos

Lista de soletração semanal

Administração

1. Orientar os alunos a espalharem-se pela área.
2. O professor tem uma lista das palavras soletradas da semana.

Pré-atividade

Os alunos revisam a lista de soletração em aula. Os alunos falam sobre o uso de rodas (estrelhinha) para soletrar seus nomes no céu noturno, gravando o caminho da luz na escuridão. Cada aluno soletra seu nome no ar com um dedo.

Atividade

1. Os alunos ficam espalhados. O professor grita: "Apontem para a sua caixa torácica. Agora soletrem seu nome no ar três vezes com a caixa torácica".
2. A seguir, o professor declara: "Levantem o tornozelo. Soletrem seu nome no ar três vezes com o tornozelo".
3. Após algumas vezes fazendo isso, os alunos escolhem outra parte do corpo para soletrar cada uma das palavras da lista de soletração três vezes. O professor fala outra palavra da lista de soletração, e os alunos todos devem soletrá-la com uma parte do corpo.
4. A seguir, o professor pede para os alunos soletrarem a palavra em uníssono. Duas vezes mais os alunos se movem para escrever as letras com duas partes novas do corpo enquanto o professor e a turma soletram as palavras.

Modificações

- Formar duplas e usar partes do corpo para fazer as letras e soletrar as palavras, passando pela lista três vezes.
- Usando uma parte ou o corpo todo, em duplas, escrevam uma frase inteira usando uma das palavras soletradas.
- Em grupo, usar partes do corpo, ou o corpo inteiro, para soletrar as palavras.
- Ouvir a música e fazer letras no ritmo da batida.

Análise de desempenho

Houve melhora nas notas de soletração?

Os alunos estão se movendo criativamente ao escolherem partes distintas do corpo para soletrar palavras?

Ao realizar tarefas em duplas ou em grupos, as crianças trabalham de forma cooperativa?

Imagem e ação

Objetivo

Mover-se criativamente, inspirados por gravuras ou imagens.

Mover-se em segurança pelo espaço geral e pelo espaço pessoal.

Idade do grupo-alvo

Até o 5º ano

Equipamentos

Baralho de cartas com imagens de cores, números, objetos, animais, máquinas, veículos, etc.

Administração

1. Orientar os alunos a se espalharem.
2. O professor tem um baralho de cartas com figuras.

Pré-atividade

Os alunos devem dançar da maneira que quiserem para representar o que a carta lhes sugere.

Para demonstrar, vários alunos criam movimentos inspirados pelas cartas selecionadas, como "pavão", "apito de trem" ou "azul".

Atividade

1. O professor puxa a primeira carta, anuncia qual é a imagem e mostra para todos verem. Os alunos realizam os movimentos.
2. O professor vira e anuncia uma série de cartas (p. ex., peru, rosa, máquina de costura, refrigerante), e as crianças se movem da forma que quiserem para representá-las.
3. Os alunos escolhem uma sequência de três ou quatro movimentos que criaram e trabalham para desenvolver transições eficazes entre eles.

4. Os dançarinos criam um movimento introdutório pessoal e um movimento de conclusão para moldar a sequência.
5. A seguir, os dançarinos começam com o movimento introdutório, repetem as sequências ensaiadas três vezes e concluem.
6. Um terço dos alunos realiza as sequências de dança simultaneamente, enquanto os outros assistem. Depois, outro terço realiza sua sequência e, por fim, os últimos alunos a se apresentar concluem a atividade.

Modificações

- Os alunos são divididos em grupos com três ou quatro dançarinos. Cada dançarino puxa uma carta, e o grupo trabalha em conjunto para coreografar a dança com três ou quatro movimentos interpretados a partir das cartas. Dois grupos por vez realizam suas rotinas para o resto da turma.
- Podem ser criadas cartas para refletir uma lição de outra disciplina (p. ex., matemática, ciência, literatura).
- As cartas podem refletir feriados ou temas específicos.
- Cada aluno recebe três fichas, tendo a tarefa de escolher, cortar ou colar uma figura a ser incluída na dança.
- Em grupos, os alunos podem interpretar histórias matemáticas.
- Podem ser usadas músicas descrevendo animais (tais como "A dona aranha subiu pela parede" ou "Atirei ração pro gato", por exemplo), e as crianças se movem no ritmo do animal da música. Se houver algum tipo de transporte na música, como um trem, as crianças assumem seus lugares como se fossem esse transporte e movem-se em sincronia para simular os movimentos das rodas.
- O uso de músicas para acompanhar as rotinas ajuda a desenvolver a noção de ritmo dos alunos.

Análise de desempenho

Todas as danças refletem as cartas que representam?

As sequências fluem com transições eficazes?

As danças são criativas?

Nas danças em grupo, todas as crianças estão cooperando e respeitando os outros?

Dê-me cinco

Objetivo

Aplicar os elementos do espaço, das relações e do esforço.

Criar uma sequência de passos de deslocamento.

Desenvolver confiança com movimentos criativos.

Idade do grupo-alvo

4º ao 6º ano

Equipamentos

CD *player*

Diversos CDs com ritmos variados

Administração

1. Orientar os alunos a se espalharem.
2. Distribuir os equipamentos após o ensaio.

Pré-atividade

O professor explica que os alunos devem dançar da forma que escolherem, incluindo cinco passos básicos de deslocamento.

O professor demonstra possíveis passos de deslocamento que as crianças podem criar.

Atividade

1. Os alunos escolhem um passo específico de deslocamento para realizar.

2. O professor orienta os alunos a utilizarem um novo passo de deslocamento e praticarem os dois em sequência.
3. A seguir, os alunos acrescentam um terceiro passo de deslocamento, depois um quarto, e por fim um quinto. (Não tem problema repetir o tipo de passo de deslocamento.)
4. As crianças desenvolvem transições eficazes de um movimento para o outro.
5. Os alunos criam uma introdução e uma conclusão.
6. Os alunos ensaiam uma dança com introdução, cinco passos de deslocamento repetidos duas vezes e uma conclusão.
7. As seleções musicais mudam durante o ensaio, então, em primeiro lugar, os alunos precisam realizar o segmento inteiro em um ritmo moderado até o terem dominado, depois repeti-lo em um ritmo mais veloz, até finalmente conseguirem reproduzir a dança em velocidade menor para uma apresentação. (É melhor não mudar o ritmo no meio da dança, para não confundir os alunos.)

Modificações

- Usar sacos de feijão, varinhas com fitas, bambolês ou outros objetos para aprimorar a dança.
- Variar níveis, velocidade, direção ou força durante a realização da dança criada.
- Preparar a dança com um parceiro ou grupo.

Análise de desempenho

Os alunos estão conseguindo combinar os passos de deslocamento em uma dança criativa?

As introduções, as transições e as conclusões são eficazes e apropriadas?

Quando precisam mudar a velocidade, os alunos conseguem se adaptar?

Os alunos ganham confiança com a repetição da dança?

Eu tenho o ritmo

Objetivo

Moldar danças com base em tipos variados de músicas.

Desenvolver criatividade e aumentar a confiança no movimento.

Trabalhar colaborativamente e desenvolver habilidades sociais.

Idade do grupo-alvo

Até o 5º ano

Equipamentos

CD *player*

Antes da aula, o professor deve gravar uma combinação de segmentos breves de diversos tipos de música, como música clássica, *country*, *jazz*, *rap* e tango, sem interrupções entre elas (p. ex., 30 segundos de *rap*, seguidos de 30 segundos de country, seguidos de 30 segundos de *jazz*.)

Fitas

Administração

1. Orientar os alunos a se espalharem.
2. Distribuir as fitas.

Pré-atividade

O professor explica que os alunos devem dançar de forma que reflita a música.

O professor explica a forma como as fitas podem enfatizar os movimentos.

O professor demonstra movimentos possíveis que as crianças podem criar.

Atividade

1. Os alunos escutam por um momento a primeira música.

2. Então, o professor os orienta a utilizar apenas a mão com a fita para demonstrar movimentos inspirados pela música.
3. Após alguns momentos, os alunos começam a dançar com as fitas fazendo movimentos abrangentes.
4. Outro tipo de música é apresentado e, uma vez mais, os alunos começam escutando, depois usam apenas as fitas, e, a seguir, criam suas danças.
5. As crianças dançam ao som do CD com uma combinação de tipos de músicas, desenvolvendo transições eficazes.

Modificações

- As crianças mais velhas são separadas em grupos e colocadas em estações em que cada grupo tem um tipo específico de música. Elas podem preparar danças em grupo e se apresentar para o resto da turma.
- Obras de arte, fotografias ou poemas podem ser usados para inspirar a dança.
- Os sons da natureza podem ser substituídos por músicas.
- Os alunos podem ser agrupados em pares ou em pequenos grupos para preparar a dança colaborativamente.

Análise de desempenho

Os alunos estão conseguindo criar danças que simulem a música?

As transições da dança final combinada são eficazes?

Quando a música muda, os alunos conseguem se adaptar?

Os alunos ganham confiança com a repetição da dança?

CAPÍTULO 18

GINÁSTICA ESCOLAR: EQUILÍBRIO, TRANSFERÊNCIA DE PESO E ROLAMENTOS

Shavon grita: "Venham comigo", se joga no chão e rola morro abaixo. Lisa dá uma risada e rola alegremente atrás dela, seguida por Madalena e Graça. Quando cada menina do quarteto brincalhão para lá embaixo, elas se levantam e correm morro acima para fazer tudo de novo. Esse tipo de alegria, que não exige equipamentos, regras ou competição, envolve as garotas nas delícias de sua própria imaginação. Quando as crianças elegem cambalhotas e o controle corporal como diversão, elas tiram proveito de oportunidades para desenvolver força e agilidade no seu próprio ritmo.

Os tipos de atividades que as crianças escolhem realizar fora da sala de aula oferecem oportunidades para os professores estimularem o equilíbrio, a transferência de peso, os rolamentos e a autoexpressão como componentes viáveis do currículo. Tais investimentos resultam em uma variedade de desfechos, incluindo controle corporal, desenvolvimento social e autoestima. Como os alunos ficam responsáveis por estabelecer objetivos pessoais e se autoavaliarem, o papel do professor é planejar e monitorar as atividades e garantir sua segurança.

O amor dos norte-americanos pelos ginastas olímpicos estimulou milhares de pais a matricularem os filhos em aulas para replicarem os movimentos dinâmicos dos campeões. Para realizar tais atividades, equipamentos como traves de equilíbrio, barras paralelas e colchonetes são essenciais. Já que é improvável que o professor tenha acesso a esses aparelhos, e a maioria dos professores não tem a competência para ensinar ou sequer supervisionar tais atividades, atividades básicas de equilíbrio, transferência de peso e de rolamento formam uma base simples para as crianças dos anos iniciais. A maioria dos conceitos de movimentos criativos descrita no capítulo anterior também se baseia nesses elementos. Só com um olhar já é possível ver como a consciência do espaço corporal, do esforço e das relações também pode aprimorar o desempenho da ginástica escolar.

DEFININDO O ESPAÇO

Uma consideração de extrema importância na ginástica escolar é o espaço que cada indivíduo tem para realizar seu movimento. Quando aquele espaço estiver definido, o indivíduo deve medir a extensão do movimento que é permitida dentro dessas condições, uma consciência que se desenvolve por meio da experiência. Enfatizar o uso do espaço e controlar a extensão dentro desse espaço pode exercer papel-chave no desenvolvimento de habilidades.

Ao desenvolver o equilíbrio, a transferência de peso e as habilidades de rolamento, é vital que os alunos limitem o uso do espaço a um parâmetro definido. Muitas famílias ficam grudadas na televisão durante as Olimpíadas. Parte do fascínio da audiência se dá justamente ao reconhecer a habilidade do competidor em restringir seus movimentos, por mais elaborados que sejam, a uma área definida.

FUNDAMENTOS DO EQUILÍBRIO

Desde que uma criança dá os primeiros passos, reconhece-se a importância do equilíbrio. Ao crescer, as crianças podem aprender a andar de patins, de *skate*, de esqui, todas essas habilidades que dependem do equilíbrio. Quando as crianças dependem de um parceiro ou de um grupo para ter equilíbrio, como brincar na gangorra ou fazer uma pirâmide, é exigido movimento cooperativo. Para manter a estabilidade, é necessário manter o centro gravitacional acima das partes do corpo usadas para se equilibrar. Com o equilíbrio estático, a criança se move em uma posição e congela, por exemplo, com a cabeça para baixo e os pés para cima na escada vertical. O equilíbrio dinâmico é a habilidade de manter o equilíbrio enquanto está envolvido em um movimento, como acontece quando se está esquiando na neve. Um garoto se equilibrando em apenas um pé demonstra um exemplo de equilíbrio estático, enquanto uma garota andando de bicicleta demonstra o equilíbrio dinâmico.

Desenvolvendo habilidades de equilíbrio

O equilíbrio é bem-sucedido quando pode ser mantido por longos períodos. Um menino usa habilidades de equilíbrio quando pula de um ponto ao outro na rua, evitando pisar em poças d'água, ou quando pisa nas pedras para atravessar um riacho. Se ele alcançar seu destino com os pés secos, seu equilíbrio terá sido bem-sucedido. Ao realizar movimentos de equilíbrio repetidamente, o equilíbrio da criança melhora.

Princípios mecânicos do equilíbrio

Três princípios descrevem fatores que contribuem para o desenvolvimento das habilidades de equilíbrio: base de apoio, centro gravitacional e uso das extensões. Normalmente, o equilíbrio das crianças se desenvolve em sua vida diária; contudo, utilizando aplicações específicas dos princípios mecânicos do equilíbrio, os níveis de habilidade podem ser bastante aprimorados. Entender claramente como esses elementos se cruzam ajuda a moldar o currículo de modo que ajude a aprimorar o equilíbrio.

Base de apoio

A base de apoio é a área do corpo que está tocando o chão. Se você está andando nas pontas dos dedos, por exemplo, seus dedos dos pés servem de base de apoio. A dificuldade do equilíbrio é relativa à amplitude da base de apoio. Se os pés estão a 60 cm de distância, equilibrar um ovo no ombro é muito mais fácil do que se os calcanhares estiverem se tocando. O equilíbrio fica ainda mais difícil se o ponto de equilíbrio é reduzido a apenas um pé.

Centro gravitacional

O centro gravitacional, que normalmente se localiza na região do estômago, realiza uma função primária na definição do equilíbrio. Quanto mais próximo o centro gravitacional está do chão, mais estável é sua posição. A tensão do corpo, o enrijecimento dos músculos mantém o equilíbrio. O equilíbrio depende da base de apoio e do centro gravitacional. Assim, se o centro gravitacional é deslocado para fora da base de apoio, o equilíbrio fica comprometido.

Uso das extensões

Apesar de braços e pernas ajudarem no equilíbrio, eles também podem servir para contrabalançar o corpo. Quando uma extensão desloca-se em uma direção, a extensão de outra parte do corpo, na direção oposta, torna-se necessária para contrabalancear o movimento. Quando uma criança curva-se para a direita, estendendo o braço direito, pode estender a perna esquerda para contrabalançar a ação.

Uma forma de o professor ajudar os alunos a aprimorarem seu equilíbrio é pedindo para equilibrarem objetos em partes específicas do corpo. Quando uma garota caminha em linha reta com um livro na cabeça, sua habilidade de equilíbrio é demonstrada. Da mesma forma, se um aluno consegue ficar em apenas um pé por longos períodos de tempo, seu equilíbrio costuma melhorar. O equilíbrio depende da base de apoio, de mudanças do centro gravitacional e do contraequilíbrio para manter a estabilidade.

As crianças gostam de se desafiar a manter o equilíbrio.

FUNDAMENTOS DA TRANSFERÊNCIA DE PESO

Para se mover de um lugar ou posição para outra, deve ocorrer uma transferência de peso. O enrijecimento dos músculos cria a força necessária para transferir o peso, ao mesmo tempo em que contrabalança com uma força na direção contrária. Apesar do impulso momentâneo, é essencial continuar a manter o equilíbrio mudando o centro gravitacional conforme a necessidade.

Formas comuns que as crianças usam para transferir o peso é quando dão rodas (estrelinhas) e rolos (cambalhotas), executam rotinas nas barras paralelas ou saltos. Essas atividades

As crianças se sentem motivadas a usar o contraequilíbrio para manter o equilíbrio.

altamente atléticas demonstram níveis avançados de transferência de peso. No entanto, para crianças dos anos iniciais desenvolverem níveis rudimentares de transferência de peso, desafios menos intensos são igualmente válidos. Como os alunos precisam ter experiência com formas variadas de transferência de peso, o professor pode oferecer diversas oportunidades de desenvolvimento.

Locomoção

Uma das experiências iniciais com a transferência de peso para as crianças é a locomoção. Nos primeiros meses de vida da criança, ela aprende a levantar a cabeça e, até, rolar. Quando o bebê chega aos seis meses, os pais já estão sorrindo com sua habilidade de engatinhar. Então, quando faz um ano, seus primeiros passos encantam a todos. Essas formas de locomoção exigem a constrição dos músculos para alterar o centro gravitacional e permitir a transferência de peso. Mais tarde, essas mesmas habilidades são refinadas quando as crianças saltam para pegar uma bola, brincam de pula-sela no recreio, giram até ficarem tontas e pulam para não pisar nas linhas.

Transferência de peso para outras partes do corpo

Nos anos iniciais, as crianças utilizam a transferência de peso inconscientemente para se puxar para a frente pelas mãos em uma escada horizontal, jogar os pés para cima e caminhar com as mãos, dar rolamentos para a frente ou caminhar feito caranguejos. Quando as crianças desenvolvem habilidades de movimento, empenham-se na realização de transições eficazes entre uma base de apoio e a outra, como visto quando ginastas olímpicos passam por uma série de exercícios de transferência de peso sem alterações abruptas na rotina.

Fundamentos do rolamento

Um uso da transferência de peso que as crianças gostam são os rolamentos. A habilidade de desafiar a gravidade enrijecendo os músculos para rolar o corpo na direção escolhida demonstra o uso das costas como base de apoio. Até mesmo rolamentos parciais oferecem experiências positivas com a transferência de peso.

Rolamento lateral

As crianças são incansáveis quando oportunidades para descer rolando uma inclinação ocorrem. Quando começam o movimento, a inclinação ajuda a intensificar o impulso e jogá-las girando até o fundo. Contudo, rolamentos com o corpo reto não requerem inclinação, já que os alunos também podem impulsionar-se por uma superfície plana. A criança começa deitada de costas com os braços estendidos acima da cabeça, as coxas juntas para garantir menor resistência, e os pés juntos com os dedos projetados para fora. A seguir, o corpo rola lateralmente, realizando rotações de 360 graus. O rolamento com o corpo encolhido é semelhante, mas então o corpo começa agachado, com as mãos unidas atrás dos joelhos. A criança se inclina para o lado e faz uma rotação inteira, completando o movimento nos joelhos e levanta-se.

Dicas de ensino
Rolamento com o corpo reto

- Corpo fica deitado e reto.
- Os braços juntam-se firmemente contra os lados do corpo, e a criança rola lateralmente, seguindo uma linha reta.
  ou
- Braços firmemente estendidos sobre a cabeça.
- Rola para o lado em linha reta.

Dificuldades comuns

- Corpo solto, sem controle.
- Braços soltos, movem-se com o rolamento.

Rolamento com o corpo encolhido

- Em posição agachada, com as mãos atrás dos joelhos.
- Inclina-se para o lado e rola.
- Completa o movimento nos joelhos e levanta-se.

Rolamentos laterais são especialmente adequados para crianças que têm medo de rolar para a frente ou para trás.

Dificuldades comuns
- Mãos não estão unidas atrás dos joelhos.
- Dificuldades de rolar para os joelhos.
- Dificuldades para levantar-se.

Rolamento para a frente

Quando as crianças começam a realizar rolamentos para a frente, a visão é cômica. Devido à sua falta de equilíbrio e controle corporal, elas frequentemente rolam para o lado, em vez de para a frente ou para trás. É muito mais fácil para as crianças pequenas aprenderem a rolar para a frente em um declive do que em uma superfície plana, visto que a inclinação contribui para o impulso. Os professores podem auxiliar as tentativas das crianças focando-se nos passos até a conclusão do movimento. A criança começa com as mãos no chão, em posição

Figura 18.1 Este menino demonstra a forma madura de rolar para a frente.
Fonte: As autoras.

agachada, com as costas arqueadas em "C" e o queixo apertado contra o peito. Com os cotovelos flexionados, a criança se empurra com as mãos e os pés, alçando o quadril para cima e forçando a transferência de peso dos pés para as costas arqueadas, enquanto mantém o corpo encolhido. O rolamento termina com o peso retornando aos pés. Ver Figura 18.1.

Dicas de ensino
- Mãos no chão, agachado com as costas arqueadas em forma de "C".
- Queixo contra o peito.
- Cotovelos flexionados, empurrar-se com as mãos e os pés.
- Alce o quadril para cima.
- Transfira o peso dos pés para as costas arqueadas em um movimento firme.
- Complete o movimento com o quadril e os pés e levantar-se para ficar de pé.

Dificuldades comuns
- As mãos não alcançam o chão confortavelmente.
- Manter o equilíbrio agachado.
- Costas muito rígidas.
- Queixo para cima.
- Cair em vez de se empurrar.
- Impulso insuficiente para levantar o quadril.
- Recuperar o equilíbrio para se levantar com facilidade.

Rolamento para trás

Quando as crianças desenvolvem habilidades de rolamento, elas frequentemente tentam se impulsionar para trás, uma ação que transfere o peso do quadril para as costas e para os ombros. Para a maioria das crianças, rolar para trás é muito mais difícil do que rolar para a frente, e algumas podem não ter a força ou o controle corporal necessários. Assim, nunca se deve exigir que uma criança realize rolamentos para trás. As crianças que estão desenvolvendo suas habilidades e que não parecem prontas para rolar para trás devem ficar sentadas com os braços ao redor dos joelhos, os joelhos pressionados contra o peito e rolar sobre as costas e os ombros. Após dominar esse estágio de desenvolvimento, elas podem juntar as mãos atrás da cabeça e, uma vez mais, balançar sobre os ombros e as costas.

Ao estimular os alunos a trabalhar com rolamentos maduros para trás, os professores devem oferecer diretrizes adequadas ao nível de desenvolvimento dos participantes. Primeiro, os alunos devem conectar os dedos atrás do pescoço, com os cotovelos projetados para fora. A seguir, devem se agachar, com os joelhos encolhidos contra o peito. Abaixando-se contra o chão e balançando para trás, eles impulsionam seus corpos para trás e prosseguem o movimento com um rolamento para trás, acabando nos joelhos novamente. A seguir, levantam as costas a uma posição perpendicular e soltam as mãos. Ver Figura 18.2.

Dicas de ensino
- Conecte os dedos atrás do pescoço, com os cotovelos projetados para fora.
- Agache com os joelhos encolhidos contra o peito.
- Abaixe até o chão e rolar para trás.
- Impulsione o corpo para trás e para cima.

Figura 18.2 Esta menina demonstra a forma madura de rolar para trás.
Fonte: As autoras.

- Complete o movimento nos joelhos e levante.

Dificuldades comuns
- Manter o equilíbrio agachado.
- Dificuldade para manter o corpo contraído.
- Cair para o lado durante o movimento.
- Impulso insuficiente para completar o rolamento.
- Recuperar o equilíbrio ao levantar-se.

As considerações quando se opta por se focar no equilíbrio, na transferência de peso e nos rolamentos incluem medidas simples de segurança. Não são necessários observadores nessas atividades, visto que os alunos moderam seu próprio movimento, então as possibilidades de lesões são pequenas. Ao individualizar as expectativas incentivando os alunos a decidirem o quanto estão dispostos a arriscar-se nessas atividades, os professores estabelecem um ambiente livre de competição e desafiador para os menos habilidosos, ao mesmo tempo em que oferecem estratégias avançadas para os mais desenvolvidos.

Esse tipo de atividade foca-se na engenhosidade dos alunos, sua disposição em correr riscos, sua independência, criatividade e autoconfiança. Quando os alunos realizam movimentos no seu próprio ritmo, em conjunto com os outros, podem optar por se unirem em esforços cooperativos para realizar a tarefa. O apoio mútuo estimulado por essas atividades contribui para o desenvolvimento social das crianças.

Durante a educação física, o foco no equilíbrio, na transferência de peso e nos rolamentos oferece oportunidades para desenvolver habilidades sociais e autoestima, ao mesmo tempo em que os níveis de habilidade melhoram. Além disso, quando estabelecem objetivos e os avaliam, os alunos sentem-se encorajados a refletir sobre seu próprio desenvolvimento e a criar novos objetivos. Visto que os fundamentos do equilíbrio, da transferência de peso e dos rolamentos são procedimentos simples, exigindo pouco espaço, as crianças podem envolver-se em atividades básicas sem a necessidade de equipamentos elaborados.

EXPERIÊNCIAS DE MOVIMENTOS
Sob a lona do circo
Objetivos

Desenvolver o equilíbrio, a transferência de peso e as habilidades de rolamento das crianças.

Estimular os alunos a avaliar seu ritmo e seu desenvolvimento nas tarefas de equilíbrio, transferência de peso e rolamento.

Idade do grupo-alvo

Até o 3º ano

Equipamentos

5 cordas

Música de circo

CD *player* ou MP3 + 1 alto-falante

Microfone (opcional)

Cartões ou pôsteres/figuras em cada estação para estabelecer as tarefas

Administração

1. Estabelecem-se os limites da lona do circo.
2. Os participantes dividem-se em grupos com cinco e juntam-se em três círculos indicados na área chamada de lona do circo.

Pré-atividade

Os alunos pensam em atividades que podem ser incluídas em um circo.

Diz-se aos alunos que eles fazem parte de um circo e que estão prestes a realizar o *show* do dia.

Atividade

O líder [professor] fica no meio das crianças com um alto-falante.

O líder define o início e o fim das experiências em cada círculo (estação), reforçando isso tocando e encerrando a música de circo.

Exemplos

Círculo I "E agora, senhoras e senhores, no Círculo I, os artistas de corda do 2º ano irão demonstrar seus feitos desafiando a gravidade".
Por sua vez, as crianças irão

- Com os braços estendidos, caminhar sobre uma linha no chão, uma corda estendida, ou uma trave de equilíbrio.
- No meio da corda, equilibrar-se em apenas um pé estendendo o outro para a frente ou para cima com o joelho dobrado e contar até três.
- Usar o contraequilíbrio para tocar a corda com a mão direita enquanto estende o pé esquerdo para trás.
- Desenvolver uma rotina repetível de quatro passos que cada um possa praticar até o líder sinalizar que é hora de trocar de círculo.

Círculo II "Crianças e avós, vejam as cambalhotas dos palhaços no Círculo II".
Simultaneamente, as crianças escolhem uma dessas atividades

- Realizar rolamentos laterais com cinco rotações.
- Executar rolamentos para a frente em sequência.
- Realizar rolamentos para trás ou com os ombros.
- Balançar de um lado para o outro sobre as costas com o corpo encolhido.

Círculo III "Cachorros e periquitos, olhem atentamente para o Círculo III, em que nossos cavaleiros realizam incríveis feitos!"

1. Em bancos fixos ou em cadeiras robustas, as crianças simulam cavaleiros cujos atos são realizados sobre cavalos ou elefantes. (*Nota: cada cadeira deve ser estabilizada por um parceiro, que deve segurá-la por trás.*) Qualquer um dos movimentos a seguir ou outro criado pelos alunos é apropriado.

- Equilibrando-se em apenas um pé, segurar a panturrilha da outra perna e levantá-la o mais alto que conseguir com segurança.
- Agachar-se e pular para cima para voltar a ficar de pé.
- Flexionar um joelho e levantar o pé atrás do corpo, contando até três enquanto mantém equilíbrio. Fazer o mesmo com o outro pé.
- Criar quatro ações repetíveis sobre a sela da montaria escolhida.

2. Ao sinal do líder, todas as crianças realizam as rotinas que ensaiaram em sua estação atual, como se estivessem se apresentando ao público no circo.
3. Cada grupo de crianças passa ao próximo círculo e, depois de realizarem essas atividades, passam para o terceiro.

Modificações

- Variar as atividades para que possam ser realizadas diversas vezes (p. ex., malabarismos, atos com trapézio, acrobacias, etc.).
- Ligar essa lição a atividades de desenho, pintura ou colorir.
- Estudar a vida do circo e os tipos diferentes de talentos requeridos.
- Usar matemática ou mapas para traçar a distância e a direção que o circo viaja em seu circuito.

Análise de desempenho

Os alunos maximizaram as possibilidades de atividade?

Os alunos estão utilizando a forma correta?

Todos os alunos estão envolvidos com entusiasmo?

Pantanoso

Objetivos

Participar de uma aventura enquanto focam o equilíbrio e a transferência de peso.

Desenvolver controle corporal e escolher desafios adequados à capacidade das crianças.

Idade do grupo-alvo

Até o 3º ano

Equipamentos

30 marcadores

6 cones pequenos

10 cordas

12 bambolês

Administração

1. Distribir os bambolês em dois grupos com seis em um canto da área da atividade.
2. Espalhar os marcadores como se fossem plataformas em duas colunas a uma distância pela qual as crianças possam passar.
3. Alinhar as cordas em dois grupos, estreitas em um lado e mais espaçadas em outro, para desafiar os alunos a saltarem.

Pré-atividade

Os alunos revisam seu conhecimento dos princípios do equilíbrio e da transferência de peso.

Os alunos se dividem em três grupos, e cada grupo posiciona-se próximo de uma das áreas de obstáculos.

Atividade

Ao sinal do professor, os grupos começam simultaneamente seus desafios e continuam até ouvirem o sinal.

Plataformas

Os marcadores representam pedras que oferecem apoio para atravessar uma área pantanosa.

1. Em duas filas, as crianças saltam de uma pedra para a seguinte, alterando seu centro gravitacional para transferir o peso.

2. Quando transfere o peso de uma pedra para a outra, a criança para e concentra-se para pular novamente.
3. Ao chegar ao fim de uma série de pedras, ela parte para a seguinte.

Os cones podem ser distribuídos pela área para que os alunos tenham de saltar sobre eles para alcançar a próxima pedra.

Atravessando areia movediça

Os bambolês indicam chão firme envolvido pela areia movediça.

1. As crianças formam dois grupos, e cada um pula de uma parte, transferindo peso, parando e preparando-se para saltar novamente em outra direção.
2. Quando todas tiverem atravessado a areia movediça, elas mudam para a outra trilha e voltam para a posição inicial no pântano.

Rio atroz

1. Como o rio é mais estreito em um lado e mais largo em outro, as crianças podem escolher o lado mais desejável a atravessar, transferindo o peso às mãos ou pés.
2. As crianças podem escolher começar no ponto mais estreito e continuar até o ponto mais desafiador que conseguirem ou repetir um salto confortável indefinidamente.

É importante que elas notem que jacarés nadam neste rio e que eles podem aparecer a qualquer momento, criando a urgência de atravessar rápido.

3. As crianças que estão esperando para atravessar ou que já atravessaram e estão esperando para voltar podem se revezar gritando "Jacaré!", enquanto os outros precisam saltar mais alto e mais rápido.

Balançando em cipós (opcional)

Se essa atividade ocorrer no pátio, pode-se realizar uma quarta atividade.

1. As crianças simulam balançar em cipós quando balançam ou cruzam uma escada horizontal.

2. Quando membros do grupo gritam "Cobra!", os alunos balançam mais rapidamente ou balançam para o lado para evitar a cobra em um galho próximo.

Modificações
- As escadas horizontais podem ser usadas para demonstrar a transferência de peso usando os braços.
- Um escorregador pode ser usado para a transferência de peso subindo a escada antes de descer a cachoeira.
- Os alunos gostam dessa atividade em conjunto com algum estudo de características, localizações e fauna de pântanos.
- O professor lê "O elefante infante", de Rudyard Kipling, e as crianças assumem as características dos animais da história.

Análise de desempenho
Os alunos estão conseguindo manter o equilíbrio e transferir o peso com segurança?

Os alunos encontram desafios adequados quando ficam responsáveis por selecionar os níveis de dificuldade?

Museu de cera

Objetivos
Desenvolver equilíbrio.

Manter uma pose com controle corporal.

Representar um personagem por meio do posicionamento corporal.

Idade do grupo-alvo
Até o 3° ano

Equipamentos
Nenhum

Administração
Estabelecem-se os limites do museu.

Os alunos ficam espalhados.

Pré-atividade
Os alunos revisam seu conhecimento dos princípios do equilíbrio e da transferência de peso.

Os alunos discutem o que é um museu de cera.

Os alunos pensam nos personagens que podem ter visto em um museu de cera.

Diz-se aos alunos que eles vão posar para o museu de cera, e que precisarão se equilibrar e ficar completamente imóveis até o professor contar até cinco.

Atividade
1. O professor dá um modelo e cada criança faz uma pose.

Exemplos
"O Diretor descobre que um dos banheiros está transbordando!"

"Seu jogador de futebol preferido chuta em gol!"

"O goleiro defendeu."

"O jogador vai bater uma falta."

"Uma estrela do *rock* toca guitarra no *show*."

"O vocalista canta no microfone."

"O baterista faz um solo."

"Um soldado marcha em uma parada."

"Um membro da banda marcha na parada."

"A rainha do carnaval acena para a multidão."

"Um fantasma assusta seu amigo."

"A bruxa voa na vassoura."

"Um fogo de artifício explode."

"Um alpinista sobe a montanha."

"Uma cegonha para na água."

"Um pavão abre as plumas."

"Um leão ruge."

"Um sapo se prepara para pular."

"O homem elástico entra em uma caixa pequena."

"O policial orienta o trânsito."

"O carteiro é perseguido por um cachorro."

"Um gorila bate no peito."

"Uma tartaruga se esconde no casco."

"Uma águia plana."

"Um jogador de vôlei dá um saque."

"Um raio cai."

2. As crianças se juntam em duplas ou trios para fazer poses em grupo.

Exemplos

"O pessoal da mudança carrega um piano."

"Limpadores de janela."

"Um jogador equilibra a bola para o outro chutar."

"Sapos na lagoa."

"Ursos acordando da hibernação."

"Crianças patinando."

"Remando um barco."

"Dança na boate."

"Flutuando em gelo derretendo."

"*Rafting* em corredeiras."

"Deslizamento de terra."

"Bombeiros apagando um incêndio."

"Três crianças fazem uma pirâmide."

"Astronautas saindo da nave."

Modificações

- Juntar essa lição com uma unidade sobre a vida selvagem, insetos, esportes, profissões, pontuação, formas, números.
- Para feriados, usar figuras representativas.
- Ler uma história e fazer poses conforme os personagens realizam ações.
- Fazer poses que correspondam à música.
- Fazer os alunos criarem cenas para os outros adivinharem.

Análise de desempenho

Os alunos maximizaram as possibilidades de atividade?

Os alunos estão demonstrando equilíbrio eficaz?

Todos os alunos reconhecem os comandos?

Caminhada lunar

Objetivos

Desenvolver equilíbrio, transferência de peso e habilidades de rolamento.

Usar a imaginação e a criatividade para interpretar a aventura.

Idade do grupo-alvo

4° ao 6° ano

Equipamentos

Equipamento do recreio

Cones

Marcadores

Cordas

Bambolês

Administração

1. As crianças se dividem em grupos com quatro e criam uma expedição à lua para os outros alunos seguirem.
2. Cada grupo recebe três cones, três marcadores, três bambolês e três cordas para usar na montagem de sua exploração lunar.
3. Cada grupo é designado a uma área.

Pré-atividade

Os alunos discutem os princípios do equilíbrio, da transferência de peso e dos rolamentos

As crianças revisam discussões em aula sobre as características da lua, os movimentos dos astronautas e os efeitos da falta de gravidade.

Atividade

Cada grupo mapeia uma caminhada lunar usando os equipamentos distribuídos para representar

- crateras;
- montanhas;
- Regolito (camada de sedimentos lunar);
- caminhos de lava;
- pedras gigantes.

Áreas representando os mares e as montanhas da lua são identificadas.

Os alunos são lembrados de que o movimento é lento e deliberado devido à falta de gravidade e a seus equipamentos pesados.

Devido aos exploradores anteriores, a superfície da lua está coberta de pegadas. Talvez os alunos queiram incluir um segmento de passos nessas rotas imaginárias.

Os grupos criam uma trilha repetível, incorporando equilíbrio (mantendo posições precárias enquanto se preparam para os próximos movimentos), transferência de peso (p. ex., saltar sobre crateras, escalar montanhas, mover-se lateralmente por encostas, passar por rochas) e rolamentos (p. ex., descer uma encosta, cair em uma cratera).

Três grupos se unem para guiar os outros pelos caminhos que criaram.

Modificações

- Os seguintes tipos de caminho podem ser construídos:

1. Por uma selva, usando cipós para transferir peso, debatendo-se com folhagens grossas e areia movediça como obstáculos, usando equilíbrio para atravessar desfiladeiros, e agindo rápido para transferir o peso quando criaturas atacam repentinamente.

2. Por dunas, mantendo o equilíbrio contra uma tempestade de areia, transferindo peso para manter o equilíbrio enquanto anda de camelo, encontrando um oásis e se abaixando para evitar o sol escaldante.

3. Em um barco passando por uma tempestade em alto mar, mantendo as pernas firmes (equilíbrio) quando o navio é jogado, as cordas são manejadas e os marinheiros precisam ser resgatados na água.

4. Em períodos pré-históricos, escalando brontossauros, agachando-se para evitar pterodáctilos, fugindo de predadores.

Análise de desempenho

Os alunos estão trabalhando em conjunto sem conflitos?

Todos os alunos estão engajados?

Os alunos estão considerando o equilíbrio, a transferência de peso e os rolamentos quando planejam os percursos?

CAPÍTULO 19

CONDICIONAMENTO FÍSICO RELACIONADO À SAÚDE: FORÇA E RESISTÊNCIA MUSCULAR E FLEXIBILIDADE

Stephanie, professora do 1° ano, juntou-se a Grace, uma veterana, para cuidar do recreio. As crianças saíam das salas em direção ao pátio, correndo na direção dos equipamentos de que mais gostavam. "Queria ter a energia deles!", riu Grace. "Lá vai o Austin subindo a escada do escorregador", notou Stephanie. "Queria que ele tivesse a mesma empolgação para estudar matemática". "Sei", respondeu Graça. "A Hannah resiste ler, mas é sempre a primeira a ir para os balanços".

Todos os 50 estados dos Estados Unidos exigem tempo de recreio para permitir um intervalo entre atividades intensas de aprendizagem de sala de aula para promover atividades físicas. A maioria das crianças está cheia de energia quando finalmente é liberada para o recreio. As crianças que balançam as pernas para ganhar impulso nos balanços, que se penduram nas escadas verticais, ou que sobem as escadas para descer do escorregador estão todas se envolvendo em atividades que promovem força física, resistência e flexibilidade. No entanto, apesar de vermos crianças envolvidas entusiasticamente nas atividades físicas, também vemos Jason encostado contra uma árvore conversando com Morgan, e Maria sentada de pernas cruzadas no chão brincando com pedras.

Existe claramente a necessidade de estruturar períodos diários para organizar atividades físicas e garantir que todas as crianças maximizem as oportunidades de desenvolver e manter a forma física. O condicionamento físico relacionado à saúde denota áreas que afetam a saúde, a energia e a habilidade das crianças de envolverem-se nas atividades diárias, sendo que a educação física atual visa justamente desenvolver essa área. Certamente, um dos objetivos principais das crianças é desenvolver suas habilidades motoras de forma competente. São cinco os componentes que compreendem o condicionamento físico relacionado à saúde: força e resistência muscular, flexibilidade, resistência cardiovascular e composição corporal. A combinação de força e resistência muscular com flexibilidade determina o condicionamento musculoesquelético, devendo-se manter os passos para estabelecer o condicionamento musculoesquelético e garantir a saúde e o bem-estar geral de cada criança.

O debate sobre o que é mais importante, desenvolver competências com habilidades específicas ou concentrar-se no condicionamento físico de modo geral, continua igualmente crítico, e ambas as abordagens buscam criar programas de educação física que ajudem os indivíduos a levarem estilos de vida ativos. Alguns argumentam que o foco no condicionamento físico estimula atividades físicas fora da sala de aula, enquanto outros acreditam que, conforme as crianças desenvolvem habilidades motoras, aumenta a sua probabilidade de participarem ativamente de atividades fora da escola, assim aumentando seu condicionamento físico. Stodden, Lagendorfer e Roberton (2009) examinaram as relações entre a competência de três habilidades motoras fundamentais (arremesso, chute e salto horizontal) e seis medidas do condicionamento físico relacionado à saúde em jovens adultos, concluindo que o desempenho em apenas três habilidades motoras pode dar conta de 79% das alterações no condicionamento físico, indicando que a competência em determinadas habilidades está altamente relacionada ao condicionamento físico. Assim, focar-se na competência motora pode ter um impacto indireto no condicionamento físico. No entanto, independentemente da posição filosófica, a dedicação atual às atividades físicas é essencial para maximizar as oportunidades de as crianças desenvolverem boa saúde.

FORÇA E RESISTÊNCIA MUSCULAR

Força muscular é a propriedade do corpo de exercer força contra uma resistência, medida pela determinação do maior peso que se é capaz de levantar, empurrar ou puxar em um esforço único. Já a resistência muscular, por sua vez, é a capacidade de exercer força contra uma resistência repetidamente. Como a maioria das habilidades requer resistência, em vez de força, o desenvolvimento de resistência muscular é desejável. Quando uma criança faz exercícios de barra, rebate uma bola com uma raquete ou realiza uma rotina de ginástica escolar, precisa ter resistência muscular. A força e a resistência muscular são semelhantes na medida em que a criança que é forte é capaz de exercer esforço muscular por um período muito maior do que uma criança fraca.

Benefícios

Para ajudar os alunos a aprimorar seu desempenho físico, esforços no sentido de aumentar sua força e resistência são essenciais. A maioria das habilidades incluídas em um currículo de educação física requer algum grau de força. Atividades como arremessar uma bola, usar um taco de hóquei e fazer uma estrelinha dependem da força dos membros superiores, enquanto andar de bicicleta, correr e chutar demandam força dos membros inferiores. Até mesmo um aumento mínimo na força resulta em menos cansaço e maior prazer durante essas atividades. Contudo, os alunos dos anos iniciais devem compreender que trabalhar até seus músculos ficarem cansados é benéfico. Alguns professores de educação física costumam dizer: "Cansado hoje significa mais forte amanhã".

Os benefícios relacionados à saúde do aumento da força e da resistência muscular incluem aumento na taxa metabólica, maior resistência contra a perda de densidade e de massa óssea, prevenção de possíveis problemas de coluna e redução dos riscos de doença cardiovascular. Esse tipo de observação pode parecer muito distante das dificuldades enfrentadas por uma criança do ensino fundamental, mas o desenvolvimento e a manutenção de uma rotina de exercícios voltada para a saúde podem ter resultados de longo prazo. Além disso, as crianças podem ter uma melhora de bem-estar quando estabelecem metas de força e resistência e conseguem alcançá-las.

Princípios do treinamento

Até a puberdade, as meninas e os meninos têm praticamente o mesmo potencial para desenvolver sua força e resistência. Porém, após a puberdade, os homens têm um aumento muito maior em tamanho muscular devido à testosterona, enquanto a gordura aumenta nas mulheres. Já os fatores que podem influenciar os esforços das crianças para desenvolver força e resistência incluem a confiança e o entusiasmo com a atividade física. Como atingir os objetivos de força e resistência requer persistência, quatro princípios importantes orientam o treinamento de força e a resistência física: individualidade, especificidade, sobrecarga e reversibilidade.

Individualidade

A individualidade aborda o mesmo tipo de personalização desejável que o professor deve considerar para cada matéria. Ao desenvolver o condicionamento físico no currículo, o professor deve refletir sobre as diversas capacidades e os níveis de condicionamento de cada aluno. Algumas crianças menores podem aprimorar sua força e resistência rapidamente, porém outras precisam treinar mais antes de atingir seus objetivos. Grande parte disso se deve à composição genética, seus esforços anteriores para aprimorar sua força e resistência muscular e seu entusiasmo.

Especificidade

Certamente a força e a resistência geral são benéficas. Contudo, o professor deve considerar a importância do desenvolvimento de áreas musculares específicas. Por exemplo, para aumentar a força das pernas dos alunos, o uso repetido delas é desejável, como o fazem ao pular cordas, correr e andar de bicicleta. Esse foco contínuo em uma área muscular específica deve resultar no aumento da força e da resistência muscular dos músculos dos membros inferiores.

Sobrecarga

O princípio da sobrecarga requer o aumento do nível de dificuldade de uma atividade física. Se o objetivo for aumentar a força dos músculos do peito e dos braços dos alunos, por exemplo, aumentar o número de apoios diários pode exercer papel-chave na busca da sobrecarga. Por meio do uso prolongado, o tamanho dos músculos do peitoral aumenta. Contudo, quando for demonstrado certo nível de proficiência, é necessário manter a atividade para reter o estado desejado da força e da resistência dos músculos peitorais.

Reversibilidade

Infelizmente, os benefícios da força e da resistência muscular adquiridos após um programa persistente de exercícios físicos podem ser revertidos, resultando na diminuição dos próprios músculos pelos quais se trabalhou tanto para desenvolver, utilizando muitas vezes a expressão "use-o ou perca-o" para descrever esse efeito. Aumentos nos níveis de força e resistência podem diminuir rapidamente e até se perder por completo ao final de seis semanas. Portanto, o comprometimento de desenvolver esse componente do condicionamento físico

Curvar-se para trás é um exemplo de alongamento estático.

carrega consigo a exigência de manter as atividades correntes.

A aplicação dos princípios do treinamento é essencial para planejar atividades físicas para os alunos. Atividades voltadas a capacidades específicas certamente podem contribuir para aumentar a força e a resistência muscular. Contudo, os princípios do treinamento devem reforçar os objetivos que o professor estabelecer para seus alunos. Ao combinar o desenvolvimento da força e da resistência muscular com o da flexibilidade, os alunos podem maximizar as oportunidades de aprimorar seu condicionamento físico.

FLEXIBILIDADE

Outra forma de condicionamento musculoesquelético é demonstrada por meio da variedade de movimentos, que pode estar presente em uma articulação, mas não em outras. Uma criança pode conseguir se flexionar na cintura e tocar o chão sem flexionar os joelhos, e, ainda assim, ser incapaz de sentar com as pernas cruzadas com os joelhos paralelos ao chão. Historicamente, a flexibilidade tem sido o mais negligenciado dos cinco componentes do condicionamento físico relacionado à saúde. Contudo, muitos professores passaram a adotar atividades que visam ao aumento da flexibilidade como forma de contribuir para o condicionamento físico de modo geral.

Atividades que aumentam a flexibilidade também podem ajudar a superar fatores que não podem ser controlados, como idade, sexo e genética. As crianças podem ser incrivelmente flexíveis até a puberdade, quando sua flexibilidade entra em declínio, sendo que as mulheres são em geral mais flexíveis do que os homens nos anos iniciais. Apesar de crianças poderem partir para o pátio sem qualquer tipo de aquecimento, seria vantajoso que elas fizessem algum tipo de atividade leve, como caminhadas ou trote, e se alongassem antes de realizar atividades físicas mais intensas. Conforme os alunos crescem e perdem flexibilidade, padrões estabelecidos de alongamento antes e depois da atividade são benéficos. A flexibilidade difere de outros componentes do condicionamento físico na medida em que nenhum equipamento é necessário e que o alongamento pode ocorrer em praticamente qualquer lugar, inclusive em sala de aula.

Benefícios

Além da força e da resistência, a flexibilidade definitivamente dá aos alunos uma vantagem.

Desempenho aprimorado

Apesar de alguns alunos poderem participar regularmente de atividades como ginástica, karatê ou balé e, portanto, terem maior flexibilidade, todas as crianças devem desenvolver essa característica. Para nadar, arremessar uma bola, dar uma estrelinha ou completar um rolamento para a frente, a criança precisa de flexibilidade em articulações específicas, e o desenvolvimento de suas capacidades, tanto a flexibilidade quanto o prazer da criança nessas atividades podem ser aprimorados.

Prevenção de dor

Apesar de o principal benefício do alongamento ser aumentar a flexibilidade, descobriu-se que se alongar *antes* de uma atividade pode causar lesões. Por esse motivo, as crianças devem desenvolver uma rotina de alongamentos *após* atividades de alta intensidade, quando o corpo está aquecido. Apesar de crianças raramente se lesionarem por causa dos alongamentos antes de atividades de alta intensidade, conhecer a importância do alongamento após a realização de atividades extenuantes pode ser essencial para sua segurança. Exercícios de alongamento também podem reduzir a dor nas costas e as câimbras musculares. Por exemplo, alongando o quadril e as articulações pélvicas, é possível aliviar as dores da menstruação. Além disso, a flexibilidade também resulta em uma postura melhor.

Tipos de alongamento

Para tirar proveito da flexibilidade de crianças dos anos iniciais, devem ser estabelecidos objetivos para aumentar a distância que elas podem se alongar, a duração e o número de exercícios de alongamento. Duas formas comuns de aumentar a flexibilidade por meio do alongamento são os chamados alongamento estático e dinâmico.

Alongamento estático

Para crianças, o tipo mais recomendado de alongamento é o estático, por meio do qual a criança alonga-se lentamente até o seu limite e mantém-se na posição por 20 a 30 segundos, repetindo-o posteriormente. Ao realizar o alongamento borboleta, por exemplo, a criança senta no chão e pressiona as solas dos pés uma contra a outra, próximas do corpo. Os braços repousam nas coxas e gradualmente as pressionam em direção ao solo. A criança deve sentir a pressão do alongamento sobre o interior da coxa, porém sem dor.

Alongamento dinâmico

Pular ou balançar como forma de alongamento pode ser perigoso; assim, os especialistas concordam que essa forma de alongamento não é recomendável. Apesar de tocar os dedos dos pés alternadamente e alongar-se pulando já terem sido atividades comuns, tais movimentos podem alongar demais o músculo e resultar em lesões. O melhor momento para realizar qualquer tipo de alongamento é após as crianças terem realizado alguma atividade e estarem aquecidas. O alongamento dinâmico usa velocidade, impulso e envolvimento muscular. As crianças podem girar os braços em grandes círculos, chutar bolas imaginárias no ar e jogarem-se para a frente com passos gigantes, aproveitando a oportunidade para alongarem com movimentos mais fluidos sem uma parada no final.

EXPERIÊNCIAS DE MOVIMENTOS

Máximos músculos e fabulosa flexibilidade

Objetivo

Desenvolver força e resistência muscular e flexibilidade.

Reconhecer atividades valiosas para aumentar a força, a resistência muscular e a flexibilidade.

Trabalhar de modo a aprimorar o condicionamento físico.

Idade do grupo-alvo

Até o 5º ano

Equipamentos

CD *player*

Músicas animadas

Imagens de crianças realizando cada atividade

Cordas de pular

Banco de *step*

Colchonetes

Administração

1. Estabelecer seis áreas para diversas estações.

No alongamento borboleta, as crianças mexem as pernas para simular o movimento das asas das borboletas.

2. Dispor imagens em cada estação indicando as atividades esperadas.
3. Dividir a turma em seis grupos pequenos e distribuir cada um deles em uma estação.

Pré-Atividade

Os alunos revisam a importância de desenvolver a força, a resistência muscular e a flexibilidade

Atividade no ginásio, a céu aberto ou em sala de aula

Os alunos começam a atividade atribuída quando a música iniciar. Eles podem realizar uma ou todas as possibilidades sugeridas para cada estação. Após 3 ou 4 minutos, a música para, indicando que os grupos devem dirigir-se para a próxima estação. Isso se repete até todos os participantes terem passado por todas as estações. Se sobrar tempo, eles podem começar novamente.

Estação I *Apoios para desenvolver força e resistência de membros superiores.* (Nota: Os alunos devem escolher, entre as quatro opções a seguir, a forma de apoio adequada ao seu nível de condicionamento físico.)

1. Assumir a posição de apoio sobre os pés ou joelhos e ficar em posição até o aluno decidir relaxar. Repetir a ação.
2. Realizar apoios sobre os joelhos até ser necessário descansar. Após uma breve pausa, repetir a ação. (Cuidado para não chamar esses apoios de "apoios de meninas", já que são uma forma válida de apoio para ambos os sexos.)
3. Realizar apoios sustentados pelos pés.
4. O aluno deve fazer apoios sustentado ou pelos joelhos ou pelos pés, e, quando tiver se elevado, deve impulsionar-se para cima, tocar as mãos e voltar a baixar o corpo.

Estação II *Alongamentos com um parceiro para desenvolver flexibilidade e estabelecer colaboração.*

1. Duas crianças ficam lado a lado, ambas com as mãos entrelaçadas atrás da cabe-
ça. Em sincronia, primeiro elas devem inclinar-se para a direita e contar lentamente até 10, depois para a esquerda e repetir a contagem.
2. Os alunos ficam lado a lado, cada um flexionando o joelho para levantar a perna direita atrás do corpo e segurar a perna próximo do tornozelo com a mão direita. Após contar lentamente até 10, cada criança recoloca o pé direito no chão e repete o processo com o pé esquerdo.
3. Lado a lado, as crianças apoiam o exterior do pé contra o exterior do pé de sua dupla; a seguir, seguram as mãos e inclinam-se para trás, contando lentamente até 10. Repetir do outro lado.
4. As crianças se sentam no chão com as pernas abertas em V, e as solas dos pés tocando as solas do pé de sua dupla. Primeiro, se inclinam na direção do pé direito passando as mãos pela perna contando lentamente até 10. A seguir, elas mudam o alongamento para a perna esquerda, contando lentamente até 10.

Estação III *Pular linhas para aumentar a resistência de membros inferiores e a resistência cardiovascular.*

1. As crianças começam com um pé de cada lado de uma linha imaginária no chão. A seguir, elas pulam e cruzam os pés no ar, caindo com os pés cruzados e dando um pequeno pulo para voltar à posição inicial. Repetir a ação por 20 a 30 segundos. Descansar brevemente e repetir a ação.
2. Os alunos pulam em um pé só de um lado para o outro em uma linha imaginária por 20 a 30 segundos, e depois repetem a ação com o outro pé.
3. As crianças começam com um pé de cada lado de uma linha imaginária e giram 180° para um lado e para o outro. Repetir a ação por 20 a 30 segundos.
4. Os alunos começam com ambos os pés em um lado da linha e pulam de um lado para o outro da linha com ambos os pés.

Estação IV *Usar o banco de* step *como atividade para desenvolver a resistência muscular dos membros inferiores e a resistência cardiovascular.*

Os alunos posicionam-se de frente para as arquibancadas ou para *steps* aeróbicos. Se as arquibancadas forem muito altas, é melhor usar um banco menor para evitar lesões no joelho. Eles começam subindo no apoio com um pé e pisando com o outro ao lado. A seguir, eles abaixam um pé e seguem com o outro (p. ex., passo para cima [direito], passo ao lado [esquerdo], passo para baixo [esquerdo], passo ao lado [direito]).

Estação V *Alongamento como atividade que visa à flexibilidade.*

1. As crianças se sentam no chão com os joelhos projetados para fora e com as solas dos pés se tocando. As mãos pressionam os joelhos para baixo simultaneamente, mantendo o alongamento por 20 a 30 segundos.
2. Os alunos sentam no chão com a perna direita estendida e a perna esquerda cruzada sobre a direita, com o pé esquerdo plantado no chão. Eles giram o tronco para a esquerda, sobre o joelho flexionado, e repousam ambas as mãos no chão. Segurar por 20 a 30 segundos e trocar a posição, estendendo a perna esquerda.
3. As crianças ficam com um pé cruzado sobre o outro e plantado. A seguir, elas se curvam na cintura e alongam-se na direção dos dedos dos pés por 20 a 30 segundos. Depois elas se levantam, relaxam brevemente e repetem a ação.
4. Os alunos sentam no chão, estendem a perna direita, e apertam a sola do pé esquerdo contra o joelho direito, com o joelho esquerdo pressionado contra o chão. A seguir, eles se curvam na cintura e estendem-se na direção do pé direito. Manter a posição por 20 a 30 segundos e relaxar brevemente antes de repetir a ação.

Estação VI *Incríveis abdominais é uma atividade que visa ao fortalecimento dos músculos abdominais.*

1. As crianças se deitam no chão/colchonete com os joelhos flexionados e os pés apoiados no chão/colchonete. Elas se levantam lentamente, deslizando as mãos pelas coxas até os joelhos, e mantêm a posição por 20 a 30 segundos.
2. Os alunos deitam no chão/colchonete com os joelhos flexionados e os calcanhares plantados. Elas cruzam os braços sobre o peito e lentamente se levantam, voltando a estender-se devagar no chão/colchonete.

Modificações

- Os alunos ficam apenas 2 minutos em cada estação, para que possam rodar entre todas rapidamente duas vezes.
- Variações podem incluir pular corda, pular em um minitrampolim, fazer levantamentos de pernas ou andar como um caranguejo. Alunos mais velhos podem criar seus próprios alongamentos.
- Um aluno pode escolher uma das atividades anteriores enquanto sua dupla imita a ação. Cada vez que a música para, é a vez de a outra criança ser o líder.

Análise de desempenho

Os alunos estão conseguindo completar a atividade conforme as orientações?

Os alunos estão fazendo transições rápidas de uma atividade para a outra?

Sua ação é mantida por tempo o bastante para desenvolver força e resistência muscular ou flexibilidade?

Os alunos estão participando com entusiasmo?

Escolha uma carta, qualquer carta

Objetivo

Desenvolver força, resistência muscular e flexibilidade.

Reconhecer atividades valiosas para aumentar a força, a resistência muscular e a flexibilidade.

Divertir-se com um jogo ao mesmo tempo em que se esforça para aprimorar-se fisicamente.

Idade do grupo-alvo

4º ao 6º ano

Equipamentos

Baralho de cartas

Seção de jornal para cada aluno

Base de carpete para cada aluno

Cordas de pular

Administração

1. Orientar os alunos a espalharem-se.
2. Pedir a ajuda de voluntários para conduzir cada atividade. Cada voluntário fica responsável por demonstrar a atividade quando o número correspondente a essa atividade é tirado do baralho.

Pré-atividade

Os alunos revisam os benefícios de desenvolver a força, a resistência muscular e a flexibilidade. *Escolha uma carta, qualquer carta* pretende demonstrar para as crianças diversas atividades que produzem esses benefícios.

Atividade

Os alunos ficam espalhados. O professor chama o nome de cada um para ir até o baralho, escolher uma carta e ser o líder daquela atividade. Se a carta tirada for de ouros ou de copas, a atividade deve visar à resistência muscular (ouros são para a parte superior do corpo; copas são para a parte inferior do corpo). Se a carta tirada for de espadas ou paus, a atividade visa à flexibilidade (espadas são para a parte superior do corpo; paus são para a parte inferior do corpo).

1. *Minhoca* (resistência muscular dos membros superiores)

   As crianças curvam-se nos quadris com as mãos estendidas até encostarem no chão. As mãos se estendem para a frente; os pés seguem o alongamento. A ação se repete, e os alunos cruzam a área da atividade.

2. *Apoios* (resistência muscular dos membros superiores) (Nota: Os alunos devem escolher, entre as quatro opções a seguir, a forma de apoio adequada ao seu nível de condicionamento físico.)

   - Os alunos assumem a posição de apoio sobre os joelhos (usando uma base de carpete) ou os pés e mantêm a posição até escolherem relaxar. A seguir, repetem a ação.
   - Os alunos colocam o carpete na área sob seus joelhos e realizam apoios até precisarem de descanso. Após um breve intervalo, a ação é repetida. (Cuidado para não chamar esses apoios de "apoios de meninas", já que são uma forma válida de apoio para ambos os sexos.)
   - Os alunos realizam apoios sustentados pelos pés.
   - Os alunos fazem apoios sustentados ou pelos joelhos (usando bases de carpete para proteção) ou pelos pés e, quando tiverem se elevado, devem impulsionar-se para cima, tocar as mãos e voltar a baixar o corpo.

3. *Caranguejo* (resistência muscular de membros superiores e inferiores)

   As crianças se sentam e apoiam as mãos no chão atrás delas, elevando o tronco. Usando os calcanhares e as palmas das mãos, caminham pela área da atividade.

4. *Boletim de notícias* (resistência muscular de membros superiores ou inferiores)

   As crianças curvam-se nos quadris e apoiam as mãos sobre uma seção do jornal à sua frente. A seguir, elas deslizam o papel para a frente com as mãos e seguem o movimento com os pés.

5. *Pular corda* (resistência muscular de membros inferiores)

   Cada criança pega uma corda e a gira para pular, usando qualquer variedade de passos que escolher.

6. *Pulo do sapo* (resistência muscular de membros inferiores)

   Os alunos se agacham sobre os quadris, como sapos, e pulam para a frente repetidamente.

7. *Alpinista* (resistência muscular de membros inferiores)

   De frente para o chão, as crianças se projetam para cima com as mãos unidas e os braços estendidos. A seguir, flexionam um joelho e depois o outro, saltando alternando os pés enquanto as mãos permanecem paradas.

8. *Pulo do macaco* (flexibilidade de membros superiores)

   As crianças se estendem para cima como macacos e pulam para agarrar uma banana de uma árvore, maximizando seu alcance abaixando um ombro para elevar o outro.

9. *Alongamento lateral* (flexibilidade de membros superiores)

   Inclinando-se para um lado, cada criança alonga um braço reto para cima, enquanto o outro desliza para baixo, ao lado do corpo. Alternar os lados.

10. *Alongamento borboleta* (flexibilidade de membros inferiores)

    Cada criança senta no chão e pressiona as solas dos pés uma contra a outra, próximas do corpo. Os braços repousam nas coxas e gradualmente pressionam-nas em direção ao solo.

11. *Toque no dedão* (flexibilidade de membros inferiores)

    As crianças cruzam um pé sobre o outro e curvam-se nos quadris em direção aos dedos. Alternar os pés.

12. *Saltar linhas (resistência muscular de membros inferiores)*

    As crianças começam com um pé de cada lado de uma linha imaginária no chão. A seguir, elas pulam e cruzam os pés no ar, caindo com os pés cruzados e dão um pequeno pulo para voltar à posição inicial. Repetir a ação por 20 a 30 segundos. Descansar brevemente e repetir a ação.

Modificações

- As instruções podem ser mais complexas para alunos mais avançados, utilizando números pares e ímpares para atividades específicas ou identificando atividades específicas para as figuras.
- Qualquer variedade de atividades para desenvolver a força e a resistência muscular e/ou a flexibilidade pode ser substituída.

Análise de desempenho

Os alunos estão conseguindo completar a atividade conforme as orientações?

Os alunos estão virando a carta e escolhendo uma atividade rapidamente?

Sua ação é mantida por tempo suficiente para desenvolver força e resistência muscular ou flexibilidade?

Os alunos estão participando com entusiasmo?

"O elefante infante"

Objetivos

Usar atividades interdisciplinares para aprimorar a aprendizagem.

Desenvolver uma atitude positiva em relação ao condicionamento físico.

Desenvolver força, resistência muscular e flexibilidade.

Aumentar a consciência sobre os tipos adequados de atividades para desenvolver força e resistência por conta própria.

Idade do grupo-alvo

Até o 4º ano

Equipamentos

CD *player*

CD *Bookends*, de Simon e Garfunkel, com a música "At the zoo" (No zoológico)

Letra impressa da música "No zoológico" (encontrada em http://www.medialab.chalmers.se/guitar/at.the.zoo.lyr.html)

Administração

Orientar os alunos a espalharem-se pela área da atividade.

Pré-atividade

Os alunos revisam os benefícios da força, da resistência muscular e da flexibilidade. "No zoológico" é uma atividade cujo propósito é aumentar a força, a resistência muscular e a flexibilidade.

Atividade

1. Durante uma aula de inglês, os alunos leem a letra, ouvem a música e discutem a canção "No zoológico" como uma unidade sobre poesia. Informe os alunos de que irão usar essa música quando trabalharem para desenvolver força, resistência muscular e flexibilidade.

2. Os alunos também podem gostar de ler "O elefante infante", de Kipling, ou outras histórias, peças e poemas sobre animais.

3. Ao som da música, o professor diz o nome de um animal (p. ex., elefante) e demonstra ou pede para um aluno demonstrar a atividade física de um dos animais a seguir:

Coices de zebras (flexibilidade) As zebras todas correm três passos e pulam para cima, jogando seus pés para baixo e para trás e arqueando as costas. Repetir até um novo animal ser chamado.

Sacolejo do javali (força e resistência muscular de membros superiores e inferiores) O javali apoia as mãos no chão à sua frente, inclinando-se e empinando as nádegas no ar enquanto se move para frente com os pés e as mãos.

Marcha de elefante (força e resistência muscular de membros inferiores) Usando um braço para representar a tromba, os elefantes se curvam para a frente, permitindo que sua tromba desça praticamente até o chão. As trombas balançam de um lado para o outro enquanto os elefantes passeiam pela área da atividade.

Alongamento de girafa (flexibilidade) As girafas estendem os braços acima de suas cabeças, entrelaçando os dedões, alongando-se para tocar em deliciosas folhas.

Marcha dos gnus (força e resistência muscular de membros superiores e inferiores) Os gnus andam o mais rápido que podem, curvando-se na cintura e apoiando-se nas mãos e nos pés.

Balanço dos macacos (flexibilidade) Os macacos se estendem e agarram um cipó, mantendo o braço completamente estendido. Eles flexionam os joelhos e balançam para a próxima árvore, então usam o braço opositor para agarrar o próximo cipó e balançar-se.

Gingado da foca (força e resistência muscular de membros superiores) As focas deitam-se com as mãos no chão, empurrando o corpo para cima, arqueando as costas e estendendo o pescoço. Os braços arrastam as pernas pela área da atividade.

Exibição dos pinguins (força e resistência muscular de membros inferiores) Os pinguins mantêm seus corpos eretos, com os bra-

Educação física e atividades para o ensino fundamental **271**

ços rigidamente ao lado, pulsos flexionados para dentro e dedos estendidos. Eles arqueiam as costas e a cabeça quando dão pequenos passos repetidamente.

Pulo do canguru (força e resistência muscular de membros inferiores)   Os cangurus flexionam os cotovelos em um ângulo de 45° e baixam as patas, flexionam os joelhos o bastante para dar impulso para saltar pela área da atividade.

Alongamento do avestruz (flexibilidade)   Os avestruzes se curvam na cintura e baixam a cabeça o máximo que puderem para esconderem seus rostos.

Pescaria do urso polar (flexibilidade)   Os ursos ficam no limite da água imaginária e se curvam na cintura. Eles elevam um braço acima do ombro e projetam sua enorme pata pelo ar até a água na tentativa de pegar um peixe. Alternar os braços.

Modificações

- Animais de fazenda ou vida marinha podem ser substituídos.
- Os alunos podem cantar juntos por prazer, e outras canções com animais podem ser alternadas.
- Essa atividade pode ser combinada com uma unidade sobre África.
- Uma viagem ao zoológico seria um prazer adicional.

Análise de desempenho

Os alunos estão conseguindo completar a atividade conforme as orientações?

Os alunos estão realizando as atividades com intensidade?

Sua ação é mantida por tempo o bastante para dar mais força e resistência muscular e benefícios de flexibilidade?

Os alunos estão participando com entusiasmo?

Eu mandei

Objetivos

Personalizar o desenvolvimento de força e resistência usando movimentos criativos contra uma oposição.

Isolar o desenvolvimento de grupos musculares.

Promover boas habilidades de escuta.

Idade do grupo-alvo

Até o 3º ano

Equipamentos

Uma faixa elástica ou borracha de pneu de bicicleta

Administração

1. Peça para cada criança segurar uma faixa elástica ou borracha de pneu.
2. Oriente os alunos a encontrarem uma área ampla o bastante para se alongarem com as faixas elásticas.

Pré-atividade

Os alunos discutem os benefícios de trabalhar contra uma força opositora para ganhar força e resistência.

Deve-se relembrar estudantes de que seus movimentos devem ser lentos e deliberados, com uma breve pausa na posição máxima do alongamento antes de voltarem à posição inicial.

Atividade

1. O professor manda os alunos fazerem atividades como as seguintes:
    Baixem ambos os joelhos sobre a faixa e repetidamente:
    - alonguem-se o máximo que puderem sobre a cabeça;

- curvem-se para a frente, esticando a faixa diante de vocês;
- inclinem-se para a frente;
- inclinem-se para a direita/esquerda;
- comecem com a faixa na cintura e recolham os braços até os ombros e as costas;
- segurem a faixa na altura da cintura e girem de um lado para o outro;
- curvem-se na cintura e pressionem a faixa contra o seu lado.

Fiquem de pé e repitam o processo com ambos os pés sobre a faixa.

Sentem-se na faixa e repitam o exercício.

Sentem-se no chão e estendam os braços até os seus pés, segurem a faixa nas mãos e repetidamente:

- mantenham as mãos na cintura enquanto alongam os ombros para trás, até o chão, e levantem de novo;
- segurem a faixa firmemente na cintura e alternem entre flexionar os joelhos e levantar os pés até as nádegas;
- puxem o braço direito para o outro lado do corpo até ambos os braços estarem estendidos para a esquerda; coloquem o braço direito de volta no chão, na direita, e repitam o movimento com o braço esquerdo, estendendo-se na direção da mão direita.

2. Após repetir diversas dessas atividades, o professor pode chamar um aluno para coordená-las.

Modificações

Os alunos podem

- contar fazendo 10 de cada movimento;
- contar de 5 em 5;
- recitar um poema;
- mover-se no ritmo estabelecido pelo professor;
- alongar-se em formas definidas pelo professor (animais, letras, frutas, números, formas geométricas).

Análise de desempenho

Os alunos estão conseguindo completar a atividade conforme as orientações?

Os alunos conseguem manter o equilíbrio enquanto realizam a atividade?

Os alunos estão realizando uma breve pausa antes de voltar à posição inicial?

Referências

STODDEN, D.; LANGENDORFER, S.; ROBERTON, M. A. The association between motor skill competence and physical fitness in young adults. *Research Quarterly for Exercise and Sport*, v. 80, n. 2, p. 223, 2009.

CAPÍTULO 20

CONDICIONAMENTO FÍSICO RELACIONADO À SAÚDE: RESISTÊNCIA CARDIOVASCULAR

Toda manhã, ônibus, carros, minivans e SUVs passam pelas escolas deixando crianças equipadas com suas mochilas e merendas. A visão dos estudantes caminhando ou indo de bicicleta até a escola com seus amigos é uma coisa do passado. Os pais organizam seus horários de trabalho e dividem tarefas para garantir que seus filhos cheguem em segurança na escola. Ao final das aulas, o procedimento é contrário, de modo a garantir que os jovens entrem nos veículos e sejam levados em segurança até sua casa.

Infelizmente, as atividades que se seguem às aulas podem também não envolver atividades físicas. A menos que as crianças tenham a sorte de estarem matriculadas em aulas de ginástica, dança ou algum esporte, elas com frequência ficam encarregadas de encontrar suas próprias formas de entretenimento. Muitos jovens mergulham em programas de televisão ou nos *videogames*, enquanto outros vão para a internet, mas o efeito é o mesmo. Esses comportamentos sedentários levaram ao aumento da incidência de obesidade. Atualmente, nos EUA, 40% das crianças entre 5 e 8 anos sofrem de obesidade e têm pressão e colesterol elevados, e somente uma em cada três crianças entre 6 e 17 anos enquadram-se nos padrões mínimos de condicionamento cardiovascular,

flexibilidade e força abdominal e de membros superiores (KALISH, 1996). Nas últimas décadas, as atividades físicas das crianças ficaram tão reduzidas que elas gastam cerca de 600 calorias por dia a menos do que as crianças de 50 anos atrás (BOREHAM; RIDDOCH, 2001).

Para garantir que esse estilo de vida sedentário seja interrompido, é fundamental que os jovens vejam o prazer que podem ter com atividades físicas. O Outcomes Project da National Association for Sport and Physical Education (NASPE) considera uma pessoa fisicamente ativa aquela que (1) é ativa, (2) valoriza atividades físicas, e (3) conhece os benefícios para a saúde das atividades físicas. Assim, fica claro que um estilo de vida ativo é também saudável, sendo o seu objetivo apresentar os jovens às atividades físicas. No entanto, é essencial que as crianças associem uma experiência social positiva com a atividade para desenvolver uma atitude positiva em relação à movimentação. Portanto, ao estimular as crianças a divertirem-se pulando corda, correndo, escalando ou dando cambalhotas, estamos oferecendo a oportunidade de desenvolver hábitos que podem beneficiar aerobicamente os participantes por toda a sua vida.

Crianças norte-americanas entre 10 e 16 anos passam três quartos das horas que estão

Pular corda é uma atividade excelente de integração acadêmica.

acordadas inativas, e apenas 13 minutos por dia, aproximadamente, envolvidas em atividades físicas de alta intensidade (STRAUSS et. al., 2001). Como os jovens de hoje tendem a ter estilo de vida sedentário, é de absoluta importância que elas recebam educação física na escola. Infelizmente, em geral não há tempo o bastante durante o dia de aula para que os alunos se envolvam no tempo mínimo de atividades físicas conforme estipulado pelo Council on Physical Education for Children (1998). De forma clara, a aula de educação física consiste na atividade física principal da maioria dos alunos (SALLIS; MCKENZIE, 1991); logo, é imperativo que não se desperdice um minuto sequer da aula com explicações prolongadas ou na fila esperando sua vez de participar. O professor responsável pela educação física das crianças deve criar planos que destinem a maior quantidade de tempo possível para a movimentação.

CONDICIONAMENTO FÍSICO RELACIONADO À SAÚDE

As atividades de condicionamento físico ajudam a prevenir doenças típicas de quem mantém um estilo de vida sedentário. Composição corporal, flexibilidade, força e resistência e condicionamento cardiovascular são considerados os componentes principais para determinar o condicionamento físico relacionado à saúde. Quando se está fisicamente preparado, é possível manter atividades extenuantes por tempo suficiente para beneficiar o sistema cardiovascular.

Composição corporal

O índice de gordura corporal em relação à massa magra determina a composição corporal. Ao medir a espessura das dobras da pele, com sua gordura subjacente, é possível determinar a porcentagem total de gordura corporal, que, quanto mais densa for, maior o desafio de se atingir o condicionamento físico. Contudo, atividades frequentes e prolongadas podem levar a uma composição corporal mais equilibrada.

Flexibilidade

A flexibilidade é a capacidade ou valência de mover as articulações livremente em diversas variações de movimento. As crianças são extremamente flexíveis, mas perdem essa capacidade se não forem estimuladas a manter estes movimentos conforme vão amadurecendo. A flexibilidade é, ao menos em parte, geneticamente determinada; porém, o alongamento pode ajudar a desenvolver elasticidade nos músculos, nos tendões e nos ligamentos, assim contribuindo para o condicionamento físico. Sacar uma bola de vôlei, passar uma bola de futebol e completar um rolamento para a frente são atividades que desenvolvem a flexibilidade. O simples ato de tocar os próprios dedos dos pés reflete a flexibilidade dos quadris e da lombar, e a repetição dessa atividade ajuda a aumentar a elasticidade.

Força e resistência

A força reflete e capacidade dos músculos de exercer força por um curto período de tempo; a resistência é a capacidade de manter essa força. A maioria das atividades esportivas requer resistência, mas os exercícios físicos que repetem uma atividade exigente sem com isso causar fadiga também são desejáveis. Por exemplo, completar estrelinhas em sequência pode ajudar a aumentar a resistência muscular, assim como arremessar ou chutar repetidamente. O mais comum é que os professores de educação física não tentem desenvolver a força muscular das crianças, e sim sua resistência, o que gera outro benefício, visto que as atividades de resistência muscular, em geral, também fortalecem a resistência cardiovascular.

Condicionamento/resistência cardiovascular

O elemento mais importante do condicionamento físico relacionado à saúde é o cardiovascular, já que um coração saudável é a chave de uma existência sadia. O coração é um músculo em forma de pera que requer exercício regular, como qualquer outro músculo, para aumentar e manter sua força. Um coração grande e forte é capaz de bombear mais sangue e com mais eficiência a cada batida. A resistência determina a habilidade prolongada do sistema respiratório, do coração e dos vasos sanguíneos de processarem oxigênio de maneira eficiente por longos períodos de tempo. Assim, as atividades físicas que beneficiam o sistema cardiovascular normalmente são as aeróbias. Se uma atividade que aumenta acentuadamente a frequência cardíaca for mantida por mais de 3 minutos, a resistência do sistema cardiovascular será aumentada. Por exemplo, se uma criança pular corda por um período ininterrupto de 5 minutos, ela terá acelerado a frequência cardíaca, exigido esforço do sistema respiratório e fortalecido sua resistência.

O monitoramento da frequência cardíaca das crianças ajuda a compreender melhor o grau de estresse que cada atividade exerce sobre o coração e, já que o corpo reage de modo diferente aos diversos níveis de estresse, a utilização dos monitores de frequência cardíaca pode aumentar a compreensão e servir como base de avaliação para as realizações físicas das crianças. O estabelecimento de alvos após medir as frequências em repouso e em esforço máximo ajuda a individualizar os objetivos. Desse modo, é medido o aprimoramento, em vez de o desempenho.

PRINCÍPIOS DO CONDICIONAMENTO FÍSICO

O acrônimo FITT serve como uma estrutura fácil para desenvolver um plano de desenvolvimento físico. *F* significa frequência, denotando o número de vezes por semana que a atividade

Professores fisicamente ativos são exemplos positivos.

será realizada. Recomendam-se atividades físicas três vezes por semana para um mínimo de condicionamento físico, apesar de muitas escolas sequer disponibilizarem essa quantidade de tempo no currículo. Portanto, a disposição do professor de sala de aula em ajudar seus alunos a atingirem objetivos físicos pode colher benefícios evidentes. *I* representa intensidade e esclarece a quantidade de esforço necessário para reconhecer ganhos mensuráveis no condicionamento físico relacionado à saúde. Para o aprimoramento cardiovascular, a elevação prolongada da frequência cardíaca é essencial, enquanto o desenvolvimento muscular é o resultado do aumento da resistência contra o movimento. A intensidade na flexibilidade ocorre quando os músculos são alongados a novas extensões. O próximo elemento do processo FITT é o tipo, que descreve o exercício escolhido para atingir um objetivo específico. Para aprimorar as funções do sistema cardiovascular, a atividade cardiorrespiratória é a mais efetiva, o que inclui correr, pedalar, nadar e outros exercícios contínuos que usam grandes grupos musculares. Já os treinamentos de resistência aprimoram a força e a resistência muscular, focando-se mais no sistema neuromuscular. Para as crianças menores, tais atividades incluem transferência de peso dos pés para as mãos ou escalar paredes rochosas. O elemento final, *T*, indica o tempo ou a duração da atividade. Para aproveitar os benefícios cardiovasculares, a duração deve ser de, no mínimo, 15 minutos. Tempo e intensidade estão inter-relacionados na medida em que, se a intensidade é aumentada, a duração pode ser diminuída. Por exemplo, uma criança pode saltar por 5 minutos em velocidade rápida ou por 8 minutos em um ritmo mais leve, o que mantém os benefícios cardiovasculares em um nível semelhante. Se, por um lado, você gosta de praticar exercícios intensos por 20 minutos na esteira, seus alunos, por outro lado, tendem a desgostar dessas atividades intensas em favor de jogos, como pega-pega, por 30 minutos, e que oferecem benefícios semelhantes. Ao criar planos de aula para atividades físicas, é bom manter o formato FITT em mente.

ESTABELECENDO UM AMBIENTE POSITIVO DE ATIVIDADES FÍSICAS

Para garantir que as crianças irão realizar atividades físicas por escolha própria, é essencial oferecer oportunidades em que elas tenham sucesso. Quando se nutre uma atitude positiva em relação às atividades físicas, aumenta a probabilidade de as crianças se envolverem nessas atividades tanto na escola quanto fora dela. Se os alunos desenvolverem autoestima positiva em relação aos seus papéis nas atividades físicas, eles podem incentivar outros a se juntarem, assim estimulando um envolvimento cada vez maior com o condicionamento físico.

Sirva de exemplo

Como em todas as formas de instrução, é importante praticar o que se ensina. Para que os alunos vejam a importância dos exercícios em sua própria vida, é vital que você compartilhe com eles as atividades físicas de que gosta. Por exemplo, se você tem o hábito de caminhar por 30 minutos todas as noites, aproveite a oportunidade e troque uma ideia sobre as constelações que você observa na caminhada. Se você pratica *squash* três manhãs por semana antes das aulas, mencione essa atividade para sua turma. No refeitório, ao meio-dia, mostre para eles o seu almoço saudável. Além disso, quando eles fizerem atividades físicas na escola, junte-se a eles algumas vezes, para que o vejam como um entusiasta das atividades físicas. No entanto, é necessário ter cuidado para não se envolver de tal forma na atividade que você não consiga mais agir como organizador. Por meio desses esforços, seus alunos reconhecerão o valor do condicionamento físico com seus benefícios vitalícios.

Estimule a interação social

Para que os alunos aproveitem as atividades físicas, eles precisam reconhecer que participar delas é claramente um evento social. Solomon (1997) defende que um motivador

A maioria dos alunos gosta da oportunidade de ficar ativo durante o dia de aula.

humano básico é a necessidade de socializar por meio de jogos. Estruture as atividades para que os alunos consigam maximizar seus contatos com os outros participantes. Por exemplo, os alunos podem fazer corridas em duplas, trocando rapidamente de parceiro ao seu sinal. Podem-se estabelecer pequenas equipes para trabalhar em conjunto e aprimorar sua pontuação, em vez de competir com os outros, e completar um curso de obstáculos, por exemplo. Não espere que eles participem silenciosamente, pois um dos objetivos é os alunos reconhecerem a atividade como uma válvula de escape social desejável.

Ofereça escolhas de atividades físicas

Individualizar as atividades para que elas estejam adequadas às habilidades e às atitudes de um grupo de crianças é a melhor forma de estimular uma perspectiva positiva das atividades físicas. O estilo militar de treinamento físico, em que filas rígidas de jovens completavam polichinelos em uníssono ao comando do professor, não é mais aceitável nas escolas. Em vez disso, as crianças podem receber diversas escolhas entre as quais decidir. As opções devem incluir tanto atividades competitivas como as não competitivas. Apesar de muitas crianças poderem apresentar desempenho muito superior quando forem competir, outras se fecham e perdem sua motivação para participar. Se as crianças têm opções quanto ao tipo e ao nível de dificuldade da atividade, elas estabelecem um senso de propriedade acerca de seu próprio condicionamento físico. Convidá-las a determinar quanto tempo se gasta em cada atividade também é vital. Assim, se você definiu 30 minutos para o desenvolvimento do condicionamento físico e disponibilizou diversas opções, as crianças devem determinar as atividades. Estabelecer medidas específicas de tempo é melhor do que esperar que todos os alunos completem o mesmo número de repetições. Por exemplo, se você deseja que os alunos desenvolvam a força abdominal, em vez de definir que eles completem 25 abdominais, faça-os realizar diversos exercícios para o abdome durante 3 minutos. Esse investimento, de determinar o próprio desenvolvimento do condicionamento físico, pode ser decisivo para que eles optem por continuar tais atividades fora da escola.

Toque música para acompanhar a atividade

Tocar música quando os alunos estão se movimentando pode ser um grande motivador, uma vez que diversos tipos de música são eficazes para intensificar ou desacelerar a atividade. Para aprofundar ainda mais o aspecto social, os alunos podem trazer músicas das quais gostem e sejam adequadas para as atividades específicas, sendo uma forma de integrá-las gravar uma combinação de músicas clássicas, *country* e rock. Quando as crianças ouvirem a música clássica, sua missão será caminhar; quando a música mudar para o *country*, elas fazem uma corrida leve; e quando toca *rock*, elas correm mais forte. A duração de cada tipo de música também pode variar, visto que elas podem ser encurtadas para trocar para outra.

Use pedômetros

Pedômetros são aparelhos que contam passos, e podem ser facilmente usados no quadril das crianças para documentar a distância atravessada ou o número de passos dados. A utilização de pedômetros e de objetivos específicos de passos é mais eficaz do que caminhadas que usam objetivos de tempo, visto que as pessoas costumam se sentir mais motivadas por oportunidades de verificar seu progresso e acompanhar seu desenvolvimento. Hultquist, Albright e Thompson (2005) verificaram que mulheres sedentárias que receberam pedômetros e foram instruídas a caminhar 10 mil passos por dia caminharam quase dois mil passos por dia a mais do que as mulheres que foram instruídas a dar uma caminhada rápida de 30 minutos por dia.

Uma análise dos estudos realizados usando pedômetros sugere que crianças de 8 a 10 anos acumulam de 12 a 16 mil passos por dia (Tudor-Locke; Myers, 2001), e que 10 mil passos por dia não é um número muito alto para crianças (Tudor-Locke, 2002). Como o custo e o espaço ocupado são mínimos, os pedômetros ganharam popularidade entre os professores que querem envolver os alunos no desenvolvimento de sua resistência cardiovascular.

O benefício do uso de pedômetros é a tabulação precisa da contagem de passos. Uma criança precisa de aproximadamente 3 mil

Medir distâncias com o uso de pedômetros é bastante motivador para os alunos.

passos para andar cerca de 1,5 km. Se os alunos usarem suas habilidades matemáticas para somar o número de passos dados por cada um e multiplicar pelo número de quilômetro que eles desejam andar, é possível planejar jornadas a vários pontos que eles estudam em estudos sociais. Da mesma forma, eles podem dar passos ao ritmo das músicas características daquela região para onde eles estão viajando, assim aumentando a experiência. Durante as aulas de literatura, eles podem explorar a literatura da região. Esses encontros de integração da aprendizagem oferecem aos alunos aplicações inter-relacionadas práticas, além de aumentar seu entusiasmo pela aprendizagem.

Enfatize a prática de estabelecer objetivos

Quando os alunos estabelecem objetivos alcançáveis para o seu próprio condicionamento físico, eles se tornam investidores do próprio bem-estar, então usar alguns momentos para compor uma lista breve de objetivos individuais transforma essa busca em algo mais concreto. Manter um diário para anotar as atividades realizadas na busca por atingir esses objetivos também ajuda na produtividade. Conforme os alunos revisam as medidas que tomaram para alcançar os objetivos, eles ganham maior capacidade para refletir sobre suas realizações e estabelecer desafios adicionais. Além disso, o *feedback* constante do professor pode aumentar seu entusiasmo e sua autoconfiança. Todos os alunos, não só os mais habilidosos, precisam desse tipo de afirmação.

Exercícios como recompensa

Recompensas por uma vida de condicionamento físico são reconhecidas e apreciadas pelos adultos mais velhos. Contudo, o *feedback* positivo do professor pode ser um poderoso motivador para as crianças. Se a sua intenção é fazer os alunos adotarem e manterem um plano de exercícios informal, é adequado dar reforços nesse sentido. Atividades que levam à eliminação dos participantes tendem a reduzir sua autoestima e, de fato, acabam por reduzir a atividade. Claramente, aqueles que mais necessitam da atividade serão os primeiros a serem eliminados.

Exercícios como punição também anulam seus objetivos, visto que carregam as atividades de uma conotação negativa. Assim como um professor de língua protestaria contra a realização de uma redação como forma de punir os alunos, o professor de educação física também reconhece os efeitos negativos de atribuir exercícios como forma de punição. O contrário também é verdade; não é aceitável punir um aluno que tenha se comportado mal impedindo-o de participar de uma aula de educação física. Ao manter um clima positivo em sala de aula, o professor incentiva a participação entusiasmada dos alunos, e as recompensas nesse tipo de ambiente são abundantes. Todos os alunos merecem uma volta da vitória ao final das atividades.

Promova o condicionamento físico para toda a vida

Um objetivo do professor que deseja ajudar os alunos a atingirem um bom condiciona-

mento físico é reconhecer a importância de manter um programa de atividades físicas ativo por toda a vida. Se o tempo gasto com as atividades físicas na escola é prazeroso, as crianças reconhecem o exercício como uma escolha positiva na hora de determinar suas atividades extraclasse. É possível aumentar sua compreensão sobre a saúde enfatizando o papel das atividades físicas no fortalecimento do sistema cardiovascular. Talvez os alunos consigam até motivar seus familiares se o professor exigir um diário semanal das atividades físicas realizadas pela sua família; no mínimo, isso dará uma boa ideia da motivação (ou da falta de motivação) das crianças para realizarem atividades físicas. Outra forma de motivação pode ser por meio de certificados ou outras formas de reconhecimento por se envolverem em atividades extraclasse.

Considere as condições climáticas

Independentemente de você escolher realizar as atividades físicas em um ambiente fechado ou aberto, a temperatura é um componente fundamental. Se o calor for alto o bastante para provocar a elevação da temperatura corporal a níveis perigosos, pode resultar em hipertermia. O American College of Sports Medicine (1987) identifica os sintomas a serem observados, como: descontrole motor, suor em profusão, dor de cabeça, náusea, tontura, apatia e qualquer debilidade gradual da consciência. Para proteger-se contra a hipertermia, limite a intensidade e a duração dos exercícios aeróbicos, tente marcar as atividades durante o período mais ameno do dia, e cuide para que os alunos bebam bastante água antes, depois e durante as atividades.

ATIVIDADES PARA PROMOVER A RESISTÊNCIA CARDIOVASCULAR

Como professor de sala de aula encarregado de planejar e conduzir pelo menos uma parte da educação física dos seus alunos, cabe a você determinar quando abordar o condicio-

Fazer os alunos voltarem à calma oferece às crianças um período para relaxar antes de partir para o próximo desafio do dia de aula.

namento físico. Ou os alunos irão alocar uma pequena porção de cada período no condicionamento físico relacionado à saúde, ou irão passar um período mais focado e prolongado concentrando-se apenas nas atividades destinadas ao desenvolvimento de resistência cardiovascular.

Dando início à atividade

Não é imperativo que as crianças menores realizem atividades de aquecimento. De fato, pode desperdiçar-se um tempo precioso de atividade com a inútil repetição de ações desnecessárias. Em vez disso, as crianças podem começar a atividade em um ritmo menos intenso do que o esperado, dada a progressão da aula. Se os alunos costumam chegar muito empolgados para a atividade, uma forma de prepará-los para se focarem nos objetivos da lição é fazê-los participar de atividades de alta intensidade antes de apresentar o plano da aula.

Encerrando o período de atividade

Para garantir que os alunos não voltem para a sala de aula cheios de energia, reserve um breve período para eles voltarem à calma. Essa é uma boa hora para exercitar-se em um ritmo mais lento, além de revisar o que foi visto em aula. Pode ser bom tocar uma música suave e orientar os alunos a continuarem a atividade que estavam fazendo em câmera lenta e questioná-los sobre os componentes do condicionamento físico que foram abordados hoje. Para que eles se lembrem do impacto das atividades físicas na saúde, identifique os benefícios cardiovasculares dos quais eles desfrutarão como resultado da atividade.

EXPERIÊNCIAS DE MOVIMENTOS
Corrida arco-íris
Objetivos

Desenvolver uma atitude positiva em relação ao condicionamento físico.

Fortalecer a resistência cardiovascular.

Aumentar a consciência dos tipos de atividade adequados para fortalecer o sistema cardiovascular.

Idade do grupo-alvo

Até o 6º ano

Equipamentos

Fichas com cores variadas em linhas marcadas com canetas hidrográficas; as cores podem ser repetidas; cada carta deve ter as cores arranjadas em uma ordem diferente das outras

Cones, preferencialmente coloridos

Múltiplas canetas hidrográficas das mesmas cores das fichas

Bambolê

Administração

1. Colocar um bambolê na posição inicial e espalhar os cones em localizações variadas, a aproximadamente 90 metros de distância.
2. Colocar três canetas hidrográficas de diferentes cores próximas de um cone da mesma cor.
3. Distribuir as fichas coloridas para cada aluno.

Pré-atividade

Discutir os benefícios cardiovasculares de correr por um longo período de tempo. A corrida arco-íris é uma atividade que pretende aumentar a frequência cardíaca e garantir que o oxigênio seja distribuído de maneira eficiente pelo sistema respiratório.

Atividade

1. Os alunos correm até o cone da mesma cor da primeira listra da sua ficha, pegam a caneta correspondente e escrevem uma marca próxima dessa primeira cor.
2. A seguir, as crianças correm e pisam dentro do bambolê, e depois partem para o próximo cone da cor da segunda listra da sua ficha.
3. Os alunos repetem o processo, voltando até o bambolê após irem a cada cone e marcar a ficha, até todas as cores terem sido marcadas.

Modificações

- Cada cone pode ser marcado com um pedaço de papel colorido, indicando a cor que representa.

- Para aumentar o ritmo, a atividade pode ser competitiva.
- Para criar um espírito de colaboração, os alunos podem ser organizados em duplas.
- Para uma abordagem interdisciplinar, quando os alunos alcançam o cone, eles podem resolver um problema matemático rápido ou responder uma pergunta de ciências sobre uma aula dada no mesmo dia.
- Para expandir a atividade, os alunos podem, por exemplo, pular corda 10 vezes no cone vermelho, completar 10 abdominais no amarelo e executar outras atividades semelhantes.

Análise de desempenho

Os alunos estão conseguindo completar a atividade conforme as orientações?

Os alunos estão correndo ou caminhando rápido durante a atividade?

Sua ação é prolongada o bastante para promover os benefícios cardiovasculares?

Os alunos estão participando com entusiasmo?

Sinais de trânsito

Objetivos

Maximizar o uso de habilidades locomotoras para desenvolver a resistência cardiovascular.

Reagir a sinais e estimular a movimentação.

Idade do grupo-alvo

Até o 3° ano

Equipamentos

Três folhas (verde, amarelo e vermelho) de papel colorido

Cinco cones

Administração

1. Os cones são distribuídos em um círculo amplo.

2. Os alunos são orientados a permanecer atrás dos cones ou a espalhar-se pela área.

Pré-atividade

Questionar os alunos sobre o papel da corrida no desenvolvimento da resistência cardiovascular. Perguntar aos estudantes o que os sinais verde, amarelo e vermelho significam.

Atividade no ginásio ou a céu aberto

1. Os alunos correm ou fazem um trote em um círculo amplo ou espalhados quando você segura um pedaço de papel verde.
2. Os alunos fazem uma caminhada rápida quando você levanta o papel amarelo.
3. Quando levantar o papel vermelho, os alunos caminham no lugar.

Atividade para a sala de aula

Os alunos se movem no lugar, ao lado de suas cadeiras (p. ex., correr no lugar para verde, caminhar no lugar para amarelo e pular no lugar para vermelho).

Modificações

- Os alunos podem escolher entre diversos movimentos locomotores, mas a intensidade deve permanecer a mesma (p. ex., sinal verde = alta intensidade; sinal amarelo = intensidade moderada; e sinal vermelho = baixa intensidade).
- Para práticas disciplinares, os alunos podem usar essa atividade durante uma unidade sobre segurança no trânsito.
- Os alunos podem aprender sobre o uso de sinais com as mãos para indicar a direção em que vão dobrar.
- Os alunos podem imitar o som de uma buzina quando se aproximam de outro participante.
- Os alunos podem mover-se como se fossem carros de corrida quando veem o sinal verde, uma minivan quando veem o sinal amarelo, e uma lata velha quando é acionado o sinal vermelho.

- Toque um CD de efeitos sonoros de trânsito para aumentar o prazer das crianças.

Análise de Desempenho

Todos os alunos estão em movimento durante a atividade?

Os movimentos dos alunos estão de acordo com a cor indicada?

Se os alunos estão correndo espalhados, é possível garantir a segurança de todos os participantes?

Os alunos estão entusiasmados com a atividade?

Promoção

Objetivos

Manter o movimento para contribuir para a resistência cardiovascular.

Estimular a imaginação.

Idade do grupo-alvo

4º ao 6º ano

Equipamentos

Cordas de pular

Bases de carpete

Fichas/caderno de notas

Lápis ou canetas

Administração

1. Avise aos alunos de que hoje cada um deles ganhou uma promoção na sua loja favorita. Cada aluno terá 10 minutos para pegar quantos itens conseguir nesse período.
2. As cordas podem ser esticadas no chão em longas fileiras para indicar os corredores da loja. Lembre-se de dispô-las de modo a garantir espaço, caso mais de uma criança queira os mesmos itens.
3. Porta-malas de faz de conta, representados pelas bases de carpete, devem estar situados a aproximadamente 100 metros dos corredores.

Educação física e atividades para o ensino fundamental **283**

4. Ao lado de cada base, devem ser colocados uma ficha ou folha de caderno e um lápis para cada aluno.
5. Nomeie os corredores com categorias que provavelmente chamem a atenção daquela faixa etária, como "brinquedos", "equipamentos de acampamento", "jogos", "livros", "produtos esportivos", "roupas", "eletrônicos", "joias" ou "doces".

Pré-atividade

Revisar os benefícios cardiovasculares da corrida com os alunos.

Essa é sua oportunidade de aumentar o entusiasmo dos alunos com a atividade. Relembrá-los de que é bom correr para adquirir tantos brindes quanto conseguirem. Além disso, também lembrar os alunos de que devem levantar seus itens "pesados" com cuidado, curvando-se nos quadris e nos joelhos e usando os músculos fortes das pernas e das nádegas.

Atividade no ginásio ou a céu aberto

1. Os alunos correm do seu carpete para os corredores que lhes interessem.
2. Após imitar o movimento de pegar um produto da prateleira imaginária, o aluno irá se virar e correr até seu carpete o mais rápido que conseguir como se estivesse carregando o item de verdade.
3. Ao alcançar o "porta-malas", o aluno deposita o objeto lá.
4. A seguir, o participante pega a ficha e o lápis e desenha uma figura ou escreve o nome do item que pegou.
5. O processo é repetido por 10 minutos, ou até cada aluno ter trazido 10 itens.

Atividade para a sala de aula

Os nomes dos produtos estarão relacionados no quadro com o número de degraus da escada imaginária que o aluno precisa subir no lugar para alcançar os itens (p. ex., se a criança deseja um jogo de "Banco Imobiliário" ou "Twister", olha para o quadro, vê que os jogos estão no vigésimo quinto degrau, e começa a contar enquanto sobe a escada parado no lugar. Ao alcançar o vigésimo quinto degrau, ela para, pega o cartão na sua carteira e escreve o nome ou desenha a caixa com o jogo do "Banco Imobiliário"). A atividade continua até 10 itens serem adquiridos.

Modificações

- Se o tempo e o espaço permitirem, as crianças podem trazer caixas de verdade, com tamanhos variados, e identificá-las com o nome de produtos para aumentar seu entusiasmo.
- Os alunos podem fazer uma atividade posterior de matemática e usar a internet para determinar os preços dos itens que ganharam e calcular a quantia total do seu prêmio.
- Os alunos podem desenvolver listas individuais de palavras para um ditado com base nos nomes dos produtos.
- Os participantes podem formar duplas e ir atrás dos itens necessários para fazer uma viagem a um local de sua escolha.
- Os participantes podem ter de coletar animais para colocá-los em sua arca.
- As crianças podem coletar folhas variadas ou desenvolver uma coleção de folhas ou insetos.

Análise de desempenho

Os alunos maximizaram o tempo de movimento durante a atividade?

Escrever os itens reduziu o tempo desnecessariamente?

Os alunos mantiveram uma distância segura dos outros participantes?

Os alunos se divertiram com a atividade?

Importação/exportação
Objetivos

Aumentar a resistência cardiovascular por meio do movimento.

Aumentar o entusiasmo com atividades físicas.

Idade do grupo-alvo

Até o 6º ano

Equipamentos

Um bambolê para cada aluno

Dois sacos de feijão para cada aluno

Administração

1. Espalhar os bambolês por uma área ampla. Quanto mais longe eles ficarem uns dos outros, maior será o gasto de energia dos alunos.
2. Colocar dois sacos de feijão em cada bambolê.

Pré-atividade

Informar os alunos de que essa atividade ajuda a desenvolver seu condicionamento físico.

Explicar que a atividade representa a importação e a exportação de produtos entre continentes.

Esclarecer aos alunos que o seu objetivo é acumular tantos sacos de feijão no seu bambolê quanto puderem durante o tempo determinado.

Lembrá-los de se moverem em segurança, evitando colisões.

Atividade no ginásio ou a céu aberto

1. Os alunos iniciam dentro dos seus bambolês.
2. Ao sinal, cada aluno corre para o bambolê do outro e pega um saco de feijão.
3. A seguir, o participante corre de volta para seu bambolê, toca nele com a mão ou o pé, e deposita o novo saco de feijão ali. (A ênfase está em colocar o saco de feijão dentro do bambolê, em vez de jogá-lo a distância.)
4. Esse processo se repete até o professor dar o sinal para parar.
5. Nenhum aluno pode voltar a um bambolê do qual já tenha retirado um saco de feijão.
6. Nenhum participante pode proteger o seu bambolê.
7. O aluno com mais sacos de feijão vence, mas é claro que é o processo, e não o resultado, que deve ser enfatizado.

Modificações

- Sacos de feijão adicionais podem ser colocados em cada bambolê.
- As habilidades locomotoras podem ser alteradas para rodadas subsequentes, incluindo pular em apenas um pé, saltar, etc.
- Essa atividade pode ser realizada antes ou depois de uma discussão sobre o processo de importação e exportação. Os sacos de feijão podem representar alimentos, equipamentos eletrônicos, ferramentas ou outras *commodities*.

Análise de desempenho

Os alunos se envolveram em movimentos contínuos para aprimorar seu condicionamento físico?

Os alunos seguiram as regras?

Todos os alunos participaram com entusiasmo?

Caminhada pelo Brasil

Objetivos

Manter a resistência cardiovascular realizando essa atividade ao longo do semestre.

Estimular os alunos a adotar uma atividade física que pode ser vitalícia.

Aumentar a consciência geográfica dos alunos.

Idade do grupo-alvo

Até o 6º ano

Equipamentos

Mapa do Brasil

Pedômetro

Administração

1. Escolher uma rota pelo país, começando com sua cidade natal até uma localização escolhida, como Foz do Iguaçu, o Palácio do Planalto ou a Floresta Amazônica.
2. Determinar períodos de tempo todas as semanas reservados para caminhar, multiplicar a distância pelo número de participantes e documentar a distância.

Pré-atividade

Convidar os alunos a continuar a atividade em casa, no recreio e antes ou depois das aulas, e a manter um registro da distância percorrida.

Notificar os pais sobre a atividade e convidá-los a participar como família.

Enfatizar os benefícios para a saúde de estender o movimento para além da sala de aula.

Apresentar um mapa em sala de aula com o trajeto em destaque.

Atividade no ginásio ou a céu aberto

1. Os participantes caminham ou correm por uma distância ou tempo predeterminado.
2. Ao final da atividade, o professor ou os alunos podem registrar a distância coberta multiplicada pelo número de participantes.
3. A seguir, os alunos podem traçar essa distância no mapa e marcar a distância que cobriram.
4. Os quilômetros subsequentes continuam a viagem até o destino desejado.

Atividade para a sala de aula

Os alunos caminham/correm/pulam no lugar, com cada minuto equivalendo a 1 km para alcançar o destino desejado.

Remar/nadar no lugar para cruzar os rios, lagos, lagoas que estiverem no caminho.

Modificações

- Escolher uma localização com base em um evento ou local que estejam estudando (p. ex., um campo de batalha, uma fábrica, uma corrida).
- Essa atividade pode ser o centro de uma unidade interdisciplinar que envolva o cálculo de distâncias, a manutenção de um diário, a pesquisa de locais/eventos variados, exploração de fatos históricos, envolvimento em atividades artísticas ou estudo das músicas pertinentes à cultura dos locais visitados.
- Substituir a caminhada por alguma outra atividade, como andar de bicicleta, nadar, patinar, escalar, etc.
- Viajar do norte ao sul.
- Viajar pela Europa ou por algum outro país.
- Viajar de um local para o outro no seu próprio estado.
- Subir até o alto do Cristo Redentor, da Estátua da Liberdade, do Empire State, da Torre Eiffel ou da Grande Pirâmide.
- Panfletos de diversos pontos podem ser obtidos junto à Câmara do Comércio da comunidade sem custos, e podem expandir a experiência dos alunos.
- Se houver um pedômetro à disposição, o professor pode mapear uma rota de 500 m ou de 1 km usando seu próprio carro.
- Usar as paredes da sala de aula como mapa, pendurando fotos dos locais do caminho, até chegar ao destino final.
- Usar vídeos de viagem para dar vida a jornadas imaginárias.
- Definir destinos de diferentes períodos de tempo, como as Cruzadas, as Grandes Navegações, as Bandeiras.

Análise de desempenho

- Todos os alunos conseguiram viajar a distância definida?
- Havia água disponível em pontos de parada em dias quentes?

- Os alunos se empolgaram o bastante com a atividade para acumular distâncias adicionais fora da aula?

Altos e baixos

Objetivos

- Aumentar a resistência cardiovascular por meio do movimento.
- Aumentar o entusiasmo com atividades físicas.

Idade do grupo-alvo

Até o 6º ano

Equipamentos

Um cone para cada participante

Administração

1. Distribuir um cone para cada aluno.
2. Atribuir cada participante a uma das duas equipes: a equipe *alta* ou a equipe *baixa*. Tentar dividir os alunos igualmente entre as duas equipes. Como o tempo necessário para deixar um cone em pé pode ser maior do que para derrubá-lo, se houver um número ímpar de participantes, pode ser melhor atribuir essa pessoa adicional à equipe *alta*.
3. Instruir os participantes a espalharem-se por uma área ampla e a colocarem seus cones ao lado, virados para cima ou para baixo, dependendo da equipe à qual foram designados.

Pré-atividade

Discutir de que formas correr beneficia o coração.

Explicar que o objetivo dessa atividade é aumentar a resistência cardiovascular.

Atividade no ginásio ou a céu aberto

1. Ao sinal do professor, os alunos cujos cones estão para cima correm na direção dos cones que estão para baixo e os viram para cima. Da mesma forma, os alunos cujos cones estão para baixo correm para derrubar um cone que está para cima.
2. Os participantes devem usar suas mãos para alterar a posição do cone; eles não podem virá-los usando os pés. Essa é simplesmente uma questão de segurança para impedir que as crianças sejam chutadas.
3. Os alunos devem passar para o próximo cone; e não podem voltar a um cone anterior.
4. As crianças continuam indo de cone a cone; a equipe *alta* deve continuar a virar os cones para cima, e a equipe *baixa* continua a virar os cones para baixo.
5. Quando o professor sinaliza que o tempo acabou, a equipe com mais cones virados (para cima ou para baixo) vence.

Modificações

- Se o número de cones for limitado, as crianças podem ficar em duplas.
- É possível substituir os cones facilmente por outros equipamentos, como jarras de leite, pinos ou caixas.
- Se houver um número muito maior de cones para cima ou para baixo, talvez seja bom redistribuir as equipes.

Análise de desempenho

Todos os alunos estão ativamente envolvidos?

Os alunos seguiram as regras?

O número de cones para cima e para baixo era aproximadamente igual ao término da atividade?

Os alunos estão participando com entusiasmo?

Pular corda

Objetivos

Aumentar a resistência cardiovascular por meio de movimentos de alta intensidade.

Desenvolver uma habilidade que possa ser realizada em casa.

Aumentar o entusiasmo com atividades físicas independentes.

Idade do grupo-alvo

4º ao 6º ano

Equipamentos

Uma corda de pular para cada aluno

Administração

1. Fazer cada aluno pisar em uma corda com ambos os pés e puxar cada ponta até suas axilas. Se a corda encaixar, o tamanho está adequado para aquela criança; se for muito longa, ele precisará de uma corda menor.
2. Permitir espaço suficiente entre as crianças para que suas cordas não se cruzem quando estiverem pulando.

Pré-atividade

Explicar que pular corda é uma atividade cardiovascular excelente. Jogadores de futebol, de tênis e pugilistas pulam corda para desenvolver e manter a resistência.

Lembrar aos participantes de que eles devem permanecer no próprio espaço enquanto estiverem pulando.

Atividade no ginásio ou a céu aberto

1. No início da atividade, pedir para os alunos simplesmente pularem enquanto você observa suas habilidades. Pedir a eles para mostrarem que passos conseguem realizar. Quando reconhecer que algum aluno está realizando passos específicos, peça para ele demonstrar o que fez para o resto da turma tentar também. Certifique-se de chamar ambos os sexos para demonstrar seus passos para combater o preconceito de que pular corda é só para meninas. Observe os seguintes passos, realizados para a frente ou para trás:

    Pular com ambos os pés juntos

    Trocar os pés

    Pular em apenas um pé

Trocar a posição dos pés de um lado ao outro ou para a frente e para trás (esquiador)

Cruzar os pés ao pular

Cruzar a corda quando ela estiver passando por baixo do corpo e descruzá-la quando passar por cima da cabeça

Pulo duplo, em que a corda passa duas vezes por baixo do corpo antes dos pés tocarem o solo

Passo com salto, em que uma perna se estende para a frente, para passar por cima da corda, e o corpo se apoia na perna de trás quando a corda passa por cima da sua cabeça.

2. Se algumas crianças não conseguirem seguir o exemplo dos seus colegas, elas podem simplesmente continuar pulando da forma em que se sentem confortáveis.
3. Os alunos também podem aprender músicas para acompanhar a atividade. Alguns exemplos:

    Uma velhinha bateu em minha porta

    E eu abri

    Senhoras e senhores, ponham a mão no chão

    Senhoras e senhores, pulem em um pé só

    Senhoras e senhores, deem uma rodadinha

    E vá pro olho da rua

    Rá, ré, ri, ró, rua (2x)

    (É para pular corda)

    Uma velhinha bateu em minha porta

    E eu abri

    Senhoras e senhores, ponham a mão no chão

    Senhoras e senhores, pulem em um pé só

    Senhoras e senhores, deem uma rodadinha

    E vá pro olho da rua

    Rá, ré, ri, ró, rua (3x)

4. Quando algum grau de domínio dos princípios básicos do pulo tiver sido estabelecido, os alunos podem escolher uma dupla para pular. As crianças podem ficar de frente e pular enquanto outro aluno gira a corda, ou elas podem segurar uma ponta enquanto pulam, lado a lado, na mesma direção.
5. Ao pular cordas compridas, são necessários dois alunos para girarem a corda, enquanto outro aluno (ou um grupo) pula. Assim, constrói-se um espírito colaborativo; contudo, a movimentação reduzida de quem está girando a corda torna essa menos proveitosa como atividade cardiovascular do que pular a corda.
6. As rotinas de pular corda têm um passo inicial, um segmento intermediário de passos repetidos, e um passo final, todos os quais são reproduzíveis. Após aprender diversos passos, os alunos criam rotinas de acordo com critérios predefinidos (p. ex., quatro passos diferentes). Por exemplo, um aluno pode começar com o passo esquiador, alternar um passo cruzando os pés, mudar para o pulo em apenas um pé e encerrar com um pulo duplo. Assim, conforme a proficiência dos alunos aumenta, eles podem criar combinações mais complexas e, para desenvolverem movimentos adicionais, eles podem juntar-se em duplas e ensinar sua rotina ao parceiro.
7. O uso de músicas torna pular corda mais divertido; elas estabelecem um ritmo para os pulos, o qual pode ser intensificado se desejar que eles se movimentem mais rápido. Quando os alunos ficarem mais proficientes, podem adaptar suas rotinas de acordo com cada música.

Atividade para a sala de aula

Os alunos usam cordas imaginárias para executar as atividades anteriores.

Uma tira de fita adesiva pode ser grudada ao lado da carteira de cada aluno, ou em uma área central da sala, sendo que os alunos devem pular por cima dela, como se estivessem pulando corda.

Modificações

- Os alunos podem procurar canções na internet.
- Os alunos podem praticar multiplicação ou divisão como canções para pular.
- Pode-se pesquisar a história de pular corda.
- As crianças podem criar seus próprios passos e canções.

Análise de desempenho

Todos os alunos têm habilidade suficiente em pular corda para se manterem ativos e colher os benefícios cardiovasculares?

Todos os alunos estão alcançando o mesmo nível de habilidade?

Os alunos estão entusiasmados com a atividade?

Dois dígitos

Objetivos

Aumentar a resistência cardiovascular por meio de movimentos de alta intensidade.

Desenvolver uma habilidade que possa ser realizada em casa.

Aumentar o entusiasmo com atividades físicas independentes.

Aplicar habilidades matemáticas.

Idade do grupo-alvo

4º ao 6º ano

Equipamentos

Um pedômetro para cada criança

4 cones ou marcadores

Lápis e folhas de pontuação

Steps para cada dupla

Administração

Colocar os cones ou os marcadores em um quadrado em uma área ampla.

Pré-atividade

Discutir os benefícios cardiovasculares obtidos por correr/pular durante longos períodos.

Revisar a forma de operar os pedômetros.

Os alunos escolhem um parceiro.

Atividade no ginásio ou a céu aberto

1. Os parceiros assumem a posição A ou B.
   - Todos os parceiros A assumem a posição dentro do quadrado para pular corda.
   - Todos os parceiros B se dividem em quatro grupos, e cada grupo começa em um cone diferente para correr ao redor do quadrado.
2. Ao sinal do professor, os parceiros A ligam seus pedômetros quando começam a pular corda, e os parceiros B ligam os seus quando iniciam uma corrida leve ao redor do quadrado.
3. Após 5 minutos, o professor dá o sinal para as crianças pararem.
4. Os parceiros se juntam para tabular o número de passos que deram como equipe.
5. Os alunos trocam de papel com o parceiro e repetem o processo.
6. As atividades mudam, e, após cada uma, os passos são tabulados.
7. Ao encerrar a sessão, são determinados (a) o número total de passos de cada aluno, (b) o número total de passos de cada dupla e (c) o número total de passos da turma toda.

Atividade para a sala de aula

1. Os parceiros realizam suas atividades no lugar.
2. Para as atividades em sala de aula, os alunos usam *steps* em padrões variados.

Modificações

- Os movimentos locomotores dos alunos A podem incluir polichinelos, apoios, abdominais e chutes de caranguejo (sentados, os alunos inclinam-se para trás, levantam seu peso do chão apoiando-se sobre suas mãos e pés e alternam chutes com cada pé na direção do teto).
- Os movimentos locomotores dos alunos B podem incluir caminhar, pular em apenas um pé e saltar.

Análise de desempenho

Os alunos estão seguindo as orientações corretamente?

Os alunos estão aplicando corretamente suas habilidades matemáticas?

Todos os alunos estão maximizando seus movimentos para desenvolver seu condicionamento cardiovascular?

Os alunos estão cooperando com seus parceiros e com os outros colegas?

Pega-pega*

Objetivos

Aumentar a resistência cardiovascular.

Apresentar os alunos ao tipo de atividade que promove o condicionamento cardiovascular.

Demonstrar de que formas os alunos podem aproveitar as atividades físicas.

Idade do grupo-alvo

Até o 6° ano

Equipamentos

Cones coloridos ou marcadores

Administração

1. Espalhar cones ou marcadores por uma área ampla.
2. Agrupar os alunos como uma equipe única, dividi-los em dois grupos ou separá-los em grupos menores.

---

* N. de R.T.: Em algumas regiões do Brasil, a brincadeira de pega-pega é conhecida como "pique". Por exemplo, pique tubarão, pique barriga.

3. Identificar os alunos que serão os perseguidores.

Pré-atividade

Revisar os princípios do condicionamento cardiovascular.

Discutir a importância da segurança no pega-pega com movimentos gentis e controlados.

Atividade no ginásio ou a céu aberto

1. Os cones ou marcadores determinam as zonas de segurança para quem está sendo perseguido. Encostando um pé em um cone ou pisando em um marcador, o aluno não pode mais ser pego.
2. Um máximo de dois participantes podem compartilhar um cone ou marcador, e só podem ficar na zona de segurança contando até 5.
3. Quando um participante é pego, ele deve congelar na posição em que estava e realizar uma tarefa determinada pelo professor, como recontar um número na tabuada, identificar as cores do espectro, ou recitar um poema previamente definido.
4. A cada 2 minutos, trocam os perseguidores.

Modificações

- *Pega-pega tubarão*: Do outro lado da área de jogo, os alunos formam duas filas paralelas com um número equivalente de participantes em cada fila. Ao sinal do professor, os "tubarões", que formam a fila mais afastada, movem suas barbatanas em um movimento de nado, caçando os "nadadores" até a "praia", um ponto definido pelo professor. Depois, todos se viram, e são os nadadores que movem os braços imitando o movimento de nado e caçam os tubarões de volta para dentro do oceano.
- *Pega-pega barriga*: Quando as crianças são pegas, elas têm de realizar atividades de fortalecimento abdominal, como abdominais, por um número específico de repetições antes de voltar à atividade. Se os jogadores estiverem fazendo polichinelos, eles não podem ser pegos.
- *Pega-pega do rabo*: Cada aluno pendura um pedaço de pano no bolso, nas costas das calças, ou no espaço para o cinto, enquanto os caçadores devem tentar coletar o maior número possível de bandeiras durante o tempo determinado. Se a criança parar e cantar alguma canção infantil, ela não poderá ser pega.
- *Pega-pega dança de quadrilha*: Os alunos se juntam nesse jogo de pega-pega enquanto música de dança de quadrilha toca no fundo. Um jogador não pode ser pego se ele estiver dançando com um parceiro. Quando for pego, o participante precisa bater palmas por 20 segundos.

Análise de desempenho

Todos os alunos estão maximizando seus movimentos para desenvolver seu condicionamento cardiovascular?

Todos os alunos estão seguindo as orientações e as regras de segurança?

Os alunos demonstraram uma conduta positiva ao participarem?

Rodeio

Objetivos

Entusiasmar os alunos com as atividades cardiovasculares.

Aumentar/manter a resistência cardiovascular.

Envolver as crianças em uma atividade física divertida e benéfica.

Idade do grupo-alvo

Até o 4º ano

Equipamentos

30 cones e/ou marcadores

5 bambolês pequenos ou anéis

10 cordas de pular

CD *player*

CDs de música

Administração

1. Dividir a área da atividade em quatro partes, definindo os limites com os marcadores nas seguintes áreas:
   Corrida nos barris Em uma área da atividade, colocar quatro cones a 3 m de distância em linha reta. Formar cinco filas paralelas a 3 m de distância uma da outra. Se houver mais de cinco alunos por grupo, fazer ajustes de acordo com o número.
   Laçador Colocar cinco (ou o número de alunos por grupo) cones em filas em cada ponta das três áreas da atividade. Colocar cinco cones adicionais nos lados opostos.
   Estabelecer as linhas de contenção a aproximadamente 2 m dos cones em cada ponta.
2. Designar cada aluno a um dos quatro grupos.
3. Definir uma estação inicial para cada grupo.
4. Tocar música durante a atividade.
5. Cada grupo continua a atividade até o professor interromper a música, sinalizando que é hora de encerrar a atividade e trocar de estação.

Pré-atividade

Descrever os tipos de atividades que contribuem com a resistência cardiovascular.

Pensar em atividades de rodeio e discutir critérios específicos para esses eventos em um rodeio.

Os participantes demonstram como podem replicar esses movimentos.

Atividade no ginásio ou a céu aberto

1. *Corrida nos barris*
Um aluno fica no início de cada uma das cinco colunas. Ao sinal do professor, eles começam a passar em zigue-zague pela fila de cones.

Quando chegam ao quarto cone, eles dão a volta e retornam à posição inicial, também em zigue-zague, pelos cones. Isso se repete até o professor dar o sinal para parar.

2. *Laçador*
Cada aluno carrega um bambolê ou anel enquanto corre até a corda, que foi colocada diante do cone do lado oposto do ponto de partida. Os alunos param, jogam o bambolê/anel sobre o cone, e então o recuperam e correm na direção dos cones do lado oposto, tentando novamente acertar o arremesso de bambolê/anel. Eles continuam no seu próprio ritmo, contando quantas vezes "laçaram" o cone.

3. *Cavalo selvagem*
Todos os alunos de cada grupo correm três passos espalhados e se jogam para trás como um cavalo selvagem antes de correr mais três passos e repetir a ação.

4. *Cavalo indomado*
Todos os alunos no grupo galopam sem uma formação ordenada pela área designada. Se disponível, eles podem usar cavalos de pau.

Modificações

- Perguntar aos alunos quais são os seus eventos de rodeio preferidos e pedir para eles fazerem uma simulação dessas atividades, mantendo o esforço cardiovascular.
- Estabelecer "estábulos", imitando as atividades dos animais de fazenda.
- Desenvolver atividades de sela replicando os movimentos de animais selvagens.
- Pensar e criar atos de circo que exijam atividades cardiovasculares.

Análise de desempenho

Os alunos seguiram as orientações para a atividade e mantiveram as medidas de segurança?

Os alunos estiveram constantemente em movimento, com exceção da hora de mudar de estações?

Está evidente que os alunos estão gostando da atividade?

Estações de exercícios

Objetivos

Incentivar as crianças a desenvolver uma atitude positiva em relação aos exercícios.

Desenvolver a resistência cardiovascular.

Aumentar a compreensão das crianças sobre as atividades adequadas para aumentar a resistência cardiovascular.

Idade do grupo-alvo

Até o 6º ano

Equipamentos

CD *player* e músicas animadas

Exercícios cardiovasculares escritos em um quadro

Cones ou marcadores para definir as diferentes estações

Caixas, bancos de *step* ou arquibancadas do ginásio

Cordas de pular individuais

Administração

1. Preparar e marcar cada estação.
2. Dividir a turma em grupos menores de acordo com o número de estações disponíveis. Se forem cinco estações, dividir a turma em cinco grupos.
3. Expor o quadro com os exercícios designados para cada estação
4. Definir uma estação inicial para cada grupo.
5. Quando os alunos ouvirem a música, começam a atividade e continuam até a música parar, momento em que eles correm para a próxima estação. As crianças devem ser desafiadas a trabalhar por um mínimo de 5 minutos em cada estação.

Pré-atividade

Revisar os benefícios da resistência cardiovascular. Explicar quais atividades nas estações de exercício irão promover a saúde do coração e dos pulmões.

Atividade no ginásio ou a céu aberto

Estação de passos

1. As crianças sobem e descem de caixas, de bancos de *step* ou das arquibancadas.
2. Elas começam os passos de frente para os equipamentos.
3. Primeiro sobe um pé na caixa/banco, e depois sobe o outro.
4. A seguir, o pé inicial retorna ao chão, seguido pelo outro pé. Os alunos dão os passos seguindo o ritmo da música, em um padrão "cima, cima, baixo, baixo".
5. Os alunos continuam dando passos até a música parar.

Estação de pular corda

Os alunos pulam corda individualmente, podendo escolher seu próprio estilo, de acordo com uma lista sugerida.

Corrida leve com uma estação de chute

Os alunos fazem um trote em uma área designada. Pelo bem da variedade, estimule os alunos a levantar bem os joelhos, e então chutar suas próprias costas.

Polichinelos e variações

Os alunos realizam os polichinelos tradicionais, ou podem alterar os movimentos dos braços e das pernas e criar suas próprias variações, como chutes para a frente, pulos para o lado ou outras variedades.

Estação de movimentos locomotores

Colocar quatro cones em um quadrado grande. Um ou dois alunos ficam ao lado de cada cone, com todos voltados para a mesma direção. Os alunos se movem de um cone até outro, alterando os movimentos locomotores de sua escolha a cada vez. Por exemplo, um aluno pode passar ao segundo cone pulando em apenas um pé, alterar esse pulo para saltos longos ao passar ao terceiro cone e deslizar lateralmente na direção do próximo. Incentivar as crianças a serem criativas.

Atividades na sala de aula

As mesmas estações podem ser modificadas para a sala de aula, limitando-se a atividade de pular cordas ao uso de cordas imaginárias, correr, fazer um trote com um chute ou outros movimentos locomotores, todos no mesmo lugar.

Modificações

• *Estação de círculo com parceiros*

Os alunos trabalham em duplas ou em grupos de três. Os parceiros juntam as mãos e aproximam os pés. A seguir, se inclinam para trás e começam a andar em círculos. Os alunos devem parar se sentirem-se tontos, recuperando--se antes de começar novamente.

• *Papagaio*

Os alunos trabalham em duplas ou em grupos pequenos. Um líder é designado, e seu(s) parceiro(s) forma(m) uma fila atrás dele. O lí-

der escolhe os movimentos locomotores, e os parceiros devem imitá-los enquanto passeiam pela área da estação. A seguir, inverter os papéis, para que todos tenham a chance de ser o líder.

• *Macaco vê; macaco faz*

Os parceiros ficam de frente e realizam movimentos espelhados. O líder deve escolher os movimentos locomotores, e o seguidor precisa se mover na mesma direção. Movimentos fáceis para essa atividade incluem deslizamento e passos laterais.

Análise de desempenho

• Os alunos estão seguindo as orientações para completar as atividades?
• Os alunos estão passando rapidamente de uma estação para a outra?
• As ações são contínuas e vigorosas o bastante para resultar em benefícios cardiovasculares?
• Os alunos estão entusiasmados com a atividade?

Referências

AMERICAN COLLEGE OF SPORTS MEDICINE. Position stand on the prevention of thermal injuries during distance running. *Medicine and Science in Sports and Exercise*, v. 19, p. 529-533, 1987.

BOREHAM, C.; RIDDOCH, C. The physical activity, fitness and health of children. *Journal of Sports Sciences*, v. 19, n. 12, 2001.

COUNCIL ON PHYSICAL EDUCATION FOR CHILDREN. *Physical activity for children*: a statement of guidelines. Reston: National Association for Sport and Physical Education, 1998.

HULTQUIST, C. N.; ALBRIGHT, C.; THOMPSON, D. L. Comparison of walking recommendations in previously inactive women. *Medicine and Science in Sports and Exercise*, v. 37, n. 4, p. 676-683, 2005.

KALISH, S. *Your child's fitness*: practical advice for Parents. Champaign: Human Kinetics, 1996.

SALLIS, J.; MCKENZIE, T. L. Physical education's role in public health. *Research Quarterly for Exercise and Sport*, v. 62, n. 124-137, 1991.

SOLOMON, G. Fair play in the gym. *Journal of Physical Education, Recreation & Dance*, v. 68, n. 5, p. 22-25, 1997.

STRAUSS, R. S. et al. Psychosocial correlates of physical activity in healthy children. *Archives of Pediatric and Adolescent Medicine*, v. 155, p. 897-902, 2001.

TUDOR-LOCKE, C. E.; MYERS, A. M. Methodological considerations for researchers and practitioners using pedometers to measure physical (ambulatory) activity. *Research Quarterly for Exercise and Sport*, v. 72, n. 1, p. 1-12, 2001.

TUDOR-LOCKE, C. *Taking steps toward increased physical activity*: using pedometers to measure and motivate. Bloomington: President's Council on Physical Fitness and Sports, 2002.

CAPÍTULO 21

JOGOS EDUCACIONAIS: COOPERATIVOS E CRIADOS PELOS ALUNOS

Natalia entrou no corredor e chamou os alunos do 4º ano que estavam reunidos ali: "Quem está pronto para jogar um jogo?". Para sua surpresa, só metade dos alunos gritou: "Eu!", "Eu estou!", "Isso!". Os outros se entreolharam e viraram os olhos, ou ficaram encarando o chão de madeira. Ao explicar o jogo e implementá-lo na prática, ela ponderou a falta de entusiasmo entre grande parte dos alunos. Estudando o quanto alguns alunos se integravam à atividade enquanto outros restringiam sua participação, ela notou que os participantes mais confiantes e atléticos demonstravam grande empolgação ao realizarem os passos requeridos, enquanto os alunos com menos destreza e menor grau de sucesso em jogos competitivos se limitavam a usar apenas a quantidade necessária de energia.

Debates sobre os objetivos da educação física, se eles deviam se focar em atividades competitivas ou cooperativas, frequentemente surgiam nas suas aulas de pedagogia na faculdade. Aqueles que propunham a competição se baseavam nas demandas do público. Henkel (1997, p. 22) identificou quatro pressuposições sobre os jogos competitivos: (1) a competição prepara o indivíduo para experiências de vida em áreas não esportivas; (2) a competição resulta em maior produtividade e realizações; (3) as crianças preferem atividades competitivas; e (4) "[...] participar em esportes competitivos aumenta o desenvolvimento moral e a construção de caráter.". No entanto, esse tipo de pensamento se mostrou inconclusivo.

Aqueles que acreditam que a competição é aprendida e tem um efeito negativo citam problemas com autoestima em alguns alunos e comportamento agressivo e injusto de outros. Ninguém é tão ingênuo a ponto de imaginar que as crianças podem passar pela vida sem competir nem falhar; no entanto, é tarefa dos educadores *limitar* a quantidade de fracassos repetidos pelos quais seus alunos passam. Um meio de equilibrar a noção de competição com o desenvolvimento de habilidades motoras é envolver as crianças em atividades que lhes permitam competir com seus desempenhos prévios.

JOGOS

Certamente, um meio de garantir que os alunos desenvolvam habilidades essenciais de trabalho em equipe é por meio da colaboração. Fletcher e Kunst (2003, p. 3) descrevem essas atividades como "[...] jogos divertidos, cooperativos e desafiadores em que o grupo é confrontado com um problema específico para resolver.". Eles afirmam que jogos de iniciativa podem ensinar habilidades de liderança e demonstram reflexão acerca de experiências, oferecendo oportunidades de praticar sua responsabilidade. Nessas circunstâncias, a competição pode ser incorporada, mas, para garantir que suas experiências não sejam exclusivamente bem-sucedidas, os alunos podem trocar de equipe.

A diversão é considerada um motivador fundamental para participar de jogos e outras atividades físicas. Por esse motivo, eles defendem jogos que aumentem os níveis de participação, aumentem a consciência dos benefícios de um estilo de vida ativo, desenvolvam habilidades sociais e de liderança, aumentem o espírito escolar e resultem no desenvolvimento de habilidades físicas. Eles acreditam que os alunos que estabelecem uma apreciação positiva da atividade física na escola têm maior chance de envolver-se em atividades semelhantes em casa. Alguns dos fatores que eles sugerem que diminuem o entusiasmo são falta de autoconfiança, hesitação em correr riscos, habilidades limitadas e falta de oportunidade.

Ao examinar como os jogos cooperativos promovem as atividades físicas, tanto os jogos criados pelos alunos quanto os criados pelo professor merecem consideração. Acompanhando as teorias sobre a aprendizagem cooperativa em todo o currículo, conforme defendido por Johnson e Johnson (1984), a interdependência positiva de objetivos existe em conjunto com a responsabilidade individual; portanto, é imperativo que o grupo entenda que eles ganham ou perdem juntos. Da mesma forma, Butler (2006, p. 243) defende que o uso de jogos para desenvolver habilidades físicas corresponde a uma abordagem essencialmente democrática, focando-se na "[...] criação de jogos como uma experiência compartilhada, e não na fabricação de vencedores.". Como os jogos cooperativos podem ter muitas formas, tanto os jogos cooperativos quanto os criados pelos alunos oferecem oportunidades para o desenvolvimento de habilidades independentes e interdependentes.

As crianças têm uma ótima oportunidade de cooperar quando trabalham juntas nos jogos educacionais.

Os jogos podem ser como ferramentas para fortalecer ainda mais lições inerentes ao currículo. Utilizando-os como um evento preliminar, é possível prender ainda mais o interesse dos alunos. Se forem integrados com o desenvolvimento das aulas, pode haver mais clareza sobre a matéria. Certamente, os jogos cooperativos focados nas atividades físicas podem tornar esforços antes ameaçadores em atividades mais confortáveis nessa situação.

Jogos cooperativos

O papel do professor no estabelecimento de jogos cooperativos é organizar os equipamentos, atribuir os grupos, estabelecer as regras e monitorar a brincadeira. Apesar de os jogos cooperativos normalmente não precisarem de muitos equipamentos, organizar os materiais necessários de antemão permite reservar mais tempo para a atividade. Ao atribuir os grupos, deve-se considerar o número de participantes que irá maximizar as oportunidades individuais e garantir a interdependência. Quando as crianças são apresentadas aos jogos cooperativos, grupos menores podem facilitar mais a aprendizagem. Com a prática, grupos maiores podem aumentar as habilidades de trabalho em equipe.

Tipos de jogos

Em jogos competitivos, as crianças de um grupo se opõem às crianças de outro grupo em esforços para atingir um objetivo que só um grupo pode conseguir. Tais jogos frequentemente dependem das habilidades dos melhores competidores e, às vezes, deixam alguns alunos de lado ou como coadjuvantes, enquanto outros lutam pela vitória. Contudo, em jogos individualizados, as crianças estabelecem objetivos apenas para si mesmas, como na ginástica, na natação, no golfe ou em outros esportes. Jogos cooperativos, no entanto, dependem da participação coletiva. Todos devem contribuir para atingir um objetivo, competindo apenas com objetivos estabelecidos pessoalmente.

Jogos desenvolvidos pelos alunos

Certamente o envolvimento do professor é parte integral para estabelecer a estrutura dentro da qual os alunos criam seus próprios jogos cooperativos ou competitivos. Contudo, o envolvimento dos alunos é maior quando eles ficam responsáveis pela criação de jogos destinados a desenvolver habilidades específicas. Rovegno e Bandhauer (1994) defendem que os jogos desenvolvidos pelas crianças podem ajudá-las a desenvolver maior compreensão das habilidades e estratégias, pensar criticamente sobre os jogos, aprender a solucionar problemas em colaboração e criar jogos significativos para elas. Como nem todas as crianças têm o nível de desenvolvimento adequado para realizar jogos competitivos, tais estruturas não devem ser requeridas. Certamente, para muitas crianças chega uma hora em que os jogos cooperativos não são mais desafiadores, e elas se mostram prontas para trilhar um caminho mais competitivo.

Quando os alunos precisam criar jogos objetivando o desenvolvimento de uma habilidade específica, tal como a variação do ritmo de rebatidas com uma raquete, eles se juntam em grupos pequenos, pensam em possíveis regras e limites, e começam a praticar. Quando problemas inesperados surgem com os critérios estabelecidos, eles param, discutem as alternativas e tentam de novo. Dessa forma, o uso de jogos pode fortalecer as habilidades de comunicação e ajudar a desenvolver o relacionamento entre os alunos. Se um objetivo adicional for aplicar essa atividade a outras matérias do currículo, os alunos podem explicar as regras por escrito para compartilhar com os colegas. Isso pode ser aprofundado ainda mais com desenhos ilustrando a posição da raquete ao se aproximar para bater na bola. Da mesma forma, a experiência pode encaixar-se nos parâmetros dos estudos sociais, conforme os alunos discutem o que compõe esforços de equipe ou traços de liderança eficazes.

EXPERIÊNCIAS DE MOVIMENTOS

Bola de neve

Objetivos

Desenvolver habilidades cooperativas.

Aprender a solucionar problemas em colaboração.

Gerar uma atitude positiva em relação ao movimento cooperativo.

Idade do grupo-alvo

Até o 4° ano

Equipamentos

CD de "Let It Snow" ou outra gravação temática de neve

CD *player*

Administração

Orientar os alunos a espalharem-se por uma ampla área da atividade.

Pré-atividade

Discutir os fatores que compõem o bom trabalho em equipe.

Discutir as regras de segurança.

Atividade

1. Ao começar a música, as crianças giram como flocos de neve no vento.
2. Quando o professor para a música, as crianças juntam as mãos em duplas como uma grande bola de neve e giram juntas.
3. A música para novamente, e as duplas se juntam a outras duplas, e os quatro juntam as mãos e giram em conjunto, como uma bola de neve ainda maior.
4. A próxima vez que a música parar, os quatro se juntam a outro grupo com quatro para formar um com oito, e todos giram juntos como uma bola de neve gigante.
5. Isso continua até se formar uma bola de neve enorme, e todos girarem juntos.

Modificações

- Pipoca estourando e ficando grudada com cobertura de caramelo.
- Algodão-doce girando e grudando-se ao palito.
- Barrinhas de arroz e *marshmallows*, unindo-se para fazer doces.
- Somar 1 + 1, 2 + 2, 4 + 4, 8 + 8.
- Após formar uma bola de neve gigante, os alunos se dividem pelos números ditados pelo professor.
- Mostrar como um eleitor se junta a outro e mais outro para eleger um candidato.

Análise de desempenho

Os alunos estão conseguindo completar o jogo conforme as orientações?

Os alunos estão demonstrando trabalho em equipe?

Os alunos estão realizando as atividades com segurança?

Os alunos estão participando com entusiasmo?

A equipe na corda bamba

Objetivos

Desenvolver habilidades cooperativas.

Trabalhar em conjunto em busca de uma solução.

Idade do grupo-alvo

Até o 6° ano

Equipamentos

Uma corda para cada equipe de três

Administração

1. Dividir os alunos em grupos de três.
2. Cada equipe recebe uma corda de pular.
3. Organizar os cones ou marcadores em duas filas a pelo menos 15 m de distância.

Pré-atividade

Discutir os elementos do trabalho em equipe.

Discutir precauções de segurança.

Atividade

1. As equipes espalham cordas como cordas bambas e percorrem o caminho juntos caminhando sobre as cordas.
2. Os pés devem permanecer nas cordas (ver estratégias possíveis a seguir).
   - As equipes podem trabalhar em conjunto para andar pela corda até o fim, e depois puxá-la e jogá-la adiante para prosseguir.
   - As equipes podem ir arrastando a corda sob seus pés.

Modificações

- Os alunos podem medir a corda e determinar a distância de uma fila para a outra determinando quantos comprimentos de corda são necessários e multiplicar essa quantidade pelo comprimento da corda.
- As crianças podem equilibrar um graveto, um cabo de vassoura, um guarda-chuva ou outro objeto nas mãos, ou um livro sobre a cabeça, quando percorrem essa distância.
- Um pé deve permanecer sobre a corda em todos os momentos.
- Usar cinco marcadores em vez de cordas e pise apenas no marcador para seguir adiante.

Análise de desempenho

Os alunos estão trabalhando cooperativamente para atravessar a área?

Os alunos estão respeitando seus colegas de equipe?

Enrolados

Objetivos

Desenvolver habilidades cooperativas por meio dos jogos.

Trabalhar em conjunto para solucionar um dilema.

Idade do grupo-alvo

4º ao 6º ano

Equipamentos

Nenhum

Administração

1. Dividir a turma em grupos com sete ou oito.
2. Dispor os grupos a uma distância suficiente para não atrapalhar os outros grupos.

Pré-atividade

Discutir as características do esforço cooperativo.

Atividade

1. Os alunos unem as mãos em um círculo apertado. As mãos não devem se separar durante a atividade.
2. Um aluno leva os outros que estão segurando suas mãos por baixo ou por cima das mãos de outros pares em algum outro lugar do círculo.
3. Outro aluno leva os que estão ao seu lado por cima ou por baixo de outro par.
4. Isso continua até o grupo estar enrolado e não conseguir mais se mover.
5. Ao sinal do professor, os grupos começam a se desamarrar, mas sem soltar as mãos.

Modificações

- Juntar a turma toda em um grupo grande e enrolado.
- Mãos direitas para mãos direitas; mãos esquerdas para mãos esquerdas.
- Permanecer em silêncio durante toda a atividade.
- Quando cada nó é desfeito, todos ficam em apenas um pé enquanto um dos membros do grupo conta até 20.

Análise de desempenho

Os alunos estão conseguindo completar a atividade conforme as orientações?

As crianças estão trabalhando cooperativamente?

Mistureba

Objetivos

Trabalhar em conjunto em busca de um objetivo.

Mover-se com segurança.

Idade do grupo-alvo

Até o 6º ano

Equipamentos

Tambor e baquetas

Administração

1. Estabelecer uma posição no centro da área.

Pré-atividade

Os alunos espalham-se por uma área ampla.

Atividade

1. Na batida do tambor, os alunos se agrupam de acordo com o número de batidas (p. ex., se o professor bater o tambor quatro vezes, os alunos formam grupos com quatro).
2. Uma pessoa do grupo fala "joelho" ou "pulso" ou "cotovelo" ou qualquer outra parte do corpo, e todos os membros do grupo conectam essas partes no centro do círculo.
3. Na próxima série de batidas do tambor, as crianças deixam o grupo, afastando-se pelo menos 5 m antes de se juntar a outro grupo; eles falam outra parte do corpo.

Modificações

- Os alunos podem dizer uma palavra do vocabulário e soletrá-la em uníssono.

- O professor pode passar um problema matemático, e os grupos gritam a resposta.
- Usar o nome científico do osso ou músculo que as crianças devem juntar.
- Os grupos criam um pequeno poema sobre as partes do corpo que juntaram.

Análise de desempenho

Os grupos novos estão trabalhando cooperativamente?

Os alunos estão conseguindo completar a atividade conforme as orientações?

Feijões esparramados

Objetivos

Trabalhar cooperativamente em busca de um objetivo.

Desenvolver habilidades de comunicação.

Idade do grupo-alvo

4º ao 6º ano

Equipamentos

Pacote de feijões brancos

Um prendedor de roupas de madeira para cada dupla de alunos

Administração

1. Ao longo de uma linha, espalhar pelos menos 25 feijões em uma área pequena para cada dupla.
2. Usar um marcador para cada dupla para marcar outra linha paralela a 15 m de distância da primeira linha.
3. Cada dupla fica com um prendedor de roupa.

Atividade

Os alunos formam duplas, dão as mãos ou os cotovelos, e assumem uma posição ao lado dos seus marcadores.

Enquanto esperam, as crianças treinam movimentos com o prendedor.

Atividade

1. Cada criança segura uma perna do prendedor durante a atividade.
2. Ao sinal do professor, cada dupla corre na direção da sua pilha de feijões esparramados.
3. Juntas, as duplas pegam um feijão fechando o prendedor sobre ele e o carregam até o marcador.
4. Esse procedimento é repetido até 20 feijões serem trazidos ao marcador.

Modificações

- Uma perna de cada aluno é amarrada com um pano à perna oposta de seu parceiro, conforme realizam a atividade.
- As duplas pegam um giz colorido e desenham/colorem uma imagem juntas, retornando ao ponto inicial para cada cor adicional.
- Os alunos resolvem um problema matemático alternando quem escreve cada número.
- Em um lado, os alunos pegam uma folha de papel dobrada contendo o nome de um estado escrito em uma cor. Do outro lado, eles se alternam colorindo cada estado em um mapa não marcado do seu país.
- Pegando um bloco de cada vez, os alunos carregam 20 blocos de uma fila para o seu marcador, onde constroem uma escultura.

Análise de desempenho

Os alunos estão conseguindo completar a atividade conforme as orientações?

Os alunos trabalharam cooperativamente?

Jogos cooperativos criados pelos alunos

1. Usando três bolas, cinco alunos trabalham em colaboração, criam regras, pontuações e limites para um jogo que demonstre a forma correta de quicar a bola e protegê-la do adversário ao mesmo tempo.
2. Usando cordas de pular, bolas de basquete ou bolas do recreio, os alunos criam regras, pontuações e limites para um jogo de pular corda e recepcionar uma bola.
3. Em grupos pequenos, os alunos criam regras, pontuações e limites para um jogo que combine conduzir e chutar uma bola contra um alvo.
4. Em grupos com quatro, as crianças criam regras, pontuações e limites para um jogo que incorpore voleio com os pés, recepções e arremessos.
5. Em grupos com cinco, os alunos propõem regras, pontuações e limites para um jogo que envolva arremessar e receber bolas de tênis, sacos de feijão e/ou bolas de futebol enquanto se movem.
6. Em grupos com quatro, planejar as regras, pontuações e limites para um jogo de futebol do seu grupo.
7. Em um grupo pequeno, preparar as regras, pontuações e alvos para um jogo de *frisbee* golfe.
8. Em grupos com seis, usar um bastão de plástico, bola de espuma e quatro marcadores para criar um jogo focado na corrida de bases.
9. Utilizando a batida baixa com as mãos, três jogadores criam regras, pontuações e limites para um jogo com balões, bolas de praia ou bolas de espuma.
10. Com raquetes de *badminton* e duas petecas, grupos com quatro propõem regras, pontuações e limites para um jogo.

Referências

BUTLER, J. Curriculum constructions of ability: enhancing learning through teaching games for understanding (TGfU) as a curriculum model. *Sport, Education and Society*, v. 11, n. 3, p. 243-258, 2006.

FLETCHER, A.; KUNST, K. *So, you wanna be a playa?* a guide to cooperative games for social change. Olympia: The Freechild Project, 2003.

HENKEL, S. Monitoring competition for success. *The Journal of Physical Education, Recreation and Dance*, v. 68, n. 2, p. 21-28, 1997.

JOHNSON, D.; JOHNSON, R. *Circles of Learning*. Washington: Association for Supervision and Curriculum Development, 1984.

ROVEGNO, I.; BANDHAUER, D. Child-designed games: experience changes teachers conceptions. *The Journal of Physical Education, Recreation and Dance*, v. 65, n. 6, p. 60-64, 1994.

CAPÍTULO 22

RECREIO DE QUALIDADE

As portas se abrem e as crianças correm para o pátio na direção de áreas específicas. Em um canto com grama, cones chamativos servem de goleiras, e os jogadores brigam pela bola antes mesmo de chegar ao campo. No chão de asfalto, as crianças brincam com cordas, convidando seus amigos a pularem ao som de sua canção. O rangido repetitivo dos balanços em movimento e das gangorras subindo e descendo sinalizam que muitas crianças estão maximizando seu tempo de liberdade limitada.

O recreio, um período preferido do dia para muitas crianças, oferece um tempo para socializar com os amigos e a liberdade de escolher suas atividades prediletas. Apesar de ser inconsistente de uma escola para a outra, os períodos de recreio normalmente ocorrem uma ou duas vezes ao dia, com duração de 10 a 20 minutos por vez. Apesar do relaxamento e da revitalização pretendidos com a inclusão do recreio nos horários de aula, supreendentemente "[...] quase 40% dos 16 mil distritos escolares dos Estados Unidos modificaram, extinguiram ou estão considerando extinguir o recreio." (NATIONAL ASSOCIATION OF EARLY CHILD SPECIALISTS IN STATE DEPARTAMENTS OF EDUCATION, 2001, p. 1). A ideia por trás da omissão desse período se origina principalmente de um desejo de atribuir mais tempo ao estudo acadêmico e de uma preocupação com os riscos das atividades no pátio. No entanto, um recreio de qualidade exerce papel fundamental no desenvolvimento social, emocional, físico e cognitivo dos alunos.

Um dos motivos para a eliminação do recreio é que os alunos já têm aulas de educação física. Contudo, ao passo que a educação física segue um currículo sequencial baseado em padrões e fornece aos alunos as habilidades e o conhecimento para levar um estilo de vida ativo, o recreio oferece às crianças a oportunidade de assumir a regência de suas ações. Elas podem ir até os brinquedos no pátio, jogar futebol, ou simplesmente conversar com os amigos ao seu redor. Os objetivos do recreio e da educação física são diferentes, mas os dois, em conjunto, aplicam-se de modo a atingir o tempo mínimo recomendado de 60 minutos de atividades físicas por dia, o que também se mostra problemático na medida em que muitas escolas eliminaram múltiplos períodos de educação física para acomodar cada vez mais padrões acadêmicos para as crianças.

A porcentagem de crianças entre 6 e 11 anos que têm sobrepeso mais do que triplicou em três décadas, enquanto os níveis de atividades físicas continuam a diminuir. Usando o Youth Media Campaign Longitudinal Survey,

O recreio é o ponto alto do dia para a maioria das crianças.

realizado com mais de 3 mil crianças entre 9 e 13 anos, Howe e Freedson (2008) encontraram que "menos de 40% relataram participar de atividades físicas organizadas, enquanto mais de 20% relataram não realizar atividades físicas livres fora dos horários de aula". A National Association for Sport and Physical Education recomenda pelo menos 150 minutos por semana de educação física para as crianças dos anos iniciais". Contudo, em 2006, o School Health Policies and Programs Study, realizado pelos Centros de Controle e Prevenção de Doenças dos Estados Unidos (CDC), revelou que "[...] somente 4% das escolas de nível fundamental fornecem educação física diariamente ao longo de todo o ano letivo." (SCHOOL HEALTH POLICIES AND PROGRAMS STUDY, 2007). Esses fatores causam um dilema, deixando o professor de sala de aula no fogo cruzado. Está claro que os alunos aprendem melhor após intervalos periódicos de educação física; no entanto, se as escolas tomarem decisões conscientes para eliminar os períodos de recreio, como os professores poderão garantir que seus alunos maximizem suas oportunidades de desenvolver a saúde física e mental?

Alguns educadores podem ficar contrariados com as interrupções em sua aula causadas pelo recreio. Entretanto, quando os alunos são estimulados a envolverem-se em atividades físicas ou em interações sociais por breves períodos ao longo do dia, eles normalmente voltam renovados e prontos para enfrentar assuntos mais espinhosos, assim ajudando a aprimorar sua aprendizagem. Como as escolas são responsáveis por desenvolver não só a consciência e as habilidades dos alunos em assuntos acadêmicos, mas também no bem-estar e no comportamento social adequado, o comprometimento dos professores para apoiar o período do recreio é essencial.

Infelizmente, alguns educadores utilizam o tempo de recreio para os alunos realizarem trabalhos atrasados ou como punição para transgressões em sala de aula, assim limitando suas oportunidades de se engajarem nas atividades físicas necessárias. O recreio não é uma recompensa por um bom trabalho, e sim um componente essencial da educação dos alunos. Certamente, os benefícios obtidos pelas crianças fazem esse tempo valer a pena.

BENEFÍCIOS DO RECREIO

A American Association of a Child's Right to Play defende a importância do recreio para as crianças, permitindo um intervalo dos estudos e a chance de envolvimento em atividades físicas. De fato, o recreio consiste na estratégia mais efetiva para aumentar a atividade física entre as crianças (FENTON COMUNICATIONS, 2007), podendo, inclusive, contribuir para o desenvolvimento de suas habilidades sociais, emocionais, físicas e cognitivas.

De acordo com Miller (2009), a redução da quantidade de tempo não estruturado para os alunos não resultou no aumento de sua aprendizagem devido a mais tempo passado em sala de aula. Pelo contrário, ele sugere que, sem brincar, os alunos ficam menos atentos em sala de aula; além disso, as crianças precisam

As crianças que perdem o recreio por mau comportamento são, de maneira geral, as que realmente mais se beneficiariam de atividades no recreio.

das atividades de recreio para desenvolver suas habilidades sociais. Além do mais, ele defende o recreio como uma oportunidade de promover a criatividade, a imaginação e a resistência.

De acordo com Clements (2000), o recreio é uma hora durante o dia em que as crianças se envolvem em experiências que contribuem para o desenvolvimento significativo de todos esses domínios.

O recreio propicia um espaço para o desenvolvimento das habilidades sociais

Esforços persistentes para manter o silêncio nas salas de aula e nos corredores, e até mesmo na cantina, reforçam a necessidade de liberação propiciada pelo recreio. Da mesma forma, muitas crianças correm para dar conta de atividades extracurriculares gerenciadas por adultos, tais como creches, esportes, aulas de música ou dança, clube dos escoteiros, caridades ou igrejas, enquanto outras devem voltar para casa e cuidar de si mesmas sozinhas ou com seus irmãos até seus pais voltarem do trabalho ou de seus outros compromissos. Assim, nenhuma dessas opções fornece oportunidades para elas simplesmente brincarem com outras crianças – negociarem o planejamento da atividade, construírem confiança, resolverem conflitos e estabelecerem papéis de liderança – todas habilidades necessárias para o crescimento social.

O recreio convida à interação, como dois meninos caminhando no pátio conversando, um grupo de meninas estabelecendo as regras do seu jogo com bola, ou jogadores provocando o caçador em um jogo de pega-pega. Tais envolvimentos realizados pelos alunos servem de base para assumirem papéis em arenas estruturadas. Cinco alunas de 3º ano juntam-se na área com chão de asfalto no início do recreio. Maria pergunta: "Vamos pular corda?". "Não", responde Cris, "a gente sempre brinca disso". "E que tal amarelinha?", sugere Alexis. "Gostei", responde Janete. "Se a gente não se apressar, não vai dar tempo! Você desenha os quadrados, Shin Yung, e você faz os números, Cris". "Vou pegar as pedras", diz Alexis. "Perfeito!", concorda Janete. "Quando a gente desenhar, você começa, Alexis, já que o seu nome começa com A". Esse tipo de colaboração exige liderança, negociação e consenso, habilidades essenciais em qualquer atividade cooperativa. Devido à natureza não supervisionada da discussão, as alunas começam a negociar um plano de ação, desenvolvendo suas habilidades sociais.

A amarelinha é uma atividade física clássica.

O recreio aumenta o desenvolvimento emocional

Muitos estudantes vivem em áreas da comunidade em que não há calçada, com ruas e avenidas inseguras na frente de suas casas, e com altos índices de criminalidade. Devido ao número grande de crianças que precisam voltar para casa e ficar esperando seus pais retornarem do trabalho, muitas delas têm a ordem estrita de se absterem de brincar com os amigos depois da aula e de imediatamente voltar para a casa e trancar as portas. No seu testemunho diante do Comitê de Reforma do Governo, Dr. William Dietz, do Centro de Controle de Doenças, anunciou que 61,5% de todas as crianças "não participam de qualquer atividade física organizada fora dos horários de aula". Ter consciência disso ajuda a verificar o papel essencial do recreio nas vidas das crianças. O recreio não só ajuda a diminuir o estresse, como também estimula os alunos a interagirem em nível social, a se autoavaliarem quando aprendem a se comportar adequadamente diante dos pares e a desenvolver confiança em si mesmos como pensadores independentes.

No confinamento regulado do resto do dia de aula, os alunos são desencorajados a fazer barulho em excesso, por medo de que possam perturbar a aprendizagem. Assim, o desenvolvimento social e, portanto, a autoestima podem ser suprimidos. A importância de desenvolver amizades na infância por meio de encontros na escola não pode ser ignorada. Em muitas escolas, o recreio é a única oportunidade que as crianças têm de criar tais relações.

O recreio aumenta o desenvolvimento físico

O recreio fisicamente ativo promove o bem-estar. O U.S. Department of Health and Human Services (2004) reporta que, nos últimos 10 anos, a taxa de obesidade nos adultos cresceu mais de 60%. Aproximadamente 45 milhões de adultos, ou 25% da população, são obesos. Esses números são chocantes, mas ainda mais assustadoras são as implicações para a juventude de hoje. As taxas de obesidade dobraram entre muitas crianças e triplicaram entre os adolescentes em 10 anos, resultando em quase 8 milhões de jovens com sobrepeso. E como a obesidade contribui significativamente para a doença cardiovascular, esses dados são particularmente alarmantes. Gordon-Larson, Nelson e Popkin (2004) têm documentado cada vez mais evidências de que a inatividade da juventude norte-americana persista na vida adulta. Previsões atuais alertam que as crianças de hoje serão a primeira geração cuja expectativa de vida será menor do que a de seus pais (OLSHANSKY et al., 2005).

O recreio age como um catalisador para o movimento. De acordo com a publicação Recess Rules (FENTON COMUNICATIONS, 2007), o recreio oferece cerca de metade das oportunidades existentes para promover atividades físicas entre crianças durante o ano letivo. Assim, "[...] tentar melhorar a saúde das crianças sem se focar no recreio significa perder nossa melhor chance de alcançar aqueles alunos que mais precisam." (FENTON COMUNICATIONS, 2007, p. 2). Apesar de nem todos os jovens se envolverem em atividades físicas de alta intensidade durante o recreio, a maioria escolhe ficar ativa. Além disso, se a hora rotineira de recreio for atrasada, um estudo de referência realizado por Pellegrini, Huberty e Jones (1995) determinou que as crianças ficavam cada vez menos atentas, resultando em jogos mais ativos quando o recreio ocorria. Desse modo, o equilíbrio entre a atenção em sala de aula e a atividade no pátio é difícil de atingir. Os alunos menos atentos em sala de aula envolvem-se em níveis mais altos de atividade no recreio (Pellegrini; Smith, 1993) e o mesmo fenômeno estende-se para o comportamento após as aulas. Nos dias em que as crianças não têm educação física ou recreio, elas são menos ativas em casa. Tais descobertas atestam a importância da atividade física no aumento da concentração e na promoção do bem-estar.

Vantagens cognitivas

Intervalos no rigor da aprendizagem da sala de aula aumentam as habilidades cognitivas. Apesar da utilização do recreio como uma oportunidade óbvia para aumentar a atividade física, a importância desse intervalo nos dias de aula é muito grande, pois os alunos voltam para a sala renovados e prontos para aprender. A determinação de Caterino e Polak (1999) de que as atividades físicas têm influência positiva na concentração e na memória, além de no comportamento em aula, dá ainda maior embasamento para o uso de recreios. Claramente a concentração corresponde ao número de intervalos cognitivos fornecidos aos alunos. Quando as crianças devem concentrar-se por longos períodos, elas ficam cada vez menos atentas. Assim, os alunos que não participam do recreio podem ter dificuldade de concentração e ficar inquietos (National Association for Sport and Physical Education, 2006).

- O recreio é uma estratégia valiosa para a redução do estresse causado por demandas escolares, questões familiares e pressão dos pares.

- Pesquisas demonstram que alunos de 5º ano passavam mais tempo focados nas tarefas e ficavam menos irrequietos em dias em que tinham recreio, sendo as crianças hiperativas as que mais se beneficiavam.
- Disponibilizar mais tempo curricular para atividades físicas afeta de forma positiva as realizações acadêmicas (Hillman et al., 2009).

Essas descobertas não podem ser ignoradas. Se o recreio reduz o estresse e alivia a inquietação sem afetar negativamente o desempenho acadêmico, então claramente esses intervalos designados valem a pena.

Não só os alunos são beneficiados por esse tempo, como também os professores reconhecem as vantagens. Com o aumento do tamanho das turmas e das exigências legais de supervisão, os professores costumam não ter tempo de ir ao banheiro, tomar alguma coisa ou se acalmar até os alunos terem saído para o recreio. Assim, esse intervalo lhes dá tempo para se organizarem, distribuírem os materiais e estabeleceram os contatos necessários com a direção. Além disso, os professores se beneficiam de oportunidades para refletir sobre os eventos do dia ou entrar em contato com os colegas.

Múltiplos benefícios se originam desse tempo reservado para o recreio. Durante esse período, os alunos desenvolvem habilidades sociais, emocionais, físicas e cognitivas. Além disso, intervalos programados das vigorosas tarefas de sala de aula propiciam um alívio necessário, tanto para os alunos quanto para os professores. Contudo, não só o recreio e os jogos de educação física exercem um papel integral para as crianças, mas as atividades físicas periódicas durante aplicações cognitivas também são essenciais para o bom desempenho.

RECREIO DE QUALIDADE

A maioria dos professores concorda que o recreio é essencial, propiciando um momento de alívio para experiências de cunho social, físi-

Os professores gostam de interagir com outros adultos durante o recreio.

co e cognitivo. Consideração pelo momento em que o recreio é planejado, as expectativas para o uso do tempo e a importância de hábitos seguros são todos elementos que contribuem para um recreio de qualidade.

Planejando o recreio

Apesar de as crianças celebrarem a liberdade de que dispõem durante o recreio, diversos fatores podem contribuir para garantir um intervalo de qualidade. Quando suas necessidades nutricionais são satisfeitas, por exemplo, os alunos gozam de maior atenção e habilidade para aprender. Infelizmente, as crianças costumam estar tão ansiosas para correr até o pátio e brincar durante o intervalo do almoço que elas saem correndo da mesa, deixando muita comida no prato. O National Food Service Management Institute (2004) afirma que o recreio deve ser marcado para antes da hora do almoço. Em um estudo recente, descobriu-se que, enquanto os alunos desperdiçavam mais de 40% de suas refeições quando o recreio era marcado na hora do almoço, o desperdício de comida caía para 27% quando o recreio estava programado para antes dele. Para estimular o consumo adequado de alimentos, o recreio não deve estar programado diretamente após o período de almoço.

Uso do tempo de recreio

Apesar da liberdade que as crianças geralmente têm durante o recreio, algumas se sentem perdidas sem orientações específicas. Se equipamentos simples forem fornecidos, com ideias de aplicações, muitas crianças podem partir para as atividades com uma sensação satisfeita de orientação. Para aqueles professores cujos recursos escolares são pequenos, pedir doações para pais ou para organizações locais pode ajudar a conseguir diversos equipamentos e atrair as crianças para as atividades.

Oportunidades para a aprendizagem integrada

Para promover a aprendizagem integrada, os professores podem pedir para os alunos escreverem um plano de recreio antes de saírem para o pátio ou estabelecer uma redação ou narrativa a ser escrita após sua volta. Da mesma forma, eles podem pedir para os alunos contarem o número e espécies de árvores para a aula de ciências, somar os passos para determinar o perímetro da área para a aula de matemática, ou escrever um poema sobre os sons que podem ser ouvidos no recreio para a aula de literatura. Se estiverem estudando história do Brasil, os alunos podem praticar

A dança oferece oportunidades únicas para as crianças.

danças locais, como a quadrilha; já se estiverem estudando a história da Argentina, podem tocar música como tango ou praticar danças espanholas para apresentações em aula. Qualquer uma dessas atividades requer o mínimo de esforço do professor, mas pode resultar em experiências positivas para os alunos. Além disso, quando os alunos voltam para a sala de aula, atividades mais tranquilas, relacionadas ao recreio, podem ajudar a fazer a transição para os trabalhos em aula.

Segurança no pátio

Para que os alunos maximizem suas oportunidades de crescimento físico, social e cognitivo, é fundamental que as regras sejam estabelecidas e reforçadas. Se as crianças souberem, por exemplo, que devem esperar fora da área designada até chegar a sua vez, elas demonstram respeito pelos outros e garantem sua segurança. Não só é vital fazer uso das normas estabelecidas pela escola para o pátio, como turmas independentes também devem desenvolver diversas regras que considerem adequadas. O desenvolvimento dessas regras pode aumentar o investimento dos alunos na segurança no pátio.

É claro, os professores devem examinar periodicamente os equipamentos do recreio para garantir que ninguém se machuque com correntes enferrujadas ou gira-giras, pontas afiadas ou espaços apertados onde as crianças podem prender um braço, uma perna ou um pé. Como alguns alunos são menos respeitosos quanto à questão dos turnos, os professores encarregados de controlar o pátio devem monitorar os equipamentos para impedir que sejam monopolizados. Da mesma forma, separar os alunos de acordo com sua idade e ano escolar também resulta em maior harmonia e segurança.

De acordo com a Academy of Orthopaedic Surgeons (2004), mais de 500 mil lesões relacionadas aos equipamentos do recreio aparecem nos registros anuais de médicos e hospitais. Equipamentos de escalar são responsáveis pela maioria dessas lesões, mas balanços, escorregadores e gangorras também apresentam uma dose de culpa. O National Program for Playground Safety atesta que aproximadamente 40% de todas as lesões relacionadas ao recreio são o resultado de supervisão inadequada. Eles também notaram que, por meio do treinamento de supervisores do recreio, esses números podem ser drasticamente reduzidos. E, para que a supervisão seja efetiva, a taxa de aluno por professor deve ser limitada. Se mais de 25 alunos estiverem no pátio por vez, deve haver mais de um professor presente para fazer a supervisão.

Para fornecer um recreio de qualidade aos alunos, é necessário dar atenção à programação, para que eles possam aproveitar seus benefícios ao máximo. Ideias do professor para atividades e equipamentos podem ajudar os alunos a se envolverem; se os professores desejarem promover uma experiência de aprendizagem total, a integração de atividades do recreio com a aprendizagem em aula é efetiva. Além disso, garantir a segurança dos alunos no pátio é fundamental para manter um recreio de qualidade.

Um recreio de qualidade fornece oportunidades essenciais para o crescimento social, emocional, físico e cognitivo. Um intervalo do confinamento da sala de aula e a liberdade de escolher suas atividades renovam e recarregam as energias das crianças, ajudando-as a retornar mais focadas e menos irrequietas. Ao considerar os benefícios de um recreio seguro e bem supervisionado, o desenvolvimento da criança como um todo é afetado.

Referências

AMERICAN ACADEMY OF ORTHOPEDIC SURGEONS. *Playground safety*. [S.l.: s.n.], 2004.

CATERINO, M. C.; POLAK, E. D. Effects of two types of activity on the performance of second-, third-, and fourth-grade students on a test of concentration. *Perceptual Motor Skills*, v. 89, p. 245-248, 1999.

CLEMENTS, R. (Ed). *Elementary school recess*: selected readings, games, and activities for teachers and parents. Boston: American Press, 2000.

FENTON COMUNICATIONS. *Recess rules*: why the undervalued playtime may be America's best investment for healthy kids and healthy schools. Princeton: Robert Wood Johnson Foundation, 2007. Disponível em: <http://www.rwjf.org/pr/product.jsp?id=20591&catid=15&typeid=136>. Acesso em: 30 nov. 2007.

GORDON-LARSON, P.; NELSON, M.; POPKIN, B. M. Longitudinal physical activity and sedentary behavior trends: adolescence to adulthood. *American Journal of Preventive Medicine*, v. 27, n. 4, p. 277-283, 2004.

HILLMAN, C. H. et al. The effect of acute treadmill walking on cognitive control and academic achievement in preadolescent children. *Neuroscience*, v. 159, n. 3, p. 1044-1054, 2009.

HOWE, C. A.; FREEDSON, P. S. *Physical activity and academic performance*. [S.l.]: President's Council on Physical Fitness and Sports Newsletter, 2008.

MILLER, M. C. The importance of recess. *Harvard Mental Health Letter*, v. 26, n. 2, p. 8, 2009.

NATIONAL ASSOCIATION FOR SPORT AND PHYSICAL EDUCATION; AMERICAN HEART ASSOCIATION. *Shape of the nation report*: status of physical education in the USA. Reston: National Association for Sport and Physical Education, 2006.

NATIONAL ASSOCIATION OF EARLY CHILDHOOD SPECIALISTS IN STATE DEPARTMENTS OF EDUCATION. *Recess and the importance of play*: a position statement on young children and recess. [S.l.: s.n.], 2001.

NATIONAL FOOD SERVICE MANAGEMENT INSTITUTE. *Relationships of meal and recess schedules to plate waste in elementary schools*. [S.l.: s.n.], 2004.

OLSHANSKY, S. J. et al. A potential decline in life expectancy in the United States in the 21st century. *New England Journal of Medicine*, v. 352, n. 11, p. 1138-1145, 2005.

PELLEGRINI, A. D.; HUBERTY, P.; JONES, I. The effects of recess timing on children's playground and classroom behaviors. *American Educational Research Journal*, v. 32, p. 845-864, 1995.

PELLEGRINI, A. D.; SMITH, P. K. School recess: implications for education and development. *Review of Educational Research*, v. 63, n. 1, p. 51-67, 1993.

SCHOOL HEALTH POLICIES AND PROGRAMS STUDY. Below is the requested reference CDC School Health Policies and Programs Study (SHPPS) 2006. *Journal of School Health*, v. 27, n. 8, 2007.

UNITED STATES. DEPARTMENT OF HEALTH AND HUMAN SERVICES. *Steps to healthier women*. [S.l.: s.n.], 2004.

CRÉDITOS DAS FOTOS

Capítulo 1
Página 16: Sean Justice/Corbis; p. 17: Image 100/PunchStock; p. 22: (a) Digital Vision/Getty Images; p. 22: Jon Dessen/Illini Studio, Champaign, IL.

Capítulo 2
Página 25: Jon Dessen/Illini Studio, Champaign, IL; p. 28: © Lars Niki; p. 29, 32 e 36: Jon Dessen/Illini Studio, Champaign, IL; p. 37: A. Chederros/Getty Images.

Capítulo 3
Página 42: Jon Dessen/Illini Studio, Champaign, IL; p. 44: © Lars Niki; p. 55: Jon Dessen/Illini Studio, Champaign, IL.

Capítulo 4
Páginas 58, 60, 62 e 63: Jon Dessen/Illini Studio, Champaign, IL; p. 67: © Lars Niki; p. 69: Jon Dessen/Illini Studio, Champaign, IL; p. 71: © Lars Niki.

Capítulo 5
Página 76: © Lars Niki; p. 77: Royalty-Free/Corbis; p. 80 e 88: Jon Dessen/Illini Studio, Champaign, IL.

Capítulo 6
Páginas 93 e 96: Jon Dessen/Illini Studio, Champaign, IL; p. 97: Photographer's Choice/Getty Images; p. 98, 100 e 103: Jon Dessen/Illini Studio, Champaign, IL; p. 104: © Lars Niki; p. 105 e 107: Jon Dessen/Illini Studio, Champaign, IL; p. 108: © Lars Niki.

Capítulo 7
Página 112: © Lars Niki; p. 114: Jon Dessen/Illini Studio, Champaign, IL; p. 114: Ingram Publishing; p. 116, 118, 120, 121 e 122: Jon Dessen/Illini Studio, Champaign, IL.

Capítulo 8
Página 126: © Photodisc Collection/Getty Images; p. 128: Jon Dessen/Illini Studio, Champaign, IL; p. 130 e 134: © Lars Niki.

Capítulo 9
Página 141: Jon Dessen/Illini Studio, Champaign, IL; p. 144: Dynamic Graphics Group/Creatas/Alamy; p. 145 e 148: © Lars Niki; p. 151: Jon Dessen/Illini Studio, Champaign, IL; p. 152: Image Source/Getty Images.

Capítulo 10
Páginas 156 e 158: © Lars Niki; p. 160 e 163: Jon Dessen/Illini Studio, Champaign, IL; p. 165: Comstock/PictureQuest; p. 167: Jon Dessen/Illini Studio, Champaign, IL.

Capítulo 11
Página 172: © Image Source/Corbis; p. 176: Jon Dessen/Illini Studio, Champaign, IL; p. 178 e 179: © BananaStock/PunchStock; p. 183: Jose Luis Pelaez Inc/Blend Images LLC.

Capítulo 12
Página 188: David Ashley/Corbis. Todos os direitos reservados; p. 188: Ingram Publishing; p. 190: Jon Dessen/Illini Studio, Champaign, IL; p. 192 e 194: © BananaStock/PunchStock.

Capítulo 13
Página 198: © Lars Niki.

Capítulo 14
Página 208: © BananaStock/PunchStock.

Capítulo 15
Página 218: Jon Dessen/Illini Studio, Champaign, IL.

Capítulo 16
Página 230: Ingram Publishing.

Capítulo 17
Página 239: Jon Dessen/Illini Studio, Champaign, IL; p. 241: Image Source/Getty Images; p. 242: Jon Dessen/Illini Studio, Champaign, IL; p. 244: © Lars Niki.

Capítulo 18

Página 251: © Comstock/PunchStock; p. 251 e 253: Jon Dessen/Illini Studio, Champaign, IL.

Capítulo 19

Página 263: LWA/Dann Tardif/Blend Images LLC; p. 265: D. Berry/PhotoLink/Getty Images.

Capítulo 20

Páginas 274, 275, 277, 278 e 280: Jon Dessen/Illini Studio, Champaign, IL.

Capítulo 21

Página 295: Blend Images/ SuperStock.

Capítulo 22

Páginas 303 e 304: Jon Dessen/Illini Studio, Champaign, IL; p. 305: © Lars Niki; p. 307: Jon Dessen/Illini Studio, Champaign, IL; p. 308: © Lars Niki.

ÍNDICE

A

A equipe na corda bamba, 297–299
A nation at risk, 27–28
Active Academics, 193–194
Activity Bursts for the Classroom, 194–195
Administração preventiva da aula, 155–158. *Ver também* Clima positivo em sala de aula
  lista do que fazer e do que não fazer, 170
  regras, uso de. *Ver* Regras
  rotinas, estabelecimento de, 157–158 *Ver também* Rotinas
Agrupamento dos alunos, 131–132, 140–142
  em duplas, 142–143
  em pequenos grupos, 142–144
Alongamento
  borboleta, 264–265, 269
  com um parceiro, 265–267
  de avestruz, 270–271
  de girafa, 269–270
  dinâmico, 264–265
  estático, 263–265
  lateral, 268–269
  prevenção de dor, 264–265
  tipos de, 264–265
Alpinista, 268–269
Altos e baixos, 285–287
Aluno(s)
  agrupamento. *Ver* Agrupamento dos alunos
  análise de desempenho. *Ver* Avaliação/análise de desempenho dos alunos
  ativamente engajados, 126–129, 131–132, 182–183
  avaliação. *Ver* Avaliação/análise de desempenho dos alunos
  comportamento. *Ver* Comportamento dos alunos
  disciplina. *Ver* Disciplinar os alunos
  elogiando os alunos, 163
  feedback. Ver Feedback do professor
  formação de duplas, 142–143
  motivando os alunos, 162
  sistema social, 132–133

  tempo de envolvimento, influência no, 132–134
  tempo individual com o professor, 163
Ambiente de aprendizagem, 113–115
  ambiente positivo, estabelecimento de, 276–279
  estruturando, 120–123
  inclusivo. *Ver* Ambiente de aprendizagem inclusivo
  lista do que fazer e do que não fazer, 123
  protocolos, desenvolvimento de, 114–121
  segurança em. *Ver* Ambiente de aprendizagem seguro
Ambiente de aprendizagem efetivo. *Ver* Ambiente de aprendizagem
Ambiente de aprendizagem inclusivo
  com um currículo oculto, 63–65
  considerações culturais, 68–70
  considerações étnicas, 68–70
  considerações raciais, 68–70
  considerações socioeconômicas, 69–70
  deficiências, crianças com, 70–72
  desenvolvendo explicitamente, 59–61
  desenvolvendo implicitamente, 62–63
  diferenças entre os sexos, 67–69
  lista do que fazer e do que não fazer, 73
  necessidades especiais, 70–72
  níveis de habilidade, 66–68
  obesidade, 70–72
  promovendo um, 65–72
Ambiente de aprendizagem seguro
  antecipando situações perigosas, 149–150
  criação de, 151–152
  equipamentos de proteção, 150–151
  estabelecimento de, 148–154
  evitar litígios, 151–153
  lesões. *Ver* Lesões
  lista do que fazer e do que não fazer, 153–154

Ambiente de educação física. *Ver* Ambiente de aprendizagem
Análise de desempenho
  alternativa/autêntica, 178–181
  avaliação distinta, 171–172
  dos alunos. *Ver* Avaliação/análise de desempenho dos alunos
  natureza formativa da, 171–172
  para o condicionamento físico, 175–177
  professores, 183–185
  propósito da, 171–173
Anotações sobre os planos de aula, 122–123
Apoios, 265–266, 268–269
Aprendizagem
  baseada no cérebro, 187–189
  cooperativa, 28–29, 101–104
Aquecendo os alunos, 164–166
Aquecimento, 121–123
Área de atividade, entrando e saindo da, 115–118
Áreas do conteúdo, 15–16
Arremesso contra as paredes, 215–216
Arremesso/atividades de arremesso, 207–208
  aprendizagem cooperativa, 101–103
  arremesso por baixo do ombro, 208–209
  arremesso por cima do ombro, 208–210
  estilo de ensino de comando, 95–97
  estilo de ensino de descoberta guiada, 104–106
  estilo de ensino de exploração, 107–108
  estilo de ensino de inclusão, 103–104
  estilo de ensino de prática, 96–98
  estilo de ensino de resolução de problemas, 106–108
  estilo de ensino de tarefa, 99–101
  estilo de ensino recíproco, 97–99
  experiências de movimento, 212–216

314 Índice

folha de tarefas de arremesso por cima do ombro, 100–101
fundamentos do, 208–211
níveis de desenvolvimento do, 209–211
Atividade de pular corda, 286–289
Atividade física, 14–15 *Ver também* Atividades de aprendizagem
área, entrando e saindo da, 115–118
Atividades ao ar livre, 83–86
Atividades de aprendizagem
adequadas ao nível de desenvolvimento, 46–48
atividades de movimento. *Ver* Atividades/experiências de movimento
atividades populares, 16–18
demonstração, 53–55
descrição, 49–50
importância das, 18–20
inadequado, 17–19
lista do que fazer e do que não fazer, 22–23
resultados negativos das, 16–18
transições entre, 131–132
Atividades/experiências de movimento
atividades locomotoras, 75–76
Ver também Atividades/habilidades locomotoras
atividades não locomotoras, 75–76
básicas, 75–77
conceitos, 76–80
esforço, conceito de, 78–79
espaço, conceito de, 78
habilidades manipulativas, 76–77
Ver também Recepção; quique; chutes; voleio com os pés; Arremesso/atividades de arremesso; Voleio
nos anos iniciais, 79–80
nos anos mais avançados, 79–80
relações, conceito de, 79–80
Atividades/habilidades locomotoras, 75–76
básicas, 175–176
caminhar, 197–199
condicionamento físico e, 81–82
correr, 198–200
dança e, 239–241
deslizar, 202
experiências de movimento, 202–206
galopar, 202

padrões fundamentais das, 197–206
pular, 199–201
pular com apenas um pé, 200
saltar, 201
saltitar, 202
Aulas
foco não pretendido da, 59–60
foco pretendido da, 59–60
individualizando a, 51–54
planejamento. *Ver* Planejamento de aulas
Auxílio aos vizinhos, 89–90
Avaliação
análise de desempenho, distinção. *Ver* Avaliação/análise de desempenho dos alunos
dos alunos. *Ver* Avaliação/análise de desempenho dos alunos
natureza somativa da, 171–172
Avaliação/análise de desempenho dos alunos, 171–172
afirmações que não possa comprovar, 182–183
ambiente privado, criação de, 183–184
análise de desempenho alternativa, 178–181
análises de desempenho da NASPE 171–173, 178–179
atividades instrucionais, adequação com, 181–182
aumentando o sucesso, 180–183
aumentando os sentimentos positivos dos alunos com relação à, 182–184
boletins, 174–175
domínio afetivo, 177–179
domínio cognitivo, 177–178
domínio psicomotor, 175–177
domínios da, 174–179
envolvendo ativamente os alunos, 182–183
escritas, 173–174
experiências positivas, criação de, 183–184
frequência da, 180–181
lista do que fazer e do que não fazer, 185
orientações, 180–184
propósito das, 171–173
sistemas de notas, 173–174
tema de casa, 181–182
tradicionais, 173–179
verificar a compreensão, 181–182

B

Banco de *step*, 265–267
Base de apoio, 250–251
Batida de praia, 223–224
Batidas por baixo, 224–226
Benefícios, 18–19
Bola de neve, 297–298
Bola para cima!, 223–224
Boletim de notícias, 268–269
Boletins, 174–175
Bom ensino *versus* ensino efetivo, 125–127
Brain breaks, 193–194

C

Caçador, 17–18
Caminhada lunar, 259–260
Caminhada pelo Brasil, 284–286
Caminhar, 198–199
Capitães
equipamentos, ajudando com, 146–147
seleção de, 144
Caranguejo, 268–269
Castigo, 165–166
Cemitério, 17–18
Centro gravitacional, 250–251
Chutar que conta, 233–235
Chute gráfico, 234–236
Chutes, 229–230
experiências de movimento, 231–236
fundamentos dos, 229–232
níveis de desenvolvimento dos, 229–232
Clima positivo em sala de aula
desenvolvimento de expectativas para, 160–161
reforço positivo. *Ver* Reforço positivo
Coices de zebra, 269–270
Colaboração, 25–27
Coluna abreviada para plano de aula, 50–51
exemplo de plano, 50–52
Comportamento dos alunos
avisar os alunos, 164–166
comportamento de negociação, 133–134
disciplina. *Ver* Disciplinar os alunos
gerenciamento, 131–132, 159
identificação de bons comportamentos, 166–167
monitoramento, 133–134

Índice

prevenção de comportamentos problemáticos. *Ver* Administração preventiva da aula

reforço positivo. *Ver* Reforço positivo

Composição corporal, 274–275

Comprometimento vitalício

desenvolvimento do, 21–23

promover condicionamento físico para toda a vida, 278–279

Condicionamento físico. *Ver também* Condicionamento físico relacionado à saúde

abordagem, 80–82

e desenvolvimento de habilidades motoras, 81–82

e jogos, 81–82

escolhas de atividades, 277–278

estabelecimento de objetivos, 278–279

foco no condicionamento físico de 15 minutos, 81–82

música para acompanhar as atividades, 277–278

princípios do, 275–277

sirva de exemplo, 266–267

Condicionamento físico relacionado à saúde, 175–177, 261–262, 274–275

composição corporal, 274–275

exercícios como punição, 278–279

exercícios como recompensa, 278–279

flexibilidade, 274–275. *Ver* Flexibilidade

força muscular, 262–264

Padrões da NASPE 3 e 4, 28–29

plano de aula (exemplo), 47–49

promover condicionamento físico para toda a vida, 278–279

resistência cardiovascular *Ver* Resistência cardiovascular

resistência muscular, 262–264

Condições climáticas, 278–279

Considerações de segurança no planejamento de aulas, 54–55

Conteúdo, 14–15

Corpo como um todo, 239–241

Correr, 198–200

Corrida arco-íris, 280–281

Crianças com necessidades especiais, 70–72

Cronograma de atividades

desenvolvendo, 36–38

exemplo, 36–37

Currículo

avaliação do, 38–39

definido, 26–28

educação baseada no cérebro, 187–189

estruturação, 16–17

explícito, 59–61

formas do, 58–66

implícito, 60–63

movimento pelo, integração do, 187–196. *Ver também* Movimento, integração do

nulo, 65–66

oculto, 62–65

planejamento. *Ver* Planejamento do currículo

Currículo de desenvolvimento. *Ver* Currículo

Curvar-se para trás, 263–264

D

Dança, 237–238

benefícios da, 237–239, 308

dança criativa. *Ver* Dança criativa

dança tradicional, 238–239

Dança criativa

com outros, 243–245

com parceiros, 243–244

consciência das relações, 243–245

consciência do esforço, 243

consciência espacial, 241–243

corpo e, 239–242

experiências de movimento, 245–248

fluidez, 242–243

força, 242–243

fundamentos da, 238–240

movimento, elementos do, 239–245

velocidade da, 242–243

Dance dance revolution, 87–89

Deficiências, crianças com, 70–72

Dê-me cinco, 247

Demonstração de atividades, 53–55

Descoberta guiada, 104–107

Desempenho

análises de, 176–177 *Ver também* Avaliação/análise de desempenho dos alunos

extensão, 53–54

refinando, 52–54

status, 64–65

Desenvolvimento cognitivo durante o recreio, 305–306

Desenvolvimento emocional durante o recreio, 305–306

Deslizar, 202

Dia do triátlon, 87–88

Dia na praia, um, 231–233

Diferenças entre os sexos, 67–69

Diretor, reunião com o, 166–167

Disciplinar os alunos, 155–157, 164

avisar os alunos, 164–166

castigo, 165–166

comportamento ao, 166–167

constrangimento público, uso de, 167–168

disciplina assertiva, 168–169

disciplina em toda a escola, 157–159

encontro com o diretor, 166–167

envolvimento dos pais, 165–167

escolher um sistema eficaz para, 168–169

estabelecimento de consequências, 164–167

implementando as consequências, 166–169

informar o aluno sobre o que fez de errado, 167

lista do que fazer e do que não fazer, 170

machucar fisicamente as crianças, 167–168

privilégios, remoção de, 165–166

punição excessiva, 167–168

punir a turma pelas ações de um, 167–168

remoção dos alunos, 165–166

tempo para abordar maus comportamentos, 166–167

Disponibilização de tempo, 26–27

cronograma de atividades, 35–38

estruturando o tempo de aprendizagem, 129–132

para atividades individuais, 35–37

quantidade de tempo de aula, 41–42

tarefas instrucionais, 129–132

Dois dígitos, 288–290

Domínio afetivo, 20–23, 45–46

avaliação/análise de desempenho dos alunos, 177–179

objetivos do plano de aula, 45–46

Padrões 5 da NASPE, 18–19, 28–29

Domínio cognitivo, 20–23, 45–46

avaliação/análise de desempenho dos alunos, 176–178

316 Índice

objetivos do plano de aula, 45–46
Padrões da NASPE 5, 2, 28–29
Domínio de habilidades, critérios de, 45–47
Domínio emocional. *Ver* Domínio afetivo
Domínio psicomotor, 20–23, 45–46
avaliação/análise de desempenho dos alunos, 175–177
objetivos do plano de aula, 45–46
Padrão 1 da NASPE, 27–29
Domínios. *Ver também* Domínio afetivo; Domínio cognitivo; Domínio psicomotor
da avaliação dos alunos, 174–179
objetivos do planejamento de aula, 44–50

E

Educação
baseada em padrões, 20
esportiva, 85–87
física, 13–14
física adequada e significativa, 20–23
física *around the clock*, 194–195
Elogio
não verbal, 163
verbal, 163
Em dose dupla, 225–226
Em duplas, 142–143
Encerramento, 122–123
Energizers, 194–195
Enrolados, 298–299
Ensino efetivo, 111–113, 125–126
atenção total, 134–135
bom ensino, distinto, 125–127
engajando ativamente os alunos, 126–129, 131–132, 182–183
entusiasmo, 134–135
feedback. Ver Feedback do professor
gerenciamento do tempo, 140–142. *Ver também* Disponibilização de tempo
hora de praticar, 129–130, 132–133
lista do que fazer e do que não fazer, 138
motivando os alunos, 162
posicionamento, 134–135
tarefas gerenciais, 130–132
tarefas instrucionais, 129–131
tempo de aprendizagem, estruturação do, 129–132
tempo individual com o professor, 163

Entrevistas com os alunos, 177–178
Envolvendo ativamente os alunos, 126–129, 131–132
em análises de desempenho dos alunos, 182–183
Equilíbrio
base de apoio, 250–251
centro gravitacional, 250–251
desenvolvimento de habilidades, 250–251
experiências de movimento, 255–260
extensões, uso de, 250–252
fundamentos do, 250–252
princípios mecânicos do, 250–252
Equipamentos, 34–36
devolução, 120–121
distribuição de, 130–131, 144–148
equipamentos de proteção, 150–151
formas criativas de adquirir, 35–36, 44–45
manutenção dos, 147–148
obtenção, 35–36, 44–45, 120–121
organização, 144–148
planejamento adiantado dos, 144–146
restrições, 126–129, 131–132
Equipes, 117–118, 142–143
equipamentos, distribuição de, 146–147
Escadas verticais, 250, 261
Escolha uma carta, qualquer carta, 267–270
Escolhendo equipes, 15–16
Esforço, conceito de, 78–79
Espaço
conceito de, 78
dança criativa, consciência na, 241–243
ginástica e, 249–250
Esportes de aventura, 83–86
Estações de exercícios, 291–293
Estendendo o desempenho, 53–54
"Estereotipar" os alunos, 52–53
Estereótipos dos sexos, 67–69
Estilos de ensino, 92–94
continuum dos, 94–95
de aprendizagem cooperativa, 101–104
de comando, 95–97
de descoberta guiada, 104–107
de exploração, 107–109
de inclusão, 103–105
de prática, 96–98

de resolução de problemas, 106–108
de tarefa, 99–102
escolhendo um estilo, 93–95
formas dos, 94–109
lista do que fazer e do que não fazer, 110
recíproco, 97–100
Estruturando
o ambiente de aprendizagem, 120–123
o currículo, 16–17
o tempo de aprendizagem, 129–132
Eu mandei, 271–272
Eu tenho o ritmo, 227–228, 248
Eventos especiais, 86–87
auxílio aos vizinhos, 89–90
corridas, 87–89
Dance dance revolution, 87–89
de arrecadação, 87–90
dia do triátlon, 87–88
Hoops for Heart, 87–88
Jump Rope for Heart, 87–88
maratonas, 89
maratonas de dança, 89
Olimpíadas, 86–87
Evitar litígios, 151–153
Exercício físico
como punição, 168–169, 278–279
como recompensa, 278–279
Exibição dos pinguins, 270–271
Experiências anteriores, 14–19

F

Feedback
do professor. *Ver Feedback* do professor
para os alunos. *Ver* Avaliação/análise de desempenho dos alunos
Feedback do professor
coerente, 135–137
efetivo, 134–137
específico, 135–136
geral, 135–136
negativo, 135–136
positivo, 135–136
tipos de, 135–137
Feijões esparramados, 299–301
Feijões saltadores, 203–204
Feijões!, 213–214
Fim de Semana *Around the Clock*, 194–195
FITNESSGRAM, 175–176
FITT, 275–277

Índice   317

Flexibilidade, 263–264, 274–275. *Ver também* Alongamento
benefícios dos, 264–265
experiências de movimento, 265–272
Foco no condicionamento físico de 15 minutos, 81–82
Folha de tarefas de arremesso, 99–101
Força muscular, 262–264
experiências de movimento, 265–272
Forma do corpo, 239–242

G
Galopar, 202
Gerenciamento do tempo, 140–142. *Ver também* Disponibilização de tempo
Ginástica, 249–250. *Ver também* Equilíbrio; rolamentos; transferência de peso
espaço e, 249–250
Ginástica escolar. *Ver* Ginástica
Gingado da foca, 270–271
Golfe com chutes e voleios, 236

H
Habilidades manipulativas, 76–77
arremesso. *Ver* Arremesso/atividades de arremesso
chutes. *Ver* Chutes
quique. *Ver* Quique
recepção. *Ver* Recepção
voleio. *Ver* Voleio
voleio com os pés. *Ver* Voleio com os pés
Habilidades motoras. *Ver* Atividades/habilidades locomotoras
Habilidades sociais
estimulando a interação, 276–277
recreio, desenvolvimento durante o, 303–305
Hoops for Heart, 87–88
Hora
da linha, 116–118
da roda, 116–117
de praticar, 129–130, 132–133

I
Imagem e ação, 246–247
Importação/exportação, 283–285
Inclusão
cultural, 68–70
étnica, 68–70

racial, 68–70
socioeconômica, 69–70
Incríveis abdominais, 266–267
Individualizando a aula, 51–54
Indy 500, 227–228
Iniciativa
colaborativa, 192–193
individual, 192–193
Inspeções de segurança, 150–152
Instalações, 34–36
Internalização do processo, 191–192

J
Jogar e rolar, 146–147
Jogos, 294–296
condicionamento físico e, 82
cooperativos, 83–84, 295–296, 300–301
criados pelas crianças, 83–84
criados pelo professor, 83–84
de eliminação, 63–65
de estratégias, 83
desenvolvidos pelos alunos, 296–297, 300–301
experiências de movimento, 296–301
novos, 83–84
tipos de, 296–297
tradicionais, 81–83
Jump rope for heart, 87–88

L
Lesões
graves, 152–154
leves, 152–154
reagindo a, 152–154
Locomoção, 251–252

M
Macaco vê; macaco faz, 202–203
Machucar fisicamente as crianças, 167–168
Maratonas, 89
de dança, 87–90
Marcha de elefante, 270
Matéria, importância da, 18–20
Minhoca, 268
Mistureba, 299
Modelo de
currículo, 75–76
integração compartilhado, 191–192
integração interdisciplinar, 191–192

integração sequenciado, 191–192
responsabilidade pessoal social, 168–169
Motivando os alunos, 162
Movimento
atividades/experiências. *Ver* Atividades/experiências de movimento
criativo, 76–77, 176–177. *Ver também* Dança
integração da. *Ver* Movimento, integração do
Movimento, integração do, 187–188
abordagem para toda a escola, 194–195
aprendizagem baseada no cérebro, 187–189
benefícios do, 189–191
ideias para, 191–195
iniciativa colaborativa, 193–194
iniciativa individual, 192–193
internalização do processo, 191–192
modelos de integração, 191–193
padrões norte-americanos para, 191–192
recursos, 193–195
surpresa, uso de, 193–194
transições, 193–194
Museu de cera, 258–259
Música
acompanhando atividades com, 119–120, 277–278
dando sinais para os alunos com, 119–120

N
Na mosca, 212–213
National Association for Sport and Physical Education (NASPE)
análises de desempenho, 171–173, 178–179
Assessment Task Force, 178–179
educação baseada em padrões, 19–20, 27–30
movimento, integração do, 191–192
recomendações da, 19–20, 26–27
resultados de desempenho, 29–30
Necessidades
dos alunos, 52–53
pessoais, acomodação das, 120–121
Níveis de desenvolvimento
arremesso, 209–211
chutes, 229–232

318 Índice

compreensão, 33
desenvolvimento de atividades
   adequadas, 46–48
Estágio I, 30–31
Estágio II, 31–32
Estágio III, 31–32
quique, 221–223
recepção, 211–213
Níveis de habilidade
   ambiente de aprendizagem inclusivo, 66–68
   variação em, 128–129. *Ver também* Ambiente de aprendizagem inclusivo

O
"O elefante infante", 269–271
O soletrador, 245
Obesidade
   ambiente de aprendizagem inclusivo para, 70–72
   pesagem na escola, 183–184
   taxas de obesidade, 273–274, 304–306
Objetivos
   estabelecimento de, 278–279
   objetivos realistas, desenvolvimento de, 33–34
   planejamento de aulas, 43–50
Olimpíadas, 86–87
Organização da aula, 140–141
   agrupamento dos alunos. *Ver* Agrupamento dos alunos
   lista do que fazer e do que não fazer, 154

P
Padrões norte-americanos, 19–20, 27–30 *Ver também* National Association for Sport and Physical Education (NASPE)
Pais
   conferências com os, 166–167
   entrando em contato com os, 165–167
   exemplo dos pais, 16–17
Pais auxiliares, distribuição de equipamentos por, 147–148
Pantanoso, 256–258
Partes do corpo, 239–241
   transferência de peso para, 251–252
PE Central Website, 43–44
Pedagogia do ensino, 14–15
Pedômetros, uso de, 278–279
Pega-pega, 289–290

Pegue-me se for capaz, 215
Pequenos grupos, 142–144
Pescaria do urso polar, 271
"Pipocar", 193–194
Planejamento
   aulas. *Ver* Planejamento de aulas
   currículo. *Ver* Planejamento curricular
Planejamento curricular, 25–27, 57–59
   aprendizagem baseada no cérebro, 188–189
   criando um currículo de desenvolvimento, 29–38
   cronograma de atividades. *Ver* Cronograma de atividades
   currículo de desenvolvimento, 29–38
   equipamentos, 34–36
   instalações, 34–36
   lista do que fazer e do que não fazer, 39, 90
   objetivos. *Ver* Objetivos
   para o ano, 35–36
Planejamento de aulas, 41–42
   achados de pesquisas, 42–43
   coluna abreviada para exemplo de plano de aula, 51–52
   considerações, 42–45
   considerações de segurança, 54–55
   descrição de atividades, 49–50
   exemplo de plano de aula para exercícios saudáveis, 47–49
   formatos, 51–52
   importância do, 41–42
   lista do que fazer e do que não fazer, 56
   necessidades dos alunos, 52–53
   objetivos, 43–50
   objetivos específicos de domínio, 44–50
   pontos de ensino, 50–51
   reflexão e, 54–55
Planejando o recreio, 306–307
Plano Educacional Individual (PEI), 70–72
Planos de aula roteirizados, 51–52
Pontos de ensino dos planos de aula, 49–51
Portfólio de uma série, 180–181
Praticar o estilo de ensino, 96–98
Privilégios, remoção de, 165–166
Processo de ensino, 14–15
Professor(es)
   análise de desempenho, 183–185
   ensino efetivo. *Ver* Ensino efetivo

estilos de ensino. *Ver* Estilos de ensino
   feedback. *Ver* Feedback do professor
Programa *Around the Clock*, 194–195
Promoção, 281–284
Propósito da educação, 19–23
Protocolos, desenvolvimento de, 114–121
Provas, 177–178
Pular com apenas um pé, 201
Pular corda, 268–269
Pulo, 199–201
   do canguru, 271
   do macaco, 269
   do sapo, 269
Punição
   a turma toda pelas ações de um, 167–168
   excessiva, 167–168
   exercícios como, 168–169, 278–279

Q
Queimada, 16–18
Questões comportamentais. *Ver* Comportamento dos alunos
Quicar a bola. *Ver* Quique
Quique, 217–219
   análise de desempenho, 179–180
   experiências de movimento, 222–228
   fundamentos do, 220–223
   níveis de desenvolvimento do, 221–223
Quique-quique, 226–227

R
Recepção, 207–208
   experiências de movimento, 212–216
   fundamentos da, 209–213
   níveis de desenvolvimento da, 211–213
   recepção madura, 211–212
Recompensa
   exercícios como, 278–279
   reforço positivo. *Ver* Reforço positivo
Recreio, 14–15, 302–304
   around the clock, 194–195
   benefícios do, 303–306
   desenvolvimento cognitivo durante o, 305–306
   desenvolvimento emocional durante o, 305

Índice **319**

desenvolvimento físico durante o, 305–306

oportunidades integradas de aprendizagem, 307

planejando o recreio, 307

qualidade do, 306–308

segurança no pátio, 308

Refinando o desempenho, 52–54

Reflexão, importância da, 54–55

Reforço positivo, 161–162
  elogiando os alunos, 163
  em toda a escola, 162
  individual, 162
  motivando os alunos (motivação interna), 162
  tempo individual com o professor, 163

Regra dos 30 segundos, 146–147

Regras
  de segurança, 149–151
  estabelecendo, 158–159
  estabelecimento de, 157–158
  reforçando as, 157–159

Relacionamentos
  conceito dos, 78–79
  dança criativa, consciência na, 243–245

Remoção dos alunos, 165–166

Resistência
  cardiovascular. *Ver* Resistência cardiovascular
  muscular, *Ver* Resistência muscular

Resistência cardiovascular, 273–276
  atividades para promover a, 279–280
  experiências de movimento, 279–284

Resistência muscular, 262–264
  experiências de movimento, 265–272

Reunião com os pais, 166–167

Ridículo, 15–16

Roda de carroça, 205–206

Rodeio, 290–292

Rolamentos
  com o corpo encolhido, 252–253
  com o corpo reto, 252–253

fundamentos dos, 252–256

lateral, 252–254

para a frente, 253–254

para trás, 254–256

Rotinas, 114–116
  anotações, 122–123
  aquecimentos, 121–123
  área de atividade física, entrando e saindo da, 115–118
  dar sinais aos alunos, 117–120
  encerramento, 122–123
  equipamentos, pegar e devolver os, 119–121
  equipes, 117–118
  estabelecendo, 157–158
  hora da linha, 116–118
  hora da roda, 116–117
  lista do que fazer e do que não fazer, 123
  necessidades pessoais, acomodação das, 120–121

S

Sacolejo do javali, 270

Safári na selva, 204–205

Saltar, 201

Saltar linhas, 266–269

Saltitar, 202

Segurança no pátio, 308

Sexismo, 64–65, 67–69

Sinais de trânsito, 280–282

Sinal
  da palavra do dia, 118–120
  de "congelar", 118–119

Sinalizando aos alunos, 118–120

Sirva de exemplo, 266–267

Sistemas de notas, 173–174

Sob a lona do circo, 255–256

Soletrar e contar, 226

Status, 64–65

Surpresa, uso de, 193–194

T

Take 10!, 193–194

Tarefas instrucionais, 129–131

Tema de casa, 181–182

Tempo de aprendizagem. *Ver* Disponibilização de tempo

Testes
  informando os alunos sobre o conteúdo das, 182–184
  pós-teste, 181–182
  pré-teste, 181–182
  provas, 177–178
  rápidos, 177–178

Toque no dedão, 268–269

Transferência de peso
  experiências de movimento, 255–260
  fundamentos da, 251–256
  locomoção, 251–252
  para outras partes do corpo, 251–252
  rolamentos. *Ver* Rolamentos

Transições entre aulas, 147–149

U

Um dia na praia, 231–233

V

Vantagens, 18–19

Verbos
  afetivos, 46–47
  cognitivos, 46–47
  psicomotores, 46–47

Voleio, 217–219
  alto, 219–221
  com os antebraços, 217–220
  experiências de movimento, 222–228
  fundamentos do, 217–221

Voleio com os pés, 229–230
  experiências de movimento, 231–236
  fundamentos do, 231–233

Voltando à calma, 279–280

W

Website (PE Central Website), 43–44

Winter Kids Outdoor Learning Curriculum, 194–195